中国社会学
经典文库

乡村治理的社会基础

贺雪峰 著

生活·讀書·新知 三联书店 生活書店出版有限公司

图书在版编目（CIP）数据

乡村治理的社会基础 / 贺雪峰著．— 增订本．—
北京：生活书店出版有限公司，2020.5（2024.12 重印）
ISBN 978-7-80768-317-9

Ⅰ．①乡… Ⅱ．①贺… Ⅲ．①农村—群众自治—研究
—中国 Ⅳ．① D638

中国版本图书馆 CIP 数据核字 (2020) 第 028872 号

丛书策划 杨震林
责任编辑 何剑楠
装帧设计 罗 洪
责任印制 孙 明
出版发行 生活书店出版有限公司
（北京市东城区美术馆东街 22 号）
邮 编 100010
经 销 新华书店
印 刷 天津睿和印艺科技有限公司
版 次 2020 年 5 月北京第 1 版
2024 年 12 月北京第 5 次印刷
开 本 635 毫米 ×965 毫米 1/16 印张 25
字 数 332 千字
印 数 14,001-16,000 册
定 价 54.00 元
（印装查询：010-64052612；邮购查询：010-84010542）

目　录

下篇　实证研究

增订本自序

一

《乡村治理的社会基础》一书是我进入学术研究以来最初撰写论文的汇编。我1993年进入华中师范大学农村问题研究中心，跟随张厚安老师读硕士研究生，专业是政治学理论；1996年硕士毕业回到家乡荆门工作，开始比较系统地做农村调查，学写学术论文，到2002年竟然已经发表了数十篇论文，于是择代表性论文结集成为此书，由中国社会科学出版社于2003年出版。

1993年至2002年正是中国“三农”问题最为严重的时期。1990年张厚安教授主持成立“华中师范大学农村基层政权研究中心”，不久后改为“农村问题研究中心”，2000年评为教育部人文社会科学重点研究基地并改名为“中国农村问题研究中心”，2011年改为现在的“华中师范大学中国农村研究院”。张厚安教授希望通过民主和自治制度的输入来改造中国农村。张老师具有强烈的使命感，其中一个原因是他经历过“文革”，希望中国农村和中国社会尽早走向民主法治、繁荣富强的新时代。张老师实际上在我入学的1993年就已退休，接棒张老师主持农村问题研究中心的是徐勇老师。在我读研究生时期，经过张厚安、徐勇、项继权等诸位老师的多年经营，华中师范大学农村研究就已在全国小有影响了。

我读研究生时期并不关注“三农”问题。我希望解决更加一般也更加重大的人类向何处去——至少是中国向何处去的问题，因此将主要时间用在图书馆读书上面，主要读了经济学和政治学的各种著作，也涉猎少许社会学著作。本来以为自己与“三农”研究无缘的，却阴差阳错回到家乡工作，并因此有机会进入农村田野，开启了自己的“三农”研究之旅。

我虽是偶然地进入“三农”研究，却有两个关键原因在起着作用：一是取消农业税前严峻的“三农”形势。只要到农村就可以感受到“三农”问题的焦灼状态。从“农民什么都不缺，只缺陈胜吴广”之类近乎黑话的说法中可以窥见这严峻形势之一斑。只要到了农村——甚至不到农村——都可以强烈地感受到这种焦灼。一旦进入“三农”研究，也就很快地深入进去了。二是华中师范大学张厚安、徐勇和项继权老师的引导。他们是目标，是灯塔，指引着我后来的调查和研究之路。

二

我读研究生学的是政治学。受到政治学一般预设的影响，包括张厚安、徐勇教授在内的几乎所有政治学人都相信，只要能在中国传统乡村注入民主基因，实行村民自治，民主就不仅能解决“三农”问题，而且可以由村到乡镇再到市县，一级一级向上延伸，实现国家的民主化。彭真在推动全国人大常委会通过《村民委员会组织法（试行）》时表示：“有了村民委员会，农民群众按照民主集中制的原则，实行直接民主，要办什么，不办什么，先办什么，后办什么，都由群众自己依法决定，这是最广泛的民主实践。他们把一个村的事情管好了，逐渐就会管一个乡的事情；把一个乡的事情管好了，逐渐就会管一个县的事情，逐步锻炼、提高议政能力。”彭真的这段话被广为引用，村民自治被当成中国民主的起点。1998年国家正式颁行已经试行十余年的《村民委员会组织法》，吉林省梨树县率先推行“海选”。村民自治制度已经制定，落实情况自然引起关注。1998年及以后几年，我就以观察村委会选举为中心开始了持续多年的农村调查研究。

到实践中观察村民自治与之前的文本理解和价值想象差距太大。尤其中国农村地域广大，不同农村地区对自上而下的法律政策制度具有完全不同的接应方式，村民自治和村委会选举在不同地区农村也就有着完全不同的实践机制。我也就试图找出决定这种不同的主要影响要素，比如农村精英、社区历史（社区记忆）、经济分化、村庄关联程度、人情面子等，以此理解制度实践的区域差异。我意识到要理解制度实践就必须首先理解乡村社会本身，是自上而下的制度与乡村社会本身合谋“制造”了我们调研见到的实践，离开对乡村社会本身的理解就无法理解制度实践。从制度实践社会基础的角度讨论乡村治理，就会获得与仅仅讨论制度完全不同的认识。收入本书的论文大概就集中在讨论制度实践的社会基础上，这也是本书取名《乡村治理的社会基础》的原因。

对乡村治理社会基础的讨论也有一个逐步深入的过程。刚开始所见社会都是比较结构的因素，比如社区记忆与村庄精英、经济分化与历史文化，以及人情面子等。很快就进一步讨论到农民家庭结构、代际关系、行为模式与价值观等。农民如何定义人生任务，如何定义成功人生，如何定义个人价值等问题尤其值得讨论。在当前中国正处在历史性巨变以及存在显著区域差异的背景下面，不理解农民如何定义个人价值，我们对乡村社会的理解就会落空。因此，村民自治—乡村治理—乡村治理的社会基础—乡村治理的价值基础，就构成了我个人主要的学术研究进路。关于乡村治理价值基础研究的几篇不一定成熟的论文收录在《什么农村，什么问题》（法律出版社，2008 年）中。值得欣慰的是，关于农民价值的研究，我指导的几个博士生都有进一步的深入研究，代表性的如杨华《隐藏的世界：农村妇女的人生归属与生命意义》（中国政法大学出版社，2012 年），桂华《礼与生命价值——家庭生活中的道德、宗教与法律》（商务印书馆，2014 年），王德福《做人之道——熟人社会里的自我实现》（商务印书馆，2014 年）。

三

由研究乡村治理的社会基础到研究价值基础，我的研究开始走出乡村治理，而将乡村社会作为研究的重点。从学科上看，2004年底调入华中科技大学社会学系，创办华中科技大学中国乡村治理中心，我真正开始了带领学生呼啸走向田野的新阶段。这从后来我及我所指导的学生撰写的论文和著作可以看出。

作为对本书的重要补充，我们后来的研究中有两个方面与本书构成接续。一是关于区域差异的研究，一是关于国家与农民关系的研究。

关于区域差异的第一项研究，可以从村庄社会结构角度将中国农村划分为三个部分：南方农村、中部农村和北方农村。南方农村往往聚族而居，村庄具有很强的宗族意识和集体行动能力，是团结型村庄；北方农村以华北农村为典型，村庄存在着以五服血缘关系为限的众多小亲族集团，众多小亲族竞争成为村庄常态，是分裂型村庄；中部农村以长江流域为代表，村庄内缺乏超出家庭的血缘联合体，村民关系原子化程度很高，是分散型村庄。不同村庄结构决定了村庄在应对自上而下、自外而内的制度时会有完全不同的方式。这方面的研究集中收录在《南北中国：中国农村区域差异研究》（社会科学文献出版社，2017年）一书中。

区域差异的第二项研究是关于东、中、西部农村的区域差异研究，主要是因为经济发展起点与状况差异，造成当前中国农村东、中、西部的巨大差异。此方面研究仍在进行中。

关于国家与农民关系的研究，取消农业税之前，国家与农民关系的中心是“收粮派款、刮宫引产”。其中最容易出现的问题是形成乡村利益共同体，基层治理内卷化，基层干部黑恶化。在农村实行村民自治制度的一个初衷也是为了提高农民话语权，让他们自下而上选举出当家人来平衡乡村利益共同体。遗憾的是，正是在推行村民自治的20世纪末，农民负担越减越重，“三农”问题最为严重。

这就说明，仅靠村民自治并不能形成农民与国家权力之间的平衡。

最终解决“三农”危机的是21世纪伊始的农村税费改革，并且国家在2006年彻底取消了农业税和其他专门向农民收取的费用。国家转而实行以城带乡、以工辅农的政策，越来越多的国家资源转移到农村，国家与农民关系出现了之前未曾预料到的大逆转。问题是，国家资源下乡以后并未因此真正解决国家与农民关系的问题。相反，国家与农民关系的问题进入到一个新的阶段。至今，应当建立何种国家与农民关系，国家仍在探索，我们也在研究中。

四

从1998年开始发表学术论文到现在，已经过去了21年，这20多年里，我一直坚持在农村调查第一线，用脚做学问。2002年，我和徐勇教授等人提出村治研究三大共识：田野的灵感、野性的思维、直白的文风，坚持下来也有近20年了。我始终认为，社会科学研究必须回应时代问题。2016年5月17日，习近平总书记在哲学社会科学工作座谈会上讲：“这是一个需要理论而且一定能够产生理论的时代，这是一个需要思想而且一定能够产生思想的时代。我们不能辜负了这个时代。”在接下来的时间里，我和我所在研究团队将继续呼啸走向田野，致力于建设有主体性的中国社会科学。

是为再版自序。

2019年8月16日下午于清远山庄

序　言

做学问似乎是阳春白雪，做农活自然属于下里巴人。但彼此间的道理都是一样：谁能认真地对待和侍候对象，谁就能获得丰厚的回报。摆在读者面前的这部著作，就是作者多年执着于农村研究的丰硕成果。

一

马克思曾经说过：哲学家们只是用不同的方式解释世界，而问题在于改变世界。这一段名言至今仍然闪烁着无尽的光芒！但是，改变世界的前提毕竟是科学地认识世界。

在 20 世纪的中国，当农业、农村和农民在现代化进程中成为一个“问题”时，相当一部分知识分子就充满着对底层社会的人文关怀，希望改造或重建乡村社会。但知识分子的良好愿望能否实现在相当程度上取决于他们对乡村社会的认识，他们的认识是否科学又主要取决于能否深入乡村社会，了解、理解、认识农村和农民。

早期共产党人不乏有对农民命运的同情者。但只有毛泽东走向湖南农村，才真正认识到农民是革命的动力；再通过江西农村调查，毛泽东才进一步了解到农民的迫切需要，找到如何动员农民革命，并以农村包围城市的革命道路，从而通过来自底层的冲击改变了整个中国的历史命运！

没有对乡村社会的深入考察和了解，改造乡村社会的美好愿望只能是一厢情愿，甚至会发生相反的后果。在 20 世纪，对农民命运的同情，对乡村社会的人文关怀，对乡村文明寄予厚望并执着于乡村改造的，莫过于倡导和推动乡村建设运动的梁漱溟先生。然而，作为理念先于行动的梁先生并没有真正了解农民，认识乡村，以至于十年乡村建设运动的结果却是“乡村不动”！即便是作为农民运动大师的毛泽东，受先在理念的限制和科层制的层层阻隔，对农村和农民也渐趋陌生，以致农村工作决策中出现不少失误。20 世纪 90 年代以来，出于对农村和农民的关心、关怀、关爱，出现了种种“下乡活动”，如科技下乡、文化下乡、法制下乡、民主下乡，等等。但是，这些充满现代化性的下乡行动并不一定都能在乡村生根、开花和结果，以至于许多人流露的只是失望，乃至乡村不堪改造的绝望！

由此，知识分子不能不对此进行反思，究竟是乡村不堪改造，还是我们未能真正地认识乡村？究竟是“乡村不动”，还是没有找到乡村动起来的方法？究竟是农民“愚昧”，还是我们在“愚昧”地想象农民？这是我们这些自认为多识些字，往往自以为是或自以为师的知识分子需要深刻反省的！尽管这种反省是不情愿，甚至是痛苦的，却是每一个关心、关怀和关爱农村和农民的人都必须面对的。反省的结果是：我们面对的乡村社会远不是我们想象的那样简单，任何一种改造乡村社会的行动都必须建立在对乡村社会的充分了解和认识基础上。贺雪峰这部书让我欣喜地看到了知识分子的自我反思和对乡村社会的进一步认识。

雪峰大学期间学习生物专业，出于对农村和农民强烈的人文关怀，于 20 世纪 90 年代初考入我任职的华中师范大学农村问题研究中心就读硕士研究生，成为中心创始人张厚安先生的关门弟子。研究生毕业后，他没有像一般人那样停留在大城市，而是回到自己的家乡——湖北中部地区的荆门职业技术学院。该校一抬脚就能到农村，为他提供了接近农村、亲近农民的环境。加上所在学校领导开明，为他带领几位青年学人专事乡村研究创造条件，雪峰因此能够从容不迫、不事功利地观察、了解和认识乡村，并提出了转型期乡村社会性质研究的命题。为进一步开拓乡村的研究，他应母校召唤回到中心，与我共事。

说来也巧，我们中心三代人，对乡村的研究刚好是三个阶段，步步深入，层层递进，即由村民自治，到乡村治理，再到乡村治理的社会基础。张厚安先生是中心的创始人，他是改革开放以后我国最早从事农村基层政权与村民自治研究的学者之一。村民自治制度无疑是历史上前所未有的“民主下乡”。作为学者的我们，也充满着对这一草根民主的期盼。我们甚至在省领导人的支持下，主动下乡进行民主实验，希望编制出民主制度软件，以期将民主制度输入乡村后便可输出民主的结果。十来个学者两年多的民主实验，虽然没有产生树立民主典范的预期结果，但给了我们一个重要启示，这就是——农村远非我们想象的那样简单，村民自治制度才刚刚进入乡村，支配乡村的治理机制并不是村民自治制度可以解释的。正是在位于庐山脚下的实验村召开的研讨会上，我们提出了一个新的概念，这就是乡村治理，试图运用这一更具有包容性的概念来解释和分析乡村社会。如果说村民自治只是一种外在于乡村的制度安排的话，那么，乡村治理的分析概念更接近于乡村社会自身，也就是从乡村认识乡村。乡村治理的分析框架无疑可以大大开阔我们的研究视野。雪峰等人则将这一研究更向前推进了一步，即不仅仅研究以公共权力运作为中心的乡村治理，更注重研究乡村治理的社会基础。只有对乡村社会的特性和变化有了充分的了解和认识，才能运用公共权力进行有效的治理，并达到在现代化进程中重建乡村的目的。这或许正是雪峰研究乡村社会的旨趣。

研究触角的深入，为我们理解和认识如何根据乡村社会特性和变化考虑外部的制度安排，如何从乡村社会的特性和变化研究外部制度进入乡村社会以后的反应提供了一个全新的视域。在本书的第一部分，作者从乡村社会表象中抽象出一组概念，可以大大促进我们对乡村社会的理解。20 世纪以来，中国乡村社会经历了巨大的震荡，乡村重建的内容就是重建乡村秩序。在本书看来，乡村秩序的生成具有二元性，一是行政嵌入，一是村庄内生。那么，在国家权力日益深入渗透到乡村但又难以有效整合乡村的当今，村庄怎样内生秩序？本书提出了村庄社会关联的概念，试图运用这一概念分析村庄内部的关系和村民的行动能力，并使其具有可观察性和可计量性。在一些村庄，村民自治制度的进入并未能达到重构乡村秩序的目的，其原因相当程度取决于村庄社会关联度，即村庄内部缺乏一致行动的能力。这种行动能力的缺失又与乡村社会构成相关。费孝通先生在著名的《乡土中国》一书中曾经将中国的乡村视为"熟人社会"。正是在这种早不见晚见的熟人社会里，人们相互了解，有基本的信任，形成一个自家人社会。这种村庄是在长期的历史中自然形成的，所以称为自然村。村民自治的制度安排，最早也将自治单位定于自然村。只是由于人民公社制度的嵌入，历史上的自然村格局不复存在，所以才在人民公社体制废除后在原生产大队基础上建立了行政村，并将其作为村民自治单位。而在行政村实行村民自治，很快就面临一个问题，村民之间了解、认识和联系都不如自然村。在村民委员会选举中，村民对候选人并不太了解，也不甚熟悉。这不能不影响到村民的自主选择，由此建立的村组织可能还是外于村民的。正是通过对乡村社会变化的观察，雪峰提出了"半熟人社会"的概念，为我们理解为什么村民自治在原生产小队（即原自然村）运行较好，而在行政村运行较困难，提供了一个很好的解释视角，同时也时时提醒我们，外在的制度要在乡村生根，必须注意生根的社会基础。与城市不同，中国的乡村毕竟是自然形成而不是人为建构的，乡村社会内部关系异常复杂，不是简单的制度输入就必然会输出相应的制度结果。雪峰对乡村选举中出现的派性问题的研究便说明了这一点。

雪峰对乡村社会性质的研究不仅仅在于加深对乡村社会的认识，更重要的是提供一种分析方法，从乡村研究乡村本身就蕴含着方法论方面的意义。而方法的创新可能比观点的创新更为重要。近代以来，伴随现代化的强势，西方学术也成为强势话语。睁大眼睛向外看，成为学术界的主流。问题是在向外看的过程中，许多学者只能“学舌”，而不会说话了，即不能以“我”为本位吸纳、消化、转换外来话语，只是照抄照搬、生吞活剥。以这种眼光观察的世界只能是过滤了的想象世界，而不是真实的世界。而按照想象的世界所开的药方自然于世界的改造无济于事。这种思维方式也使学术界充满了忙于“抓药”而不会“看病”的人，因为西方话语中的“药方”取之不尽。即使“药方”不灵，也不是“药方”的问题，而是病人自身的问题。由此就从根本上颠倒了理念与实际的关系。社会科学的有用性就在于“看病”，即发现问题，分析问题。这需要学者以对象为主，从事实而不是理念出发去认识和理解问题。要做到这一点的唯一方法就是进入社会，首先认识和了解社会过程本身，由此建立自己的话语权。我所在的中心一成立就以此为自己的使命。20 世纪 90 年代初，张厚安先生就倡导“三个面向”，即“面向社会，面向实际，面向农村”。90 年代中期，我又提出了“三实”方法，即在研究中应该做到实际先于理论，事实先于价值，实验先于方案。到了 90 年代后期，雪峰等新生代又将中心的这一方法向前推进了一步，就是通过大量的实证调查，将研究方法理性化，提出了一系列分析框架，如本书所提到的“三层分析”法、村庄精英与村庄记忆的二维分析框架，从个案调查到分类研究等。这些方法都可以归之于从乡村对象本身研究乡村，其他的知识和理论都是为其服务的工具。这一方法的创新不仅强化了社会科学的自主性，同时也提升了实证研究的水平。在本书下篇的实证研究中，我们不仅可以看到更接近于事实的过程，同时也可从大量繁杂的社会现象中理出思路。后者是做实证研究的重要使命，也是在以中国问题为本位的研究中创造出中国气派、中国风格学术特色的重要前提。

其实，从乡村研究乡村的方法并不深玄，很大程度取决于态度，这就是是否愿意深入农村，作为学者同时又是农民中的一员，在日常生活中去认识和理解农村和农民。雪峰年纪不大，却能长年累月深入乡村与农民共同生活，在日常生活中观察农民的行动，在朋友般的交往中把握农民行动的逻辑。

连农民也纷纷进城的当今，下乡毕竟是一件相当辛苦的事。这背后，没有对事业的执着追求是难以想象的。为了功名，人们可以下乡一时。要长期坚持不懈地下乡吃苦，却不是功名能支撑的。十年前，雪峰只是二十多岁的青年，但对农村问题的关注和执着，对以中国为本位的研究勇气，使我每每遇到他就会想到梁漱溟先生。只是梁先生十年乡建运动得到的是“乡村不动”，而雪峰的十年乡村研究得到的是对中国乡村社会更深刻的体认，对新世纪的乡村建设事业更执着的追求！

二

作序的人本不应该在书前多言多语，但序言初稿写就后，雪峰一再要我将最近的一些思考和想法写出来。所以，联系雪峰的为人和为学再谈两个观点。

接触过雪峰的人，都认为他是一个对农村、农民问题有着特殊敏感的学人。我猜想这与其长期生活在农村、农民问题特别突出的中部地区有一定关联。

在现代化市场化过程中，农村、农民成为需要认真对待和解决的“问题”。中国是农民人口最多且在历史上农民最具反抗性的国家。可以说，世界的农民问题主要在中国，而中国的农民问题又主要在中部地区，中部地区的农民问题则主要在“两湖”（湖南省和湖北省）。为什么如此？主要取决于治理资源配置及谈判地位的不均衡。因为，在国家的治理格局中，人们的地位与角色，在相当程度取决于其参与治理的实力与能力。而实力和能力又取决于所占有资源的状况及自我意识。

自近代以来，在中国政治格局中有三大区域相互博弈，发生作用。一是以北京为代表的北方区域，一是以上海为代表的东部沿海区域，一是以两湖为代表的中部区域。它们分别占有三种资源：权力、资本和劳动。自秦以来，由于北方的军事压力，作为统治权象征的都城一直在北方。在天下和天子一体化的政治格局下，权力支配着财富，成为特殊的治理资源。宋以后，经济重心南移。特别是近代以来，挟现代工业文明之力的外来资本从东南沿海大举进入中国，资本开始影响权力，成为重要治理资源。明清以后，两湖成为中国的“粮仓”（所谓“湖广熟，天下足”），是小农经济特别发达的纯农业省份。对于“土地是财富之母，劳动是财富之父”的农业来说，劳动是参与治理过程的主要资源。在中国，权力、资本和劳动这三种资源在参与治理过程中的配置构成处于不均衡状态。权力是独占的，资本是稀缺的，劳动则是无限供给的。这就决定了只占有劳动资源的农村农民在治理过程中缺乏对等的谈判地位参与博弈。

伴随现代化的市场化不仅难以提升，反而会进一步降低农村农民的谈判地位。这是因为权力更加渴求处于稀缺状态的资本，而不是无限供给的劳动，“以农为本”为“以工立国”所替代。这是向现代化转变中资本和劳动供求不平衡的规律决定的。

问题不在于劳动的弱势地位，而在于现代化的社会动员激发和强化了农民的平等、参与、权益等现代意识。农民可以穷下去，但现代化难以为农民继续穷下去提供合法性和正当理由。由此就会产生农民谈判地位日益降低与农民现代意识日益提高的矛盾。这种矛盾的累积，便是产生激进主义和革命的温床。中部的两湖地区正处于矛盾的焦点。一方面，资本的强势造成东部沿海的崛起，劳动的弱势则使中部两湖日益边缘化。另一方面，两湖深深浸润着具有强烈反抗性和追求自由的楚文化传统。宋以后，民间的书院造就了一批没有纳入权贵体系的知识分子（专门生产和传播知识的人）。近代以来，现代化的社会动员迅速渗透到两湖。那些接受了现代意识的精英对农村和农民的痛苦有着特殊的体验，对农村和农民的能量也有着深刻的认识。他们希望通过革命的方式改变不公正的统治秩序，重建一个劳动者的世界。这正是 20 世纪的两场革命都发生于两湖，都以底层社会的反抗为特点的原因所在。

到了 20 世纪后期，现代化、市场化为所有的人提供了机会，但资源配置及谈判地位的不均衡问题也以新的方式表现出来。在东部大崛起、西部大开发的格局下，中部地区的地位明显降低。其主要原因是比重甚大的农业、农村和农民的拖累。但我们不能因此遗弃中部。因为，正是外来资本，当地的土地和中部源源不断和无限供给的廉价劳动的结合才造就了东部沿海的大崛起。如果没有处于心脏地带的中部的稳定，东部崛起和西部开发都缺乏牢固的根基和动力。而中部稳定与发展则主要取决于农村、农民问题的解决。

雪峰对农村、农民问题的特殊敏感，在于背后有着浓厚的历史地域文化底蕴。我的第一届博士生、《岳村政治：转型期中国乡村政治结构的变迁》一书的作者于建嵘在这方面也是如此。在市场化大潮和资本的强势进入之下，雪峰回到湖北中部自己的家乡走村串户做调查，建嵘则重走毛泽东当年进行湖南农民运动考察的路线，并在自己家乡的湘南小村住下撰写博士论文。他们对农村农民问题的理性认识相当程度来自于历史地域文化所塑造的学术敏感。与雪峰交往过的人，都会为雪峰研究农村农民问题的执着而惊叹。我与他相处时间较长，且多次长谈，知道他研究农村农民问题的无限热情和强大动力，来自于他的乡村建设的理想主义追求。

当 20 世纪 90 年代，农村、农民问题再度引起国人关注之后，人们就纷纷开出各种“药方”。其中，最常见的就是“农民进城”。通过城市化，减少农民。农民减少了，农民问题自然也就不存在了。这的确是一个灵验的常规药方。但其中的内在理论危险却是许多人未能注意到的。这就是“农民进城”，是否意味着“农村遗弃”。因为，近些年，在我们的视野中，与迅速繁荣的城市相映照的是一些农村的衰败。而且，“农民进城”是不是万灵药方也是大可怀疑的。中国农村人口基数大且处于增长之中。根据国家统计局统计，到 2000 年，全国有 12.6 亿人口，其中乡村人口 8 亿。如果每年有 2000 万乡村人口进城，也得数十年才能使乡村人口的绝对数比城市人口更少。而且，要让2000万乡村人口完全进入城市，本身就是一件十分困难的事情。因为，这意味着，每年必须崛起两座上海城。我们知道，上海城到如今的规模经历了百多年。所以，仅仅指望“农民进城”来解决农村农民问题是不理智，也是不现实的。除了通过城市化吸纳农民进城以外，还必须寻求新的出路，这就是乡村建设。

乡村建设是基于这样一种理念，即在现代化进程中，城乡应该均衡发展，城市繁荣不应以乡村遗弃为代价，要通过外力支持和内部开发加强乡村建设，将乡村建设成为生活殷实、人际和谐、信息发达、鸟语花香的美丽家园。在20世纪，以农哺工，农村和农民为现代化做出了重大贡献。进入21世纪，以工支农，城乡一体是必然选择。首先要为农村农民创设有利发展的外部环境，提升农村农民的谈判地位，防止权力的无限扩张和资本的霸道贪婪。只有权力、资本与劳动的相对均衡，才能维系总体社会的平稳。其次，要开发农村内在的潜力。农村的最大优势在于劳动者。而劳动者只有合作才有力量。曹锦清先生通过考察黄河边的中国，得出一个结论：农民善分不善合。如果这一结论成立，是否意味着农民永远只能由一种外在于自己的力量所统治？农民怎样才能依靠自己的力量，组织起来，建设美好的家园？这尚是一个有待历史回答的问题。雪峰研究乡村治理的社会基础，正是要了解、认识当下的乡村社会，以寻求乡村建设的途径和方式。与梁漱溟先生的乡村建设运动不同，雪峰更注重在现代化背景下，从乡村自身寻求乡村建设的动力。

衷心期待着雪峰以此书的出版为新的起点，在无垠的学术空间中持续不断地遨游，在壮丽的乡村建设中尽其心智！

徐 勇

2003年1月16日于“小阳春”中的武汉，

2015年5月9日略作删节

上篇

基本概念

论村庄社会关联*

——兼论村庄秩序的社会基础

中国现代化的进程中，农村社会秩序处于解构－重组之中，促使这种变化的主要力量，一是以实行家庭承包制和建立市场经济体制为核心的经济改革，一是以推行村民自治为核心的政治改革。在这个进程中，农村社会能否保持相对有序，将成为现代化能否顺利实现的关键。

村庄①是农村居民的主要栖居地，生活在村庄的村民是中国现代化进程中的一个部分，这是十分特殊的一个部分。在整个现代化过程中，国家可能难以为村庄居民提供完全的公共设施和社会服务，村庄居民必须自己组织起来为获得村庄秩序而努力。

1987 年全国人大通过试行、1998 年正式颁布实施的《中华人民共和国村民委员会组织法》（以下简称《村组法》）明确规定，村委会是"村民自我管理、自我教育、自我服务的基层群众性自治组织，实行民主选举、民主决策、民主管理、民主监督"②，其核心是，村庄这个相对独立的社区社会，需要自足提供村庄秩序和公共服务，诸如社会治安的维护、纠纷的调解、公共工程和福利设施建设、道德文化建设、土地承包乃至收缴乡统筹、教育费和推动村民履行法律规定的义

---

* 本节与仝志辉合作。曾发表于《中国社会科学》2002 年第 3 期。收入本书的部分文章标题与发表时或有出入。

① 以下均指行政村，即村民委员会管理范围。

② 见 1998 年 11 月 4 日第九届全国人大常委会第五次会议通过的《村组法》第二、第五、第六、第十九条。

务，等等。相比之下，城市社区公共设施和社会服务的绝大多数都由国家提供。因此，研究村庄秩序本身的可能性，具有重大现实意义。

村庄秩序的生成具有二元性，一是行政嵌入，二是村庄内生。人民公社是行政嵌入的典型，中国传统社会的村庄秩序则大多是内生的。内生的村庄秩序依赖于村庄内部人与人之间的联系，这种联系因其性质、强度和广泛性，而构成了联系中的人们的行动能力。正是这种行动能力本身，为作为相对独立社区社会的村庄提供了秩序基础。不了解村庄居民的相互关系及建立在这种关系之上的行动能力，很难深入理解村庄秩序的性质。村民之间的具体关系及建立在这种关系上的行动能力，构成了本节所要讨论的“村庄社会关联”。本节拟在此一讨论的基础上，从村庄社会关联与村庄秩序内在相关的视角分析当前村庄秩序的自治取向和危机状况。

社会关联的含义

村庄社会关联关注的是处于事件中的村民在应对事件时可以调用村庄内部关系的能力。当一个村民被种种强有力的关系挂在村庄社会这个网上面时，这个村民就可以从容面对生产生活中的事件，他具备有效降低生存风险、经济获得公共物品、从容谈判达成互赢协议，以及稳定建立对未来生活预期的能力。当一个村庄中不是一个村民而是相当一部分村民具备这种关系资源时，我们说这个村庄的社会关联程度很高。一个村民在应对事件时无力调用任何一种有效的关系资源，这个村民就缺乏应对事件的能力，也就缺乏发展的能力。一个村民无力调用与其他村民的关系，其他村民也失去了调用与这个村民关系的能力。若一个村庄中的大部分村民都缺乏调用相互之间关系的能力，我们说这个村庄缺乏社会关联，或社会关联程度很低，这样的村庄无力应对共同的经济协作，无力对付地痞骚扰，无力达成相互之间的道德和舆论监督，也无力与上级讨价还价。这样的村庄秩序也因此难以建立，村道破败，纠纷难调，治安不良，负担沉重且道德败坏。

根据以上讨论，我们对村庄社会关联做一初步界定。首先，本节所讨论的社会关联不同于涂尔干在整体意义上使用的社会关联，[①]而是希望借用这一词语来考察当前村庄内人与人之间正在变动着的具体关系的状况。从指向上看，涂尔干的“社会关联”是从外向内看，是从整体意义上来定义“社会关联”的，而我们关注的“社会关联”是从内向外看的社会关联，侧重于正在变动着的人与人之间具体关系对社会秩序的影响；其次，社会关联不同于村庄内聚力[②]。村庄内聚力可以看作一种能量，是一种指向明确的具有“矢量”性质的能量。村庄社会关联是指那种具有行动能力的人与人之间的关系，它较村庄内聚力更为关注村庄中是否有一些人共同行动，而不强调村庄作为一个整体的一致行动。村庄内聚力可以看作特定村庄社会关联的功能后果；再次，社会关联也不同于通常意义上的社会关系，而是指那种构成应对事件能力的人与人之间的联系，它强调人与人之间关系对村庄秩序影响力的方面。换句话说，社会关系是指人们在共同活动的过程中结成的各种各样的关系，主要是指个人与个人之间的关系，而社会关联关注人与人之间关系所构成的行动能力，与公共生活有更为密切的联系。

我们可以从结构、功能和价值层面对村庄社会关联做进一步的讨论。从结构层面看，村庄社会关联是指在村庄内村民因为地缘关

---

① 涂尔干在回答“社会如何可能”时使用了“社会关联”（solidarity，又译为社会团结、社会连带）一词。他关注的重点并不是社会群体内部人与人之间相互关系的具体形式、性质及状况，而是整体社会的结构特征，他强调社会作为优于个人的因素所发挥的作用。参见涂尔干：《社会分工论》，渠东译，生活·读书·新知三联书店，2000 年，第 249 页、第 257 页。

② 村庄内聚力是指村庄作为一个整体的团结程度与一致行动能力。对村庄内聚力的讨论，比较重要的是波普金的讨论和黄宗智的讨论，前者涉及一般性的理论问题，后者则讨论了中国 20 世纪华北和长江三角洲村庄的内聚力状况。参见米格代尔：《农民、政治与革命——第三世界政治与社会变革的压力》，李玉琪、袁宁译，中央编译出版社，1996 年；黄宗智：《华北的小农经济与社会变迁》，中华书局，2000 年，第 30 页、第 314 页；黄宗智：《长江三角洲小农家庭与乡村发展》，中华书局，2000 年，第 159 页。

系（同一自然村或同一居住片所产生的邻里关系）、血缘关系（宗亲和姻亲关系）、互惠关系（礼尚往来和生产互助产生的关系）、共同经历（同学、战友、生意上的合伙人）以及经济社会分层产生的社会契约关系和权威－服从关系等，所结成的人与人之间联系的总和。这种具体的人与人之间的联系是人各不同且十分复杂的，既可以来源于伦理和神性等传统型关联，也可以来自于社会契约或经济分化引起的雇佣关系等现代型关联。[①] 从功能层面看，一个拥有众多关系的人，在生产生活中遇到日常性和突发性事件时，他可以调用这些关系进行应对。当村庄中很多村民具有足够应对事件的关系时，村庄秩序也就有了基础。当前中国农村的重要特点是，传统的社会关系正在解体，现代的社会关系尚未建立，这构成了当前农村普遍社会危机和村庄失序的重要原因。我们提出村庄社会关联的概念，是希望通过对当前农村正在变动的人与人关系的考察，理解构成农村社会失序的村庄原因。从价值层面看，因为村庄秩序是通过事件来建构的，重复发生的日常性和突发性事件，使应对事件的人与人的关系具有重复博弈的性质。重复博弈形成了人与人之间的一种隐形的、模糊的“约定”，约定各方可以对对方的行为有较为明确的预期，各方共享一种“承诺”或公认一种“游戏规则”，这种“承诺”或“游戏规则”构成了吉尔兹所说的“地方性知识”。[②]

从村庄社会关联的角度，即从村民可以具体建立起来的关系及这种关系应对事件能力的角度观察村庄，会有很多意想不到的收获。因为这个角度从具体的村民所可以建立起来的关系来看问题，具有可观察性和可计量性。可观察和可计量的村庄社会关联的指标

---

① 陈劲松在论及中国传统社会的关联形式时，根据人与人之间的关联方式，将社会关联分为巫术关联或神性关联、伦理关联和契约关联三种形式。他认为在一个复杂的社会系统中，可能各种形式的社会关联都存在。若以占主导地位的社会关联来划分社会，中国传统社会就是一个以伦理关联占主导地位的社会。参见陈劲松：《传统中国社会的社会关联形式及其功能》，《中国人民大学学报》1999 年第 3 期。

② 参见梁治平编：《法律的文化解释》，生活·读书·新知三联书店，1994 年，第 82—83 页。

是社会关联链条的长短与强度，所谓社会关联链条，就是从个人出发的可以延伸出去的各种关系及建立在这种关系上的行动能力，一般来讲，从个人出发可以延伸出去的关系越多，且建立在这种关系基础上的行动能力越强，则这个社会内部的社会关联就越强。从个人出发难以建立起较多的社会关系且建立在这种社会关系基础上的行动能力较弱，则这个社会内部的社会关联就较弱。社会关联链条的长短与强度可以用“社会关联度”一词予以表述。

在这个意义上，村庄社会关联一词特指村庄内部人与人之间具体关系的性质、程度和广泛性，它是村民在村庄社会内部结成的各种具体关系的总称。

决定社会关联度的因素

1．传统型社会关联与现代型社会关联

当前村庄人与人之间关系的性质颇为复杂。一方面，在大多数村庄，传统伦理为基础的社会关联仍然占据着主导地位，另一方面，以经济分化为基础的新的社会联结形式亦在一些村庄占据重要地位，典型如“差序格局的理性化”[①]。为了分析的方便，从社会转型的大背景出发，可以将社会关联粗略划分为现代型社会关联和传统型社会关联。所谓现代型社会关联，是指以契约和经济社会分化为基础建立起来的社会联系；所谓传统型社会关联，主要指以伦理或神性为基础建立起来的社会关联。

因为国家政权本身的渗入，当前无论传统型社会关联还是现代型社会关联，都无法建立在社会内部具有刑事法特征的集体意愿之上。换言之，在所有人与人之间的关系之上，国家法律和国家政

---

① 参见杨善华、侯红蕊：《血缘、姻缘、亲情与利益——现阶段中国农村社会中“差序格局”的‘理性化’趋势》，《宁夏社会科学》1999年第6期；杨善华、刘小京：《近期中国农村家族研究的若干理论问题》，《中国社会科学》2001年第5期。

权无处不在。但就当前中国农村现状而言，无处不在的国家政权和法律并不能提供完全的农村社会秩序，甚至农村社区中的大多数事务都要由自己来解决。无处不在却并非无所不能的国家政权与法律使当前农村人与人之间的社会关联具有诸多特殊性，做传统型和现代型社会关联的划分，只是一种逻辑上的区分，是一种便利研究的分析策略，现实中二者是相互渗透的。一般情况下，在社区记忆较强的村庄，传统的道德观念与宗族意识较强，表达性关系占主导地位，传统型社会关联便较强；在经济社会分化较为严重的地区，工具性关系十分普遍，以契约为基础的经济关系使现代型社会关联变得重要。以下考察社区记忆和经济社会分化与社会关联的关系。

2．社区记忆

构成社区记忆的理由繁多。一般来讲，社区记忆较强的村庄，社会生活面向过去。构成面向过去生活的理由，大致如相对封闭的社区环境，相对活跃的宗族活动如修族谱和祭祖，相对强大的社区组织，相对繁多的传统仪式如传统戏曲、婚丧仪式，相对频繁的人情往来，等等。

当前的农村社会是承接人民公社而来的。人民公社制度是一种独特的制度安排，一方面，强有力的党政组织（或政社合一的组织）和意识形态彻底改变了农村旧有的面貌，使农村摆脱了历经千年的“循环的陷阱”[①]，不仅摧毁了传统文化传统器物层面的几乎所有东西，而且真正彻底地打破了数千年的自然村落制度；另一方面，人民公社时期的计划经济体制（消灭商品经济）、户籍制度、阶级斗争意识形态对传统伦理的模拟等等，使人民公社成为典型的蜂房结构，社区舆论和传统记忆以一种变异的方式发生着重要的影响，社区记忆以另一种形式被复活了。

从社区记忆与村庄社会关联的关系上讲，深刻的社区记忆必然

---

① 张乐天：《告别理想：人民公社制度研究》，东方出版中心，1998 年，绪论。

造成长长的传统社会关联链条和以这一社会关联链条为基础的一致行动能力。其中最为突出的，一是宗族力量的强大有力，大规模宗族械斗之所以可以发生，大都以传统社会关联度的强大为基础；二是舆论力量的强大有力，社区强记忆和传统强关联，使村民处在紧密相关之中，“唾沫星子淹死人”，失去与自己生存价值密切相关的人的好评是所有强社区记忆村庄中的人都无法忍受的代价，村民不得不向村庄舆论妥协。

社区记忆当前正受到迅速变迁的社会生活的重大影响。市场经济不仅打破了传统封闭的村庄生活，建构了一统的货币世界，而且让村民有了流出村庄赚取货币的大量机会。现代传媒不仅带来了外面丰富的生活世界，而且带来了外来价值观念。村庄生活的价值和村庄生活本身都受到现代因素的影响而发生逆转，村庄为村民提供的资源比重越来越小，作为社区记忆人格化体现者的老人日渐边缘化。社区记忆因此而发生了前所未有的断裂。

社区记忆的断裂不仅造成了传统社会关联链条的断裂，而且使过去建立在传统社会关联基础上的社会一致行动不再可能。这种情况下，不仅大规模的宗族械斗不再有发生的理由，而且社会舆论也会变得软弱无力，在以前依赖于传统社会关联来建立起村庄秩序的地方，若没有及时获得其他方面的力量，就会导致严重的社会失序。

虽然涂尔干说：“一旦他可以频繁地外出远行……他的视线就会从身边的各种事物中间转移开来。他所关注的生活中心已经不局限在生他养他的地方了，他对他的邻里也失去了兴趣，这些人在他的生活中只占了很小的比重。”[①] 但当前中国农村的情况有些特殊。除中国特殊现代化路径与条件要求建构村庄以外，在有些乡镇企业发达的地区，村民不是离开村庄进入城市来完成社会分工的，他们在村庄内实现了就业的多元化，如珠江三角洲和长江三角洲规模巨大的乡镇企业。在其他地方，虽然有大量村民外出务工经商，但到

---

① 涂尔干：《社会分工论》，第257页。

目前为止，大部分外出务工经商的村民并未实现在城市的稳定就业。在外务工经商赚了钱，首先是回到村庄建一栋漂亮的小楼。这就不仅构造了村庄舆论的能力，也构造了村庄社区记忆本身。深刻的社区记忆令村民面向村庄而生活，即使外出的村民，也以在村庄中可以获得的面子与位置作为生存价值之源。

地方传统本身对社区记忆的影响也是十分重要的。以宗族为例，读过王铭铭田野调查报告的人一定会对闽南农村强烈的宗族组织和宗教仪式印象深刻。① 从有关报道和我们的调查看，江西、湖南、广东、湖北、安徽、浙江的宗族活动诸如修族谱、建宗祠屡见不鲜，宗族意识更为普遍。宗族的复兴不仅仅意味着社区历史记忆的恢复，而且在农民价值实现上，在重塑乡村秩序上，都在发挥着重要的作用。特别因为宗族本身的复兴与市场经济背道而驰，提醒我们不应将社区记忆简单地与市场化程度和村民流动状况化约，两者之间至少有些时差。中国现代化“以区位换取时间战略”能否实现，可能正在于这些时差。这些时差还为传统本身作为治理资源提供了发挥作用的可能。

3．经济社会分化

当前村庄社会内部的经济社会分化是自20世纪80年代改革开放开始的，其中最为明显的是经济的分化。其结果，原本经济上平等的村民中间，产生了一些经济大户，他们比一般村民占有更多资源，他们有时会利用这些资源来谋求有利于自己的社会关联，建立在这种社会关联基础上的一致行动，有时也会充满力量。例如，村庄内部的私营企业主会利用自己在村庄内的雇工关系来建立自己的威望。考虑到在均质农村社会中凸现出来的一个高大威猛的有雇工的私营企业

---

① 参见王铭铭：《社区的历程：溪村汉人家族的个案研究》，天津人民出版社，1997年；《村落视野中的文化与权力：闽台三村五论》，生活·读书·新知三联书店，1997年。

主，私营企业主的雇工又可以通过种种联系来延展他在村庄中的声望，这种声望就具有不可忽视的号召力。在雇佣关系以外，占据优势经济资源者可以通过借贷、介绍外出务工机会、提供商业信息和专业技术服务，来建立不同于传统社会关联的现代型社会关联。有时候，仅仅是占据优势经济资源本身，就可以为他们赢得声望与影响力。村庄经济能人还可以通过村干部来发挥他们对村庄事务的影响力。在经济社会分化越是严重的地区，声望与影响力的分配就会越不均衡，少数占据优势经济社会资源者就会越发具有对其他村民的影响力，并由此建立起影响绵延、威力强大的社会关联链条。经济社会分化通过社会影响力的分层，为现代型社会关联的建立提供了基础。

村庄经济能人的生活面向与现代型社会关联的建立有密切关系。在农民数量极其庞大、农村总体十分落后的情况下，村庄占据优势经济社会资源者很可能面向外面的世界，在村庄以外重塑自己的生存价值，这时候，本来具有在村庄内部建立起强社会关联能力的经济能人们懒得理会村庄世界的生活，也不会关心村庄秩序的状况。而当那些村庄精英不能在村庄以外建立起自己的生存价值时，他可能是在村庄以外的世界里获得自己的经济资源，但他要在重建村庄秩序中获得自己的社会声望。他念念不忘在村庄内部的得失，他因此愿意利用自己的经济社会资源优势来重建村庄内部的社会关联链条，以经济社会分化为主导的现代型社会关联因此若隐若现。

问题是，往往是在传统社会关联强有力的地方，占据优势经济社会地位的从村庄内部分化出来的村中精英才乐于回到村中世界展示自己的成功。而在社区出现记忆断裂的村庄，占据优势经济社会资源者不仅缺乏回村建立自己生存价值的动力，而且很容易割断与村庄生活世界的价值联系，而在村庄以外重建自己的价值世界。这样一来，在村庄传统社会关联密集的地区，反而容易建立起现代型社会关联，而在传统社会关联弱化的地区，现代型社会关联的建立可能性也擦身而过。

4．村庄社会关联的理想类型

根据我们近年来对农村的调查和对已有研究成果的研读，这里对村庄社会关联的类型试做划分。总的来说，社区记忆受到持续市场化和现代传媒冲击会趋弱化，但如前述，在短时期以内，社区记忆仍然与地域传统文化和其他一些特殊原因密切联系在一起，与市场化程度不可化约。在有些情况下，正是高度市场化带来的大量经济资源，复活了传统文化和传统的人际关系，从而强化了社区记忆。一般情况下，经济发展程度越高，村庄内部的经济社会分化（职业分化、收入分层）就越明显，且村庄生活对富裕者的吸引力越大。在东部和城郊农村，村庄内部的经济社会分化较中西部地区明显。不过，经济社会分化毕竟是村庄内部的指标，不可简单以区域经济发展程度进行化约。以社区记忆强弱和经济社会分化程度二维因素对村庄做理想类型的划分，如表 1：

表 1

	经济社会分化程度低	经济社会分化程度高
强社区记忆	A	D
弱社区记忆	B	C

从理论上讲，A 类村庄不具有建立起现代型社会关联的能力，但有着较强的传统社会关联；B 类村庄既缺乏传统的社会关联，又缺乏建立起现代型社会关联的能力；C 类村庄传统社会关联力量较弱，但具有建立起现代型社会关联的可能性；D 类地区则不仅具有强的传统社会关联，而且具有建立起强有力的现代型社会关联的能力。这样，从村庄社会关联的强度来讲，D 类村庄因为密集着传统型社会关联和现代型社会关联，而有很高的村庄社会关联度；A 类村庄因为有着可靠的传统社会关联，而具有较高的村庄社会关联度；C 类村庄因为有着建立现代型社会关联的潜力而在村庄社会关联强度上较 D 类村庄次之；B 类村庄则因为既无建立现代型社会关

联的潜力，传统的社会关联又已消失，而使村民处于原子化状态。以上理想类型的划分，可以为我们的研究提供两种进路，第一，从截面看，可以结合实证材料，判断当前中国农村村庄的类型，特别是这些类型的区域分布，从而可以判断不同区域村庄社会关联的强度。结合这种截面的村庄类型的分区域研究，可以对农村社会治安、地痞状况、农民负担、乡村关系、村级组织制度状况、农民组织能力和状况、农业产业化等诸多指标分区域状况的研究，建立起与以上理想型村庄社会关联度的谱系关系。[①] 这可能是建构村庄的一项基础工作，因为这可以对不同区域变村庄内部关系为资源的能力有一个大致清晰的认识。这也是理解国家政策在村庄遭遇的一项基本工作。第二，从纵向上看，随着时间的推移，村庄社区记忆会越来越弱，而经济社会分化程度难以预见，这样，在村庄社会关联强度方面，总的趋向是由 D、A 类高强度村庄社会关联向 C、B 类低度社会关联的演变。这种演变将对村庄社会产生重大影响。

社会关联与村庄秩序

1．村庄秩序研究的多学科视野

我们所说村庄秩序的核心是村庄可以获得的发展潜力，大致包括五个方面的内容，即：获得经济的协作、保持社会道德、抵御地痞骚扰、一定程度上抗衡乡镇的过度提取和保持村庄领袖在主持村务时的公正与廉洁。归结起来，即为建设的功能和保护的功能。建设功能即积极的可以增加村庄和村民收益的功能，如经济的协作、道德的保持，可以降低村民生产生活中的交易成本，增加生产生活收益的质与量。保护功能即消极的保护村庄和村民合法权益不受侵

---

① 如何通过广泛的实地调查，对当前中国农村村庄社会关联进行分解和测量，并在此基础上展开村庄社会关联与村庄社会秩序相关性的实证研究，将是一项工程浩大、令人心动的工作。董磊明在对村庄社会关联的分解上做了一些探索。参见董磊明：《传统与嬗变——集体企业改制后的苏南农村村级治理》，《社会学研究》2002 年第 1 期。

害的功能，如抗御地痞骚扰和与上级讨价还价的能力，可以保护村庄与村民的基本权利，维护村庄和村民的既得利益。当村庄不仅具有保护功能，而且具有建设功能时，我们说这个村庄保持了秩序，即保持了村庄作为一个社会的力量。

当前学术界对乡村秩序的研究引人注目，社会学、法学、人类学、历史学和政治学等学科近年都有大量相关文献发表。学术界研究乡村秩序的实践理由是当前农村社会普遍存在的无序状态，但学术界提出的治疗当前农村弊病的对策却大相径庭，大致说来，有两种对立的意见。一种意见认为，应反思现代化理论，应发挥传统在保持乡村秩序中的作用，应善待宗族、宗教和习惯法等等，如王铭铭、苏力、梁治平等人持此种意见；① 另一种意见认为，重构当前乡村秩序的希望只能来自于制度建设，传统不仅不好而且也无可避免地衰落了，② 新生的以代表制民主为典型的、由能人到法治的制度建设空间正在长成。③

与国内学术界的两种对立意见相一致，海外汉学界也有两种关于中国国家与农村互动关系的研究模式，一种为所谓公民社会理论，这种理论认为中国正在经历国家与社会的分化过程。怀特在对浙江萧山地区民间社团的研究中发现，与改革引发的社会经济变迁相契合，在国家与经济行动者之间，一种非正式的、非官方的民间经济和组织正在出现，它们与国家体制的界限日渐明显，活动空间正在扩大。另一种研究模式为所谓法团主义理论，其结论与公民社会理论有所不同。克利赫发现，农民间的冲突以宗族联结作为社会单位，

① 参见王铭铭：《村落视野中的文化与权力：闽台三村五论》；苏力：《法治及其本土资源》，中国政法大学出版社，1996 年；梁治平：《乡土社会中的法律与秩序》，载王铭铭、王斯福主编：《乡土社会的秩序、公正与权威》，中国政法大学出版社，1997 年。

② 参见王沪宁：《当代中国村落家族文化——对中国社会现代化的一项探索》，上海人民出版社，1991 年，第 278—288 页。

③ 参见张静：《基层政权：乡村制度诸问题》，浙江人民出版社，2000 年；徐勇：《由能人到法治：中国农村基层治理模式转换——以若干个案为例兼析能人政治现象》，《华中师范大学学报（哲学社会科学版）》1996 年第 4 期。

其组织形态不是体制外的身份集团，而是跨越体制内外的同宗集团，很多时候，冲突不是发生在农民和干部之间，而是发生在一组干部和群众与另一组干部和群众之间。宗族网络模糊了国家和社会、干部和农民之间的界限。[①] 有趣的是，国内外学术界的以上研究者大都有农村调查的经历或以实证材料作为其意见的主要证据，不同的是他们所调查区域及运用调查材料的方法。而在以上关注者中，无论是主张传统重要者还是主张制度建设者，或公民社会理论与法团主义理论，他们强调的内容事实上都与社会关联有着密切关系。具体地说，传统是构成强社会关联的因素，制度建设则需要以强社会关联为基础。公民社会理论大体反映了在农村经济社会分化比较彻底地区的情况，法团主义的观点则大体反映了宗族势力在改革开放之初呈复兴之势地区的情况。公民社会理论所观察到的民间经济和组织与法团主义所观察到的同宗集团，均是构成强社会关联的因素，无论是哪种因素，除构成对社会关联性质的不同影响之外，不影响其强度。换句话说，相对于法团主义和公民社会理论这些外来话语，及主张善待传统或强化制度建设这些具体政策建议，村庄社会关联这样一个中观层次的概念更具对当代中国农村的分析能力。通过社会关联的引入很容易发现表面对立的理论模式或政策建议的一致性。

2．村庄秩序的基础

依赖社区社会自身来获得秩序，是转型时期国家治理的重要特点，也是社区社会在国家无力提供秩序时的应对策略。但是，社区社会往往不能单纯依靠个人与个人之间的理性来形成秩序，而必须依赖理性以外的因素，[②] 其中十分重要的一个因素即是社会关联。村庄社会关联构成了村庄秩序的基础，村庄秩序状况则成为村庄社

① 转引自张静：《法团主义》，中国社会科学出版社，1998 年，第 158—160 页。

② 参见郑也夫：《新古典经济学“理性”概念之批判》，《社会学研究》2000 年第 4 期。

会关联的表征。下面大略从建设功能和保护功能两个方面，分析村庄秩序与社会关联的关系。

建设性功能。从历史上看，黄宗智通过对长江三角洲和华北平原的比较发现，水利工程的需要往往是决定宗族组织状况的关键因素。[①] 反过来，村庄水利建设、修桥补路等公共事业离不开村庄组织发挥的作用。在集体经济不甚发达的村庄，公共工程建设需要从村民中汲取资源，这时的关键是村庄精英是否有能力争取到村庄可能存在的少数反对者的合作。当村庄社会关联度较高，一致行动能力甚强时，村庄精英可以通过诸如村民代表会议等形式通过决定，并以此构成对少数反对者的压力。在社会关联度低的村庄，社会缺乏说服拒绝合作的少数人的能力，村民只能以个体但不经济的办法建设自己的服务设施。我们在江西宗族意识强的农村调查时，由村民凑钱演出地方戏的事情屡见不鲜，而在湖北宗族意识弱的农村调查，村民甚至兄弟之间也不共用耕牛，虽然一头耕牛至少可以耕作两户的土地，且养牛要花费农民大量的时间。

在国家没有提供足够的公共工程时，表征村庄社会关联度的重要因素是村庄能否提供自足的公共服务。在村庄社会关联度高的农村，村民的自组织能力必然强，应对环境变化的能力亦强。在传统农业普遍不景气，产业结构调整势在必行，农业产业化几乎成为农业唯一选择的背景下，只有那些社会关联度高的村庄，才更有发展产业化农业的潜力。当前还缺乏比较精确的农村社会关联与农业产业化或农民自组织状况相关性的研究，不过，王颖通过对广东省南海市农村的调查，认为泛宗族文化可以构成中国农村现代化的传统基础，也是南海农民普遍被各种中介机构组织起来的重要基础，她在此基础上提出了乡村社会再组织的新集体主义的结论。[②] 项飙

① 参见黄宗智：《华北的小农经济与社会变迁》，第三章；《长江三角洲小农家庭与乡村发展》第二章。

② 王颖：《新集体主义：乡村社会的再组织》，经济管理出版社，1996 年，第 229—243 页。

通过对北京“浙江村”的调查，发现正是凭借温州人的家乡观念，“浙江村”的个体户们可以织成一张“流动经营网络”，并具有强大的竞争能力。[①] 凭借传统社会关联，村庄社会在应对农业困境和农村发展之需时，可以更为有效地捕捉市场化本身提供的机会，这反过来又会加剧农村的经济社会分化，发展村庄的现代社会关联能力。

保护性功能。这方面的典型表现是对付地痞骚扰和与上级讨价还价的能力。在政府部门还不能有效对付地痞的时候，村庄本身是否具有对付地痞的能力，就成为能否确保一方平安的关键。地痞是孔武有力或三人成伙的，他们以自己的身体暴力来欺压一般村民。没有人不厌恶且憎恨地痞，但单个村民不敢直接与地痞发生冲突。强悍的有正义感的村庄精英是地痞们害怕的力量，不过，地痞在与村庄精英长期的消耗战中，可以通过烧草堆、毒家畜等办法令村庄精英防不胜防。村庄精英在对付地痞时，需要村民们一致行动起来，支持他制造令地痞害怕的气势，同情他在对付地痞时受到的损害，不把他的行为看作他与地痞的个人恩怨，而是集体的事业。高度关联的村民们不仅可以成为村庄精英在与地痞进行消耗战时的支持力量，而且他们的一致行动本身就构成了对地痞的威慑。当村庄社会关联度较低的时候，强悍的村庄精英在与地痞相互消耗时会备感辛劳，他很快就发现，为了村庄秩序而进行的战斗成了他与地痞之间的私人怨仇，而村民在旁边冷眼旁观自己与地痞斗戏变法。

村庄抗御乡镇过度提取能力的关键是村民能否联合起来一致行动。一致行动的村民不仅可以相互以国家的政策规定进行声援，而且可以向协助乡镇提取的村干部施加强大压力，而乡镇在失去了村干部的协助后，他们在村庄的行动大都会落空。在国家可以出台千

---

① 参见项飚：《跨越边界的社区：北京“浙江村”的生活史》，生活·读书·新知三联书店，2000 年，第六章。（本书作者多年来署名“项飚”，后发现户口本上原本登记的是“项飙”，于是“改回”原名。参见此书 2018 年修订版序一。——编者注）

种减轻农民负担的办法，乡镇便可以产生万种向农民提取的理由时，村民本身是尤其关键的力量。散漫而缺乏关联的村民不仅缺乏一致行动的能力，而且不能对协助乡镇提取的村干部们构成压力。

以上讨论的社会关联与村庄秩序的关系，集中起来就是试图讨论村庄秩序的基础，这恰恰又是当前多学科关注村庄秩序的基点。我们试图通过将抽象的中国农村社会具体化为关联度高的农村社会和关联度低的农村社会，来分别展开对村庄秩序基础的讨论，这样的讨论，可能在使用区域性个案农村调查资料时，更具全局的眼光，由此建构起来的关于村庄秩序的理论和对策，也就更具针对性。学术界有时候意见对立的原因在于学者们过于相信区域性个案给他们的灵感和他们学科的传统，而忽视了当前中国农村事实上存在的巨大的不平衡。

在讨论村庄社会关联与村庄秩序的关系时，村庄社会关联还是可以独立对村庄秩序进行解释的指标。村庄社会关联是指从村民个人出发建构关系的能力，强社会关联意味着村民可以形成一长串的关系并具备一致行动能力，这种行动能力本身就足以抑制许多敢于触犯村民群体利益的行为。在建构独立的村庄社会秩序时，具备一致行动能力的村民为了共同利益，会主动行动起来。村庄秩序的基础正在于强有力的村庄社会关联，强社会关联要么来自传统，要么来自社会分层。在那些缺乏分层和缺失传统的村庄，恐怕真的需要有更为强有力的送法下乡和更加强有力的行政渗透。

村庄社会关联通过村庄内人与人之间具体的关系程度及以这种关系为基础形成的行动能力的考察，可以解释当前村级治理中诸多令人困惑的现象。通过对当前全国非均衡的经济社会文化状况的横向考察，可以揭示出村庄社会关联的向度并由此理解差异极大、纷繁复杂的村级治理的原因，而通过对构成村庄社会关联基础因素的考察，可以将村庄社会关联放置在一个纵向的历史维度中，理解过去村级治理的原因和揭示未来村级治理的走向。

村庄秩序重组与社会关联

1．村庄社会获得秩序的途径

获得村庄秩序大致有五种途径：一是习惯法，如宗族制度；二是现代司法体系，即依托国家强制力的法律控制；三是国家行政的强控制，典型如人民公社制度通过政社合一，将国家行政权力一直延伸到村庄社会内部；四是建立在高度社会分化基础上的精英控制；五是民主自治。道德和意识形态力量则是每一种途径均不可或缺的基础条件。

在当前的村庄社会，国家行政事实上已在人民公社基础上大大地退出了村庄社会，因为对村庄社会的强行政控制不仅抑制了村庄社会的活力，而且转型时期的国家基层行政本身往往就是剥夺村庄社会最为强大的力量。而法律的力量又是不足的，一方面，农民获得法律救济的成本太高，另一方面，法律总是一种被动的力量，它难以促成村庄社会内部的主动协作。习惯法、村庄精英和民主自治都是来自村庄社会内部的力量。但在国家政权建设深入农村的今天，特别是历经新中国成立以来若干次政治运动的冲击，习惯法不仅不再具有刑事法的强制力，而且大都已不具有保持村庄秩序所需要的社会影响力。① 一方面当前农村社会分化程度大都不足以形成一个有效的村庄精英阶层，另一方面大多数村庄精英的生活面向在村庄以外，再一方面，在缺乏传统文化支撑的情况下，村庄精英往往会由保护型经纪向营利型经纪转变。② 因此，村庄精英也无力为村庄提供足够的秩序。

比较可靠的力量似乎只有民主自治也就是村民自治了。这正是

---

① 苏力曾通过对电影《秋菊打官司》和《被告山杠爷》的分析，形象地说明当前农村习惯法的尴尬处境，以及法律服务不足时，村庄秩序本身在国家强制法背景下的尴尬处境。参见苏力：《法治及其本土资源》。

② 参见杜赞奇：《文化、权力与国家：1900—1942 年的华北农村》，王福明译，江苏人民出版社，1995 年，第二章。

当前国家在农村基层的制度安排。

2．村民自治与村庄关联

村民自治也可以看作一种民主化的村级治理。而恰恰是民主化的村级治理必须建立在特定的社会关联之上。社会秩序对于每个人都是十分重要的，社会秩序具有很强的外部性，单个的个人不可能仅仅为自己获得秩序。因此，从理论上讲，村民具有理性行动起来达成一致契约，以维护村庄秩序的内在理由。不过，村民自治必须解决一个重要的问题：保持对少数可能选择不合作的违规者的压力，才有保持村庄秩序的希望。

少数违规者有两类人，一是村民，一是村干部。先说村民。村民无疑也是理性的人，但是个人理性行为并不会自然汇聚成集体的理性后果，少数村民的不合作行为会破坏整体的公益。村干部们必须让少数违规的村民走上合作的轨道，村干部的办法来自他们的权威，他们的权威又大致来自于或个人的声望、谈话艺术、工作魄力，或村庄公共舆论、公益公道观念，或选举本身所具有的神圣性，或直接来自上级政府。

理性行为的村民不会被村干部们的动情谈心所打动，他也可能不将以公道为基础的社会舆论放在眼中，因此，他唯一害怕的力量是村干部所借重的来自上级政府的强制力量。而恰恰是上级政府的强制力量，会破坏村庄自治的性质。也就是说，理性行为的村民只有在他们过于冷静的头脑中接受了来自公益公道或感情冲动的引导，他才愿意选择合作。公益公道观念和感情冲动都是来自于人与人之间的相互关联，原子化的个人无从关联，也就不会有社会舆论的压力和为感情而发生的行为。

更麻烦的事情来自村干部的违规。由村民选举上来的村干部们在维护村庄秩序时，必须表现得强大有力，他们的强大有力主要来自村民的支持，而只有当村民组成持正义立场的村干部强大的后援力量时，村干部才敢于抵制村庄以外世界的剥夺和争取村庄内部少数异议者的合作。而当村民之间互不关联时，强力行为的村干部在对付地痞或上级某些侵犯农民利益的行为时孤立无援。不仅如此，在力促村庄内部协作时，他当然可以为大多数村民带来利益，但他也在一一损害着少数村民的利益，其结果往往是得到好处的大多数村民并不站在强力行为的村干部一边为他声援，而利益受到损害的村民却坚定地一一起来反对这个正在为着大多数村民办事的村干部。

村干部无法从缺乏社会关联的村民中获得支持，他们强力的行为就只能凭借自己的强悍，有时村民就选择那些强悍的人来当村干部。这些强悍的人来当村干部时，他们强烈的个性使他们敢于抵制上级的不良安排，敢于以拳头与地痞展开身体对话，敢于用语言暴力抑制少数村民的不合作行为。有时这些选举出来的强悍的村干部将村庄治理得很有秩序，他们很少依靠选举来获得保持村庄秩序的资源与力量。也正因为他们不从选举中获得什么，他们在保持村庄秩序时就可能有益，但更多的时候可能对村民有害。互不关联的村民不久就发现，他们对那些选出来的横行霸道的村干部无可奈何。

村干部能否获得支持，与村庄社会关联有密切联系。在村庄社会关联度比较高的村庄选举中，选出来的村干部大都是那些社会关联密集者，如在村庄有声望者，已经致富的“能人”，等等。有声望的能人一呼百应。在村庄以传统社会关联为主导时，因为强大的村庄舆论、面子声望观，出任村干部者往往是村庄道德的典范，他们大都是保护型的村庄经纪。而在村庄以现代社会关联为主导时，那些经济能人致富的经历引起村民对他能力的仰慕，他的财富又足以滋润他的人际关系，使他具有仗义的名声，并获得一些诚心跟从他的人们的支持。这样的经济能人当上村干部，他们当然有办法也有足够的资源来抑制少数违规的村民，从而有能力达成村庄内部的合作，抵御外来骚扰。不过，这些经济能人当上村干部，且形成了单极的别人无可匹敌的局面时，他难免会有所骄傲，不大看得起一般的村民，他可能与乡镇中有不良行为的干部甚至地痞勾结起来，他因此可能造成一般人所造成不了的对村庄的大的破坏。他若希望利用村庄为自己的私利服务，也往往可以得逞。[①] 在经济社会分化型村庄，因为有了一个或一些在一般村民中突出的精英人物，这些人物具备声望或财富而有能力建立长长的社会关联，因此有可能改变村庄的原子化状况。

3．乡村危机的村庄原因

可以从很多层面讨论乡村社会的危机。而构成当前农村总体严峻局面的一维因素即为乡村干部短期行为。在村庄社会关联度很低的时候，村干部不能从村民中获得有力支持，他们就会求助于乡镇。恰恰乡镇一直离不开村干部这条“腿”。乡镇在与村干部们博弈时，他们有足够的办法来让村干部为自己认为重要的事情服务，人民公社的制度记忆则为当前乡村关系提供了最为方便的传统资源。面对散漫而互不关联的村民，村干部失去了抗御乡镇过度提取以保护村民合法权益的内驱力。村民则因为缺乏一致行动的能力，他们不能阻止乡村干部不合理甚至不合法的短期行为，他们至多会消极抵制（典型如拖欠超额的税费提留任务）。乡村组织面对缺乏积极抵制能力的村民，便可能以牺牲乡村社会未来发展的基本潜力来达到自己的短期目的，其中最为典型的是高息借贷。我们在调查中发现，有的村级组织甚至以高达 4 分的月息借贷来完成乡镇下达的提留税费任务，而这些借来的钱很可能被乡镇用作无效投资，比如我们在中部地区调查时，发现许多乡镇花费数百万元建无实际用途的建筑，比如从来不放电影的影剧院；[②] 或者直接用于吃喝。在缺乏社会关联的背景下，有些时候，短期行为的乡镇政府与得过且过的村干部们

---

① 若在农村社会经济分化型村庄中，不是有一个特殊的经济能人，而是有一些在村庄有影响的经济能人，情况会大有不同。一些而不是一个经济能人参与村务，就不仅可以通过权力本身的竞争与制衡来抑制个别村干部的违规行为，而且可以广泛动员村民，并可以广泛获得村民的支持，少数村民的违规行为也会受到有效抑制。

② 我们在调查中发现，当前乡村主要干部普遍从建设公共工程中捞取回扣。这就可以理解为何乡村组织会高息贷款建设一些毫无用途的公共工程，也可以理解为什么会出现如此之多的无效投资和无效工程。

合谋，在村民的沉默中，造成了农村社会的危机。看看当前某些地区普遍出现的恶性膨胀的村级债务就知道是怎么回事了。[①]

在乡村社会关联度高的地方，当村民看到越来越高的村级债务和越来越坏的村干部时，他们会积极行动起来，阻止那些可能产生的严重后果。这个时候，乡村干部会感受到在社会关联度低的乡村完全无法感受到的压力，他们不仅在向村民提取方面比较依赖国家的政策，而且在对外借贷的时候，也不得不顾忌这些借贷本身的后果。如此一来，在当前乡村社会，也许可以看到如此一个景观，除了经济发展本身的影响以外，乡村债务特别是村级债务的高低及村干部的行为举止，与村庄社会关联有着密切联系。总的方向应该是D类村庄较C类村庄好，C类村庄较A类村庄好，B类村庄的情况最为严重。

李人庆讨论村落文化与地区文化差异的关系时认为："南方村落的村干部的村庄认同相对要高于北方村庄，村落文化对干部行使职权也有很大的影响，南方由于宗族关系较强，因此村干部在贯彻国家意志所遭受到的阻力比较大"，"北方村庄的干部在国家与村庄利益关系中，有可能更多地考虑自身的利益而站在国家一边。"[②] 换句话说，因为南方农村传统社会关联度较高，村干部即使在人民公社时期也倾向于成为村庄利益的庇护人，相反，北方农村在人民公社时期甚至现在仍然以国家意识为主导，河南省的刘庄和南街村可能就是这类典型。我们在江西宗族意识较强地区的农村调查，相对较低的农民负担即可以激起农民的强烈情绪乃至于群体性对抗。但在湖北荆门这个缺乏传统的农村，相对江西高得多的农民负担，农民大都以个体拖欠税费的办法予以抵制，很少有群体性的农民对抗

① 参看有关出版物如李昌平：《我向总理说实话》，光明日报出版社，2002年；曹锦清：《黄河边的中国：一个学者对乡村社会的观察与思考》，上海文艺出版社，2000年。

② 陈吉元、胡必亮主编：《当代中国的村庄经济与村落文化》，山西经济出版社，1996年，第245—247页。

事件发生。[①]

在社会关联度高的村庄，村干部会受到村民强有力的约束与监督，同时，他们在与地痞或乡镇讨价还价时，也可以从村民中得到强有力的支持，这样一来，选举产生的村干部的合法性和他们的行动能力就一致起来，村庄选举终于在高度村庄社会关联的介入下有了发挥作用的希望。

从以上考察可以得到两点推论：第一，近几年农村某些地区出现的严峻形势，并不全是国民经济形势波动和乡村干部短期行为所致，而是与村庄社会关联有着密切联系。低度的村庄社会关联使国家为让乡村社会渡过难关所设计的政策安排落了空，从而使本来具有弹性的国家政策失去了它所具有的效力。相反，在村庄社会关联度较高的村庄，尽管国家的政策安排中存在着大量让乡村干部以短期行为来谋取私利的机会，具有高社会关联度的村民却可能以一致行动进行有力抵制。在宏观背景不变的情况下，高度的社会关联扩大了国家在现代化进程中的政策选择能力。第二，虽然当前的村民自治制度是为获得村庄秩序而安排的，但村庄秩序的保持事实上与民主的关系不是很大，反而是与村庄社会关联度这一村庄内在的性质关系很大。

村民自治事实上就是一种民主化的村级治理，这种民主化村级治理所需要的村庄社会基础正来自于习惯法和经济社会分化，即来自传统型社会关联和现代型社会关联，而正是社会关联度的强弱，与村庄秩序有着极其密切的联系。

结　语

在社会转型期，国家没有为所有村庄提供足够的秩序，新颁布

---

① 湖北监利县因为李昌平痛陈“农民真苦、农村真穷、农业真危险”，而成为农民负担过重的典型。监利县农民应对高额负担的办法，不是群体性对抗，而是逃避，如外出打工、土地撂荒以及自杀。参见李昌平：《我向总理说实话》。

的《村组法》明白无误地表明希望通过动员村庄内部的力量，以民主的办法来达到村庄秩序。换言之，与人民公社时期国家强力渗入农村相比，当前国家在政权建设中，希望以村庄为边界来达成国家与农村社会的均衡互动。特别是在中国社会转型，体制转轨的背景下，人民公社时期以政治运动为基础的强力意识形态失去对基层组织的约束作用之后，国家试图通过与农民结盟，来达成对日渐失去控制的基层组织的约束。[①] 改革开放以来农村出现的国家政权内卷化的迹象，因为村民自治而有了被抵制的希望。

但是，村民自治只是提供了抑制国家政权内卷化的希望，也只是提供了保持村庄秩序的可能，真正运作有效的村民自治还必须有特定的社会基础。这个特定的社会基础就是村民之间的社会关联状况，即村民为了保持村庄秩序而具有的行动能力。

正是构成村民行动能力的村庄社会关联，构成了理解当前中国农村社会的一个具有统括能力的范畴。近年来，诸多论者发现了诸如宗族组织等传统社会组织资源的正面功能，更多论者对农村经济社会分化产生的积极结果做了讨论。事实上，无论是传统的组织资源还是经济社会分化产生的新型关联，都可以构成衡量村民行动能力的指标，乡村权力的运作，国家与社会的对接和村庄秩序的保持，都是在这一复杂的传统与现代社会关联织成的网络中运行的，考察社会关联而不是单项地考察传统文化或经济分化，就可能统括起当前农村研究中的一个重要的研究领域。

以村民一致行动能力为基础建立起来的村庄社会关联范畴，不是说村庄所有村民的一致行动能力，而是说村庄内部不同小集团的行动能力。村庄内部不仅存在纵向的权力分布结构，而且存在横向的权力分割结构，将村庄社会关联的总体分析与村庄内部权力结构的具体梳理结合起来，就具有了在社会关联与村庄秩序之间架构规范的和实证的研究框架的可能。

---

① 参见崔之元:《“混合宪法”与对中国政治的三层分析》,《战略与管理》1998 年第 3 期。

人际关系理性化中的资源因素*

——对现代化进程中乡土社会传统的一项评述

关于传统的两种意见

如何对待传统是当前学术界十分关注且争议颇大的一个焦点问题。总的来讲，存在两种截然对立的观点，一种观点认为，随着现代化的全面实施，乡村社会中传统的因素将趋消失，即便是在20世纪80年代初期出现的所谓传统的复兴，也只会昙花一现，属特定时期的特定现象，不可能持续下去。另一种观点则认为，传统会随着现代化的进展而逐步消失的观点，是一种简单的传统－现代的对照观和单线的社会进化论，“是现代化的政治计划的副产品，而不是理论自身的发明”，“在现实上，并不存在彻底的传统和现代，这种两元对立的观念符合一定权力变迁过程的知识结构”；[①]“由于对历史和具体个案给予更多的注意，新现代化研究并不假设朝西方模式的单一方向的发展道路，而认为第三世界国家可能追求它们自己的发展道路，乃是理所当然的”。“基于这种新现代化思想的对于社会关系变迁转型的研究，展示了与传统的日薄西山完全不同的图景”，因为“这些复杂的新问题，基于简单进化观点的一般性概括已经是力不从心了”。[②]

---

* 本节曾发表于《广东社会科学》2001年第4期。

① 王铭铭：《村落视野中的文化与权力：闽台三村五论》，第121—122页。

② 郭于华：《农村现代化过程中的传统亲缘关系》，载贾德裕等主编：《现代化进程中的中国农民》，南京大学出版社，1998年。

本来一直以为随着现代化的进展，传统会逐步被现代因素所取代是不容置疑的“真理”，忽然在近二十年被一些学界中人发现，这种认识只是受到一种权力结构和意识形态话语影响与支配的结果，并非中国社会发生的现实。（特别是改革开放以来，农村社会普遍出现了所谓“传统复兴”的现象，学界存在的以上两种对传统在现代化进程中命运的判断，大都是以实证调查为基础的，且这两派学术中人大都是在接受了相关教育之后，再回到乡村社会进行调查的，其中反思现代化理论的学术中人最为奇怪，因为他们大都有在国外接受教育或强烈受国外思想影响的经历，从他们论著的引文看，他们也大都以西方学者的理论反思特别是所谓后现代的反思为基础，来形成自己的观点。）以“现代性”来替换“现代化”便是他们表述此种立场的关键。就支持随着现代化传统必然“消解”的学者而言，他们的调查材料言之凿凿可以证明传统的消失，[①] 而那些认为现代化只是一种意识形态话语的学术中人，碰巧都观察到了“传统复兴”的个案，例如王铭铭的溪村个案[②] 和钱杭等人选择的江西泰和县的个案[③]。看来是理论选择了现实，两派对立者之间均存在“话语权力”的成分，很难分清哪方更加意识形态化。

而就学术话语中的权力现状，“现代性”派看来占有优势，“现代性”派关注的核心问题即农民人际关系并未被金钱化约，一方面，人际关系理性化甚至金钱化，将人日益异化，使人与人之间产生了严重的疏离感；另一方面，中国人甚至东方人或所有非西方国家的人际关系也不可能理性化，如我国台湾、香港地区，以及新加坡等国家的宗族资本主义，或日本企业终身雇佣制度所发展起来的企业文化。在国内，则可以看一看南方农村工业和江浙乡镇企业中的宗族网络与宗族连带；再一方面，人际关系的理性化将给中国带

---

① 参见王沪宁：《当代中国村落家族文化——对中国社会现代化的一项探索》。

② 参见王铭铭：《社区的历程：溪村汉人家族的个案研究》。

③ 参见钱杭、谢维扬：《传统与转型：江西泰和农村宗族形态—— 一项社会人类学的研究》，上海社会科学院出版社，1995 年。

来的严重问题，生存价值、农村养老、社会内部秩序调整，甚至经济活动中可以利用宗族进行经济资源的集聚、在市场规范未内化为人们行为准则和缺乏宗教信仰的情况下对人们行为的调节等，都特别指望着人们非线性地对待人际关系，借传统的宗族、道德、信念乃至迷信来指导人们的生活。

现在的问题是，农民并不随着学者的安排来“理性地”对待传统，而市场经济所提供的广阔视野与广泛机会，则使他们日渐理性地发展起自己的人际交往关系来。这里，重要的可能不在于中国农民的行为是否理性，而在于农民在市场经济中的不利处境。其中最为糟糕的是中国农村人口太多，在实行市场经济的进程中，农民依然要长期处于受剥削的相对不平等地位。市场经济为农民提供的视野、机会和农民在市场经济中的不利处境，构成了理解农民人际关系理性化的资源限制因素。本来可以成为农民进入市场的资源（关系资源）的传统联系，因农民在市场经济中的不利处境及低回报率（资源缺乏），而促成了人际关系的理性化。如何在此种背景下理解传统在香港、台湾地区，以及新加坡等国家的发展乃至在广东、福建、江浙地区的发展，与在内地一般农村的发展，如何理解传统在改革开放之初农民收益丰裕背景下的发展（农业收益和乡镇企业）和在当前背景下的状况，十分值得深思。

因此，在观察农村传统时，除了理论选择个案以外，现实个案的不同地域或不同发展阶段本身也有太大的不同。不做以上区别，难免就会失去学术中人的敏感性。观察中国农村发生的传统的变迁，可以从两方面入手。一方面为面上的现实观察，一方面为对市场经济化约能力的分析。

当前农村社会中的传统失落

无论“现代性”论者如何坚持传统本身的合理性，大致不会有人认为当前农村社会传统的复兴已经达到了新中国成立前的程度。

当前传统的失落主要表现在以下方面：

宗族。显示宗族失落的主要证据，是宗族组织和宗族经济的消失。据我们在江西等宗族重建较为成功地区的调查，宗族经济特别是族田和族产已绝无仅有，宗族组织即使还有族长房长，也大都缺乏权威且不理族事。与宗族经济和宗族组织的消失相关，当前宗族的内聚力主要来自一致对外。特别是相邻两族之间有山权、水权之争而发生宗族械斗时，可以显示出宗族的内凝力。而宗族内部功能，如孤残相恤、调解矛盾、经济互助方面，不仅较过去严重削弱，而且基本上已无多少作用。

民间信仰。王铭铭在福建东南沿海地区观察到的民间信仰和民间仪式的复兴，在全国具有一定普遍性。以湖北中部的江汉平原为例，在人民公社时期，诸如风水先生、道士、神汉均不具有合法性，即使还有，也是地下存在的。在当前农村则已屡见不鲜。特别是在办丧事时，请风水先生选坟地，请道士唱经，已较为普遍。但与过去相比，农民中真正相信风水先生和道士所言者并不多。他们参与做是一回事，真正相信它且因此而影响自己行为是另一回事。

传统节日。传统节日衰落的例子最典型如春节越来越少有春节的气氛，千年来农历新年在农村似乎正被元旦替代。这既与农村物质的相对丰裕有关，又与春节中传统节日的“去神圣化”有关，农村老少都开始将节日作为一个过场，甚至厌烦节日里的人情往来了。对春节作为旧年结束“新年开始”年长一岁的神秘感受，已在每年公历的元旦被所有国人体验过了，春节更像一个缺乏神圣的、过时而又机械重复的事务。春节前一系列充满神圣感的仪式性活动，在当前的农村正在“缩水”，变得无关紧要，新年贴对联的也越来越少。其他许多传统节日也已经消失掉了。

人情世故。特别始自改革开放之初，农村一度出现人情的强劲反弹，甚至于人情压得农民喘不过气来。好的一面是，当前农村人情的理性化倾向十分明显。一是相当多的农民“想得开”，敢于拒绝一直以来的人情往来，特别是相互吃喝往来，相关地，酒席越办越少。如我们在江西崇仁县若干乡镇的调查，一般婚礼所办酒席，大都由过去三四十桌下降至十桌以内。酒席的减少可能是酿成大事变的前奏。与酒席越办越少相一致，当前农村普通出现了亲戚越走越短的趋势，在有些地方的农村，姑老表和姨老表（即双方父母亲为亲姊妹）不再相互走动，或只是有选择地走动，并不是个别例子。与亲戚越走越短相反，在婚丧嫁娶诸事中，送礼者中朋友越来越多。在农村调查便经常遇到甚至农户“做事”不请自己“五服”以内的同族人帮助，而请朋友帮助的例子。据他们讲，这事放在十年前都不大可以想象，现在人们则已习以为常。

因此，我以为谈传统的复兴，不如讲传统在新时期发挥作用的机制与可能，“无往不成今”，利用好，传统也可以为中国现代化和中国农民生活的现代化服务。至于当前农村传统衰落的原因，构成以上传统失落的理由，大致可以从新中国成立以后历次政治运动和改革开放以来市场经济的影响两方面寻找。从第一个方面看，不谈新中国成立后政治运动对传统的打击是否合理，因为政治运动对传统的打击已成为过去的事实，我想说这种打击为何有效及在目前仍然遗留的影响。经历过新中国成立后历次政治运动的打击，中国大陆的传统已与港台传统有了很大的不同。

传统一开始便被政治运动定位于现代化所欲求社会的反面遭到打击。政治运动的打击成功地将传统表层的东西瓦解掉了。例如对宗族组织和宗族经济的双重打击。秦晖认为，对宗族的限制乃至打击，在中国历代王朝中都是有的，而后宗族又总可以恢复重建起来。[①] 这种意义上理解改革开放之初普遍出现的宗族重建和传统复兴，便似乎有了理由。然而，当前中国的社会基础已与传统时代有了根本的不同，即迅速的社会变迁和市场经济的引入，使高度现代性社会的影子在中国社会亦若隐若现，这使传统即使复兴起来，也不大可能落入过去历朝历代传统受到打击，然后恢复，然后再受打

① 参见秦晖：《问题与主义：秦晖文选》，长春出版社，1999 年，第 350—402 页。

击的循环。

换句话说，要理解传统在中国当前的失落，不仅仅要理解新中国成立后历次政治运动强有力的打击，而且应与当前中国正在实行的改革开放事业和市场经济体制联系起来，与高度现代性社会与传统社会的本质不同联系起来。“无往不成今”，但往事对现实的影响有两种不同质的方式，一种为今不过是往的顺延，另一种为今在往的基础上创造新的过去并不存在的现实。市场经济的力量（或者叫作现代性的力量）正是在第二种意义上利用着过去的传统。

历次政治运动主要通过两种办法来构成对传统的打击。第一是消灭传统赖以存在的物质基础。比如分解族产，解散宗族组织；以限制迷信、提倡科学为口号，限制诸如看风水、做道场、拜菩萨等行为，使诸如风水先生、道士、庙宇缺少存在的环境。因此之故，社会层面的传统仪式与民间信仰成为私下的个人活动，这便为强意识形态的介入提供了空间。第二是通过强有力的意识形态宣传来瓦解传统得以存在的文化基础。科学对迷信，新文学对旧戏剧，阶级斗争的弦对传统人际联系的线，构成了意识形态的主要方面，特别是“生在新中国、长在红旗下”的新一代，其思想强烈受到这种意识形态的影响，这一部分人已经成为今日研究中国农村社会的主流。

市场经济对传统的化约能力

市场经济的特殊能力在于价值的无差别性和货币的通约能力。如前所述，市场经济向农民展示出外界无穷的机会与可能性，能够把握这种机会的农民会在社会经济分层中占据优势地位，不能把握这种机会的农民则会处于不利地位。这是一个方面。更重要的在于，市场经济不仅刺激了人的欲望，而且为满足人的欲望提供了无尽的可能性和不可能穷尽的机会。在市场经济中没有人会认为自己的钱已经赚够了，因为赚钱的能力和赚钱的多少，成为衡量人的价值、体现人的声望的基本手段。[①] 在计划经济时代，短缺经济使人有钱也购不到物，货币的价值是有限的。在市场经济之初，有很多农民计划赚几万元（相对于计划经济时代，这是很大的数目）后就安享清福。很快农民们就发现，在20世纪80年代初期所赚的几万元钱数量虽然不小，但接踵而来的购物机会和社会分层引出的高收入话题，使以前尚是奢侈品的手表、自行车、砖瓦结构住房，很快便被淘汰为必需品了，所赚数万元巨款可以购得的当时的奢侈品如摩托车、二层楼房、彩色电视机，也正在成为大众生活的必需品。要安享清福，必须再去赚钱，农民们发现几万元钱远不足以保持自己的荣耀、地位与声望。这一些最早做生意、办工厂的农村精英们首先落入市场经济的陷阱中，被市场经济拖入无休止地向上攀登而没有时间安享清福的境地。对农村精英的访谈可以发现诸多如此例子。

现在的问题是，即使这些先富一步的且后来接受了无休止赚钱热情的农村精英们也很快就发现，市场经济是十分残酷的，它尤其不为农民提供多少机会。农民自20世纪80年代末开始，越来越强烈地感受到了这种机会的缺乏，对于一般农民来讲，外出打工也许是他们唯一正确的选择。

市场经济通过自己的魅力，调动起了农民对金钱的欲望，但并未提供给农民相应的机会，农民便处于一种特殊的痛苦之中。农民的这种处境使他们日渐将追求货币以及具备成功追求货币的能力作为衡量其优秀与否的唯一标准。在今天的农村，可以听到过去历史上从来不存在的这种日渐单一的评价：谁会赚钱，谁就了不起，且令人钦佩。村落文化也不再如过去那样有很多道德的因素，特别是传统道德的因素。何况市场经济为任何一个有赚钱能力的人提供了无尽的机会，他可以不顾村民指责他违背传统道德，第一，他可以认为这些传统道德本身就不道德，是封建的“三纲五常”；第二，

---

① 参见陈庆德：《货币符号涵义系统的经济人类学分析》，《开放时代》2000年第3期。

他可以迁出他目前居住的村落。

换言之，市场经济不仅创造了村民违反传统道德的理由，而且创造了违背传统道德的人可以自由迁出从而逃避指责的机会。一个人违背传统而不受惩罚，其结果必然是群起效之，这就创造了历史上没有过的新问题。传统本身的延续缺乏了内在及外在的机制与合理性。传统正在这种特定时空中经受煎熬。

中国农村实行市场经济的时间不长，十余年时间，传统道德等就并不只是在计划经济体制时代受到政治高压，并在改革开放之初一度反弹（所谓复兴），而是被市场经济抽去了可以继续延续的根基。所有这些方面表现为农民理性化地处理他们与其他人的交往，即所谓人际关系日渐理性化起来。

理性化是资本主义以来的一个崭新现象，主要是理性计算和反思性存在两个方面。所谓理性对感情，即人们的行为并不仅仅是出于一时的冲动，而是经过精确计算的行为，这种经过精确计算的行为，有助于人们在市场经济中获取利润，而冲动的行为大多会失败。“慢慢地，人类习惯于用目的理性做思维和评估事物的准则，并且开始把其周围的环境，包括其他人在内，当作是一种资源及手段，用来达至其个人的目的。”[①] 理性化计算最终计算到人际关系上来，造成了理性化的人际关系与传统的失落之间的表里关系。目前似乎还难以完整地把握“政治运动＋市场经济”所构成的对传统的打击程度及传统的失落与人际关系理性化之间的复杂表里联系，但可以肯定，不考虑市场经济这一农村社会现在及将来都要面对的现实，谈传统的复兴与功能，可能有些文不对题。有些人以农村调查资料来证明传统的复兴或功能，但在今天的中国社会，也许最具有欺骗性的东西莫过于调查资料了。农村社会正处于剧烈社会变迁之中，重要的不是农村的现状如何，而是这种现状如何发展，向何处

---

① 阮新邦：《批判诠释与知识重建：哈伯玛斯视野下的社会研究》，社会科学文献出版社，1999 年，第 72 页。

何方面发展。个案调查尤其难以解决这个问题。因此，在讨论农村现状及传统的命运时，应有足够的敏感性，应捕捉那些有生命力的变动趋向。虽然这种趋向目前并不见得就具有统计上的数量优势。何况如前所述，调查往往是理论选择个案，这有多大的说服力？

关键在于保持对生活的敏感性和对中国现时代所发生的前所未有的大事件——其中最大的前所未有的事件即是市场经济的敏感性，虽然市场经济现在才开了个头。“随着市场经济的开展，商品的排他性和独享性的价值观，配合着工具理性的影响，慢慢侵蚀了人类其他的活动领域，改变了人类行为的模式，同时也模塑了现代人以个人为本位的自我观。”① 现代传媒加剧了这种过程。

作为资源的传统和资源缺乏对人际关系理性化的影响

在应如何对待传统这一问题上，对传统持正面评价的人中，大致又可以划分出两种：一种不仅认为传统具有重要价值，而且欣喜地在农村中发现了传统的大量复兴，以至于出现了学术界所谓的“寻庙运动”。例如王铭铭不仅发现将传统视为落后只不过是一种政治和意识形态的想象，认为传统对于现代化同样具有作用，而且他在闽台地区的调查中，发现了大量传统复兴及传统具有形成经济互助、产生经济性崇拜、操演社会竞争、服务对外融资和地方公益事业，乃至于让农民在剧烈社会变迁中寻求历史延续感和稳定感的诸多功能的例子。② 钱杭在江西泰和的调查，也碰巧发现了诸多宗族发挥正面建设功能的例子。钱杭说：“由宗族文化传统所代表的那种对自身及其所属群体价值的深刻的历史性认同，恰恰是现代商业社会中浮躁短气、急功近利的人们最为缺乏的一种修养和境界。从这个意义上说，当代中国农村宗族的重建和转型，既不是偶然的和

① 阮新邦：《批判诠释与知识重建：哈伯玛斯视野下的社会研究》，第 82 页。

② 参见王铭铭：《村落视野中的文化与权力：闽台三村五论》，第 116—160 页。

随心所欲的，更不是没有意义的。”钱杭等推论说：“汉人宗族的重建和转型，不但有可能导致血缘因素在中国现代农村生活中的作用取得某种新的形式，而且还可能有助于推动并提高乡村社会的自治程度和有序程度”。[①] 郭于华不是通过个案和第一手资料来证明自己对传统功能的正面判断的，她引述说：“如果宗族、亲属纽带与现代生产及交换关系注定是相互排斥的，那么如何解释香港、台湾（地区）和东南亚一些国家的企业家族主义和家族企业的快速发展与高度竞争能力？”“如果亲属群体的解体和亲缘关系的疏淡主要源于其成员的流动和社会关系的重组，由此导致业缘取代亲缘而占主导地位，那么，在改革后的中国，如雨后春笋般出现的、以‘离土不离乡’为模式的乡镇企业，则展示了既无空间位置上的移动，又无人员的整体性重组的独特的乡村工业化道路，在此过程中，亲缘与业缘交织融混，又呈为何种社会关系类型？传统的先赋关系是否依然无可救药地衰落？”基于以上反问和设问，郭于华认为“基于简单进化论观点的一般性概括已经是力不从心了”，“亲缘关系并非没有可能成为一定阶段内具有正面意义的可利用资源”，“现代化过程并不意味着与传统关系的决裂”。[②]

与王铭铭等人可以将观察到的农村传统的复兴与传统正面功能洽合的好运不同的是，学术中的大多数人痛心地发现，一方面，传统不可避免地衰落了，另一方面，传统的衰落造成了诸多问题，如聂莉莉个案中的情况。[③] 这里，聂莉莉等人大多将传统的衰落归于政治运动，特别是“缺少对人民大众世世代代生活在其中的传统的最基本的尊重”。

毫无疑问，关于传统在现代化中可能扮演正面角色，也可以起

---

① 钱杭、谢维扬：《传统与转型：江西泰和农村宗族形态—— 一项社会人类学的研究》，第 307 页。

② 郭于华：《农村现代化过程中的传统亲缘关系》。

③ 参见聂莉莉：《从小传统看儒家文化的影响》，载潘乃谷、马戎主编：《社区研究与社会发展》，天津人民出版社，1996 年。

一些正面作用的评论，应是不成问题的。我比较不同意的是，应如何看待“碰巧”看到的传统复兴的个案，及应如何判断在中国现代化进程中传统的命运。以上诸论的实质，是希望将传统作为中国现代化进程中可资利用的资源来开掘（假若同意在现代化这一成问题的概念下来讨论问题的话）。此方面表现较为明显的，也许还在法学界和经济学界。法学界，梁治平试图“从传统资源再生与再造的角度重新考察民间秩序及其与国家正式制度的关系问题”。[1] 苏力的书名《法治及其本土资源》，便表明了他对传统的立场。

然而，在做出以上对传统命运的判断之前，我以为有两点至关重要：第一，政治运动的打击已成事实；第二，当前实行的市场经济对传统的基础性影响。这两个方面的影响，使得传统本身已面临着彻底瓦解的命运，这是在个别农村所观察到的特殊事实所无法解决的问题。皮之不存，毛将焉附？传统都已不再存在了，如何再来开掘传统的资源？

当然，办法还是有的，即提倡传统。过去是破旧立新，现在是立旧立新。问题在于，旧的传统在已经经受打击以后，还有可能立得起来吗？

也许，要理解立旧的困难的根本理由，还是应从中国农村社会特殊的资源条件中予以考虑。一方面，市场经济的化约能力及提供的使村落开放的机会，破坏了传统赖以延续的基础。更为严重的则是，中国农村过于庞大，使农村社会将在未来相当长时间处于资源紧张状态，这种资源的紧张状态破坏了“立旧”，即发挥传统正面功能，所可能取得经济回报的机会，从而使被提倡起来的传统因无法获得经济回报而难以为继。

比较当前中国大陆一般农村与20世纪下半叶港台地区和新加坡等国家的企业与20世纪80年代以后东南沿海及江浙地区农村的内部经济资源状况，情况也许就明朗了。

---

① 参见梁治平：《乡土社会中的法律与秩序》。

排除政治运动的影响，为什么在香港、台湾受到市场经济冲击时，反而未出现中国大陆一样剧烈的传统的失落？如香港人为何比内地人更加迷信运气，更愿意供奉关公？台湾的传统道德和信仰为何较祖国大陆今天的农村更为普遍？我想可以从资源限制的角度来讲：第一，在 20 世纪下半叶（或东南沿海与江浙地区在 20 世纪 80 年代后）大都处于经济快速增长时期，快速的经济增长提供了充裕的经济资源，这种情况下，传统关系同样可以得到回报，因此，高速增长的经济和高额的经济回报，强固了传统人际关系。同样可以解释在中国香港地区和新加坡所出现的宗族资本主义，以及江浙和东南沿海地区传统人际关系网络在经济发展中的作用。但中国内地多数农村已不具备此种高回报的经济增长可能性了。第二，祖国大陆的传统关系比如宗族，不仅物质层面的东西受到了历次政治运动的有力冲击，而且基本信念也被强力改造。“生在新中国、长在红旗下”的新一代，较港台人民更加缺乏对传统的认识基础。

中国当前的多数农村正处于一个有市场经济却缺少市场机会的困境，因此，传统关系被用来发展经济和处理诸项事务时，往往难以得到经济上的回报，由此造成传统本身延续的困难。举个例子来讲，张继焦对亲缘关系网在家庭资源配置中的特点做了以下总结：“在创业者未成为企业家，不具有任何社会声望的时候，敢于不计较任何风险，给予白手起家者伸出援助之手的，大多是具有血亲或姻亲关系的亲戚，有时是有多年交情的好友。”“Y・K・X 深有感触地说，他与那位资助过他创业资金的好友，一直保持着密切的联系。”① 这里有个前提，第一，敢于资助没有任何社会声望者创业的人，只是小亲族的人，比如兄弟、妻子的兄弟，或特别好的朋友，只在这个小圈子里，人情伦理才起作用，而宗族这种大的传统圈子则很难起作用；第二，若市场风险太大，特别在农村社会，投资的失败会带来严重问题。上述 Y・K・X 的例子是创

---

① 张继焦：《市场化中的非正式制度》，文物出版社，1999 年，第 87 页。

业成功了，因此强固了朋友关系，但若他的投资失败，这种朋友关系还能否存在下去，就会大成问题。

以上只是提供了在中国大陆农村资源缺乏的背景下，“立旧”可能较港台地区或东南亚国家更为困难的一个解释：资源框架的解释。这是一个初步但应有生命力的解释。农村资源的相对贫乏，市场经济体制所提供的欲念、机会与理性计算，及此前的历次政治运动，可能让中国大陆特别是农村出现传统的迅速失落及人际关系更加理性化的后果。这种人际关系的理性化会对农村社会将来的发展造成深远的影响，学术界当然应该重视这种影响。

论半熟人社会*

——理解村委会选举的一个视角

村委会选举无疑是发生在中国农村社会最为抢眼的一道风景线。尽管也有对村委会选举及以村委会选举为核心的村民自治以恶评，但就学术界主流的意见，村委会选举及村民自治不仅构成了重构国家与农村社会关系的基础，而且可能对中国的政治体制改革产生重要影响。笔者以为，无论如何，村委会选举及村民自治是牵涉占中国 2/3 以上人口的农村政治权力和农村基层政治社会运作方式的大问题，学术界应有更多人来研究正在实践中的村委会选举及村民自治这一政策事实。如何理解农村社会的性质，对于理解村委会选举和村民自治这一政策问题，显然具有重大关系。以下试图提出“半熟人社会”的概念，为理解村委会选举提供一个视角。

村的含义及熟人社会

村是一个含义不明的概念。一般来讲，村即农村，与乡结合即为乡社，指农村社会。在地域区划上，乡一般在村以上，诸如乡里。下及村社。从历史上看，村里是农村社会产生以来十分古老的一个概念，历史上一直是以自然村的面目出现的，由于居住原因，可以分为村落、村庄、村寨。随着国家行政管理对农村的全面渗

---

* 本节曾发表于《政治学研究》2000 年第 3 期。

透，村日益纳入国家行政管理的体系，从而出现了行政村的概念。[①]

习惯用法上，村可以与村落、自然村、村庄、行政村乃至今日的村委会相连。村落、村庄、村寨、自然村的含义基本相同，一般南方人习惯于称自然村为村落，北方人习惯称村庄，而山区居民习惯称村寨，均指农村的自然聚居群落。因为文化习俗、居住习惯、外界威胁、地形地貌等的不同，不同地域的村庄聚落形式相当不同。有数千人的大村聚落，也有一家一户的独居单元。总的来讲，过去中国的传统村庄一般为数十人至数百人的中等聚落空间单元，这一空间单元成为村民长期聚居、繁衍的生活舞台。

在这种中等聚落的自然村范围内，由于累世聚居，“每个孩子都是在人家眼中看着长大的，在孩子眼里周围的人也是从小就看惯的”，村民之间彼此了解和熟悉，而成为“熟人社会”。[②] 熟人社会应是理解中国传统乡村至为重要的一个概念。

在熟人社会中，“我们大家是熟人，打个照呼就是了，还用得着多说么？”“乡土社会里从熟悉得到信任。这信任并非没有根据的，其实最可靠也没有了，因为这是规矩。”“乡土社会的信用并不是对契约的重视，而是发生于对一种行为的规矩熟悉到不加思索时的可靠性。”[③] 简单地说，在熟人社会中，一方面，村民与村民之间彼此了解，谁的才干如何、品质如何，大家都了然于心；另一方面，因为大家彼此熟悉，自然而然发生信用及规矩，没有谁会（或敢）越出这种信用和规矩，否则他会受到大家（熟人们）强有力的惩罚。

在熟人社会，事情变得相当有趣，一曰礼治秩序，二曰无讼，三曰无为政治，四曰长老统治。成文法和强权政治似乎没有地位，若村民们选举村干部（假若叫村干部的话），也会自然而然选出大

---

① 参见张厚安、徐勇等：《中国农村村级治理——22个村的调查与比较》，华中师范大学出版社，2000年，导论。

② 费孝通：《乡土中国　生育制度》，北京大学出版社，1998年。

③ 同上书。

家一致认可的那些德高望重的宗族长老。

当然，以上熟人社会是在相当封闭和传统时代的熟人社会，当前中国农村的情况已大为不同。随着市场经济的渗入和经济活动的增多，报刊已在屡屡进行诸如“结婚前应否搞财产公证”的讨论。虽然真正搞婚前财产公证者只是少数，但表示意向时，支持者与反对者各占一半。在当前的中国农村，熟人社会的礼治秩序和长老统治早就解体，自然生出信用的规矩也已不太可靠。唯一比较可靠的是大家相互之间仍是熟人，各自不仅了解对方的才干与人品，而且清楚对方的身家、财产及亲友关系。这种熟人社会已与传统时代的熟人有所不同了。

问题不在这里。“熟人社会”还往往被人凭想象予以滥用。由“村落社会是熟人社会”到“村里社会是熟人社会”和“乡村社会是熟人社会”，即存有滥用的可能。特别是讲“村里社会为熟人社会”，最容易引起误解，因为今天我们所讲的“村”，大都已不指自然村而指行政村了。

规划的社会变迁与行政村的形成

行政村是20世纪初随着现代因素的渗入而逐步由国家构建起来的行政建制，并非如村落一样自然形成。具体地说，20世纪以来，由国家政权推进的现代化运动，越来越需要来自农村的财税支持。为加强对农村资源的汲取能力，并在战争和革命中形塑农民作为一个社会行动集团的行动能力，20世纪以来的各个政权都加强了行政权力对农村社会的渗透和控制。将居民划分到各地域进行控制，是致力于现代化的国家政权加强对居民征税和行为管理的一个基本措施。“行政村”在自然村落之上的形成即是这一努力的成果。

然而，这个“规划的社会变迁”发生得相当缓慢且一波三折，在其进程中，国家可能受益无多。以国民党在1927年至1939年推出“新县制”为例，新县制“确立县以下的区、乡（镇）、保、甲四级组织，十多年里国民党颁布的有关这一变更的法令难以数计，各地方省份亦有自己的独特规章，但建立、扩大和强化对乡村的控制力这条主线却贯穿始终”。因为应对措施不当，“朝令夕改的地方组织仅仅是造成了中国政制上罕见的紊乱状态，在加强对乡村控制方面也走上了希望的反面”，“30 年代基层组织中的乡（镇）、闾邻与保甲往往同时并存，组织上既有重复与扞格，亦造成了人力财力的分散”。①

例如，在 20 世纪 30 年代的冀鲁西北平原上，村庄权力的结构仍然根植于自然村和宗族组织，异族纷争及村庄与外界的交涉，大都由村内各族领袖组成的董事会协商处理，村内各姓自成一牌，有首事或会首。无论是南京政府推行保甲，还是日本占领者推行闾邻制度，都不影响这个实质结构。② 再以冀东为例，河北省于 1928 年初成立村政研究委员会，按照南京政府的法规，结合本省实际，制定与颁布自治规划条例，并按此重新划分区域，对旧基层政权进行整顿，实施县、区、乡、闾、邻制计划。1929 年，冀东各县组织编村委员会，改清代的堡为区，设区公所，村编成乡，是为小乡制。编乡以户数为基本单位，满百户之村编为一乡。不满百户之村，选邻近两个或数村合并为一乡，以其中的大村为主村，并在此村设乡公所，余者为附村。由主村出乡长 1 人，附村各出乡副 1 人。③ 换句话说，小乡制是建立在自然村的基础上的，这种乡制无力改变自然村这个基础性的权力结构。直到 1941 年以后，在日伪政府的强力推行下，自然村落制才基本上被新的大乡制取代。④ 在河南，30 年代“建保甲活动的轰轰烈烈，并未触动许多基层乡村原有的权力

---

① 张益民：《现代化变迁中的土地改革》，载许纪霖、陈达凯主编：《中国现代化史》，上海三联书店，1995，第 455 页。

② 参见黄宗智：《华北的小农经济与社会变迁》，中华书局，1986 年，第 57 页、第 247 页。

③ 参见魏宏运主编：《二十世纪三四十年代冀东农村社会调查与研究》，天津人民出版社，1996 年，第 27 页。

④ 参见杜赞奇：《文化、权力与国家：1900—1942 年的华北农村》，第 150 页。

结构，在这些地区，绅士或土劣仍然主宰地方，建保甲只意味着应对上司，基层政治组织的形变而质不变”[①]。换句话说，虽然推行了保甲制度，但权力运作的基础仍然在自然村一级。以自然村为单位的权力结构依然主宰农村当时的局面。在华南，新中国成立前，“在融合型的村落中，血缘共同体和村落社区是同一的，所有权利都集中在同一宗族中”，“在联合型的村落，村落政治权利分散在不同的宗族手中”[②]。

王沪宁认为，自 20 世纪以来，村落家族文化即处于历史性消解之中，尤其在 1949 年以后，新政治的冲击力量可谓摧枯拉朽。经过努力，新政治在农村大体形成了完整的新的政治结构：行政村、村委会、村支部。[③]

新中国成立后，行政村的形成也有一个过程。1949 年至 1950 年底，解放战争尚未结束，土地改革正在进行中，农村基层组织建设与土地改革密切相关。一个地区一旦得到解放，迅即便由解放军派工作队到农村帮助建立农民协会，农民协会代替国民党的保甲组织成为名副其实的基层政权组织。在成立农民协会时，一般以国民党时期保甲两级为单位，甲大致与自然村相当。

1950 年 12 月和 1951 年 4 月，政务院分别颁发《乡（行政村）人民政府组织通则》《关于人民民主政权建设工作的指示》等一系列法令，依据这些法令，我国农村普遍建立了区、乡（行政村）人民政府。从当时的情况看，我国农村基层组织体制存在两种情况，一种是区村两级政府体制，另一种是区乡建制，即在县以下设立区公所，在区公所以下设立乡政府，在村一级不再设立政权。为了管理的方便，当时实行的是小乡制，平均每乡人口在 1000 到

---

① 朱德新：《二十世纪三四十年代河南冀东保甲制度研究》，中国社会科学出版社，1994 年，第 190 页。

② 麻国庆：《家与中国社会结构》，文物出版社，1999 年，第 106—108 页。

③ 参见王沪宁：《当代中国村落家族文化——对中国社会现代化的一项探索》，第 147—159 页。

3000 之间。

1954 年通过第一部宪法后，以前的乡、行政村统称为乡，并成为主要的农村基层政权，其下设行政村体制，它更多地与人民代表的选区复合，缺乏独立性，此时的行政村设正副村长，由乡人大代表或乡人民委员会委员兼任，在行政村之下，按自然村设居民小组。这种行政村的社会职能当时并不明确，实际上是乡政府的辅助机关。

尤其值得重视的是，1954 年，内务部在《关于健全乡政权组织的批示》中规定："乡以下应根据不同情况划分工作单位。一般可以自然村或各选区为工作单位，必要时在自然村或选区下亦可规定若干居民组；人口聚居集中的乡，乡人民政府可直接领导居民组进行工作；地域辽阔，居民分散的乡，乡以下可由若干自然村分别组成行政村"，行政村下按自然村划分居民组进行工作。可见，行政村的划分是以国家对农村社会控制的需要为依据的。总的来讲，到此时为止，行政村一级的职能仍然不很明确，行政村是国家控制农村社会的基层政权（乡镇政权）和居民单位（自然村）之间的一种补充形态。

真正凸显行政村功能的是农业社会主义改造。从 1953 年到 1956 年短短三年时间即基本完成了农业的社会主义改造，96.30% 的农民参加了合作社，其中参加高级合作社的农户占总农户的 87.80%，高级社的规模较大，其区划与行政村基本吻合。由于农业合作化过程中，存在要求过急、工作过粗等偏差，1956 年底至 1957 年春，各地不同程度地出现了"退社风"。为了实现合作化和防止退社风的蔓延，作为合作经济组织的农业生产合作社逐渐越俎代庖发挥了区划层次的功能，并使行政村逐渐与合作社合并，"社管理委员会行使村的职权，反过来说，村行政组织同时也管理合作社，政社合一"[①]，村级组织开始形成拥有土地及其他农业生产资料

① 张乐天：《告别理想：人民公社制度研究》，第 65 页。

的一级经济和社会单元。

作为“规划的社会变迁”的后果，行政村逐步替代了传统自然村的一系列功能。过去的教育（私塾）一般建在自然村，现在则被行政村的村办小学所替代；过去的收成分割和生产管理大都在自然村范围内完成，现在则有行政村参与进来；尤其重要的是，过去自然村大都是相对独立和自主的，现在自然村成为行政村下面的居民组，行政村有权任免或安排居民组的负责人；而民间纠纷的调解，居住安全的保卫，也有越来越多行政村的因素。村民的活动和影响村民的因素，越来越向行政村一级聚集。这样一来，对村的研究，便不可忽视行政村或村委会这一级了。

半熟人社会的性质

行政村是否也是熟人社会？的确，行政村内不过千把号人，依然相互认识，见面打招呼也不需多余的语言，大家具备相同的地方性知识。但是，行政村的熟人已相当地不同于自然村的熟人。自然村的熟人因为拥有村落共同的生活空间，而相互知底知根，行政村作为规划的社会变迁，虽然拥有相同的行政空间，却可能缺乏共同的生活空间，村民们是在本自然村内串门、拜年、办红白喜事，在本自然村内举行各种仪式，进行诸种游戏的。结果，行政村虽然为村民提供了相互认识的机会，却未能为村民之间提供充裕的相互了解的公共空间。

对于这类行政村，不可以称为“熟人社会”，却可以称为“半熟人社会”。除了村民之间的脸熟之外，行政村毕竟提供了相当的公共空间，这些公共空间为村庄精英提供了活动舞台。在此舞台上，村庄精英的充分表演，使村民迟早会认识到这些精英的方方面面，也就成为村民们的真正熟人。通过行政村的舞台，村庄精英成为行政村的公众人物。在一个行政村范围内，不仅村民之间相互“脸熟”，而且共享一些公众人物，便构造出了一个“半熟人社会”

的框架。

若将当前的行政村（村委会管理范围）理解为“半熟人社会”，还应将当前的行政村与传统村落社会和人民公社时期的生产大队及生产队体制相比照。

比照传统村落社会，核心问题已如前述，在20世纪初“规划的社会变迁”发生之前，村落本身是一个更为完整的实体性单元。某种意义上村庄即构成了村民生活与生产的全部（自给自足）。村庄在传统社会中是“实体性”的。随着行政村体制的建立，村庄虽然依然为村民的生活乃至生产单元，但已有越来越多的关系在村庄一级虚化，而向行政村一级集结。

农村新政治结构的形成绕不过人民公社。人民公社体制真是一种特殊的体制。一方面，人民公社是最为典型的“规划的社会变迁”，其对传统农村社会的破坏是相当彻底的；[①] 另一方面，人民公社在某种意义上是强化了而不是削弱了自然村作为熟人社会的这一重要特性。人民公社“三级所有、队为基础”，在户籍制度的限制下，队（自然村）成为村民的生产与生活单元，较过去而言，生产队为村民提供了更大相互接触的空间及相互接触的理由（因为共同生产而更加利益相关）。

构成人民公社时期生产队内相互联系机制的，主要有以下一些：第一，集体生产不仅增加了村民（社员）之间的接触机会，而且使村民之间利益相关。第二，生产队存在健全的队干部结构，即一般都设有生产队长、副队长、会计、出纳、党小组长、贫协小组长、妇女组长、民兵排长等职位，存在严格意义上的队委会。健全的生产队组织的存在，不仅提供了管理全队的能力，而且因为生产队干部与村民利益相关，而使生产队干部的选举（或安排）成为村民关注的焦点。第三，由于共同生产、统一分配、集体活动（如频繁的开会）和户籍制度对村民自由迁徙机会的限制，使村庄建立起

① 参见张乐天：《告别理想：人民公社制度研究》，绪论。

了强大的舆论力量，违背村民集体意愿的行为大都会受到加倍的惩罚。强大的舆论力量不仅形塑了村民的一般品格，而且为形成熟人社会中的规矩和信用提供了保障。第四，集体生产和舆论压力带来了集体生活。集体生产不仅为村民议论东家长西家短提供了机会，而且带来了共同的人情压力。就笔者调查，人民公社时期，赶人情不仅未在移风易俗的号召中减少，反而有了新的增加。

构成对自然村（生产队）彻底破坏的是家庭联产承包责任制。家庭联产承包瓦解了生产队的“实体性”，而将生产权力转让到村民家户，将社会及行政权力上收至村委会。村委会作为农村基层组织，不仅具有健全的机构，独立的法人地位，而且选举村干部正是在这一级展开的。在生产队（自然村）一级，生产队不再是一级生产单位，健全的队干部结构也不再有存在的必要。人民公社体制解体后，生产队改称村民小组，恰如其分地表达了自然村（村民小组）一级的实际情况。在当前中国绝大多数农村，村民小组大都仅有一名不再有实权的村民小组长。

村委会在逐步实体化的过程中，从不曾也不可能将自然村的功能全部收上来。人情世故依然多在自然村内部发生，聚落内部的文娱活动、公共事业依然大都在聚落内发生。而且较过去人民公社体制，村委会与生产大队相比（因为村委会大都由生产大队演变而来），第一，村委会因为大都不再承担组织生产的功能，过去生产大队经常共同生产与建设所可以为村民提供的相互接触机会大大减少；第二，由于对人员流动控制的放松和家庭联产承包责任制所导致的村民剩余时间的增多，使村民有了更多向外发展的时间与空间。常年在外打工做生意，使村民之间更加缺乏相互接触的时间与空间。因此，当前的村委会一级较生产大队而言，更加具有“半熟人社会”的特征。由于“规划的社会变迁’和真正现代因素的输入，现在的乡土社会越来越不同于传统的乡土社会了。

总括以上所述，在越来越多的功能与活动向行政村一级聚集的同时，却并未创造出村民足够的跨出自然村进行交流与沟通的机会，这样一来，行政村便越来越有脱离村民而成为上层建筑的迹象。以前在自然村一级，规矩大致是自然发生的，道德具有强大的约束能力，村民必须遵守村中规矩和信用，统治村庄的长老也必须遵循传统和赢得村民的信任。而村中的规矩大家都是一致同意的，没有反对意见存在，也不会有反对意见存在的空间，这不是来自压服或民主，而是来自长期共同生活所拥有的经验与深信不疑的信念。这样可以构建起一个和谐而稳定的熟人社会的秩序。而在当前的行政村中，村民之间并不完全熟悉，他们知道谁是张三、李四，但并不一定说得清张三、李四的家庭情况，也不大摸得准张三、李四的脾性。村民之间的相互不了解和不太信任，造成了形成一致意见的困难。在关于行政村一级的事务上，西边自然村与东边自然村的人就往往生出不一致的意见来，这种意见有时是因为利益倾向的不同，如都希望肥水先流自家田；有些是因为相互不了解造成的，伯乐相出的千里马，更多是自己身边的人；有些是相互之间不太熟悉造成的胆大妄为，因为舆论无法构成对他们的足够压力，等等。

换句话说，在半熟人社会中，村民之间已由熟识变为认识；由意见总是一致变为总有少数反对派存在（或有存在的可能性）；由自然生出规矩和信用到相互商议达成契约或规章；由舆论压力到制度压力；由自然村的公认转变到行政村的选任（或委任）；由礼治变为法治，由无讼变为契约，由无为变为有为（做出政绩才能显出能人本色），由长老统治变为能人政治。一句话，由于行政村功能的突出，在行政村这个半熟人社会中，村民的行为环境与行为方式发生了巨大的变化，不理解这种变化，就难以理解在行政村一级发生的事件，比如说选举村干部这一焦点性事件。

半熟人社会的选举

之所以讲村委会选举是焦点性事件，是因为现在行政村一级已聚集起强大功能，村干部的安排与行为会对村民有重要影响，村委会选举牵涉到村民的根本利益，村民因此关注村干部的选举，并因这种关注，而将种种现在和潜在的关系网络动员起来，参与村干部的竞争。

如前所述，行政村是一个半熟人社会，村委会选举作为发生在行政村一级的焦点性事件，正可以折射并牵扯出村委会半熟人社会的特征。同时，村委会半熟人社会的性质，也会为村委会选举的状况及其进路打下独特的烙印。总而言之，村委会选举与村委会半熟人社会的性质之间存有密切关联性。

对村委会特性做具体展开，而不是以对传统村庄的想象来把握中国乡土社会的特性，是一项具有挑战性的工作，理解村委会的特性，尤其对于理解村委会选举具有重要价值。在行政村这样一个半熟人社会中，选举具有以下一些重要特征：

第一，村级公众人物与村级能人之间存有距离。在当前的乡村社会中，传统的社会公众人物如宗族头人、乡绅、大土地所有者等均已不再存在，而市场经济的发育仍不完善，经济分化不太明显，加之少数先富起来的村民已搬到城市居住，在大多数农村中，构成村民都比较了解的公众人物的，只是在任或历任村干部，除这些村干部以外，很少有村民的为人品格与行为能力会被全村村民有较为一致的了解。在村委会选举中，各村民小组都选本组能人当村干部，结果谁的得票都不多。最终，那些即使不受村民欢迎的在任村干部在“海选”提名时，也大都能以相当领先的得票率成为村委会正式候选人。那些各村民小组推出来的农村能人虽然在本村民小组范围得票遥遥领先，在全村范围内计票时，却无法进入正式候选人的行列。半熟人社会变得保守起来。

与此相反的是，在村民小组内选举村民小组长时，村民因为相互之间甚为了解，大都可以将他们不满意的组长选下去，而将他们认为适合的组长选上来。虽然很多时候这些被选上来的组长并不愿意当组长。

第二，地缘因素成为影响选举的重要一维，宗族也往往借地缘因素来表现自己的影响力。村委会一般是跨自然村的，不同的自然村会有不同的公共工程要求。诸如修路、架桥等事在不同自然村之间有不同的收益计算。因此，选村干部并由自己选上的村干部在安排公共工程、反映村民意愿方向向本地缘倾斜，就成为理所当然的事情。与本地缘（本自然村或本片）的人更为熟悉叠加起来，地缘因素成为影响选举的重要一维，在候选人条件大致相当的情况下，本自然村人（或本片人）选本自然村人（或本片人）成为大多数农村选举中的事实。

宗族往往是地缘与血缘的叠加，即使在宗族意识已经弱化的地区，因为同姓人住在同一个自然村，而表现出更愿意选本姓人的倾向。有时是宗族因素加强了地缘的影响，有时是地缘利益演变为宗族势力抬头的假象。

第三，村民之间的信息存有阻隔，这种阻隔为不实许诺或蝇头小利发挥作用提供了可能。在半熟人社会中，村民并不了解全村人中谁更适合或更有德才来当村干部，除非过去的村干部的确已被证实具备或不具备此种德才，村民难以判断其他人是否具备当村干部的德才状况。这种阻隔使村中一些本身不具备此种德才之人可能会通过种种办法来迎合村民，或让村民看到不实许诺或得到一些蝇头小利，或利用亲戚、朋友、同学等关系上门做工作，来达到他们的目的。村民在对谁也不太了解的情况下，便丧失了自己的判断能力，而以关系而非德才状况来选择村干部。此外，因为存在信息的阻隔，就为流言提供了市场。诸种攻击性的谣言，引起村民强烈兴趣且严重影响村民行为的大小字报等，大都会在选举前不期而至。

第四，村民缺乏约束村干部的办法，反过来村干部也缺乏约束村民的办法。一方面，半熟人社会使村民之间更难形成共同体意识，以为村里的事情不说与自己无关，也与自己关系不大。便造成了任由村干部们去挥霍，而村民大都持无所谓态度（当然，他们也会心愤难平）的现实，由此缺乏对村干部的舆论压力。另一方面，半熟人社会也使村干部难以获得约束村民的能力。最简单的是，若有村民不交村提留，一般村民会认为与己无关，即或有关，也是他们想：别的村民可以不交提留，我为何要交提留？所谓交提留只是对村集体负责的一个基本表现，当前农村普遍存在村提留难收的问题，除与农民负担太重有关以外，还与这种村民缺乏对村集体的自我认同感从而对破坏村集体利益之事持无所谓态度的状况有关。疏离的共同体意识不能构成对违规者的强大压力，从而使村干部失去了最可用的管理社会的手段。

相反，在自然村内，如修族谱等事，一般无人反对，系存在强大的熟人社会的压力。

第五，可能造成村民政治参与效能感的弱化。在半熟人社会中，村民登高一呼，往往只可以得到本村民小组或本宗族人的支持，而难以得到其他村民的响应。相关地，村干部即使在村中不得民心，他也或可以得到少数人的支持，而显示出巨大的能量。如此往返，村民的政治参与积极性便会大打折扣。

综上所述，行政村半熟人社会的性质在造成公众人物，形成选举局面，保证选举反映民意以及防止选举舞弊等方面，都会与熟人社会的选举有相当的不同。因为公众人物的缺乏，除在任和历任村干部选下去，选举后，村民却发现他们又莫名其妙地将原任村干部选了上来。各自然村的村民之间因为缺乏了解，不仅很难在选出一位一致同意的村干部上面达成共识，而且容易丧失投票选举的政治效能感。经过选举，村民很快便会发现，“仅仅我投票选谁有什么作用”这一现实问题。在这一现实考虑之下，认真负责进行投票的村民会想，“与其我投自己认为满意的人的票而他又不可能当选，不如我选自己虽然不太满意，但更可能当选者的票，免得我所投一票浪费掉了”。进一步他会想，“与其我不能选出自己满意的人，不如不去投那么一票”，干脆放弃选举投票的权利。这样一来，除少数公众人物以外，一般村民反而较以前的任命制更少有当选村干部的机会，即使村民普遍对现任村干部不满意，其结果也大多如此。笔者在调查中发现，有意思的是，现任村干部大都并非是由公众人物而成为村干部的，而是因为过去被乡镇任命为村干部而成为公众人物的。这种情况不仅使选举不能反映民意，而且造成了选举本身的沉闷局面，历经几次选举，村民便会丧失将那些他们不满意干部选下来的信心，认为选举是“玩假的”。在行政村范围内，不公平竞选，不实许诺，以利相允，都会成为影响选举公正本身的因素。

解决“半熟人社会”缺乏公众人物的办法，成为解决村委会选举中村民容易丧失政治效能感的前提。而要形成公众人物，其办法就是给具有成为公众人物潜质的村民以在全村登台表演的机会。构成此种机会的主要渠道是竞选。竞选不仅可以给一般村民成为公众人物的机会，而且可以形成强烈的村民与村干部之间的互动，有助于形成村民与村干部之间的信任关系。

竞选亦可能成为问题。因为农村社会并非我们前述假定的可以排开地缘利益和宗族利益（即小团体利益）的，这样，竞选就可能演化为小团体的利益之争。在有限的程度下，小团体的利益之争有益于选举本身的健康发展，因为个人总是生活在社会网络中的。在传统农村，宗族往往是村民最为重要的社会网络，考察宗族与选举的关系当然是非常重要的，这需要另一个专题来讨论。

结　语

半熟人社会的概念不仅仅有助于理解村委会选举。只有将半熟人社会这一概念定位于熟人社会和公众社会之间才可以有更多的理解空间。仍然以选举为例，半熟人社会的选举大大不同于熟人社会的选举了，例如，在熟人社会中，大抵不需要进行竞选，也很少有拉票的空间，别有用心或德才较次者，很难在熟人社会中有当选村干部的机会。但在半熟人社会中，竞选应是较为公正选举的前提，因为地缘因素加入选举过程，使选举更容易受到地缘、宗族、姻亲乃至朋友、同学、同业者等支持者的分化组合，而发生戏剧性的变化。往往是参加选举或支持参选一方者的个人所拥有的特殊的人际资源状况，决定了选举结果。当真正竞选展开后，在行政村这一半熟人社会中进行的选举往往具有戏剧性和偶然性，熟人社会中一般不会存在的谣言，在半熟人社会的选举中大都会广泛流传。换句话说，在熟人社会中的选举，大都没有“谋划”的容身之地，亦不存在竞选艺术发挥作用的空间，但在半熟人社会中谋划选举和竞选艺术都有了萌芽。

公众社会的选举与半熟人社会的选举相似而不同。公众社会的选举更依赖于竞选宣传和诸种次生结构，如竞选班子、政党、临时性的团体。在国家一级的竞选中，若已建立起规范的竞选制度，选举可能会较为顺利且正常。但在刚建立竞选制度不久的国家，选举就可能演变成谁更有金钱购买舆论或谁有一个更为诱惑选民的政纲。这种选举可能让一些不良势力走上政权舞台。

在非国家的公众社会的选举中，比如在乡镇等地方性选举中，选举可能为黑金政治提供市场。黑金政治并不一定是通过威胁，而是通过造谣来误导选民，以为己谋利。黑金政治与作为半熟人社会的村委会选举中的大小字报有些相似之处。不同的是，在公众社会中，因为一般选民完全依赖外界传递有关候选人的信息，而为某些候选人组建专门的班子，谋划以黑社会势力造谣，以金钱利诱等获取选票的不良勾当提供了空间。

从以上意义上讲，在一个缺乏民主传统和选举规范的社会中，将选举由熟人社会推到半熟人社会再推至公众社会时，一定要格外慎重，这里面的选举有着质的不同。

半熟人社会的概念在理解村级治理中的其他事项时，也如理解村委会选举一样有效。如理解村级公共工程建设，或者村干部行为等。

行政村本身是规划的社会变迁的产物，反过来，理解行政村又成为进一步规划社会变迁的前提。当前行政村一级承担着诸多关键而又基础性的功能，如何理解行政村本身的性质，并把握这种特性下村委会选举诸事项，对于中国现代化事业是不可或缺的。

半熟人社会与直接选举*

——兼论乡村选举的发展路径

自从 1988 年《村组法》试行以来，中国农村以直接选举为基础的村民自治实践已有十多年时间了。虽然村委会选举只是社会民主的一部分，但因为村委会选举的广泛性和村民自治实践本身的重要性，而引起学术界的关注，这种关注有时表现得异乎寻常。早在 1987 年通过《村组法》试行令之前，当时的全国人大常委会委员长彭真即讲："有了村民委员会，农民群众按照民主集中制的原则，实行直接民主，要办什么，不办什么，先办什么，后办什么，都由群众自己依法决定，这是最广泛的民主实践。他们把一个村的事情管好了，逐渐就会管一个乡的事情；把一个乡的事情管好了，逐渐就会管一个县的事情，逐步锻炼、提高议政能力。"正因如此，有人乐观地预计民主选举乡镇长以至县长很快就要提到议事日程上来，[①] 还有人认为，村民委员会选举已经为进行县（市）长的直接竞争性选举乃至更大规模的非政党式竞争选举打下了实验的基础。[②] 也有人对村委会选举持怀疑乃至反对态度，更不用说对于乡镇长的竞选了。党国英认为："因为贿选成本低廉，金钱政治将广泛存在；家族势力乃至地方恶势力也容易影响选举活动。"[③] 王思睿则挖苦说："也有一些同道者对农村基层的'群众自治'赞不绝口，殊

---

* 本节曾发表于《中国农村研究》2001 年卷，中国社会科学出版社，2002 年。

① 参见郑宇硕：《选举制度的改革》，《中国国情国力》1999 年第 2 期。

② 参见崔之元：《"混合宪法"与对中国政治的三层分析》。

③ 党国英：《"村民自治"是民主政治的起点吗？》，《战略与管理》1999 年第 1 期。

不知它的真实运行机制是‘群众专政’的延续，它的理想模式也不过是英美政治民主化、行政专业化之前19世纪地方自治低级版本的拙劣翻版。”①

抽象谈论村民自治和村委会选举的好坏不能解决问题，不加论证地说村委会选举会向乡镇乃至县市扩展似乎也不能让人信服。必须将村民自治和村委会选举放置在国家宏观经济社会背景和政治体制背景下，从村民自治本身的运作和遭遇选举的乡村社会本身的性质进行考察。以下主要从村庄性质的角度，来讨论乡村选举的可能性及其发展路径。

作为半熟人社会的村委会

1．自然村与行政村的比较

行政村是否是熟人社会？一般来说，行政村不过1000多人，大家相互认识，见面打招呼不需多余的语言，且具备相同的地方性知识。行政村作为规划社会变迁的产物，为村庄精英提供了活动舞台。在此舞台上，村庄精英的充分表演，使村民迟早会认识到其方方面面，也就成为村民们的真正熟人。通过行政村的舞台，村庄精英成为行政村的公众人物。不过，行政村的熟人相当不同于自然村的熟人。在行政村，村民拥有相同的行政空间，却可能缺乏共同的生活空间，村民们是在本自然村内串门、拜年、办红白喜事，在本自然村内举行各种仪式，进行诸种游戏的。然而行政村为村民提供了相互脸熟的机会，却未能为村民相互之间提供充裕的相互了解的公共空间。在一个行政村范围内，村民之间相互脸熟且共享一些公众人物，便构造出了一个“半熟人社会”的轮廓。

在自然村一级，规矩大致是自然发生的，道德具有强大的约束能力，村民必须遵守村中规矩和信用，统治村庄的长老也必须遵循

---

① 王思睿：《现代化与人类文明主流》，《战略与管理》1999年第2期。

传统和赢得村民的信任。而对于村中的规矩，大家都是一致同意的，没有反对意见存在，也不会有反对意见存在的空间，这不是来自压服或民主，而是来自长期共同生活所拥有的经验与深信不疑的信念。这样可以构建起一个和谐而稳定的熟人社会的秩序。[①] 而在当前的行政村中，村民之间并不完全熟悉，这种不熟悉造成了达成一致意见的困难，如在关于行政村一级的事务上，西边自然村与东边自然村的人就往往生出不一致的意见来，这种意见有时是因为利益的不同；有些是因为相互不了解；有些是相互之间不太熟悉造成的胆大妄为，等等。正如本书前文所述，在半熟人社会中，村民之间已由熟识变为认识；由意见总是一致变为总有少数反对派存在（或有存在的可能性）；由自然生出规矩和信用到相互商议达成契约或规章；由舆论压力到制度压力；由自然村的公认转变到行政村的选任（或委任）；由礼治变为法治，由无讼变为契约，由无为变为有为（做出政绩才能显出能人本色），由长老政治变为能人政治。一句话，由于行政村功能的突出，在行政村这个半熟人社会中，村民的行为环境与行为方式发生了巨大的变化，不理解这种变化，就难以理解在行政村一级发生的事件。

2．半熟人社会的特征

村委会这一带有半熟人社会性质的农村社区群众性自治组织，是随着国家政权对农村社会的逐步渗入而形成的，从选举的角度，它具有以下三个主要特征。

（1）自然村的生活空间

在自然村的功能逐步向行政村转移时，村民的生活空间依然大多局限在自然村内，诸如人情交往、生活娱乐、经济互助等等，大都发生在自然村范围之内。不仅如此，在自然村内，每个人都融入到本自然村村民共同的关系网络，在这个网络中，所有村民都相互

① 参见费孝通：《乡土中国》，生活·读书·新知三联书店，1985 年。

之间构成熟人交往的网络，也因此每个人都构成了自然村其他相互熟悉人的部分。在选举时，以自然村为单位的地域因素往往成为影响最为重要的一维，这一地域因素若与宗族因素结合起来，往往成为决定村委会选举的唯一重要力量。

自然村构成影响村委会选举的力量，大致与三个方面的因素有关：第一，同一自然村往往有着共同的地域利益，比如水利设施和乡村道路在村内不可能平均分布，先修后修，如何修，成为表达自然村利益的典型提问方式；第二，在自然村内共同生活，每个人都成为其他人的熟人，这样的熟人社会提供了每个人行为的道德与舆论压力，没有特殊的理由，同一自然村的人更愿意选择本自然村的人当村干部；第三，当村民对在任村干部不满意时，他们首先在自然村这一最为熟悉的范围内考虑是否有自己认为适合当村干部的人。

当村民不仅有强烈的地域意识，而且宗族因素也围绕地域进行分布，且在地域范围内有着适合当村干部的乡村能人时，村干部的地域或姓氏分布就成为影响村庄治理的重要方面，这时候，不考虑村干部的地域分布的平衡，村委会选举很可能得不到其希望达到的效果。

（2）村干部与村民面对面的交往

在村委会一级，因为村民小组本身功能的弱化，村干部越来越多地介入村民的生活生产之中，诸如外出建设、村内抗旱、收粮派款、计划生育和纠纷调解，无处不有村干部的身影，这就为村干部提供了一个广泛与村民面对面交往的机会。特别是村中的主职村干部，如村支书、村委会主任和村会计，不仅与村民有着广泛的接触机会，而且这种接触大多是深度的面对面的接触。这样一来，只要当上村干部，很快便与村民建立起广泛的联系，并因此成为村中公众人物。

与村民广泛的面对面的接触，使村干部成为村中的焦点人物，若村干部的品行不端，或能力不足，他很快就会被村民识破，在下次选举时，许多村民就不再选他当村干部。不过，若在任村干部担心自己在下次选举中落选，他可能采取两种策略，第一种策略为伪善，这种策略在面对面接触时间不长时可以起些作用，时间长了就会被村民识破。第二种策略为对部分村民施以小恩小惠，从而收买部分村民。他还可以获得传统的亲缘朋友关系的支持，有时还要加上地缘和宗族关系。若他可以获得这些支持，他便可以在选举时胜券在握。

他之所以收买部分村民就可能在下次选举中胜券在握，正在于他与村民之间广泛的面对面的接触，使得他成为乡村中的公众人物，其他一些村中能人因为缺乏在行政村范围内表演的机会，而难以成为村庄公众人物。

（3）村民之间存有信息阻隔

村民的生活空间主要在自然村内，不同自然村的村民可能相互认识，但并不熟识。在自然村中，每个村民的品性脾气、才干能力、社会关系等，都为其他村民所熟知。谁好谁坏，一目了然。在不同自然村中，村民之间存有信息阻隔。见面都熟，人也认识，但这些面熟和认识并不构成村民之间的深刻交往与了解，更不了解在这背后的其他自然村的人际交往。在行政村内，相邻自然村之间有更多的相关利益空间，比如同一条水渠，同一个电网。有时不打不相识，相邻两村的人也容易为争水争路发生矛盾乃至打斗。有时是同一个管片干部带来相邻自然村的村民小组长的共事与合作等等。

因为自然村之间存有信息阻隔，每个自然村就不仅分享不同的人情礼俗空间，而且分享不同的公众人物。在村民小组（自然村）内，有一些村民公认的精英能人，他们在村民小组内说话办事有人听，村民也愿意让这些人来调处自己的矛盾，解决自己的困难，分享自己的喜悦。在自然村的精英与村民之间，互惠的交换不仅存在，而且普遍。精英乐于从村民中获得面子，村民乐于请精英给自己帮忙。在面子的竞争中，有少数人成为全自然村公认的自然村级精英。

但这些在面子竞争中获得成功的自然村级精英大多难以成为行政村级精英，因为其他自然村也有自然村级的精英人物。只有当这些自然村级的精英人物的活动范围跨出了自然村界，而渗入到行政村的范围，他们才能在众多自然村级精英人物的竞争中成为更大范围的公众人物。在传统农业经济条件下，很少有人能够跨出自然村而将个人影响力扩展到全行政村，因为他缺少跨出自然村的理由。在农村经济社会分化较为严重的地区，少数经济精英有可能以自己经济上成功的奇迹激励所有行政村的村民，他也有实力让那些原本与自己竞争的自然村级精英人物拜倒在自己的脚下。他终于可以成为行政村级公众人物了，不仅本自然村的村民熟悉他，而且全行政村的人都在议论他、佩服他、敬畏他。

（4）小结

作为半熟人社会的村委会的以上三个特征是相互关联的。正是自然村的生活空间，使村民限制在自然村内，这个自然村中逐步竞争出了一些内部的精英人物。自然村的生活空间，使不同自然村之间的村民信息存有阻隔，一方面，不同自然村的村民之间相互不很了解，另一方面，不同自然村的村民享有不同的村庄精英或公众人物。在村庄公众人物的竞争中，只有极少数人可以在成为自然村的精英之后再跨出自然村而成为村委会一级的公众人物。

与普通村民跨出自然村的艰难相比，行政村的干部因为与村民面对面交往的性质，而自然而然成为村庄公众人物，村民不得不、不能不去了解村干部特别是主职村干部们。在行政村的范围内，村民有足够可靠的信息去了解村干部的底细，观察村干部的言行，他们可以去找村干部的麻烦，开村干部的玩笑，向村干部反映困难、进行要挟，等等。总之，在行政村范围内，无论是出于什么原因担当了村干部的职务，他很快就进入一般村民难以跨进的村庄公众人物系列，特别是在从事传统农业的农村，村干部甚至成为唯一的村庄公众人物，不同的只是有些在任，有些已经离任。有些地方在村委会选举之前，村支部先安排一些中意的村民作为后备干部试用，就可以大大增加这些被试用村民当选村干部的机会。

村民小组长介于自然村精英与行政村公众人物之间。经常参加村组干部会议，让村民小组长有了更多熟悉全村事务的机会，也有了让更多村民了解他的机会。因为开会机会的增多，交往范围的扩大，他可能会在全村有选择地参加人情循环，比如村组干部在春节相互拜年吃喝，在婚丧嫁娶时互相“抬庄”，等等，最终，优秀的村民小组长不仅可以在传统行政任命的时代开辟向村干部跃升的道路，而且可以在选举的时候获得比普通村民更多的机会。

村中党员往往不仅有着光辉的过去，而且也有如小组长一样多的参加会议的机会，因此，村中党员也有成为村庄公众人物的机会。在当前实行村民自治条件下，村民代表会议制度逐步健全，村民代表的作用受到重视，因此，村民代表也有了更多成为村庄公众人物的可能。

村庄地痞也可能成为村庄公众人物，假若他的坏名声足够大的话。不过，村庄地痞的公众人物身份除了可以为其带来他们需要的村民的畏惧感以外，一般不能带来面子。也因此，村民除非在选举中受到威胁，或地痞有了特殊的智慧，村民一般不会选地痞来当村干部。

村委会选举

村委会选举可能是当前中国最大规模的政治性活动了。每三年一度，数亿农民通过投票来选举村干部，而在任的村干部和非在任的村庄精英在迎接村民选举时或志在必得，或诚惶诚恐。特别是1998年《村组法》正式颁布实施以后，村委会选举运作良好，不仅进行了真正的依据民众意愿的选举，[①] 而且在已进行选举的地区，

---

① 最为典型的是全国大部分在1998年前后进行选举的省、市、自治区都制定了严格细致的《村委会选举办法》，其蓝本是吉林梨树人创造的著名“海选”模式。

农村社会出乎意料地平稳，并未出现在正式通过《村组法》之前很多人所担心的“真正选举会带来农村社会混乱”的后果。

宏观上的村委会选举统计资料和理论上对村委会选举的想象，有时加上诸如“海选”的词语和现场投票的电视画面，可以让所有关心村委会选举这一中国现阶段最为庞大政治性活动的人留下深刻印象。这当然不够，因为表象容易骗人。必须深入到村委会选举背后人们的行为动机和行为方式中去认识。

村委会选举是在行政村这一具体地域中展开的人与人之间和国家与村民之间的互动。国家力量往往是以乡镇和村支部为代表进入到村庄的，而村庄地域范围、村庄社会性质尤其是村内人们之间组织方式与组织程度等都或多或少与村委会的半熟人社会特征有一些联系。

从半熟人社会的角度来看村委会选举，可以有许多发现，具体可以列出以下四个方面。

1．平稳连任

在1998年正式颁布实施《村组法》之前，最为担心的是乡镇干部。他们普遍认为若村委会真正由村民选举，那些一直忠实于乡镇的村干部们多数都会落选。村民的心情甚至比乡镇干部更为急切，他们认为只要有了真正民主的选举，当然可以将那些自己不满意的村干部选下来，而将自己满意的村庄精英选上去。学术界与乡镇干部和村民持有同样的想象。

在1998年《村组法》正式颁布实施后，各省、市、自治区大都制定了相当细致的、体现了梨树“海选”精神的村委会选举办法。这下子村委会选举该有好戏看了。的确，在随后进行的村委会选举中，可谓好戏连台，尤其是竞选活动和村民总体的深度自主参与，使村委会选举一下子成为中国最为耀目的民主事件。不过，有些人看好戏的期待和另一些人的担忧很快一目了然了：民主的村委会选举并未带来村干部的大换班，大多数村委会的选举中，原任村干部一一当选，只有少数村干部是新面孔。在某种意义上，落选的原任村干部人数还不及过去乡镇撤换下来的村干部多，甚至那些落选的村干部们正是乡镇准备撤换的人，而那少数当选的村干部正是乡镇早已相中的村庄能人。乡镇领导在选举之后，大大地松了一口气：原来选举只是如此呵。村民则深感困惑，说明明我们想选出好干部来，为什么就选不出来呢？学术界有人将此归结为选举的形式化、传统政治认识的惯性和村民的政治冷漠。

若考虑到村委会半熟人社会的特征，真正的甚至是“海选”式的选举与原任村干部的普遍连任并不矛盾。一方面，在行政村范围内，村干部与村民互动的特点和村级公众人物的缺乏，使村干部成为全村村民所共享的不多的公众人物，也许原任村干部在每个自然村的选举中得票都不是最高，甚至很不高，但他们在每个自然村中都可以得到选票。除非原任村干部能力过于平庸或品质过于败坏，信息相互阻隔的村民很难一致行动起来拒绝选举原任村干部。因此，他们可以得到高的总得票而当选。在每个自然村中，得票最高者也许不是原任村干部，但他们只在本自然村中得票，在其他自然村中无法得票，结果是总得票低而不能当选。另一方面，在村委会选举中总的来讲是缺乏结构性的政治因素起作用的。没有结构性政治力量的参与，村民以个体的力量来平衡整体的原任村干部们，村民的政治效能感不能集结，原有的政治体制惯性便发挥作用。好在村委会毕竟不是产生于陌生人社会，村民与村干部天天见面打交道，还不至于将完全不顾及村民利益和感情的人物选上去。

2．地缘动员

在缺乏专业的政治性次生结构的情况下，村委会选举也有其特殊的政治动员手段，诸如宗族因素在选举中起的普遍作用。派性因素参与选举甚至有时与选举共生同长，朱秋霞提出的网络家族是当前农村的一种崭新却普遍的现象，体现在村委会选举中，便是宗族与姻亲共同起作用。[1]不过，在当前村委会选举中，最为普遍的动员是以地缘为基础展开的。在选举中，东边的村民与西边的村民有不同的理想人选。北边一向是出村支部书记的地方，南边就必须出村委会主任。大的自然村出重要的村干部，小的自然村便充当配角。每个村民小组的人都更多地希望选本村民小组的精英当干部，当本村民小组有人参加村委会竞选，这个村民小组的选民在参加村委会选举时就会比没有人参加村委会竞选的村民小组的村民更整齐地到会。那些坐飞机赶回村中参加选举的村民，大都是迫于本自然村中参加村委会竞选者微妙的压力。有些老太太艰难地来到选举现场，是因为她知道隔壁的娃子等着她这一票来超过激烈竞争的对手。构成村委会选举中地缘动员的主要理由，大致有四个方面：第一，宗族与地缘重叠，往往同姓同宗住在同一个自然村中；第二，同一地缘的村民有着共同的地缘利益；第三，同一地域的村民共同生活结成的关系之网覆盖生产生活所有方面，这不仅构成了自然村村民之间的相互压力，而且构成了自然村内的相互连带；第四，同一自然村或同一片的村民更熟悉本片的精英人物。当他们不满意选原任村干部时，他们便在自己周边的熟人中寻找替代的精英。

地缘动员表现为村委会选举的分片竞争。在宗族势力强盛的村，地缘竞争表现为宗族竞争。在宗族势力已经衰落的村，村民自然而然地将票投给同在一片的候选人。

3．出现竞选

地缘动员可以算作一种不充分的竞选。村委会选举中，有意当村干部的人和那些有意推选出自己满意村干部的村庄精英，便或明或暗地通过竞选来扩大当选的可能。总的来讲，在村庄范围内，因为村民长期共同生活，早不见面晚见面，面子便是重要的。正因为

---

① 参见朱秋霞：《家族、网络家族和家族网络在村庄行政权力分配中的作用》，《中国社会科学季刊》1998年夏季卷。

面子的重要，村委会竞选便不大可能兵戎相见和公开竞争，而表现出相当的暗自较劲的特征。[①] 在当前村委会选举中，竞选事实上是普遍存在的，且也是相当有效果的，但几乎所有村民和绝大多数乡村干部都认为拉票是不光彩的，甚至是不合法的。

不光彩的事情大家都在做。在村委会选举期间到农村调查，几乎所有地方的农民都会形容说，选举期间整夜犬吠不止，越是临近选举投票，夜间犬吠的时间越长。夜晚犬吠说明有人在走动，这些走动的人让原本静寂的乡村夜晚平添了几分神秘。但千万不要以为所有这些夜晚走动的人都是竞选当事者本人。在大多数时候，竞选当事人只在最为亲密的亲友中走动，他亲自到自己关系不是极为亲密的村民那里拉票，会让村民瞧不起。他有一些坚定的支持者，这些支持者以私人名义到处活动。每个人都有自己的亲友，亲连亲，故拉故，最终拉起来的，就是一长串村民。以拉票为线索的竞选有时效果很好。

拉票也会引起村民的反感，村民当面对拉票者说，到时我当然选你，但到了秘密投票的现场，村民却另选他人。比较可靠的是亲友和亲友的亲友。有的人在竞选中，因为在各自然村中都有可靠的朋友、同学、亲戚或同宗兄弟，他可以变才干或品质的劣势为人际资源上的优势。村干部因为过去工作中依靠甚至收买了一些村庄精英，这些村庄精英便会在选举中为他帮忙。而当村干部再次当选，他们便可能从村干部那里得到进一步的好处。

更容易引起村民反感的是一些不实的大小字报和谣言。在村委会竞选激烈的地方，往往会伴有关于候选人的谣言，出现不明不白的大小字报。有些谣言在当事人的证实下不攻自破。村庄范围是有限的，这些不攻而破的谣言起自何方，村民自然清楚，造谣者搬起石头砸了自己的脚。有些谣言不容易攻破，便成为对被造谣方不利的因素。有些谣言比较巧妙，以至于被造谣方无论如何证实，都无

① 参见吴毅：《新规则是如何演绎的》，《中国社会科学季刊》（香港）1999 年冬季卷。

法脱清关系。还有些谣言后来可能会证实是事实，从而引起一些人的连锁反应。

在村委会选举中，或明或暗、或多或少的拉票行为一直是存在的，谣言和大小字报也常有。总的来讲，这种竞选即使是激烈的，也还是初步的，当然也是不规范的。从某种意义上，一方面，在行政村这个半熟人社会，竞选有利于村民更好地了解候选人；另一方面，村委会选举并不完全依赖于竞选。初步出现的竞选只有从村委会半熟人社会特征的角度才可以有较好的理解。

4．政治效能感弱化

村委会选举中的以上三个特征往往带来村委会选举的第四个特征，即村民政治效能感的弱化。因为村委会半熟人社会的特征，使村庄公众人物与乡村能人之间存有距离，往往是在任村干部成为所有村民都熟识的唯一村中公众人物，而那些乡村能人的影响力局限在自然村内，由此出现选举时原任村干部普遍连任的结果。特别是村民不满意的村干部的当选，会让村民对自己选票的效力产生怀疑；村委会选举地缘动员的特点则进一步分割了相互阻隔的村民的一致行动能力，从而使村委会选举这一本来是纵向的博弈，变成了横向的分肥，这种分肥不能解决选举本身带给村民对内组织和对外“抗御”的能力；选举中的拉票行为进一步损害了选举的声誉，有村民说，选举真是一团糟，当选的人有什么光彩，还不是整夜拉票拉上来的。选举中出现的诸种幕后交易，在选举后大都浮出水面，村民会说，想不到选举有这么肮脏。

“肮脏”的选举带来当选村干部的权力危机。村民正是在对当选村干部的无力感中发现，“人人不当官，当官都一般”，现在选谁都会变坏哩！村民缺乏对当选村干部的约束能力，因为在村委会管辖的范围内，若村干部损害大多数村民利益，他也往往会为自己保留一个恰当的少数支持者，这些支持者多半是村庄能人，有了这少数能人的支持，村干部就敢于不顾大多数村民的意愿，而大多数村民会因为缺乏一致行动的能力，对村干部的不良行为无可奈何。

村干部同样缺乏约束少数违规村民的能力，因为村干部不能动员村中大多数人对那些违规的少数构成压力，特别是当村干部自身有不良行为的记录时，事情就更是如此。

民主的村委会选举也可能带来村民弱的政治参与效能感，而不只是形式化的选举会带来村民弱的政治效能感。有人不理解村委会选举中村民的消极，认为村民的消极系选举本身的虚假，或以为村民的消极是他对选举付出的时间成本与投票收益的理性选择，这至少是不全面的。村委会是在半熟人社会中选举产生，半熟人社会村民的政治参与必须放置在熟人社会和公众社会村民的参与之间进行理解。在熟人社会中，选举一般不会存在村民的政治无力感，很多地方选举村民小组长时，召开的户主会无一缺席。在公众社会中，选举若没有政治责任感加以配合，无论如何理性，也很难选择出积极参加选举的个人理由。

从熟人社会到公众社会

沈延生在他反对村民自治的一篇著名文章中谈到，他反对村民自治的重要原因是担心村委会选举充斥黑金势力。一些不明就里的人根据新闻媒体的报道以为，在当前村委会选举中贿选横行，黑道当天。沈延生担心村委会选举被黑金政治所控制，他建议在乡镇一级开始直接选举，认为乡镇一级的选举不容易被黑金势力所左右。[①]

沈延生有无道理，不能离开当前农村社会的实际，尤其不能离开乡村范围的大小。如在试行的《村组法》中，明明规定“村民委员会一般设在自然村”，实际上村委会却大都由生产大队演化而来，自然村成为村委会下设的村民小组，由此将村委会选举事实上

① 参见沈延生：《村政的兴衰与重建》，《战略与管理》1988 年第 6 期。

扩大了10倍左右的地域范围。以前述讨论，也就是将村委会直接选举由熟人社会推至了半熟人社会。乡镇一级较当前村委会的地域、人口规模又大了一个数量级，这种社会里面的人们大多已不再相识，也不再脸熟，乡镇领导人与村民之间面对面接触的机会也大为减少。因此，不从村委会与乡镇在国家政权体系中的体制性差别考虑，起码也需要从村委会与乡镇社会性质的差别来考虑问题。假若我们可以将行政村称作半熟人社会的话，乡镇的社会性质基本上就是一个有着诸多陌生人的公众社会。以下从选举的角度，来讨论从熟人社会到公众社会的异同。

1．熟人社会的选举

这里说的熟人社会选举，就是指以自然村为基础的村民小组的选举。尽管《村组法》只是含糊规定村民小组长由村民小组会议推选，但在当前村委会民主选举的背景下，村民小组长选举中的民主色彩同样浓重。就我们近年来在数十村的观察，村民小组长的选举往往较村委会选举的民主化程度更高，村民也更为满意。村民小组长选举是与村委会选举不在同一个数量级的、有独特内容的选举。以村委会选举做比照，村民小组长选举具有以下一些特征：

（1）表达有力

村民小组长选举中最为突出的特征是村民意愿的表达有力，简单地说，村民在选举村民小组长时，一般都可以将那些德才兼备的人选上去，而将那些品行不端的人选下来。甚至不经过竞选，村民就可以较为一致地将选票投到唯一一个大家公认的人选上面。

村民小组长选举的表达有力，导致村民小组选举中村民政治效能感的增强。村民小组长的选举大多以户主会议进行，这些户主一般不会放弃自己一票的权利，因此，若以户主到会率统计，村民小组长选举的实际参选率往往比村委会选举高出许多。村民小组长选举中村民的表达有力，还导致村民与村民小组长的强烈互动，这种互动与村民小组内部全方位熟人交往的特点相联系，构成了村民小组长典型当家人的特征。

构成村民表达有力的原因在于村民小组的“小”。正是因为村民小组一般设在自然村一级，百十人的规模，大家共享生活空间和公众人物，使选举信息可以毫无阻隔地达到每个农户和每个选民，这种信息的无阻隔与日日见面的压力，形成了村民默契的一致行动能力。因为熟人社会的压力，村民小组长的当选与落选是自然村生活中的大事，村民在投票时的考虑颇为“狡猾”，他们的实际投票和他们表面上的许诺之间存有天壤之别。他们不满意现任村民小组长时，他们会安慰担心落选的村民小组长说，到时谁不会选你呢！而投票结果，在任村民小组长仅得孤零零几票。所有投票的人都会对落选的原任组长说，正是他们投下了原任组长这不多的几票。

（2）缺乏竞选

村民小组长的选举是一种默契的游戏，很少有人拉票竞选。在村民小组内不存在信息阻隔，每个人都是其他人的熟人，所以，造谣是没有用的，大小字报是没有市场的。

缺乏竞争的村民小组长选举，还很少出现公开角逐小组长职位的热情，也不需要有人公开他的这种热情。通过选举，大家选出来的无论是新人旧人，大致都是村民在选举以前心底就已有数的人，这种选举缺乏如在村委会选举中杀出黑马的偶然性，也很少会有纵横捭阖派系竞争的机会。村民小组作为熟人社会，村民不仅共享村中信息，而且存在面子压力。在共享信息的情况下，任何拉票的“小动作”都不可能骗过村民，从而会让其他村民看不起。在天天见面的自然村中，除了地痞，没有人能够忍受周围村民异样的目光。

村民小组长选举缺乏竞争并不影响村民选出最为合适的人来担任组长职务，也正是因为自然村内的信息共享，使公开的竞争变得没有必要。村民是在日常的生活中建构起了自然村的民主政治，这应该是熟人社会选举的重要特征。

（3）连任率低

当前村民小组长选举的一个突出特点是，在任村民小组长的连任率低，有些村十多个村民小组长在村民小组的选举中全部落选。

构成当前村民小组长连任率低的原因，与村民小组选举中村民的表达有力和选举本身不需要竞争的特点密切相关。因为村民小组熟人社会的特征，村民在日常生活中积累下了对在任村民小组长的一致评价，在选举投票时，有力而一致的表达让那些村民满意的组长留任而让那些村民不满意的组长下台。而在当前国家与社会关系背景下，乡镇通过种种手段来操控村干部，村干部通过种种办法来操控组长，从而达成在国家行政从乡村社会退出时对乡村社会的控制。乡镇对村干部的操控办法有二，一是给村干部以诱人的经济报偿（相对于农民的收入而言），二是默认村干部在为建立他们自己操控组长能力时的自主权，有时是默认村干部经济上的谋私行为。同样地，村干部以核定组长的报酬（虽然这些报酬是从村民小组共同生产费中提取的，但只有由村中核准组长报酬才不是贪污）和默许组长的谋私行为（诸如组长在共同生产费安排中得一些好处）来操控组长们。组长们也乐于接受上面给的好处。

组长的报酬是高了些，谋私行为引起了村民的反感，尤其是组长可能为了个人经济上的收益而与村干部结成利益共同体，忽视甚至背叛自己的当家人身份，这样一来，在表达有力的村民小组选举中，村民小组长的落选就是自然而然的事了。

2．公众社会的选举

与村民小组长选举和村委会选举十分不同，乡镇长直接选举使选举进入了公众社会层面。公众社会并不仅指乡镇社会，越是人口众多、范围广大的区域，越是可以称之为公众社会，乡镇可以算作比较典型的公众社会。

（1）公众社会的性质

以乡镇为例，可以较为清晰地区分出公众社会与熟人社会和半熟人社会的差别。当前乡镇平均地域规模在50—100平方千米，3万—5万人口，十至数十个村委会。即是说乡镇是在纵横近10千米的范围内展开的，这个地域范围和人口数量，已远远超过了村民一般的生活空间和交际范围，村民之间的联系减弱，面子观点隐退，异质行为增多。具体地，在乡镇这个公众社会中，有以下一些重要的特征。

第一，村民之间的信息相互阻隔，一致行为极其困难。生活在村庄的村民往往只知道本村的一些事情，了解本村的一些人物，对其他村的人事情况十分陌生。村民凭借道听途说的传言和想象来建构关于其他村的世界。相邻村可能共有一个初级市场体系，相互之间的传言也更多更可靠，相邻村委会可能形成更为密切的群集意识，不同的群集意识导致乡镇文化、通婚、心理联系的不同区位。

第二，村民从村庄生活的道德世界中解放出来，有着更多理性的逐利行为，也因此可能会有更为普遍的越轨行为。农村谚语云，兔子不吃窝边草，即是指一个人作恶不要在本村内进行，因为大家相互都很熟悉。作为乡镇的公众社会越出了村庄生活的边界，有了地痞人物更多生存的空间。比如在乡镇集市上的欺行霸市，一些村有狠气的“流子哥”结成团伙到其他村进行骚扰，或在集镇上招摇过市，甚至带有黑社会性质的团伙也在乡镇范围内活动。仅仅依靠道德来谴责或约束地痞人物的行为已经没有效果，村民也开始容忍且去想象地痞之狠了。

第三，乡镇领导与村民缺乏面对面交往。乡镇机构日渐庞大，乡镇体制日益科层化。乡镇负责人既无必要也无可能通过与村民面对面交往来解决村民的问题。因为缺乏面对面交往，村民凭借第二手信息甚至传言来评价乡镇领导，乡镇领导则强烈依赖于乡镇各部门和村组干部来完成自己的任期目标。

第四，在乡镇这一公众社会中，事实上很少有全体选民共享的公众人物，或者很少有人能在全乡镇范围内建立不言自明的影响力。尤其需要注意的是，乡镇从某种意义上缺乏明确的边界，即当前的乡镇没有形成共同体的有效措施。而在国家范围内，不仅民族的语言和文化，而且全国性的报刊电视和意识形态，都通过国家政权建设渗透到国民心中，成为国民共享的资源。国民也共享公众人物。农民可能知道更多的国家领导人和影视明星，却不知道乡镇长的姓名。

乡镇的以上特征对乡镇一级的直接选举会有重要影响。因为缺乏进行乡镇直选的资料，只能从近年四川步云乡和深圳大鹏镇两次带有直选性质的乡镇长选举实验的相关报道，推测出乡镇长选举的一些特征。以下述之。

（2）公众社会的选举

良好的选举必须以选民的积极参与和有效参与为基础。选民的有效参与是指选民具有充分的投票信息，他们知道所投一票的含义与分量。即是说，有效投票必须以选民的充分知情权为基础。有效参与也是选民积极参与的基础，如果选民没有关于选举的充分信息，他就会认为选谁不选谁都一个样，选与不选一个样，从而失去投票的政治效能感，也就失去参与投票的积极性。公众社会的选举与熟人社会、半熟人社会选举的主要不同正在于选民对选举信息了解渠道上的不同。熟人社会是信息共享的社会，村民小组长的选举因此无须竞选。半熟人社会也是信息共享的社会，虽然信息共享的程度与熟人社会有所不同。村委会选举的竞选活动大多数时候并不构成对选举结果的主要影响。乡镇一级直选的情况与此极其不同，在乡镇一级，选民甚至完全不了解有关候选人的信息，也不了解其他区位选民的选举情绪。因此，乡镇一级的直选必须有一个提供选举信息的结构。①

在四川步云乡的乡长直选中，乡党委共组织了13场演讲答辩。乡党委提名的政府候选人“谭晓秋从政多年，上下关系熟络，尤其

① 关于当前乡镇直选的状况，可以参看刘喜堂：《关于乡级民主发展的调查与思考》，《经济社会体制比较》2000年第2期，详细资料可以参看乡镇论坛杂志社与民政部基层政权和社区建设司农村处合编的《1999年度农村基层民主政治建设资料汇编》。

得到大批村社干部的支持。据说还组织了一个强大的竞选班子为他策划和提刀”。竞选的最后一天，“谭晓秋找来了几辆摩托车和自己的支持者们组成了一支小小的竞选车队，一天内走遍了每一个村子，号召大家，‘投我一票’”。每到一处，村民都出来看热闹，从中知道，噢，原来我们还有一个如此有才德的人在等着我们投他的票呢！尤其是村组干部对乡党委提出的政府候选人的支持，使他们现身向熟人与半熟人的村民们介绍情况，提供信息，讲出道理。村民在没有其他信息渠道的情况下，姑且信一信村组干部的介绍吧。另一候选人、中学教师“周兴义也有自己的‘竞选班子’，但气势可要小多了——他搭着一位亲戚的摩托车，一天只走了 3 个村子”。周较为有效的资源是自己的教师同事。第三个候选人“蔡云辉（10 村村主任）就只能变通一下，他来到了村小的校园内，将学生们召集起来发表演讲，希望能间接地通过他们对家长施加影响力”。蔡姓是步云乡的第一大姓，共有 9000 人之巨，在全乡总人口中过半，这是蔡云辉不可忽视的资源。[①]

深圳大鹏镇选镇长的关键在于由全镇选民投票选出唯一一个镇长候选人，然后由镇人大通过一个程序将这位唯一镇长候选人选为正式的镇长候选人。大鹏镇推选唯一镇长候选人之前，由全镇所有选民推荐镇长候选人。依据获得提名推荐票的多少确定出五名初步候选人，这五名初步候选人在镇影剧院面对全镇党员、干部、职工及村民代表共计 1068 人发表竞选演说，包括施政纲领、治镇方案、打算为群众办什么实事和廉洁自律情况，演说结束后当场投票，谓之民意测验，得票最高者即由乡党委报上级党委，推为唯一镇长候选人。[②]

大鹏镇除了其他竞选措施外，起码强化了由镇长候选人发表竞选演说这一结构性的因素。这与步云乡到各村各户竞选异曲同工，

---

① 参见《直选乡长》，《南方周末》1999 年 1 月 15 日第 1 版。

② 参见黄卫平主编：《中国基层民主发展的最新突破：深圳市大鹏镇镇长选举制度改革的政治解读》，社会科学文献出版社，2000 年。

说明竞选因素在公众社会选举中的重要。不仅如此，步云乡是一个只有 1 万多人的小乡，大鹏镇也只有 5000 多位选民，均较当前中国乡镇平均人口规模小了很多。

不仅竞选成为公众社会选举的必然结构性因素，而且黑金势力有了足够参与进来的机会。希望通过乡镇长直选走上政治舞台的乡村精英，可以通过金钱来收买一些支持自己的人帮忙拉票。在乡镇范围内，拉票的手段就不仅仅是亲连亲、故连故，朋友连着社会，而且有了更多通过谣言与表演来赢得成功的机会。公众社会的面子已经不起多少作用了，谁也不知道谁。四处流传的谣言无法核实也不可能澄清。面对一群选民都不熟悉的有意竞选的乡村精英，选民不知如何是好。而这群有意竞选的乡村精英，则不仅依靠自己的德才与表演能力，而且严重依赖于他可以动员的支持者的人数与实力、他可以组织得起的竞选班子的智慧与影响。只有支持者的宣传和自己的表演给全乡镇选民留下深刻印象，他才可以打败自己的竞争对手。

才干当然重要，尤其是表演的才干。但公众社会还需要个人以外的组织力量。他若有钱或有其他的社会资源比如众多的朋友，他就可能在竞选中处于有利位置。有些社会性的力量是现成组织起来的，比如带有黑社会性质的团伙。在乡镇长的直选中，这些组织起来的黑社会团伙势力可以通过支持竞选者的当选来改善自己的政治处境。而一个有实力却无把握的竞选者也大都不会拒绝哪怕是黑社会团伙的支持。当然，选民是不会选择黑社会的，黑社会自己也清楚这一点。他们通过抹黑他们所支持的人最有力的竞争对手，来助他们所支持人的一臂之力。他们不仅有着广泛的既存组织网络，而且有着强大的传播谣言能力。如沈延生所担心的一样，在公众社会中，黑金势力不仅参与进来了，而且表现得强大有力。虽然这是在乡镇一级而不是在村一级。

黑金势力只是公众社会选举中可能出现的一种不良情况。从信息充分与否的角度考察，还有一些不良情况可能发生。比如在乡镇一级的公众社会中，选民的道德与面子压力大为减少，不充分的选举信息就使选民在村庄范围内围绕少数村庄精英组织起来，乡镇长竞选人若可以团结住足够的村庄精英，他就有把握在选举中获胜。而一旦他真的在选举中获胜，他便会与少数精英结成利益共同体而不是与全体选民构成有效的互动。既然在村委会选举中就已出现了村干部与村庄精英的合谋行为，没有理由认为乡镇长的直选不会出现更多的这种合谋，尤其在当前中国农村经济社会分化明显的形势下。

（3）乡镇长直选的条件

显然，公众社会选举中可能出现黑金势力的参与，并不是说乡镇长直选就一定不具有可行性，这只是讲，乡镇长的直选需要一定的条件，这些条件具体可以归结为三个方面：

第一，存在规范的制度性次生结构（诸如竞选班子和组织体系），否则，不可回避的乡镇长直选中的竞争，就容易被黑金势力抹黑。规范的制度化的次生结构将个人联结到一个组织体系中，将个人短暂的“政治投机”与一个制度化的组织体系联系起来，减小了个人在选举中投机的可能性，而增加了当选后的责任心。在没有规范的次生结构参与进来的情况下，非规范的体制外结构便会参与到选举中，构成对公众社会选举的破坏。

第二，较为成熟的选民。因为缺乏关于政治责任感的意识形态熏陶，在公众社会的选举中，选民的理性行为可能是逃避投票的责任。一方面公众社会没有面子压力，另一方面缺乏足够的关于候选人的信息，选民逃避投票责任可以带来投票时间上的收益。

第三，相对宽松的乡村关系。严峻的乡村关系可能导致在任乡镇长的普遍落选，这种落选又与体制外民间社会的生长相关，以民间诉求为基础的民间社会的生长，导致对所有当选乡镇长的强大压力，这种压力好的方面是可以抑制乡镇一级当前存在的不良行为，弱点是乡镇可能会失去作为国家现代化堡垒的作用。

总而言之，理解以乡镇长直选为代表的公众社会的选举，必须进入公众社会选举本身的实践逻辑和理论逻辑，而不能停留在由村到乡、由乡到县到国家的表面推测上。

3．小结

随着地域范围的扩大和人口数量的增多，不需要竞争的熟人社会的选举过渡到公众社会时，几乎不可避免地会发生激烈竞争。熟人社会的选举与公众社会的选举具有质的不同，这些不同的核心是因为选民规模的扩大，选举信息不再是在日常的社会生活中建构起来，而严重依赖于在选举期间的策划艺术和竞选实力。在熟人社会的选举中，一般不存在竞选策划和谣言流播。在村委会选举中，谋划选举和竞选艺术都有了萌芽，谣言和大小字报频繁出现。在乡镇一级的直选中，可以想象，若没有成熟的制度性结构，个人竞争的直选制度将带来以黑金政治为首要危害的严重问题，这些问题与当前一段时间国家与社会的总体紧张关系结合起来，可能产生严重的政治问题。

乡镇长直接选举的重要性在于选民对营利型经纪的阻击。有的人说不知道乡镇有多坏，就不会知道村委会选举有多好。说乡镇的坏，并不是说乡镇官员的个人品质败坏，而是说没有来自下面的权力制约，乡镇就可能在当前紧张的国家与社会关系背景下，通过买通上级来谋取短期利益和短期政绩。而乡镇的上级事实上也大都有短期行为的倾向。不受制约的权力产生腐败，这个制约权只能来自人民。同样地，若不从当前中国存在的压力型体制及自上而下各级地方政府严重存在的短期政府行为考虑，就难以理解当前在乡镇一级民主化选择的重要价值。

要论证乡镇长直接选举的价值并不困难，但不能由村委会选举的成功推导出由村到乡镇再到县级选举都会成功。任何政治性选举都是在一定社会背景下展开的。从自然村到行政村到乡镇，随着地域和人口规模的扩大，政治性选举所依托的社会文化背景便发生了变化，这时选举必然会有结构上的变化。如前所述，乡镇长直选严重依赖于制度化的次生结构的产生与运作。若没有一套成熟的制度结构，乡镇长选举就难以达到应有的效果。

政党制度被认为是大规模社会选举最为基础的制度性结构，无论是叫作政党还是其他什么名字，公众社会的选举，的确不只是参与竞选的乡村精英个人的事情。这是解决当前乡镇选举价值的一种可能选择。另一种可能选择是间接选举制度，比如现在的乡镇人大制度。当前乡镇人大制度存在的问题是运作不实，绝大多数制度的运作流于形式。让人大制度实在运作，可以从两个方面着手改进。一是让人大代表的选举带有竞争性。这种选举可以与村委会选举结合起来，以节约选举成本，比如可以规定由选举产生的村委会主任自然兼任乡镇人大代表。二是让人大决议具有真正的约束力，包括乡镇长的选免，由人大会议说了就算。

乡镇选举的具体政策设计不是我们可以解决得了的。本节的要旨仅在于说明。若不考虑各层级政治性选举的社会文化结构，就可能得出似是而非的结论。

结　语

当前对村委会选举的关注远远超出了村委会选举本身。有些争论是关于村委会选举效果的，但这种争论所关注的往往是面上的统计效果和选举本身所表现的总体后果，而缺乏将村委会选举与村庄社会性质联系起来考察的努力。即是说，诸如村委会选举中原任村干部的高连任率、较少的黑金势力参与选举、地缘动员的特征等，都不仅仅是一个有关选举的故事，而是与具体村庄人口、特定村庄规模密切相关的问题。也只有将村庄性质与村委会选举联系起来，才可以比较精细地考察统计数据和最终选举结果的含义。缺少了这种相关性考察，不仅在村委会选举本身的价值考察中缺少了关键的一环，而且可能推导出一些理论逻辑严密却与政治生活实际背离的结论。半熟人社会这一概念的引入，主要是从选举信息的流传和村庄人际联系的性质等方面进行的考察，这一考察发现，在村委会和村民小组选举中，村民是在日常生活中建构起了对政治性选举的理解，因为他们的日常生活就是一种全景式生活。乡镇一级的直接选举（投票）与此相当不同，因为选民无法从日常生活中建构起完整的对政治性选举的理解。乡镇长直选必须依托次生性的政治结构。仅仅从半熟人社会这一视角来考察村委会选举与乡镇长直选，将这两种选举的相异性显著地扩大了。从其他视角看，村委会选举与乡镇长直选似乎又相差不多。比如村委会选举对技术措施的把握，直接有助于乡镇长直选的运作。从单一视角看问题，得不出全面的结论。多视角地看待乡村选举，将有效地扩大对选举的认识深度，并有可能发现选举中存在的问题。本节中的半熟人社会视角，可以彰显乡镇长直选对次生性政治结构的要求。没有规范的制度化的次生结构，乡镇长直选将不可避免地与黑金政治挂上钩。特别是在中国现代化进程中，在乡村日渐衰落的过程中，这种挂钩会带来国家能力的严重问题。

乡村选举中的派系与派性*

引　论

随着《村组法》的正式颁布实施和村委会选举的普遍展开，乡村选举中农民的组织和动员方式引起了人们的广泛关注。宗族、黑金势力、派系及派性等词频繁在报纸杂志上与农村选举纠结在一起。如何看待和理解乡村选举中农民的组织和动员方式，是一个亟待讨论的问题。

吴重庆在华南农村调查中发现，不少乡镇总有二三个行政村难以经过一次投票成功产生村委会“班子”，乡镇领导将之归咎于“支部缺乏战斗力”。吴重庆则发现，这些所谓“问题村”无一不是小村，他们的共同特征是：人口不足1500人，行政村由单个自然村构成，即行政村与自然村重叠；居民由单姓构成。小村的范围窄，票源有限，从而使拉票的成本降低，拉票更易产生效果。大村由于范围广，票源多，拉票成本高，个人的拉票努力不足以左右整体的投票结果，在村支部的支持下，原任的村委会干部可以轻易获胜，从而出现了村委会选举中所谓“村大选举易”和“村小选举难”的现象。[①]

吴重庆是敏锐的，他的发现说明了在村委会选举中农民组织

---

*　本节曾发表于《中国农村观察》2001年第4期。

①　参见吴重庆：《村治及其本土资源》，《东方文化》2001年第3期。

方式的重要性。农民的组织方式是指在选举中，农民以什么方式参与选举，以什么办法来联合表达自己的意见。在缺乏组织的情况下，村庄规模较小，农民之间相互较为熟悉，通过个人拉票即可组织起来，形成对抗村党支部左右选举的力量。而在大村，村民之间不很熟悉，个人拉票难以形成一致的组织力，党支部因此具有左右选民以让原村委会班子连任的能力。吴重庆调查的村中，主要有两种力量在选举中发挥着作用，一是村支部这一党的组织，一是个人拉票所形成的力量，这里重要的是，个人拉票只是指单个的人，缺乏背后的力量。这种单个的人在那些缺乏社会关联的村庄是十分普遍的。

问题是，有很多乡村社会，单个的人以外，还有宗族、派系、派性乃至黑金势力参与进来，这样一来，选举本身的面貌就会大不一样。以下重点讨论在台湾地区地方选举中派系的作用和中国大陆一些地区村委会选举中派性的作用，及这两者之间的异同，和两者社会基础的异同。

台湾地区地方选举中的派系之争

据赵永茂依据有关文献对20世纪80年代全台湾地区309个乡镇（市）的统计，在地方选举中派系严重的乡镇（市）有45个，轻微的有109个（轻微派系对立指只在选举过程中两方或两方以上派系，彼此发生过对立、冲突事件，选举过后即无严重冲突对抗事件），两者合计占全部乡镇（市）的49.90%，[①] 可见派系之争乃台湾地方选举中的普遍现象。

台湾地方派系的产生多肇始于台湾光复后地方政治权力的分配与争夺，特别是与20世纪50年代开始的乡村地方选举有着密不可

① 参见赵永茂：《台湾地方政治的变迁与特质》，翰芦图书出版有限公司，1997年，第173页。

分的关系。家博认为，台湾地方选举中派系的产生及其广泛影响，与中国人特有的关系和面子观念有关。台湾自晚清割让给日本以来，其地方精英人物的继承性很强，晚清以来，国家没有用强力割断精英地位的自主传递。台湾地方精英的精英意识较强，希望在公众社会中保持声望和面子的动机便较强，由此出现了地方精英追逐公职不为经济利益而为面子的特殊现象。特别是在20世纪50年代台湾土地改革以后，传统地方精英无法从土地占有中获取传统影响力、声望或面子后，便进一步加剧了对选举公职的争夺。[①]

如何竞争公职？台湾地方选举是在政党政治并未完善建立起来的情况下展开的，有意参加选举的地方精英事实上很难从政党等制度化的组织体制中获取支持。但选举必须要有超出个人的组织制度来起作用，特别是在超出村一级的乡镇选举中，缺乏一些全乡镇范围内具有相当影响力的大的地方精英。在这种情况下，有意竞选公职以获取面子的地方精英便借各种关系来为自己拉票，大部分时候是直接购买选票。

拉票和贿选并不是或不主要是金钱在选举中起决定性作用。一个为获得面子而有意竞选公职的地方精英要获得选票，他必须有足够的关系，诸如同学、同事、宗亲、姻亲等关系，且在这些关系的另一端，可以联系上在小的自然村或某一片地缘中具有影响力的同样的地方精英，有了这样足够多的关系，有意竞选公职的地方精英便可以获得足够的选票，从而在选举中获胜。

问题是，希望在竞选公职中获胜从而获得面子的地方精英不只一人，且每个人都有着自己的关系，这样，开始是两个或多个地方精英人物之间的竞争，逐步变成了这些地方精英人物的关系人集团的竞争，这些关系人集团中的每一个人都在一个小的区域（最典

① 本节重点讨论台湾1950年至1980年乡村选举中的派系之争，主要参考文献是家博在20世纪70年代对台湾地方选举的观察。参见家博：《台湾乡村地方政治》，严安林译，南京大学出版社，1992年。

型的也最经常的是自然村）具有影响力并可以争取选票，这些拥有选票资源的关系人集团的竞争，在开始时是以每一对特殊关系来展开形成的，逐步地，这些具有地方影响力的关系人集团中的核心人物，围绕选举形成了制度化和组织化的机制，特别是随着对未来选举的稳定预期，在选举中起着关键作用的一些核心人物便形成了高度制度化的超出了具体个人关系的地方性精英集团，这些地方性精英集团往往以关系密集程度特别是市场网络的地域为分区标准，形成了以地缘为主要特征的选举中的地方派系。地方派系一旦形成，便反过来安排选举，成为决定乡村选举中的关键性力量。

这里要注意，构成地方派系核心的地方精英，必须是拥有选票资源者，换句话说，他拥有在某一地域拉取选票的能力。从台湾乡村选举的实践看，因为乡村传统关系一直没有受到打击，村民一致行动能力较强，地方精英的确具有这种动员能力。正是地方精英的这种可靠的动员能力，构成了台湾乡村选举中派系政治的前提。

大陆村委会选举中的派性

与台湾乡村选举中的派系相似，在中国大陆自1988年试行《村组法》以来的村委会选举中，派性和宗族因素成为选举中引人注目的力量。也有人用派系一词来描述村委会选举中出现的选举竞争，孙琼欢、卢福营认为，“派系”是指人们以特定的关系为纽带建立起来的，具有共同利益和现实功能的非正式组织，不同派系的农民相互竞争和博弈，构成了农村一道独特的政治风景线。他们认为，在中国大陆农村伴随派系应运而生的派系竞争具有低烈度性、间歇性和地域性的特点。[①]

中国大陆农村的派系显然与台湾的派系有着根本的不同。台

---

① 参见孙琼欢、卢福营：《中国农村基层政治生活中的派系竞争》，《中国农村观察》2000年第3期。

湾的派系是在历次地方选举中，以选举为契机建立起来的，其存在层次主要在乡镇一级，并与乡镇一级的选举关系最为密切。[①] 同时，台湾的派系是以地方传统关系的强有力存在为前提的，而在当前大陆的农村，“利益无疑是派系的最终诉求和终极定位”[②]。在选举中很难出现农村精英个人意愿与选票之间的稳定关系。

相对于乡镇这样一个公众社会和自然村这样一个熟人社会而言，行政村可以认为是一个半熟人社会。在这样一个半熟人社会中，村民之间既不如自然村村民之间熟悉，也不如乡镇一级公众之间陌生，这便是村委会选举中往往出现竞选、造谣、大小字报，但还不至于需要有更高程度的组织制度的原因。在村委会的选举中，黑金势力也缺乏生长起来的理由。在当前的大陆农村，真正构成村委会选举中组织因素的，可能一是宗族，二是派性。

关于宗族和派性对村委会选举影响的报道很多。其中宗族对村委会选举的影响相对更大一些，特别是在东南的一些地区，随着改革开放以后宗族的普遍重建，而在村委会选举中出现了宗族对选举的决定作用。相对于派系来讲，宗族对选举和农村基层政治生活的决定关系较为简单，即以传统的宗亲关系划界展开政治竞争。

但在当前大陆农村，宗族真正还在起着比较重要作用的地区很少，在大多数农村，宗族事实上已不再发挥作用，这时的村委会选举中，农民往往没有任何一种有力量的内生组织力量，这样，当行政村的规模较小，人数较少时，人们相互之间比较熟悉，一些有意竞争村干部的人有可能通过个人的拉票活动来赢得村委会选举，由此出现了“村小选举难”，而在村规模较大时，单个人的活动能量不能及于全村，村党支部容易操控选举，由此出现了“村大选举易”的现象。

影响村委会选举的除宗族以外的另一种力量是派性。从派性在

---

① 参见家博：《台湾乡村地方政治》。

② 孙琼欢、卢福营：《中国农村基层政治生活中的派系竞争》。

当前大陆选举所使用的词源上看，到农村调查或读报纸杂志，经常听到这样的话，“选举受到派性的影响”，“选举激活了派性”，“派性很严重”等等。这里所用的“派性”，显然是人们对“文革”时期“闹派性”的记忆。“闹派性”是一个特定时代的政治词语，这一政治词语表达当时人们在政治斗争中不是根据原则而是根据关系和特定利益来进行的无原则的斗争，这种新近历史的记忆，让乡村社会将那些分派斗争的政治现象称作派性，特别是将那些无原则的利益斗争称作派性。这种派性便深具中国大陆乡村政治生活本身的内涵。我们曾调查过的两个当地地方政府官员与村民均认为派性十分严重的村选举，这两个村的派性也许具有代表性。这两个村的派性的主要特点是以个人为中心展开，当派性斗争双方的主要当事个人发生改变，派性斗争便不再存在。

行政村半熟人社会的特点，决定了村委会选举需要一定的组织化机制但并不完全依赖于外在组织制度的特征，宗族和派性在某种意义上正是村委会选举中的组织机制。就村委会选举与派性的关系而言，在缺乏诸如宗族或其他正式组织制度的情况下，为在选举中获取成功的竞争双方或数方会有意识地寻求各种关系资源来拉取选票。构成这种关系资源的一般有三种，一是与自己关系亲近者，如兄弟、姻亲、同学、朋友以及同业同事等关系；二是反对自己竞争对手的那些村民；三是与自己有共同选举利益者。在村委会选举中，若出现了竞选双方各自集结关系并激烈竞争的情况，就会出现其中一方的胜利和另一方的失败。胜出一方存在如何在支持自己者中分配选举利益的事，失败一方则可能不满于失败，知耻后勇，计划在下次选举中联合更多的关系来摧垮对方。甚至在下次选举到来前很久或本次选举刚刚结束后，竞选失败的一方即以选举不公平和计票过程有疑点等程序上的问题状告对方。状告不成，便作为村中反对派，时时作为竞选胜出一方的对立者，收罗当选者的反对派，瓦解当选者的关系户，有些时候，当选者一处小的失误被落选者逮住把柄，便引起下一次选举届期未到的提前选举。

正是以上过程构成了派性与选举的关系，这种关系有两个十分关键的特征：一是竞选双方的当事人成为派性斗争的关键人物，两派竞争实质上只是以竞选双方当事人的个人关系资源集结的竞争，当竞选双方的一方退出竞争，派性斗争的格局便随之解体；二是竞选双方关系资源的高度不稳定，具体而现实的利益往往成为决定支持和反对一方的时刻有效的理由。构成这两个特征的关键则是绵长而稳定的传统关系大多已经解体，村民已经原子化，作为传统农业社会机械关联的集体强制意识（典型为宗族意识）已失去了发挥作用的基础。这样，在当前大陆村委会选举中出现的派性之争，一方面严重依赖于竞选对立双方的当事人，一方面表现为构成派性之争双方的支持者会迅速变动。没有可靠的朋友，也没有固定的敌人。

当前受宗族和派性影响的村委会选举并不十分普遍，其中村委会选举与宗族的关系，基本上是宗族在先，是宗族对选举产生影响，这些影响在江西、福建等东南的一些省份比较明显。村委会选举与派性的关系，则大多有相互强化的共生关系。总的来讲，当前受到派性影响或在村委会选举中产生派性的村，在大陆农村并不多见，据我们调查的经验，存在派性的村不会超过全部村的10%。

派系与派性的比较

在大陆和台湾，派系和派性都是富有实践意味的词。从词源上讲，派系不仅具有分派的性质，而且已经形成一种稳定的组织系统。派性则只是一种初步的分派特征，缺乏组织稳定性。这种词源上的含义，与大陆和台湾使用派性与派系这样的词来描述农村基层政治生活的用法相当一致。

派系和派性是农民日常生活的语言，在台湾的农村基层政治生活中，农民处处感受到派系对自己政治生活的影响，并用南派、北派或红派、白派来描述派系。大陆村委会选举中出现派性竞争的地方，你去调查时，无论是当地的基层政府官员还是竞争双方或本村村民，他们都用派性（“闹派性”）这一略含贬义的词来描述分派竞争这一政治现象。显然，在乡村基层政治生活中，派系与派性是相当不同的，下面我们讨论这种不同，这种讨论不是词源上的而是富有实践意味的。

派系和派性的共同特征大致有二：一是在乡村政治生活特别是在选举投票中，整个社会分裂成为明显可见的几个部分，通常是两个部分，每一个部分依据传统或现实的利益团结起来，以压倒对方获取己方的政治优势；二是对立双方的斗争往往是零和博弈，为了己方的胜利，可以不择手段，缺乏政治原则性。

派系和派性之间的不同点很多，大致有以下一些：

第一，派系较派性稳定。在台湾乡村政治生活中，派系不仅普遍存在，而且有相当稳定的领导层和势力范围，其支持群众一般不会有太大的变动。这种稳定性还表现在派系领导人往往是一个群体，这个群体不因个别人的退出或进入而解体。在大陆基层政治生活中，派性缺乏稳定性和组织性，较派系的制度化程度也更低，它往往是以个人关系为中心建立起来的，正因为是以个人关系为中心建立起来的，派性随着个人关系的变化而变化，因为核心领袖人物的退出而解体。派性斗争的过程中，支持与反对的群众基础也很容易出现变化。派性的延续性有时仅仅是一种分派斗争的习惯，即是说，在大陆有些地方的农村，派性延续下来，但其实质内容、参与群众及其领袖人物，与以前完全不同，相同处仅是农村社会仍然分成两派或多派而相互竞争。

第二，台湾乡村政治生活中的派系竞争十分普遍，但大陆乡村政治生活中的派性竞争相对较少，一般的村民和村庄领袖似乎对卷入派性竞争缺乏兴趣，他们更关心的是现实的利益。

第三，因为派系的相对稳定和普遍，派系之争更容易达成妥协，具有正和博弈的特征，派性竞争更多的则是一种零和博弈，一方的失败等于完全失败，很难获取对方让渡出来的利益，除非他通过充分动员关系资源在下一次选举中完全战胜对方。

第四，台湾稳定的派系竞争，使得这种乡村的派系之争很容易向上层政治斗争扩张，并可能形成台湾特定的政治交易与政治生活的特色。而大陆村委会选举中存在的派性，因其建立在原子化的村民基础上，缺乏稳定性，便缺乏由乡村向上层政治斗争扩展的可能性。派性斗争仅仅是一个一个村庄内部的事情，更高层的政治生活和选举，将遵循另外的规则。

构成派系与派性之间如上不同点的原因，大致有以下两点：

第一，台湾乡村基层政治生活中的派系大多是以强有力的小共同体的存在为前提的。在选举中，每派都有自己比较稳定的票源基地，这些票源基地的得票，往往可以从其领导人的支持中获取保证。换句话说，在每个小共同体中，有威望的小共同体精英有说服选民选谁不选谁的能力。这种小共同体的存在是以乡村社会传统关系和传统认同的存在为前提的。但在大陆乡村基层政治生活中，派性往往是以小共同体的解体为前提的。在存在强有力宗族的村庄，就不会是派性而是宗族在影响着选举。小共同体的解体和传统认同的丧失，使村民化解为原子化的个人，一些存有影响的乡村精英的影响力十分有限，这种有限的影响力和众多的有限影响力的人物，使得乡村基层政治生活复杂多变，派性因此十分不稳定。

第二，构成派系竞争的动力，大多来自于获取面子的压力。台湾在20世纪50年代的土地改革和自晚清以来相对未被割断的精英传统，使得地方选举普遍成为地方精英人物重建自己失去土地之后社会影响力的一种选择。构成大陆派性竞争的动力，则更多来自于具体的现实利益，很少有人为了面子而去竞争村干部的职位，更少有人会为了面子而去贿选以当上村干部。造成大陆派性斗争更为利益考虑的历史原因，大致与20世纪50年代后彻底的社会革命特别是对传统文化的批判和对传统精英的打击有关。

研究派系与派性对于乡村选举的意义

通过以上比较，可以发现派性与派系之间有着相当的不同。

在乡村地方政治研究中，很容易想当然地认为，派性是派系发展的初级阶段，派系是派性发展的必然结果。这种推断是不成立的。当前在台湾和大陆乡村选举中出现的派系和派性之争的不同，不仅在于选举层级和规模上的不同，更在于派系和派性之争凸现出来的乡村社会性质的不同。从传统上讲，台湾与大陆完全相同，但两者有社会体制和文化延续上的重大差别，一是台湾自晚清至20世纪50年代的乡村选举，百年来乡村地方精英传统延续下来，与之相关的精英意识和精英面子观保持了下来。反观大陆，在20世纪80年代末开始进行乡村选举时，之前经过40年的彻底社会革命和政治运动，传统精英的延续被强制中断，传统文化也受到极大冲击和改造，这样，在造成派系和派性之争的核心人物的乡村精英的文化气质上，台湾与大陆有质的不同。二是与前一个方面相关的，大陆乡村选举是在小共同体几乎已被完全摧毁的前提下产生的派性之争，在这种派性之争中，竞争的双方核心人物缺乏足够动员自己支持者的文化手段，他们往往不得不一再以物质利益和经济好处的许诺来获得自己的支持者。台湾乡村选举的情况则大大不同，在台湾的乡村选举中，一些村庄精英人物往往有能力左右全村绝大多数选票，从而相当有把握地预测在自己的小共同体可以拉到多少选票。

正是因为以上两者差异，使派系与派性的不同不是量上的不同，而是质上的不同。从现象上看，台湾乡村选举中的派系和大陆乡村选举中的派性，都是乡村政治生活中的分派竞争现象，也是民间以自己的语言来表达身边政治现象的用语，构成两者基础的乡村社会性质，则有相当不同。理解派系与派性的不同，不仅有助于理解乡村社会性质状况，而且有助于理解建立在不同乡村社会性质基础上的乡村政治社会现象本身。

回到引论部分，当乡村选举中缺乏组织结构参与之中时，大陆目前的村委会选举出现“村大选举易，村小选举难”的现象则有其必然性。而从大陆村委会选举中比较容易将村民组织起来的宗族和派性力量来看，因为大陆乡村社会传统小共同体已受到 1949 年以来社会革命的彻底打击和当前市场经济的强力渗透，而缺乏成为一种稳定影响选举的力量。假若说派性因素会对乡村选举或多或少产生一些影响的话，那么，我们大可放心，大陆的乡村选举少有发展成为台湾地方选举陷于严重派系之争的可能。

当然，这并不是说大陆的乡村选举特别是由村委会选举这一半熟人社会的选举向上延伸至乡镇这一公众社会的选举之后，缺乏组织结构的选举一定可以进行得很好。公众社会的选举必然需要有一些结构性的组织和制度参与进来。在派系这一自发的组织因素无法生长起来，而正式结构又未提供组织力量时，黑金势力也许就会自动来填补乡镇这一公众社会选举中出现的组织力量的空缺。

我的意思是说，在大陆乡镇一级选举中，若无良好的组织结构，已经原子化的村民的选举较台湾更容易受黑金势力的侵蚀。

派性、选举与村集体经济

第一次将选举、派性与村集体经济状况联系起来，是在湖北一个长期存在派性斗争的村庄观察选举的感受。那个村以前因为村集体经济资源多而派性斗争不断，历任村委会主任和村党支部书记都为争夺村集体经济的控制权而斗智斗勇。等到1999年第四届村委会选举，虽然选举时依然竞争激烈，选举后却因为村集体经济的衰败，村干部的报酬无法兑现，村支部书记与村委会主任第一次真诚地协商合作，村中以村支书和村委会主任为首的派性斗争惯例，历经20余年，到此有了终止的希望。第二次产生这种联系，是在2000年到沙洋县一个近年来为派性斗争所严重影响的村的调查。这个村并无派性斗争的传统，但因为镇里撤换老支书引起一些村民及村中党员的不满，他们通过种种办法来反对新任村支书，最后通过选举将新任支书选掉，由此形成以老支书和新任支书为中心的长达6年的派性斗争。他们双方的基本办法就是用经济手段和利益许诺来收买支持者。第三次产生这种联系，是在浙江丽水市一个县的调查。在城关镇，镇党委书记讲，县城内的5个村，每个村的派性都很严重，村委会选举的竞争也十分激烈，因为当村干部有利可图。这就一语道破了派性的实质。以下我们讨论派性、选举与村集体经济资源的关系。

派性与村委会选举

选举并不是投票者单纯依据自己的意愿去投赞成或反对某某候

选人得票的过程。选举必须要有候选人与选民之间的互动，也要有一种集结选民意愿、形成选民力量的机制。吴重庆在调查村委会选举后，认为“分散的村民是无力的，真正能反映力量对比的变量是村民自组织的程度”，无力的村民在对待选举时，必然是一种“选来选去都是这些人”，“反正个个都是贪的”这种结论，因而影响了他们参与选举的热情。[①] 仝志辉较吴重庆对村委会选举中村民参与的热情稍稍乐观，因为他认为在村委会选举中，有一种精英动员的机制在起作用。精英动员是指那些较普通村民有更大影响和更愿意参与村庄政治的人在选举期间的活动。他们明确赞成一些人，而反对另一些人，他们制造有倾向的舆论导向，用感情或许诺去拉拢村民，从而将本来无政治的村民一一拉到了村委会选举现场。[②]

吴重庆是希望通过对村委会选举的考察，说明当前村庄自组织资源的严重不足，这反过来影响了村级治理。仝志辉则分析了在当前村庄自组织资源不足的情况下，村庄精英个人的影响能力，这种影响能力通过一种颇为特殊的机制弥补了村委会选举中村民参与效能感的不足，集结了选民的感受，并形成了选民的力量。

精英动员并非所有村委会选举中都出现的现象，大多数的村委会选举，还是如吴重庆所观察到的，因为村庄缺乏自组织能力而导致村民参加选举的效能感过低。而从精英动员本身来看，我们关注的派性事实上正是选举中精英动员的形式之一种，这种精英动员与一般的精英动员所不同的是，它具有更加一般化的形式并与选举形成了互动关系。这种一般化的形式，就是它形成了自己较为固定的结构，在村庄日常的治理过程中也会表现出来，并且它往往以形成对垒两派为表现形式。与选举的互动关系是，选举是派性形成和表达的集中场合，派性作为一种特别的选举组织形式，会对选举产生关键性的影响。一般情况下，选举会强化派性意识，复活派性斗

① 参见吴重庆：《村治及其本土资源》。

② 参见仝志辉：《农民选举参与中的精英动员》，《社会学研究》2002 第 1 期。

争，而派性则增加了选举的激烈性和真实性，提高了村民政治参与的效能感和参选率。

派性与村委会选举的关系是，派性是村委会选举的组织形式之一，村委会选举是派性表达自己的场合之一。总的来讲，当前因为村委会选举而形成派性的只是少数，村委会选举也往往只是派性表达自己的一种场合。我们说派性因为选举而被激活和强化，并不表明派性是因为选举而产生的。产生派性的原因大致有二：一是在于当前村庄自组织能力缺乏，村民要表达自己感受，形成一致行动时，传统的宗族宗教组织已失去作用，而现代的组织形式又没有，作为过渡形式的派性便可能应运而生；二是在于当前村庄有让村民一致行动的需要，特别是村集体占有一些经济资源，选举出来的村干部掌握着村集体经济资源的分配大权时，这些村集体资源如何分配，与每一个村民和这些村民中一些群体的关系极大，村民便会有集结起来行动的要求，选举正好提供了表达这种要求的场合。

派性构成了一些村庄选举的基本力量，这种力量是传统的村庄自组织资源大都消失，新的正式的结构性力量还没有产生的情况的产物。若存在强宗大族，它们在选举中的表现当然不是派性而是宗族，若存在正式的组织诸如为选举而形成的相当稳定的派系，也不会有派性在选举中发生作用的余地。一个相当稳定的派系事实上会构成政党的雏形。但派性并不必然在村委会选举中产生出来，因为形成派性本身需要成本，它需要找到自己的收益空间，只有有了一个收益的空间，派性这个需要不断地投入时间和精力的争斗形式才会延续下去。集体经济资源是派性最为重要的收益空间，村庄精英对荣誉和面子的看法也可以构成此种收益空间。与派性需要收益空间相关，随着自然村的功能逐步集中到行政村（村委会管理范围）和行政村半熟人社会的特点，行政村越来越成为形成派性斗争的恰当场合。

当前的农村，荣誉和面子收益越来越受到市场经济的冲击和农村普遍贫困化的困扰，而构不成派性斗争的收益空间。以下重点讨论村集体经济资源状况为派性提供的这种收益空间。

派性的基础与展开过程

派性是与派系不同的一个词。一般来说，派性和派系都是指农民之间的分派特征，但派系既然形成了“系”，就相当稳定，而派性仅仅是一种分派特征，还没有发展出稳定的组织形态。派性的产生是有社会基础的。一般来说，当农村中强有力的传统组织如宗族、宗教组织存在时，派性并无产生的空间，这时候，农村社会是通过宗族、宗教等特定规则和方式组织起来运作的。而在农民已完全原子化的社会中，仅仅依靠赤裸裸的利益联结，也无法形成派性，因为原子化的村民是难以达成有效的合作协议的。

因此，构成派性社会基础的，是农村传统的强有力的集体意识解体，自组织能力消解，但村民现代的公民观念还没有完整发育，农民也还未完全原子化的产物。新中国成立后，随着革命运动的强有力冲击，农村传统的自组织能力丧失，农民需要一致行动以表达共同利益时，他们便以新的形式组织起来，这种形式是在他们的日常生活中建构起来的，比如具有共同地缘利益且相互熟识的邻里关系，因为同学而形成的朋友关系，因为学艺而形成的师徒关系，因为婚姻而形成的亲戚关系和因为血缘而形成的宗亲关系，这些关系的重要特点是往往限制在一个相对狭小的范围之内，关系链条很短，而且大都是十分个人化的关系。这种十分个人化的关系是从个人出发的，只有他本人才可以享有，其他人不能共享的关系，他的朋友、兄弟、亲戚、邻里等，是以他本人为中心线索展开的。其他人也如他一样形成了自己特殊的个人交往圈，构成这每一个特定交往圈的关系，每一个都是特殊的、狭窄短小的，没有如过去强宗大族那样可以动员很多人的强大关系（这种关系大都已通过新中国成立后的运动瓦解掉了），也因此没有一个具体的人的特殊交往圈是可以为其他人共享的。每一个人成为自己关系的独占者（相对来讲，宗族是所有同族的人共同占有的交往圈和每个人都可以动用的关系力量）。这种特殊占有状况，就使得他本人没有办法将这些关系移交给其他人，他退出派性斗争时，其他人也无法重拾他的全部关系资源，这正是派性不稳定、容易解体的原因。

以上每个人特殊占有自己关系资源的状况，为派性的形成及其特征提供了展开的基础。但仅有这种交往圈是不够的，还需要动用这种交往圈和关系资源去为特殊目的服务，比如为选举服务或争取其他好处。而在村庄，因为大的传统和现代组织资源均不存在，每一个具体的人都无可以有效控制全村的交往圈和关系资源，不同的交往圈就需要为某种目的进行合作，这就产生了许诺和利益收买的问题。这正是进一步展开派性的前提。

具体展开派性的以上两点，第一点就是，派性斗争是以具体个人的关系为基础展开的，是以两个对垒的个人为中心展开的特殊交往圈和关系资源的对垒。当作为中心的具体个人从派性斗争中退出之后，其他人无法填补因他退出而遗留下来的空缺，这个围绕着两个具体人的关系圈的对垒也因此瓦解。这时，在村庄内，派性斗争因为拥有产生派性的村庄基础，而可能作为一种惯例延续下去，但这时候的焦点人物或对垒双方的关系圈已大为不同，派性斗争不是以组织的形式，而是以习惯的形式得以在村庄延续。而更可能的则是，派性斗争因为对垒双方中一方的退出而偃旗息鼓。派性在村庄消失了。

展开派性的第二点，就是派性斗争的双方因为都缺乏足够战胜对方的群众基础，而不得不收买村中的其他村民，尤其是掌握着其他村民关系资源的那些村中精英人物，所谓选举时“拉中间”的策略。既然是要拉中间，就一定要有经济利益上或其他方面的许诺，这种许诺十分危险，因为许诺者往往无法兑现自己的诺言，起码是无法公平地兑现自己的诺言。这样一来，中间派变成反对派，另一方便会在村中占据上风，派性斗争因此而出现轮番执政的景象。

以下我们讨论兑现许诺的村庄经济基础。

派性与村集体经济资源

从以上讨论可以看到，派性斗争的双方都具有两重结构。一是与自己关系十分接近的紧密关系层，这一层面的人不是很多，但构成复杂，基本上是以派性焦点人物为核心的亲朋好友。亲即姻亲和宗亲。在宗族意识不是很强的情况下，宗亲主要是兄弟及堂兄弟这样的近亲。友则指与他关系密切的好朋友，拜把兄弟、同学战友、生意上的合作者以及其他具有共同的特殊经历而结成友谊的人。在当前大多数农村，友的力量已超过亲的力量，成为村民交往圈的主导部分。无论是亲是友，都是围绕每个具体的人的，是特殊的。第二层面的是通过利益许诺而结成的利益联盟，这部分人试图通过支持派性斗争中的一方，来获得经济上的好处或安全感。其中也有一些人因为是一派的坚决反对者，而成为另一派的坚定支持者。

村集体经济在两个方面为派性斗争提供了理由或动力。第一个方面是，村集体经济较多时，当村干部会有更多个人经济收益上的好处，村干部职位成为村中精英人物谋取的目标。村庄精英为争夺村干部职位而充分利用已有的关系，并不断通过拉关系来结成新的利益联盟。在争夺村干部职位的过程中，村庄精英逐步分化结盟，形成一般是两派有时是三派的对垒格局，到底鹿死谁手，需要到选举的“市场”或上级的关系中一决高下。精英的分化与结盟，自然带来村民的分化与派别的形成，派性自然而然就产生了；第二方面是，较多的村集体经济为派性斗争提供了兑现许诺的条件，这种兑现又反过来会强化许诺的效力，从而强化在村干部选任时拉关系的力度，这种拉关系的力度进一步稳固了派性的基础，增加了派性斗争的机会。

除以上两个方面以外，较多的村集体经济对派性产生的影响还有以下一点：在任村干部兑现许诺本身当然是对村集体经济资源的一种再分配，这种再分配做得过头了，就会引起其他村民的不满，不满的村民在一些有个人目的的村庄精英的动员下，结成对在任村干部的反对，这种反对可以利用一次选举，一次村中重大事务的决策，或一次罢免案及上访来予表达。这个时候，充当组织者的村庄精英，大都是在前次选举中落选的那些有意当村干部的人，他们因为获得了大量中间派，而具有了将那些兑现利益许诺时做过头了的在任村干部反下来的实力。

在村集体经济资源较多的村里，村干部当然不只是在兑现许诺时行使集体资源再分配的权力，而每一次对村集体资源的再分配，都会引发公平与否的争论，这些争论若多次重复，就可以被村庄精英利用，也就可能形成派性。村集体经济资源越多，再分配村集体经济资源的机会就越多，数额也越大，形成派性的可能性就越大。没有村集体经济资源，不仅失去了再分配村集体资源的机会，也没有关心个人经济利益的村庄精英来掺和村里的事情，这时候，村庄的派性斗争无从谈起。

并不抽象存在集体经济资源与村庄派性的正相关关系。这与村集体经济资源获得的途径有关。村集体经济资源大致有两种获得途径。一是某个村庄能人以他个人的经营才干和人格魅力来经营村庄企业，发展村集体经济所形成的集体财富，如河南南街村、江苏华西村等著名村庄和与这些著名村庄紧密相连的王洪彬、吴仁宝等著名村庄创业者。这些村庄的集体资源起码在创业者仍然健在时，不会成为形成村庄派性斗争的润滑剂——村庄中无法产生一个与创业者魅力相提并论的反对派的首领。

二是村庄意外得到资源。与派性斗争的产生有正相关关系的拥有较多集体资源的村庄，是那些意外得到资源的村庄。在城郊村，村民并没有创造财富，村庄领导人也没有创造财富，但城市化提高了村集体土地的价值，巨额的土地征用费和没有任何一个村民及村干部享有巨额土地征用费合法占有权的情况下，如何分配这些意外得来的好处，就会引起村庄内部的激烈争论，分歧分派，派性自然而然就产生了。

若恰好在这时候进行选举，村集体经济资源争夺所形成的派性便集中爆发出来。之所以经济发达地区村民的参选率可能更高，是因为发达的经济带来土地增值，带来村集体资源的再分配和在这种再分配过程中形成的派性。有了派性的选举，就会有一幅热闹的图景：精英走家串户拉票真忙，村民三五成群细慢思量，最终，村里所有人都被动员进选举投票的现场。

讨论与结论

1．派性与半熟人社会

半熟人社会是我们用来描述当前行政村（村委会管理范围）一级，村民相互之间不很熟悉，但每个村民都与村干部熟悉现状的一个概念。正因为村民之间不很熟悉，在缺乏组织结构的情况下，派性成为动员村民参与村庄事务的重要方式，这种动员通过村委会选举、村庄重大事务的决策等表现出来。

一般来说，在熟人社会如自然村中，村民相互之间十分熟悉，东家长西家短，村民都很清楚，村庄舆论因此较为健全有力。没有外来的组织结构发生作用，自然村内就可以达成共同决定，村民内部分派斗争在绝大多数时候就没有必要，也缺乏产生的理由。在熟人社会中，赤裸裸的利益许诺往往为他人所不齿，因为熟人社会中每个人都是其他人的熟人，围绕两个焦点人物形成两派时，对每个人的人际关系都损害太大，没有人愿意在一个熟人社会中公开支持一个人以反对另一个人及这个人背后的群体。

其实，一般情况下，以自然村这样的熟人社会为代表的地缘群体，往往是构成行政村一级派性斗争的基本力量。自然村一般都具有共同的地缘利益，有形成一致行动的理由。自然村内相互熟识，它作为一个基本力量参与到派性斗争中，可以获得本体性的安全感。自然村内，相互熟识的每个村民一同参与到行政村的派性斗争中时，它更像是为公共利益而不是为了赤裸裸的个人好处在行动。相互熟识的人们相互鼓励和支持，会创造超出村庄社会中的理性算计和行动来。村委会选举时，投票因此理直气壮，村务决策时，表态因此旗帜鲜明。

也正是有了自然村及村庄派性斗争焦点人物其他各种特殊关系的组合，构成了派性斗争双方的基本力量，没有这种基本力量，完全是利益许诺，很难形成派性斗争，特别是派性斗争可以延续的理由。

若以地缘或业缘等关系组合起来的基本力量足够有力而稳定，这种基本力量事实上就变成了不是围绕某一个具体的人而是围绕某一种共同的利益的新生力量，事实上就是形成了派系这样一种远较派性稳定的力量。派系之争在台湾乡镇长选举中十分普遍，但派系一般是较行政村这一半熟人社会更为庞大的社会比如乡镇社会的产物，因为在乡镇这一层面，派性这一依赖个人关系形成的组织力量，已没有能力主导选举过程。派系是较派性更为稳定的力量，也是更为结构化的力量，它是在超出半熟人社会的选举中，政党结构还没有形成时产生的一种替代结构，派系以若干乡村精英和他们所代表的利益群体的结合为基础，在派系的运作中，乡村精英是重要的，但派系并不因为某个乡村精英的退出而解体，因为派系已形成了次生的领导结构，可以完成内部的领导替代。

一句话，派性与半熟人社会存在亲和关系。

2. 派性斗争的两种表现

一般来说，派性斗争以两种形式表现出来，一种形式是在任村干部与在野村庄精英的斗争，一种形式是在任村干部之间的斗争。

在任与在野两派的斗争，大多数时候是围绕村庄权力进行的。一派在任时，另一派不满，不断上访告状，拉拢村民，或直接对抗，使得在任村干部工作不能开展，村庄秩序无法维持，而不得不中途下台或在新一届选举中落选。在野派上台后，下台的一派也会上访告状、拉拢村民，或直接对抗，使得当上村干部的原来的在野派同样无法开展工作，村庄秩序得不到维持，最终，相互斗争的两派，要么是两败俱伤，要么是一方退出，要么是达成妥协。无论是哪一种结果，派性斗争都会改变形式，或者派性斗争消失，或者派性斗争的主要当事人退出村庄政治的舞台，而新的派性斗争的首领上来，将派性斗争的习惯（仅仅是习惯，而不是以前的派性斗争中两派的分派结构）延续下去。

在任村干部之间的派性斗争，大多数时候是以村支部书记和村委会主任为中心展开的，村支书与村委会主任之间的矛盾，既与当前有关制度规定的模糊有关，也与村庄社会的现状有关。他们闹矛盾时，若分别在村中援引不同的关系和村民力量，这种矛盾就以派性斗争的形式表现出来了。有矛盾的村支书和村委会主任都会充分争夺村民的支持，村委会选举成为这种争夺的焦点。村支书不会喜欢一个总是与自己闹矛盾的村委会主任，他在村委会选举中暗中使劲，以将不喜欢的村委会主任选掉，或防止一个他不喜欢的人选为村委会主任。而为村支书所不喜欢的人总会充分调用自己的关系资源以求当选。他若当选，当然不会与村支书善罢甘休，他会利用他是村民选举上来的合法性，以村委会法人代表的身份向村支书挑战，村支书动员起自己的支持者应战，这样，派性斗争便在村干部中延续下来。而若村支书所不喜欢的人落了选，这个落选的人仍然有可能组织起自己的支持者来挑战村支书和当选村委会主任的权威，他们拒绝配合村里的工作，寻找村干部工作中的漏洞以攻击之，这就将在任村干部的派性斗争延续到在任与在野之间。而新当选的村委会主任，也并不一定仅仅因为村支书支持自己当选就感恩戴德，他当村主任不久，就可能发现自己与村支书代表利益的不同，支持群众的不同，处事方式的不同，所有这些都有形成村支书与村委会主任矛盾的理由，这种矛盾发展下去就构成了以在任村支书和村委会主任为首的两派斗争。

显然，抽象地从派性斗争的表现上，看不出派性斗争有何规律。派性斗争有没有发生的规律，或派性斗争的村庄基础是什么，前述讨论的答案事实上是有的，这就是村集体资源状况。无论是以在任村干部为主展开的派性斗争还是以在任村干部和在野村庄精英为主展开的派性斗争，其激烈程度都与村集体资源（特别是意外的、轻而易举得到的村集体资源）存在正相关关系。村委会选举及村支部选举，则为这种激烈的斗争找到了恰到好处的表达途径。

论村级权力结构的模化*

——兼论与村委会选举之间的互动关系

一

自20世纪以来，国家权力向农村渗透的努力从来没有间断过。但在新中国成立前，国家向农村社会的渗透基本上是不成功的。[①]相对强大的农村传统不仅抑制了国家向下的渗透能力，而且国家在向下渗透的过程中破坏了乡村传统，并进一步加剧了乡村社会秩序的混乱。这些反转过来造成了国家权力合法性的逐步丧失，并最终丧失了国家政权。

以农民革命为基础建立起来的中国共产党政权在掌握政权之初，即开始彻底改造乡村的经济社会结构。土地改革和阶级斗争使传统的地主和乡绅真正没落了，新生的贫下中农和平均占有的土地所有权不仅重构了乡村的经济社会基础，而且为国家政权提供了强大的合法性源泉。

然而，在新中国成立以后，农村社会的传统因素没有也不可能随着经济社会基础的改变而完全消失。农民的传统心理、村落的分布状况以及农业生产条件等并未完全改变，国家权力要想在农村社会建立起自己稳固有效的合法性，不但需要进一步改造农村的经济社会基础，而且需要顺应农村社会既有的结构状况。以

---

* 本节曾发表于《社会科学战线》2001年第2期。

① 参见张益民:《现代化变迁中的土地改革》。

对农村社会既有结构的顺应为基础，国家在向农村社会的渗透过程中有时强固了某些传统的东西，由此产生了诸如村级权力结构模化一类特定的现象。

二

现在在许多农村地区可以观察到且对当前农村社会仍有影响的权力结构模化状况，大致在人民公社时期就形成了。

一般来讲，在人民公社时期，生产大队一级虽然是国家向农村社会渗透的一个中心环节，但仍可以算作农村社会本身的组成部分，最基本的，大队干部大都有些地方利益，并往往代表着本生产大队范围内的某个传统群体的利益。生产大队干部的本地化则强化了他们与本地某个传统群体之间的内部关联性。构成当时传统群体的主要线索有二：一是宗族，二是地域或片。村民们即使在人民公社时期也会习惯性地讲："总不能让他们一家子当干部"，而希望本家"朝中有人"。地域则是一个更为重要的线索，因为同在一片，不仅找村干部办事情比较方便，而且可以在修建公共工程诸等方面偏向自己一片。如果宗族与地域重合，则大队干部如何分布，就更为村民传统的有时是现世的利益所借重。村民们希望通过平衡分布大队干部来体现和保证他们传统与现世的利益。

人民公社当然是强大的，因为政社合一，人民公社具有强大的决定农民命运特别是大队干部命运的能力。也正是人民公社的这种强大能力，使国家政权可以顺应农村社会传统与现世利益的线索来分配权力资源。只要不构成对权力合法性本身的挑战，人民公社时期安排大队干部的低成本，使公社有足够顺应农民要求与愿望的积极性。当然，人民公社也有能力不去顺应农民愿望与要求，即使这种顺应是举手之劳的。

这种对农村既有传统与现世利益的顺应，在人民公社时期恰恰又可以为人民公社带来好处。既然宗族意识存在，同姓人总是比较容易动员和监督本姓的人。既然村民是分地域居住的，因生产大队的范围较大，分地域平衡安排大队干部，就不仅可以方便对村民的监督，而且有利于将来自上级的指示精神在日常的生活接触中传递到农民手里，从而形成上传下达的日常生活的链条。同姓或同片的人对本姓和本片的人更为熟悉，因而在姓与片之间平衡安排大队干部，就有利于人民公社工作的推展。

开始时仅仅是作为对传统与现世利益的顺应的平衡安排大队干部，在一些地方很快便形成了惯例并逐步精致化了。人民公社体制对大队干部充分的任命权力，为这种精致化的权力安排提供了组织上的保证。据笔者在江西的调查，人民公社时期，有些生产大队干部在姓或片之间的分布不仅逐步形成了固定的比例，而且由哪一片或哪一姓任一把手和二把手，都逐步固定化了，仝志辉在江西的调查也提供了一个如此的例子，在他的个案中，自新中国成立以来，“大村（指自然村。——引者注）出主要干部，小村出次要干部；分片出干部，而不是每村出干部；相邻片的村（片）中，较大的村出干部，而小村由较大村的村干部代管”。因为各自然村都是单姓且不同姓，以上出任大队干部的地域原则也适合于宗族的分析。仝志辉将以上大队干部均衡分布的现象称作“精英均衡”，也意指目前在行政村内村干部在地域和宗族之间的均衡分布。[①] 梅志罡则提供了一个河南省的个案，在他的个案中，“在村治权的分配上历史地延续成一种族姓平衡机制，这种机制表现为：（1）村级‘主官’不集中在同一姓氏，而通常是大姓小姓各占其一；（2）全体‘村官’在族姓间席位分配上的均衡”。梅志罡将以上现象概括为“均势型村治模式”，他认为这种“均势型村治模式可以看作是传统社会向现代转型过程中的一种渐变形态或过渡形态”。[②] 虽然缺乏面上

① 参见仝志辉：《“精英均衡”与“规划性选举”：村政精英的艰难替代》（未刊稿），2000 年。

② 参见梅志罡：《传统社会文化背景下的均势型村治——一个个案的调查分析》，《中国农村观察》2000 年第 2 期。

的材料，但就个案村的情况看，这种逐步精致化的大队权力安排具有相当的普遍性。这种逐步固定且精致化的权力安排，用一个概念来概括，可以称之为村级权力结构的模化。

模化的权力结构反过来又强化了村民传统和现世的利益分类，并逐步形成了村民新的既得利益。当大队干部中的权力平衡状态因干部撤免调任出现空缺时，公社安排新的大队干部，虽然会有他们的私人目的（如与公社领导的个人关系）和共同的德才标准（如是否党员、工作能力、群众基础），但这些安排往往并不是完全随意的，而会注意平衡既有的权力结构。某一姓或片缺少干部，就由所在姓或片来填补空缺。有时位置虽然不同（大队干部往往有一个由小队干部到大队非主职干部再到主职干部的顺序，而罕有由小队干部甚至一般群众一跃而为大队主职干部的情况），但这种不同很快便会通过其他的方式调整过来。

总结以上所述，村级权力结构的模化大致与讲求权力的平衡相关。一方面传统的宗族或片的意识大都存在，农民在内心里事实上是希望自己宗族或片有个大队干部作为代表；一方面人民公社“三级所有、队为基础”的体制，是强化了生产队这一地域生产生活单位的利益共同性和利益相关性，必然形成生产小队的意识，从而希望本生产小队或至少邻近若干生产小队应有一个大队干部作为代表。况且大队干部离自己近，与自己熟悉，说话办事都会更方便些。这样，在农民一方面，事实上存在着一种因自己身份意识的定位而要求在大队干部上有所反映的格局。而在公社和大队决策者方面，则希望在全大队的每个角落都有一个大队干部作为代表，一方面跑动监督起来较为方便，另一方面也可以顺应农民的身份意识和心理倾向。因此，在人民公社时期，尽管国家有着强大的政权力量，也有着以德才兼备作为选拔干部标准的外在要求，但大队干部的选任大都是在保证了社区平衡的前提下才坚持德才条件的。

三

中共十一届三中全会以后，家庭联产承包责任制再次改变了农村社会运作的经济基础。由于革命时间和市场经济的双重冲击，传统的东西正在迅速消失，社区记忆呈现断裂，支撑人民公社时期权力结构模化的传统因素的消失，成为解构模化的村级权力结构的力量。但与此同时，因为村民小组（生产小队）本身功能的迅速削弱，由生产大队演变而来的村委会的功能大大增强，诸多公益事业和公共工程都发生在村委会一级，农民收成的分割也由村民小组提升到了村委会。控制和争夺村委会的权力，成为与村民利益十分相关的事情。由村干部决定的公共工程修建等项事务，大都会对村民特别是不同片的村民的利益产生不平衡的影响，因此，在传统的因素开始消失的同时，现世的特别是以片为单位来划分的利益因素成为支撑模化权力结构的主要力量。

就全国的情况来讲，传统宗族因素的消失，不仅不是平衡的，而且在相当多的农村地区，宗族甚至再次复兴起来。诸如东南沿海和江西、湖南的部分地区，重建宗祠和重修族谱成为普遍现象。在这些传统的宗族力量甚至“复兴”起来了的农村地区，村委会对现世利益的重要性和表现传统力量的机会结合起来，就成为强固村级权力结构模化的力量。这个时候，已经由人民公社改建为乡镇政府的上级领导们，就必须更加小心谨慎地维护村级权力结构的模化格局。

在农民收入增长较快，负担较轻且乡镇政府有正当控制村干部任免权力的整个20世纪80年代，模化的村级权力结构并未成为影响国家权力向下渗透的力量。虽然相对来讲，乡镇政府较人民公社时期对村级权力的控制能力要弱一些，但就全国大多数农村地区来讲，不说村级权力结构的模化正在消解，起码少有加重的迹象。其中的一个重要原因就是前述革命时间和市场经济对传统（含宗族）的双重打击。总的来讲，农村社会在20世纪80年代处在平稳的发展之中。

问题出在20世纪90年代。有两个重要且相互关联的因素构成了对一直较为平稳运作的模化的村级权力结构的破坏。一是农业体制性活力消耗殆尽，农民增收乏力，农民负担日渐沉重并成为影响农村社会安定团结的重大隐患；二是随着《村组法》在1988年的试行，乡镇任免村干部的行为越来越不具备合法性。这两个因素对模化的村级权力结构的影响有时相对，有时一致，以下分别讨论之。

农民收入水平的降低和负担的沉重，首先构成了他们对找他们收取提留者的不满。整个20世纪90年代的农村都处于干群关系紧张的氛围之中，干群冲突的恶性事件可谓层出不穷。干群关系的紧张必然造成事实上一直只对上级负责的村干部的行为困难。本来村民是希望自己所在片或与自己同姓的村干部会为自己带来好处的，现在他们发现这些在自己身边的村干部成了监督和剥夺自己的上级的代理人。在有些地方，乡村干部的不良行为特别是普遍存在的村干部的吃喝贪占行为，不仅让村民感到失望，而且令村民愤恨起来。这时候，往往不是以是否同姓或同片，而是以是否"在任"，来决定村民的选择了。村民认为"没有村干部最好"，反对所有在任的村干部，不论他是与自己同姓或是同片。也就在这个时候，若有人站出来讲"若由我当村干部，不仅不吃喝贪占，而且坚决抵制上级的不合理摊派"时，村民便可能不分姓氏和地域地来选他当村干部。显然，沉重的农民负担成为消解模化的村级权力结构的力量。

20世纪90年代恰恰又是农村基层民主推进较快的时期。选举在两方面构成了对模化的村级权力结构的破坏。第一，选举村干部作为对任命村干部的替代，使乡镇政权在理论上失去了控制村级模化权力结构的能力，而只能听任村民选举出来的村干部组成新的村干部班子。第二，村委会选举是以多数决定制而非比例代表制来分配村级权力的，强势的宗族或片可以以自己略微超过半数的能量

（或凝聚力）来获得全部的选举成果。“海选”提名强化了这种可能。这样，以平衡分配村级权力为基础的模化的村级权力结构，因为选举这一新的权力来源形式，而可能失去赖以平衡运作的基础。

假若在任村干部的不良行为及他们代理乡镇意志进行摊派所获得的不良形象对模化的村级权力结构本身的消解，与选举这一新生的村级权力来源的改变之间建立起平衡，就可能成为真正消解模化的村级权力结构的力量。那些能代表村民利益的人会成为新的村级权力的拥有者，他们可能成为抑制乡镇政权不良行为的有效力量。

但在以上两者之间建立平衡的难度较大，以至于往往不是前者就是后者取得了优势。这种情况下，最可能出现的有两种倾向。一种倾向是，若村委会选举比较到位而村民仍然以姓或片来划界，则村委会选举就可能对大姓或强片有利，小的利益集团会感到他们的利益受到了忽视。假若这个小的利益集团也是一个强悍的少数，他们就可能不服从新选出来的村干部的管理。另一种倾向是，若干群矛盾较为激烈而村委会选举走过场，村民对村干部和乡镇政权的不满就会逐步积累下来，这不仅构成了破坏模化的村级权力结构的力量，而且构成了破坏国家权力合法性的力量。

换句话说，以上诸种情况都显示出对模化的村级权力结构的消解或破坏。这时候，模化的村级权力结构本身大都已失去了延续的基础。

但有一种情况仍然可以显示出模化的村级权力结构的能量。即一方面选举是真实的；另一方面，村民依然有着强烈的选本姓人或本片人来当村干部的愿望并围绕这个愿望在选举中建立了合纵连横的复杂关系。虽然村民们可能会对在任的本姓或本片的村干部不满，但他们在试图选一个代表村民利益的新的村干部时，不仅考虑让他代表全体村民的利益，而且希望他更多地代表本群体的利益。在某些宗族势力依然强大的地方，选上本姓人当村干部本身即可以带来村民心理上的满足，因为这给他们带来了“面子”，“争了一口气”，如笔者在江西农村的调查中即发现了诸多此类例子。

止是在这类村，过去形成的模化权力结构具有浓厚的既得利益色彩，打破此种模化权力结构的选举，可能带来严重问题。简单地说，选举本身并不一定就可以带来村干部的合法性。在模化的权力结构仍然构成表现村民小群体既得利益的情况下，选举可能成为一种双面的力量：一方面，顺应了模化村级权力结构的选举会有效增加仍在迅速下降的村干部的权威；另一方面，破坏了模化村级权力结构的选举又会大大降低村干部本身就已不多的权威和村级组织本来已经不高的效能。

四

给上述模化村级权力结构以能量的，主要是这种权力结构所带来的既得利益。破坏了模化的权力结构，也就破坏了村级权力的平衡，因此，在有一些群体受益的同时，另一些群体会认为他们的利益受到了损害。自认为自己利益受到损害的群体便可能采取不合作的态度，这种不合作的态度依既得利益群体认为自己受到损害的程度和他们内部凝聚力的不同而不同。

如此一来，要考察村委会选举能否在冲击既得利益并打破模化权力结构时获得成功的线索，可以从两个方面展开。第一个方面是既得利益群体本身的状况，我们可以将这些既得利益群体看作传统的宗族或有着相近利益的片，总括为利益小群体。第二个方面是村级权力能否获得新的合法性来源。具有高度合法性的村级权力可以有效抑制自以为在选举中利益受到损害的群体的不合作态度与不合作行为。我们可以构建一个中介的模型：即利益小群体还有多大挑战村干部权威的能力，选举本身所带来的合法性又可以为村干部带来多少新的权威。既然村干部是由大多数村民选举产生的，他就是获得了大多数人信任的人。选举出来的村干部也可以自豪地讲，“我是村民选出来的”。若由村民完全自由地选举村委会，必然是大多数村民同意的人当选村干部，这时候的关键问题就成为：大多数人赞成的村干部可以征服少数反对派的抵抗吗？换句话说，少数派是否可以有足够的组织力量来破坏多数人的赞同？

即使在当前的农村，农民也并非完全是个体的。村民自治要求由村民来选举村干部。当村庄内部存在异质结构时，异质的少数就可能会抵制多数人的“专政”。村民自治是一种社会民主的形式，并非“专政”的工具，异质的少数就可能放心大胆地不服从多数人的“专政”，多数人又可以奈他若何？这便是村委会选举所面临的实质性问题之一。在有些地区的农村，传统的利益小群体仍然未受到根本性的打击，并以异化的形式残喘。这种情况下，人民公社体制解体导致的国家权力的上收，和近年来国家对农村提取的增加，造成了国家权力乃至村级组织在村庄权力合法性的下降。村干部因为国家的“予少取多”和村集体经济的衰弱，而缺乏对农村社会的动员能力。这个时候，乡村组织就需要细心维护村级权力结构的平衡，以照应村民利益小群体的反应，村级权力结构的模化便有了更大的可能空间。

首先，需要考察异质少数的组织方式及组织程度。利益小群体的组织方式与组织程度不同，会造成选出来村干部不同的合法性。利益小群体可以借用宗族、自然村、片的形式来组织，也可以新兴的业缘群体来组织，既可以借用传统的办法来组织，也可以借用现代的方式来组织。当前构成模化权力结构既得利益力量的，大都是以传统办法组织起来的传统群体。

其次，需要考察村民本身对小群体的忠诚与对村委会的忠诚之间的关系。社会越发展，市场经济越渗入，现代传媒越广泛，形式理性越生长，村民就应该越由对小群体的忠诚转向对村委会的忠诚，越由臣民转化为公民。如此看来，随着社会的进一步发展，农村社会的日渐分化，传统的组织农民为小群体诸如宗族、自然村的意识便会逐渐淡化，而对于大多数人选举所表达出来的民主的力量则心存敬畏。这样，便逐渐地由对小群体的忠诚转为对村委会的忠诚，民主的大多数因为显示出来的大多数而可以获取合法性，并可以运作下去。这便给出了社会民主的希望。

再次，随着现代因素逐步渗入农村社会，传统的村落社会会受到如下一些冲击：一是诸如宗族、片等传统的利益小群体愈来愈失去基础。这种冲击来自三个方面，观念、功能及新生的结构。传统观念会受到无孔不入的市场经济意识冲击，宗族或地域群体会愈来愈失去作用，而由于社会分化引起的新的社会结构，则将传统群体撕得七零八落。二是村民在现代教育等媒介的作用下，会越来越具有公民意识，或者越来越认为公民意识才是合乎逻辑的正确的意识，从而越来越服膺选举产生的村委会。三是种种新生关系会大量出现，诸如业缘关系、同学同龄关系、朋友战友关系、趣缘关系乃至于纯粹相似经济地位而产生的认同关系等，都会发展起来，这些关系对传统利益小群体的横切，使得传统利益小群体越来越不再有组织起来单独谋求村级权力结构平衡的能量。

选举的村干部可以获取大多数人的同意而产生合法性，但社会民主缺乏专政手段，这似乎成了村干部权威无法抵制利益小群体冲击的理由。那么，利益小群体呢？利益小群体（特别是传统的利益小群体）与村干部权威一样，也在经历着现代因素更为全面有力的冲击，有理由相信，传统利益小群体的凝聚力会较村干部权威下降得更快。而当利益小群体权威迅速下降时，民主选举出来的村干部却又可能会因为大多数人的选举而提高其权威性。这样一来，村级权力结构变更的方向就可能比较乐观。

当作为民主阻碍力量的村民对传统利益小群体的忠诚逐步弱化，当大多数人的同意逐步具有强制力的时候，民主便可能逐步长成了。

当然，以上民主长成的普遍希望来自于对农村长远未来的预期。在今天的某些农村，传统的利益小群体仍然强劲地存在着，而村级权力的合法性却生长十分缓慢。这个时候，村委会选举对模化权力结构的冲击，可能对村级权力的合法性产生在短时期内的新的损害，在这种特定的区域和特定的时段，对于少数农村来讲，村委会选举所带来的也许并不都是好事。

农民行动逻辑与乡村治理的区域差异 *

一、引 论

目前学界对全国乡村治理区域差异的解释，主要侧重于经济发展不平衡和地方政府在实施中央政策的措施时力度不平衡两个方面。经济发达的沿海地区，工业化程度较高，土地升值较快，传统农业已经不再重要，乡村治理的面貌已极大地不同于传统农村，也相当不同于中西部农村。王汉生等人在 1990 年即依据农村工业化水平和集体化程度，将中国农村划分为四种类型。① 王晓毅在 1993 年提出，决定农村发展模式的实质因素是权力分化的水平和经济发展水平。② 此外，李国庆在《内发的村庄》一书导论中，从类型学的角度，对作为乡村治理基础的村落的类型划分做了一个很好的综述。③

地方政府实施政策的差异，构成了乡村治理不平衡的另一个原因。学界习惯于用地方政府推动型现代化来解释地方经济的发展。④ 20 世纪 90 年代，地方政府为推动农村发展所进行的“逼民致富”

---

* 本节曾发表于《开放时代》2007 年第 1 期。

① 参见北京大学社会分化课题组：《工业化与社会分化：改革以来中国农村的社会结构变迁》，《农村经济与社会》1990 年第 4 期。

② 参见王晓毅：《血缘与地缘》，浙江人民出版社，1993 年。

③ 参见陆学艺主编：《内发的村庄》，社会科学文献出版社，2001 年。

④ 参见笔者在 2005 年 5 月以“政府推动”作为检索词，检索 1994 年至 2005 年中国期刊全文数据库（http://www.wh.cnki.net/index.htm）的“篇名 / 关键词 / 摘要”，竟命中 20929 篇文章。

现象[①]屡见不鲜，山东是“逼民致富”的发源地，其实践颇为成功；河南也大规模实施“逼民致富”战略，却留下了严重的乡村债务。[②]荣敬本等人将“逼民致富”等政府推动行为的效果不尽相同的原因归结为“压力型体制”，认为自上而下的政绩考评体制，使得地方政府不会依据农村的实际情况制定长远的发展战略，而是竭泽而渔，从而造成严重后果。[③]

经济发展的非均衡性及地方政府政策推动的非均衡性，是造成当前乡村治理区域差异的重要原因。经济发展往往与区位有关，也与国家开放沿海地区的发展战略有关。地方政府的政策推动方式及其力度，则可能与农村社会本身的状况有关。农村社会本身的状况，即构成不同区域农村社会内在差异的那些因素。例如，宗族构成了中国传统社会的重要力量。而在江西、福建等南方农村，宗族仍然在乡村治理中发挥着重要作用。[④]强有力的宗族力量，使农民可以借中央政策来抵制地方政府的行政干预。在宗族力量较为强大的村庄，“逼民致富”的事情大多不会发生。

那么，究竟是什么因素构成了当前农村社会本身的特质，并因此形成农村社会的内在差异？这些差异又是如何构成了乡村治理区域差异的内生基础？

我们曾在以前的研究中讨论过农民内生组织状况与农民负担、村级债务、乡镇债务的关系。依据我们调查的经验，在当前的中国

---

① 马洁明曾以北方某乡动员农民种植“洋香瓜”的“逼民致富”过程为案例，生动分析了一个乡政府的社会动员能力以及这种动员能力再生产的过程。参见马洁明：《权力经营与经营式动员——一个“逼民致富”的案例分析》，载《清华社会学评论（特辑）》，鹭江出版社，2000年。

② 参见曹锦清：《黄河边的中国：一个学者对乡村社会的观察与思考》。

③ 参见“县乡人大运行机制研究”课题组：《县乡两级的政治体制改革，如何建立民主的合作新体制——新密市县乡两级人民代表大会制度运作机制的调查研究报告》，《经济社会体制比较》1997年第4期。

④ 参见王铭铭、肖唐镖等人的调查，如王铭铭：《溪村家族——社区史、仪式与地方政治》，贵州人民出版社，2004年；肖唐镖等：《多维视角中的村民直选：对十五个村委会选举的观察研究》，中国社会科学出版社，2001年。

农村，农民内生组织既可能是较大规模的宗族，也可能是较小规模的户族和小亲族群体。当农民不能在核心家庭以上的任何层面有效地组织起来，农民就会陷入对外无法抗御强取、对内无法达成合作的困境。[①] 农民内生组织化程度可以用“村庄社会关联度”来表述。村庄社会关联度高的村庄，容易形成内生秩序，达成经济合作，而较低的村庄社会关联度，使村庄内生秩序的基础丧失，村庄内部合作难以达成，外部强取无法抗御。

正如我们在以前的研究中提出来的，如何通过广泛的实地调查，对当前中国农村社会关联进行分解和测量，并在此基础上展开村庄社会关联与村庄社会秩序相关性的实证研究，将是一项工程浩大、令人心动的工作。本文试图从农民基本认同与行动单位的角度，来分析村庄社会关联，并由此讨论农民公私观念区域差异和行动逻辑区域差异基础上的乡村社会秩序的差异。

二、农民行动的一般逻辑

费孝通在《乡土中国》中写道：“在乡村工作者看来，中国乡下佬最大的毛病是‘私’”；“一说是公家的，差不多就是说大家可以占一点便宜的意思，有权利而没有义务了。……没有一家愿意去管‘闲事’，谁看不惯，谁就得白服侍人，半声谢意都得不到”；“从这些事上来说，私的毛病在中国实在是比愚和病更普遍得多，从上到下似乎没有不害这毛病的”。[②]

费孝通的文字深刻揭示出中国农民行动的一般逻辑。即，农民的行动一般以家为界线，凡是自家的事情，也就是私人的事情，农民会做得很好；而公家的事情，则与己无关。中国是一个以家为本

---

① 具体讨论参见贺雪峰：《乡村研究的国情意识》第四篇，湖北人民出版社，2004年。

② 参见费孝通：《乡土中国　生育制度》，第24页。

位的社会，家构成了最基本的“私”的单位，在家庭内部，权利义务关系恰与家庭以外相反。这一点与西方以个人权利为基础的社会有着根本的不同，西方人信仰基督教，认为在上帝面前人人平等。在这种以个人为基础的社会中，重视权利，权利先于义务。

中国社会中，在自家范围内，义务重于权利；而在公家范围中，却只愿意享受权利而不愿尽义务。林语堂说：“中国的任何一个家庭都是一个共产主义的单位，以‘各尽所能，各取所需’的原则指导着自己的各项活动。互相帮助发展到了一种很高的程度。一种道德义务和家庭责任荣誉感促使他们要互相提携。”[①] 林语堂又说：“中华民族是一个由个人主义者所组成的民族，他们只关心自己的家庭而不关心社会，而这种家庭意识又不过是较大范围内的自私自利”，[②] “中国式的共产主义孕育了中国的个人主义”[③]。

公与私，自家与公家，在中国社会中，有着游移的边界。费孝通说，“所谓‘私’的问题却是个群己、人我的界线怎样划清的问题”，即是说在中国家这个基本的“私”的单位可以伸缩，故而中国人的行动会视情境而定，这种以可以伸缩的群己界线来构成的社会结构，是一种“差序结构”。

公与私，在中国社会中，不是指集体与个人的关系，而是指公家与自家的关系。自家是指以己为中心构成的一个家庭，这个家庭因为世系延续，可以变得很大，成为家族。自家不是指个人，而是指由个人组成的家庭，这是理解费孝通“差序格局”的关键词，也是中国社会与西方社会的根本差异。

中国社会中“私”是指家庭，乃至扩大的家庭，而不是个人，这大约与中国没有西方基督教的传统有关。西方社会中，“每个‘人子’，耶稣所象征的‘团体构成分子’，在私有的父亲外必须

---

① 林语堂：《中国人》，郝志东、沈益洪译，学林出版社，2000 年，第 185 页。

② 同上书，第 177 页。

③ 同上书，第 187 页。

有一个更重要的与人相共的是‘天父’，就是团体”[①]。中国儒家则强调孝、悌、忠、信，强调爱有差等。梁漱溟说：“西洋人是有我的，中国人是不要我的。在母亲之于儿子，则其情若有儿子而无自己；在儿子之于母亲，则其情若有母亲而无自己；兄之于弟，弟之于兄，……他不分什么人我界限，不讲什么权利义务，所谓孝悌礼让之训，处处尚情而无我。”[②]也就是说，构成群己、人我界线的边界，并非普适的自然边界，而是与认同有关的文化边界。在基督教文化中，群己、人我边界就是个人与团体，个人是基本的权利享有与行动单位，在个人与团体之间，没有一个强有力的缘于文化的行动单位，这种个人与团体关系的典型就是公民与国家的关系。公民忠于国家，国家保护每一个公民的权利。而在中国传统的文化中，群己、人我边界，往往要以家庭为基础向外推，家庭是基本的权利与行动单位，中国传统社会的家庭与西方社会的个人一样，构成了一个基本的“私”的单位。金耀基说，“中国传统社会由于家的过分发达，以至一方面没有能产生如西方的‘个人主义’，压制了个体的独立性；另一方面没有能开出会社的组织形态”[③]。

划定群己、人我边界，与文化观念有关；而正是文化观念，构成了人们行动的下意识基础，构成了人们身体无意识的一部分。当人们认同一个“私”的单位（自家）时，他们不会问为什么，他们会下意识地将个人与自家联系起来，绑在一起思考，他们认同“自家”，自家就是自己，虽然中国的自家可能会扩大到一个家族。在自家认同基础上的行动，不需要也不会进行理性计算，而是依据个人的文化本能来尽义务。对于自家以外的事情，则一定会精于理性计算，从中谋取所有可能的好处。

中国传统社会中，家族是比较发达的，不仅个人被淹没了，而

---

① 费孝通：《乡土中国　生育制度》，第32页。

② 梁漱溟：《东西文化及其哲学》，商务印书馆，1999年，第157页。

③ 金耀基：《从传统到现代》，中国人民大学出版社，1999年，第25页。

且核心家庭也鲜有存在的余地。这一状况不仅与儒家文化的影响有关，更与中国传统农业社会的特征有关。农业的天然风险以及由此而需的协作，使得宗族或村庄这种认同和行动单位有其存在的必要。罗兹·墨菲认为，中国乃至亚洲的大部分国家，都可称为“季风亚洲”，“季风亚洲”的一个重要特点是雨热同期，灌溉农业发达，耕种是以精耕细作为基础的劳动集约型，使土地产出率比世界上其他任何地方都高。“大约从公元前第一个千年或更早时期以来，季风亚洲囊括了全世界最大、最有效的农业区，其结果之一就是在整个这一时期内，人口密度一直维持在高水平。”相对于欧洲来讲，中国这种精耕细作的农业所维持的高密度人口，聚居形成村庄，“小块田地一般就在平均20到50户的村庄周围，除幼儿老者以外，全体村民每天早出晚归，到离村不远的田地上干活。人们几乎永远不会走出他人视听范围之外，因而很早就学会了适应环境，服从长辈和上级，为共同的利益一起劳动，习惯了实际上是在别人眼皮子底下与他人亲密生活在一起，当然他们也知道遵守明确的公认行为规则的重要性”；“多亏亚洲的家庭体制、亲属关系网和基本相同的社会公共机构，乡村社会在相当程度上能够自我管理和自我调节，从而构成了维护皇权的重要基础”。①

费孝通也说：“无论出于什么原因，中国乡土社区的单位是村落”，“中国农民聚村而居的原因大致说来有下列几点：一、每家所耕的面积小，所谓小农经营，所以聚在一起住，住宅和农场不会距离得过分远。二、需要水利的地方，他们有合作的需要，在一起住，合作起来比较方便。三、为了安全，人多了容易保卫。四、土地平等继承的原则下，兄弟分别继承祖上的遗业，使人口在一地方一代一代地积起来，成为相当大的村落”。②

在中国传统社会，村庄成为一个基本的认同与行动单位，有其

---

① 罗兹·墨菲：《亚洲史》，黄磷译，海南出版社、三环出版社，2004年，第21—25页。

② 费孝通：《乡土中国　生育制度》，第9页。

内在和外在原因。从内在的方面来讲，传统国家事实上不能真正将触角伸入农村社会的方方面面，无力解决村庄层面的公共事务；而家庭这个强有力的认同和行动单位，也不能提供超出家庭层面却与农民生产生活密切相关的公共品，尤其不能解决诸如农田灌溉和社会安全方面的问题。因此，农民客观上需要有一个介于国家和家庭之间的认同和行动单位。有了内在需要，国家又不能真正管理整个社会，社会便创造出地方性组织和规范来解决公共事务。

也就是说，在中国传统社会，精耕细作农业产生的高密度人口及由此而形成的村庄，本身具有公共品的性质（聚居防盗、防匪等），而村庄也会产生公共事务的要求。在传统国家能力很弱，国家无力直接介入乡村事务、无力解决乡村公共事务，而家庭又不能满足公共事务的需要时，具有地缘性和血缘性双重特征的村庄——作为认同和行动单位——就凸显出来。

村庄正是解决国家不能解决、家庭又解决不了的公共事务的重要单位，但村庄作为一个基本的认同和行动单位，并非自然而然形成的，而是两方面规范共同作用的结果：一方面是硬规范，如族规家法、乡规民约等；另一方面是软规范，如儒家伦理、村庄舆论等。无论硬规范还是软规范，都是以个人义务为本位的规范（习惯法、地方性知识），这些强有力的规范发挥作用的结果，就是血缘性和地缘性的村庄成为传统中国农民认同和行动的一个基本单位，成为农民身体无意识的一部分，成为强有力的地方共识。

农业社会中，不仅需要邻里在生产、生活和娱乐上“守望相助，疾病相扶”，由此发展出聚族而居的村庄来；而且家庭内的家务合作也十分重要，所谓“男耕女织”，舂米织布，都是需要有很多人合作才容易完成的家务，因此，四代同堂的大家庭的普遍存在，既具有功能上的合理性，又受到文化上的鼓励。[①] 四代同堂的

---

① 参见老田：《中国农村传统大家庭制度的解体过程》，《三农中国》（总第5期），湖北人民出版社，2005年。

大家庭中，兄弟不分家，妯娌婆媳相处，会产生出诸多纠纷。即使如此，这个大家庭仍然是“自家”，是家庭中每个人认同的基本的“私”。

中国传统农业社会需要有“守望相助，疾病相扶”的合作，以儒家文化为基础的大家庭及家族基本上能满足这种合作要求，也大致可以解决在国家权力不能达到的基层社会的合作秩序问题。当前中国农村社会中出现的问题在于，构成农民行动基础的“自家”这个基本的“私”的行动单位，已经下降到了核心家庭这样一个很小的范围。由于国家权力的进入，族规家法不再具有力量，家族作为差序格局中的一个“自家”的单位，影响力越来越小。中国社会传统差序格局的核心层（家庭）以外的层次，逐步变得不再有意义，不再为格局内的行动者所认同。因此，“我们是一个村的人，又怎么样呢？！”，“我们同一个姓，又怎么样呢？！”，直至“我们是兄弟，又怎么样呢？！”。极端情况下，农民成为以核心家庭为单位的行动者，其上、其外的差序各方，都被虚置，核心家庭之间，恰如互不相关的原子，此即所谓村庄的原子化。

三、双层基本认同与农民行动的逻辑

（一）超出家庭的功能性组织及其认同

如前已述，中国农村是以家庭作为基本认同和行动单位的，家庭构成中国农民基本的“私”。但因为家庭的范围太小，难以解决村庄范围内生产、生活和娱乐的合作问题，需要有建立在家庭以上的更大合作单位。在传统社会中，不存在现代性的组织、制度、法律，而宗族或者其他村庄组织，由于可以解决村庄范围内的合作，从而有了延续和强化的功能性理由。或者，正是因为农民需要有通过较大范围的合作来解决公共品供给的问题，从而创造了在家庭以上的功能性组织。

维护功能性组织运转的基础是克服内部的分离力量，或者说这个组织必须有办法对付内部想搭便车的人。办法有二：一是对搭便车的人进行惩罚，让搭便车的人付出代价，这由上文所说的硬规范来规制；二是将组织力量内化到村民心中，让村民对功能性组织产生文化上的认同，使村民认为这个组织是“我们”的组织，“我们”要从组织的利益来考量自己行动的合适与否，这是以上文所说的软规范来达致的。

中国精耕细作农业和在此基础上的村庄生活，使中国农村建立在家庭以上的功能性组织基础之上；这种组织与中国强调集体福利、重视传统、尊敬长者的文化之间，建立了选择性亲和关系。当村庄或宗族等超出家庭的组织的认同，内化为村民文化认同的一部分时，村民对宗族或村庄的“我们感”，正如对家庭的“自家感”一样强有力地存在。“我们”内部当然也有远近亲疏，也有相互矛盾和冲突，但“我们”是不用质疑的“存在”，是村民身体无意识的一部分。

（二）双重认同与行动单位

在传统中国社会，因为国家权力无法达到乡村社会，为解决与农民生产、生活和娱乐密切相关的公共事务，乡村社会中存在着一个双重的认同与行动单位，其中的第一重是家庭，第二重是超出家庭的宗族或者村庄。家庭是中国人基本的认同和行动单位，中国人以家庭为本位，而非以个人为本位，这是学界的共识。家庭虽然可以解决大部分农民生产生活中的事务，却难以有效地解决超出家庭的一些公共事务。超出家庭的宗族或村庄认同，可以降低农民合作的成本，有效解决村庄公共事务。费孝通说：“一方面我们可以说在中国乡土社会中，不论政治、经济、宗教等功能都可以利用家族来担负，另一方面也可以说，为了要经营这许多事业，家的结构不能限于亲子的小组合，必须加以扩大。……于是家的性质变成了族。”[①] 日本学者清水盛光和平野义太郎也认为中国存在“乡土共同体”，认为包括中国在内的亚洲村落以农村共同体为基础，以家族邻保的连带互助形式实施的水稻农业要求以乡土为生活基础，以生命的协同、整体的亲和作为乡土生活的原理；主张村落在农村生活中的农耕、治安防卫、祭祀信仰、娱乐、婚葬以及农民的意识道德中的共同规范等方面具有共同体意义的相互依存关系。[②]

超出家庭的行动单位，因其功能必要性，而依靠族规家法、乡规民约等硬规范和伦理、舆论等软规范而内化为一种文化认同，使村庄或宗族变成为“我们”的村庄或宗族，变成了一个与家庭相似的“私”的单位。有了这种认同，就可以极大地降低内部运作和组织成本，有效地满足村庄超出家庭层面的公共事务的需要。

在传统乡村社会，农民的流动性很小，超出家庭的公共事务，大都与地缘有关，村庄因此成为一个重要的基本认同单位。[③] 超出家庭的公共事务，除“守望相助，疾病相扶”以外，北方农村的公用水井建设和南方农村的灌溉体系建设，也是十分重要的村庄公共事务。这些公共事务的功能性需要与中国传统文化的选择性亲和关系，最终建立了农民对村庄或家族的基本认同。

费孝通认为，在中国传统社会中，“为自己可以牺牲家，为家可以牺牲族……这是一个事实上的公式。在这种公式里，你如果说他私么？他是不能承认的，因为当他牺牲族时，他可以为了家，家在他看来是公的。……在差序格局里，公和私是相对而言的，站在任何一圈里，向内看也可以说是公的”；“在差序格局中，社会关系是逐渐从一个一个人推出去的，是私人联系的增加，社会范围是一

① 费孝通：《乡土中国 生育制度》，第 40 页。

② 转引自陆学艺主编：《内发的村庄》，第 33—34 页。

③ 在北方与南方，村庄略有差异。在南方农村，村庄往往是聚族而居形成的宗族力量强大的村庄；而在北方农村，因为战乱频繁，生态不稳定（引起大饥荒），使农村的治安成为农民必须首先面对的公共安全问题，在移居之初，即要建立可以抗御外来骚乱的村庄，不同姓氏的农民家庭在同一个地方建立起多姓村庄，而非如南方聚族而居，北方农村宗族与村庄、血缘与地缘关系因此往往较南方农村复杂。

根根私人联系所构成的网络”。[①]

王铭铭考察福建溪村发现，溪村“‘公’和‘私’的范畴有很大的相对性。全家族作为独立的整体与异族或村外人对照，被称为‘自家人’，即‘私’或‘自己’的一个部分；对于聚落房支和个别家户而言，则转化为‘公’的单位。聚落房支于家族而言，称为‘私房’，是‘私’的单位；而对于亚房和家户却被称为‘公’的单位。亚房对于家族、异族、聚落房支而言，都成为‘私’一级的单位；但对于家户和个人，成为‘公家’，也与它们一同称为‘家人’。家和个人的分别极小，家即‘自己’，‘自己’即‘家’”。

王铭铭的发现，无疑是对费孝通差序格局的形象说明。不过，费孝通与王铭铭似乎都过于注重差序格局中“愈推愈远，也愈推愈薄”的方面，将差序格局看作均质的实体，而忽视了差序格局中各方事实上的非均质分布。正如王铭铭所发现的，“家与个人的分别极小”，家构成一个基本的认同和行动单位。在家以上的差序各方，王铭铭列举了为“亚级房支、聚落房支、家族－村落、村外”四个层级。事实上，建立在家以上的差序四级，并非均质分布，而是有一级认同凸显的，它构成超出家庭的主导认同和行动单位，且因为这一级主导认同和行动单位的存在，而压抑了其他各级的认同水平和行动能力。在一个村落竞争激烈的乡村社会，家族－村落一级认同就会凸显，而其下各级认同受到抑制；而在聚落房支的认同与行动能力很强时，家族－村落认同则可能被房支竞争所切割和破坏。换句话说，虽然以己为中心，向外推的差序各方“愈推愈薄”，但实际上，在不同的乡村社会区域，或同一区域的不同时期，超出家庭层面的差序各方，却可能会有不同的层级被作为主导的基本认同和行动单位，并因此成为决定该地村治特征的主导要素和决定农民行动逻辑的主导力量。[②]

---

① 费孝通：《乡土中国　生育制度》，第30页。

② 王铭铭：《溪村家族——社区史、仪式与地方政治》，第74页。

在传统中国社会，聚族而居产生的宗族，可能成为农民基本的认同与行动单位，是因为宗族组织与村庄这种血缘和地缘组织能成为解决村庄内部合作和对外抗御的基本单位。强有力的宗族认同，使宗族下面的房支认同受到抑制，而隐伏下来。

正是超越家庭的基本认同单位构成了乡村社会为解决共同面对的超出家庭的公共事务的主导力量，并因此成为决定一个地方村治特征的主导力量。如果我们不只考察差序格局各方位置的远近，还考察不同农村社会中家庭以上差序格局各个层级在整个格局中所占地位的差异，或者说，考察差序格局中除家庭以外的主导的基本认同层级的差异，我们就很容易发现不同农村村治差异中的隐秘，后面第四节将对此有所考察。

虽然农民需要为解决不同层次的公共事务建立不同层级的认同和行动单位，但在家庭这个基本认同单位以上，一般只有一个主导的基本认同层级，正是这个主导的基本认同层次，决定了村治的基本面貌。

（三）传统组织的衰落与延续

20 世纪以来的革命运动和市场经济，将以个人权利为本位的现代性因素强有力地渗透进村庄，传统的维系家族以及大家庭存在的地方性规范（族规家法、传统伦理等）则被消解。在这一背景下，传统社会中为解决超出家庭层面的公共事务而建立的基本认同和行动组织，失去了以地方性规范为基础的惩罚搭便车者的手段。个人权利本位的现代性因素也与农民伦理本位的文化认同相冲突，由此，传统功能性组织快速瓦解。例如，当前全国大部分农村，宗族不再构成村民强有力行动的力量，宗族组织断裂为碎片。

同时，现代科技的广泛应用，使农民从繁重的需要多人合作的家务中解放出来，大家庭逐步解体，以父母与未成年子女共同生活为特征的核心家庭模式在农村社会普遍出现，农民“自家”的观念及行动的逻辑因此也有了变化。

虽然20世纪以来现代性因素的渗透破坏了传统的功能性组织延续的文化及制度基础，但现代性因素并不能立即代替传统组织在村庄公共事务中发挥作用，因而传统的功能性组织有其继续存在的理由。而中国农村地域广大，经济社会非均衡发展，传统组织在经受现代性因素的冲击后，留下的也是破碎程度不同、规模大小不一的碎片。不仅如此，在国家事实上没有真正为农民提供大部分超出家庭层面公共事务的需要时，现代性因素本身也可能在中国农村生长出新型的超出家庭的认同和行动单位来，典型如村民组[①]或行政村作为一个基本认同和行动单位的情况。现代性因素所导致的认同，往往与物质性的制度安排如农村集体所有的土地制度有关。

（四）现在的状况

温铁军认为，中国农村未来很长时期都将存在严重的人地矛盾，以村社经济为特点的小农经济将在中国长期存在，中国农村现在需要做的是在小农经济上进行制度创新和组织创新。在未来很长时期，我们都不可能指望通过国家或市场经济来解决农村的公共品供给问题，而传统留下来的各种功能性组织的碎片，将与中国小农村社经济之间产生选择性亲和关系。[②]也就是说，在当代中国某些区域的农村，除家庭（核心家庭）以外，还存在着超出家庭的基本认同和行动单位，一个超出家庭的“我们”层次。或者说，在这些农村，农民在村庄内存在着双层基本认同，一层基本认同是家庭，另一层则是超出家庭范围的基本认同单位，这种双层认同构建出了中国农民双层的行动逻辑。

---

① 参见贺雪峰、董磊明：《村民组与农民行动的单位——安徽肥西县小井村调查》，《中国农史》2005年第4期。

② 参见温铁军《中国农村基本经济制度研究——“三农”问题的世纪反思》，中国经济出版社，2000年。2005年中共十六届五中全会提出“建设社会主义新农村”，无疑印证了温铁军的判断。

问题不仅在于可能存在双层认同，还在于不同区域农村中的农民认同单位互不相同，在某些区域是宗族，如江西、福建的部分农村；在另外一些地区则是小亲族，比如黄淮海地区；还有一些地区，农民在村庄内不再有超出家庭范围的强有力的认同单位，比如湖北荆门农村。

农民的认同单位决定他们行动的逻辑，而从农民行动的逻辑，又可以推断出他们认同的特征。农民行动逻辑可以依据村治面貌来判断，农民的认同状况也因此有迹可循。

要理解中国农村农民行动的逻辑，我们就需要建立一个双层认同的动力机制模型，这个模型的基本层是核心家庭，另一层是超越家庭的认同单位，如小亲族、宗族、地缘群体等。超越核心家庭以上的认同单位的差异成为当前中国农村非均衡的一个关键。要理解中国乡村治理状况的区域差异，就要通过深入调查，弄清楚这种认同单位的分布。

农民行动逻辑与其所处文化区域有关，而文化区域又往往与生态区域有关。在其他条件相同的情况下，相近的生态区和相近的文化区会产生相近的农民认同单位及行动逻辑。当我们试图以个案调查来获得对农民行动逻辑的理解时，我们是将个案村庄置于文化区及生态区以下的，我们不是考虑同一文化及生态区下村庄中农民行动逻辑的特殊性，而是要考察其普遍性。这样，我们就可能通过将全国农村划分为不同的生态区及文化区，来讨论农民行动逻辑的差异，并以此来理解中国农村的乡村治理状况。

四、农民认同与行动的单位

超出核心家庭并构成对村治影响的农民基本认同与行动单位，在不同地区的农村，有着很大的差异，而正是这个差异构成了自下而上塑造村治区域差异的基本力量之一。从我们目前已经做过调查的地区的情况来看，构成塑造村治面貌的超出家庭的农民认同和行动单位有以下这些：联合家庭、小亲族、户族、宗族、村庄共同体等。在一些地区的农村，兄弟分家之后形成的若干核心家庭也不能联合成为一个强有力的共同行动单位，或者说村庄中不存在任何强有力的以家庭联合为基础的认同与行动单位，这就构成我们所说的原子化村庄。

前已述及，村庄范围内最多只有一个超出家庭的主导认同单位，这个主导认同单位会抑制其他层面的认同，并因此成为决定这个地区农村社会中农民行动逻辑展开的主要基础。举例来说，若宗族组织强有力，则虽然以兄弟、堂兄弟关系为基础的小亲族关系较宗族关系更为密切，但小亲族本身并不构成农民行动的主要逻辑，因为宗族会抑制小亲族在村庄事务中发挥作用。再如，当小亲族组织强有力时，兄弟家庭往往要联合到堂兄弟乃至五服内的血缘关系，构成一个日常主导的强有力的小亲族群体，兄弟家庭的联合反而受到抑制。

依据在核心家庭以上是否存在主导的基本认同和行动单位，及更为细致的标准，我们可以将村庄做如下类型划分（见表 1）。

表 1　村庄的类型

在核心家庭之上，是否存在主导的基本认同与行动单位							
是 / 双重认同与行动单位						否 / 原子化村庄	
1	2	3	4	5	6	7	8
联合家庭主导型	小亲族主导型	户族主导型	宗族主导型	村民组主导型	行政村主导型	价值生产能力弱	价值生产能力强

这八类村庄，农民的认同单位不同，行动逻辑的差异就很大，如果不首先理解村庄内农民的认同单位，并因此判定出村庄的类型，我们就很难抽象地进行村庄治理的比较研究。

以下具体说明构成农民行动逻辑差异的核心家庭以上的各种可能的认同单位，并做简单讨论。

（一）联合家庭

一个地区的村庄中，如果农民在核心家庭以上，最强有力的认同和行动单位是兄弟分家后形成的联合家庭，而小亲族、宗族、村落等认同都比较弱时，那么这个地区的村庄，就是联合家庭主导型的村庄。作为村庄主导的基本认同与行动单位，兄弟分家后形成的联合家庭具有一些鲜明的特点：兄弟关系强有力的另一面，是强有力的父子关系，而维系父子关系的，则是稳定的预期和有力的传统伦理。父子关系的强有力，往往也是父权的强有力。强有力的传统伦理，使村庄内部的纠纷大都可以被传统力量化解，村庄内部纠纷因此较少。也因为存在村庄预期和有力的传统，村庄内部的面子竞争激烈，如建房竞争和丧事的攀比。因为兄弟分家后形成的联合家庭规模不会很大，其合作起来解决村庄事务的能力十分有限，村庄难以集结形成对村干部行为的制约，也很难有为村庄公共事务而进行的群体性上访。因为联合家庭的规模不是很大，村庄中即使发生冲突，也不会过于剧烈，冲突规模也不会太大。联合家庭较小的行动规模，还使村庄集体行动能力较差，内生办理公益事业的能力差，这就为自上而下的行政强力介入创造了条件。①

（二）小亲族

小亲族是指以血缘关系为基础形成的一个既对内合作，又对外抗御的认同和行动单位。小亲族认同占优势的村庄，农民的行动逻辑与联合家庭大不相同。小亲族一般以三服或五服内的兄弟、堂兄弟关系为基础，形成一个认同及行动单位。小亲族的规模，一般在十余户至数十户、百十人。一个大的村庄，可能会有数十个小亲族，较小的村

---

① 关于联合家庭主导型村治的调查和讨论，参见贺雪峰：《联合家庭、门子与宗族——豫北吕村镇调查》，载《村治模式：若干案例研究》，山东人民出版社，2009年。

庄则由数个或十数个小亲族构成，并且小亲族间有相互竞争。

小亲族的血缘远近并无严格要求，一些兄弟、堂兄弟少的小亲族可能将血缘关系更远的家庭也吸取进来。但血缘较近的小亲族更容易紧密团结，因此，小亲族村庄具有多生男丁的内在动力。在村庄中，几乎每个家庭都会加入一个小亲族之中，众多小亲族之间展开激烈的竞争。小亲族之间的竞争取决于小亲族内部的三个要素：一是单个成员的素质，二是小亲族成员的多少，三是小亲族内部的整合程度。因为小亲族的规模较联合家庭大，且小亲族本身的可构成性（即可以将血缘关系较远的家庭吸取进来），而使任何一个小亲族都难以在村庄权力竞争及村庄社会竞争中居绝对优势。在这样的格局下，农民的行动逻辑就会有以下特点：以小亲族为单位的面子竞争十分激烈；以小亲族及小亲族联合为单位的村内斗争较为常见；村委会选举时，容易产生拉票行为；村干部执行公务，容易受到强有力的抵制；退休回村居住的人员很难在村庄公共事务中发挥较大的作用，等等。[①]

（三）户族

陕西关中农村的户族，主要是农民办理红白事的一个单位，规模一般在20户左右，组织原则与小亲族相近，只是内部紧密程度不如小亲族，尤其在一致对外方面，户族的作用较小。在关中农村，户族主要是一个对内合作的组织，户族内有德高望重的“掌门人”，也有共同办理事务的规矩和惯例。此外，户族在调解内部纠纷、产生生活价值方面具有重要作用。

因为户族主要功能是对内合作，而不在于一致对外，就使村内户族之间暴力性质的竞争大大减少，村干部执行公务时受到的阻力及村民集结成群为村务上访的可能性，都较小亲族主导型村庄要

---

① 以上关于小亲族的见解，部分得益于与申端锋的讨论。可参见申端锋：《小亲族简论》，载贺雪峰主编：《三农中国》（总第5期），湖北人民出版社，2005年。

小。户族的凸显，消解了农民对兄弟、堂兄弟联系的认同，村庄内缺少强有力的群体力量，由此使得地痞无赖有可能凭借外力在村庄内为非作歹。也因为户族缺少对外行动能力，而为退休回村居住人员提供了在村治舞台上表演的机会，退休回村人员在户族主导型村庄中不仅比在小亲族主导型村庄中更能发挥作用，而且也比在联合家庭型村庄中更能发挥作用。[①]

（四）宗族

宗族是中国传统社会中主要的认同单位，尤其是在南方农村，宗族组织十分发达，宗族力量成为决定农村基层社会的基本力量。20 世纪以来，宗族组织屡受政治运动及市场经济的冲击，宗族观念也开始弱化。除南方的江西、福建、广东、湖南等省部分农村以外，以宗族作为认同及行动单位的农村地区已经不多。

在宗族认同占主导地位的农村地区，宗族认同的凸显使其他核心家庭以上的认同变得次要。宗族是聚族而居形成的，是血缘与地缘的结合体。宗族组织的规模，一般较小亲族和户族大很多，多者可以达到数千户，少者也有百十户。因为宗族组织的规模较大，在行政村范围内，一般只有几个或仅仅一个宗族；也因为宗族认同的规模较大，宗族组织容易在对内合作及对外一致行动方面，产生强有力的舆论力量、面子压力。强有力的宗族观念，及由此产生的舆论、面子压力，就使村庄内宗族之间的竞争变得重要。在一个某强势宗族主导的行政村，强势宗族占尽行政村各方面的好处。在存在双强宗族的行政村，行政村的资源就要在两个强势宗族之间平分。

在当前的中国农村，因为宗族组织大多已解体，宗族观念所支撑起来的宗族认同可以抑制农民的不合作行动，却不一定能促成农民的主动合作行动，村干部因为担心受到谴责，而较少有公开的不

---

① 关于“户族”的调查与讨论，可以参看贺雪峰：《关中村治模式的关键词》，《人文杂志》2005 年第 1 期。

良行为，但村庄公共事务可能做得好，也可能做不好。

（五）村民小组

村民小组是由人民公社时期的生产队演变而来，生产队是人民公社时期“三级所有、队为基础”的基础，又是与传统的自然村落相结合的制度模式。生产队是农村土地的实际所有者，又是农民共同生产和分配的基本单位。农民以村民小组为单位分配并不断调整承包的土地。生产队形成了共同的灌溉体系，在相当多的农村地区，还形成了一个实际的生产、生活、娱乐三位一体的共同体，农民的人情往来往往以生产队为限。生产队因此形成了地方认同。

由生产队演变而来的村民小组，虽然不再是一个共同生产和分配的单位，但仍然是农村土地所有权的主体，村民小组内具有共同的灌溉体系，村民小组往往还是一个人情圈，是农民进行生产合作和人情娱乐的主要场所。在有些农村，村民小组仍然是农民的认同单位。在村民小组一级，农民的合作较为容易和频繁，村民小组内部人际关系和谐。[①]

在村民小组认同依然存在的农村，合并行政村与否，并不为农民所关心，相反，随意调整村民小组的建制却可能产生严重后果。

（六）行政村

在全国相当一部分农村，尤其是城郊农村和沿海发达地区的农村，村民小组内的认同被行政村的认同所取代，因为行政村是家庭联产承包责任制之后最基层的正式组织，是村办企业的所有者或经营者，是村集体资产的所有者，也是村集体土地出让的主体，当村一级具有较多的集体资产时，这种集体资产会有效地塑造农民对村

① 作为基本认同与行动单位的村民小组，笔者先后在安徽肥西县和湖南衡阳县的调查中发现。参见：贺雪峰、董磊明：《村民组与农民行动的单位——安徽肥西县小井村调查》；贺雪峰：《衡阳村治模式的关键词——湖南衡阳三湖镇文光村调查》，载《村治模式：若干案例研究》。

一级的认同。村一级有较多的活动，如村委会选举、村级老年人协会活动等，这会增加农民对行政村的认同。温州和徽州地区，不仅以行政村为单位建有老年人协会，而且有些村编有村志，这就为行政村认同的形成提供了可能。

依据我们已有调研经验，以上列举了在核心家庭以上的六种可能的认同单位。一般情况下，在核心家庭以上建立的这些更高层次的认同单位之间，会彼此消长，对某一单位的认同会对其他单位的认同产生抑制。现在，由于强有力的政治运动的冲击和市场经济的渗透，农民越来越难以在核心家庭以外形成有效的认同，因此也越来越难以在家庭以外达成有效的合作，形成有力的一致行动。或者说，农民越来越原子化。这就为地痞在村庄中的产生及村干部的不良行为提供了肥沃的土壤。

在核心家庭以上不再有主导的基本认同和行动单位的村庄，即我们所说的原子化村庄。原子化村庄的典型特征是姻亲关系重于宗亲关系，兄弟分家后界线分明，各行其是，村庄舆论也习惯于此。

原子化村庄也有两种不同的类型。

一种原子化村庄，虽然缺少在核心家庭以上的基本认同和行动单位，但这类村庄价值生产能力依然存在。这样的村庄，村民面向村庄而生活，村庄生活面向向内。在这样的村庄中，外出工作的村民，往往会在退休后回村居住，他们愿意在村庄发挥作用，为改变村治面貌做些事情。这些退休回村居住的村民，与村庄中那些在乎村民评价的村民一道，构成了村治中的积极分子——积极分子成为这类村庄的典型特征之一。因为村庄价值生产能力强，村庄预期长远，以建房等长期投资为特点的村内竞争激烈。[①]

另一种原子化村庄，村庄价值生产能力较弱，村民面向村外生

---

① 这一类具有较强价值生产能力的原子化村庄，以我们调查的徽州村庄为典型。可以参看贺雪峰：《徽州村治模式的关键词——以绩溪县宅坦村的调查为例》，《学术界》2005年第6期。另见李远行：《村庄的意义——徽州村庄社会生活散记》，载贺雪峰主编：《三农中国》（总第5期）。

活，村中有能力的村庄精英不屑于村庄内部的竞争，将自己的生活转移到城镇或村外朋友之中。村庄内以建房为特征的长期投资受到忽视，相反，短期的消费性支出凸现。因为村庄价值生产能力弱，外出工作人员退休后不愿再回村居住，由以退休人员为主形成的参与村治事务的积极分子群体基本上不存在。因为村民既无强有力的超出家庭的认同和行动单位，又无外来力量发挥作用的空间，这类村庄的治理中，村干部行为不会受到任何有力的限制，典型结果是村级债务多得惊人，为村务而群体上访断难发生。[①]

五、农民行动单位与乡村治理的区域差异

以上分析农民认同与行动单位的目的，是要理解当前中国乡村治理的区域差异。显然，在核心家庭以上，村庄主导的农民基本认同和行动单位不同，乡村治理自下而上的基础就不同，村治面貌就因此大不相同。在前一节的讨论中，我们大多是以个案经验为基础，来讨论农民行动单位与村治特征之间的相关性。个案可以将村庄特征与村治面貌联结起来，使村庄成为逻辑上自洽的整体，但个案村庄与区域之间有着很大的差异，如果个案不能代表区域的情况，我们就难以从大量的区域量化资料中获得对理论的检验。

不过，从农民行动逻辑的角度来讨论乡村治理的区域差异，恰恰是一个可以量化操作的视角。决定农民行动逻辑的主导力量是他们的公私观念，是对超越家庭的集体单位的认同状况。文化不会由一个村庄或几个农民来独享，而必然由一个相当大的文化区域来共享。而正是一个相当大范围的文化区域，才使区域内的农民失去追问及反问为什么的机会，也才使区域文化中产生的对超越家庭的行

---

① 此类村庄以湖北荆门为典型，可以参看贺雪峰（主笔）:《遭遇选举的乡村社会：荆门市第四届村委会选举观察》，西北大学出版社，2002 年，导言一、导言二。

动单位的认同（或不认同）的文化不自觉，才会使“我们感”真实起来。

文化区域的形成，往往又与生态区域、区域的历史（比如战乱、灾荒）等有着密切的联系。如果我们从农民行动的认同单位的划分开始，进一步划分出相关的文化区、生态区，并从特别历史中做进一步的解释，那么我们可能借由诸如小亲族、宗族等超越核心家庭的农民认同单位的微观研究，扩展到对同一生态区及文化区中农民行动逻辑的研究。我们可以认为，同一生态区和文化区内的农民行动逻辑，具有一致性。

而正是以区域为基础，我们才可以借用现有的关于乡村治理状况的统计资料，及以区域为基础进行抽样调查获得的资料，比如一个区域内农民集体上访的频次、生育观念的变迁及相关计划生育工作的难度、公共事业的状况尤其是民间合作的公共事业的状况、“钉子户”的多少、社会治安状况、农民负担与村级债务、农民之间的纠纷及其调解状况、老年人的生存状况、中青年妇女的非正常死亡率、农村土地小调整的状况、大型农具的合作使用、水利合作的状况等。将这些可以按区域进行量化统计的衡量乡村治理与乡村秩序状况的指标，与从农民行动逻辑本身推演出来的乡村治理后果对照检验，就可能有效证实或证伪以逻辑自洽为基础推断得出的研究假设。

依据我们已有的调查，依据逻辑自洽的标准，我们绘出以下表格（见下页表2）。

我们选择性地对该表格做以下解释。

（一）村民小组长的报酬

乡村治理状况与农民行动逻辑有着密切关系。我们在“包产到户”发源地的安徽肥西县小井村调查时发现，村民小组长报酬极少，任务却很繁重。当问到报酬这样少、任务这么繁重，为什么还要当组长时，村民小组长回答说：“是不想当这个组长，但总要有

表 2 村治类型

		原子化村庄		非原子化村庄（家庭联合）				非原子化村庄（地域主导）	
		价值生产能力强	价值生产能力弱	宗族主导	小亲族主导	户族主导	联合家庭主导	行政村	村民组
典型特征		积极分子多	群体上访少	村庄秘密共守	村内竞争激烈	丧事规模大	父权凸显	集体认同感强	
村庄特征	生育观念	弱	弱	较强	最强	一般	较强	弱	弱
	非正常死亡率	高	高	低	较高	较高	低	低	低
	住房竞争	一般	弱	强	强	一般	强	一般	一般
	老年人地位	低	低	高	一般	一般	高	较高	较高
	姻亲关系强度	强	强	弱	弱	一般	弱	较强	较强
	第三种力量	强	弱	强	一般	一般	一般	弱	弱
	村内纠纷	一般	多	少	多	一般	少	一般	少
	群体上访	有	少	少	多	多	少	多	较多
	计生工作	易	易	难	最难	较易	较易	易	易
村治特征	干部报酬	较高	高	低	低	较低	较高	高	低
	一事一议	不可行	不可行	可行	较难	较难	较难	可行	可行
	农民负担	较重	重	轻	轻	较轻	重	轻	较轻
	村级债务	一般	高	少	少	一般	一般	不确定	少
	选举竞争	较激烈	不激烈	激烈	激烈	较激烈	一般	激烈	较激烈
代表区域		安徽徽州	江汉平原东北农村	赣闽部分农村	黄淮海地区	陕西关中	河南安阳	城郊及沿海农村	湘南皖中

人来当这个组长啊！”[①] 总要有人来当，这是将村民小组作为一个“我们”的整体、一个认同单位来考虑及行动的，如果不将村民小组当作“我们”的村民小组，小组长就会回答：“谁当组长、要不要组长我不管，反正我不当这个（报酬低、任务重的）组长。”

对村民小组有无认同，与村民小组是否需要通过合作来解决公共品供给问题没有直接关系。当农民对村民小组存在认同时，村民小组内的农民就会从整体利益来考虑自己的行动，他们有一致的判断。从理性计算上看，报酬低、任务重的事情，没有人愿意干。但如果没有人出面来当这个不划算的村民小组长，村民小组内部的事务就无人牵头处理，村民小组一级的公共品供给（在当前中国南方水稻种植区，尤其指农田灌溉事务）就会出现问题，农民生产、生活上的合作就更难达成，整体利益就会受到损害。没有人愿当村民小组长，就由村民小组的农民来选，选上谁，谁就得干，因为总得有人干。小井村有一个村民小组（大兴庄）的农民都不愿当村民小组长，就由农民选出五个人，然后抓阄确定三个人共同担任村民小组长。这样先选举再抓阄产生出来的三个村民小组长，也能合力将村民小组的事情办好。

而一旦没有对村民小组的认同，村民小组不是“我一个人的事”，则无论是选出来的还是抓阄产生的村民小组长，都不会尽到责任。当村民小组有很多公共事务必须有人牵头办理时，除非提高村民小组长的报酬，很难想出其他好的办法来解决公共事务无人办理的难题。有无村民小组一级的认同，表现在乡村治理上，就是村民小组长的报酬与责任的对比。当村民小组长的报酬低于其实际承担的责任，而村民小组长仍然尽职时，这样的村民小组应该是存在内部认同的村民小组；反之则不存在。换句话说，当村民小组长实际承担的责任相同时，存在村民小组认同的农村地区，村民小组长只得到很低的报酬；而不存在对村民小组认同的农村地区，村民小

① 参见贺雪峰、董磊明：《村民组与农民行动的单位——安徽肥西县小井村调查》。

组长的报酬很高。在我们调查的安徽肥西县和湖南衡阳县，村民小组长年报酬只有100—300元，却要承担大量公共事务；而同等经济发展水平的湖北荆门，村民小组长年报酬2000元左右，反而缺乏对村民小组事务的责任心。

（二）农民群体上访

针对村干部的农民群体上访的频度，在不同农村存在着极大的差异。要形成群体上访，至少要有以下两个条件：一是村干部敢于不顾村民的反对而做损害村民或村集体利益的事情；二是村民不只是对村干部的不良行为感到内心气愤，而且敢于表达出来，并能得到其他村民的呼应。

如果村庄内有强有力的宗族力量，村干部受到宗族这种笼罩性力量的压力，不敢违反村民的民意去做损害村民利益的事情。因此，在宗族力量较为强大的农村地区，一般不会发生频繁的针对村干部的群体性上访。

如果村庄中，在核心家庭以上不再有强有力的认同单位，则即使村民对村干部的不良行为充满愤怒，他们也大多不愿表达出来，因为这种表达会彻底得罪村干部，而自己背后却没有强有力的支持力量。没有越出家庭的认同单位作为村民一致行动的依托，村民群体性上访无法达成。因此，在原子化的农村地区，一般不会发生频繁的针对村干部的群体性上访，除非村一级有着十分巨大的利益，比如巨额征地款被村干部侵吞，引起村民的强烈反应。

针对村干部的群体性上访，最容易发生在两类农村地区。

一类是宗族组织已经解体，但小亲族依然存在的地区。宗族组织解体后，村庄笼罩性的力量亦随之减弱，村干部试图利用权力捞取个人或小群体的好处，从而引起村民的不满。小亲族的存在，为不满的村民提供了向村干部表达愤怒的一致行动的可能性，群体性上访正是表达愤怒的途径。

另一类农村地区，是村庄宗族组织解体，小亲族也大多解体，但村庄具有价值生产能力，因此关心村务的积极分子众多的村庄。[①]这些积极分子通过一些活动结成一种联系广泛、行动力强的群体，他们敢于发动村民且可以发动村民起来监督村干部，因此敢于且能够发动起针对村干部的群体上访。

（三）村级负债的差异

当农民可以形成针对村干部的频繁上访时，村干部就不大敢于公开做损害村庄利益的事情。因此，这类地区的村庄，即使有村级债务，也不会很高。相反，在那些原子化农村，村干部的行为几乎不会受到村民任何有效的监督，村干部因此胆大妄为，并将村集体所有资源耗尽，最终留下高额的村级债务。[②]

（四）生育观念

在小亲族力量强有力的地区，儿子多，则兄弟、堂兄弟构成的小亲族力量就强，在村庄内部的小亲族竞争中就会处于优势地位，村庄就会内在地产生强有力的多生男丁的压力，生育观念的转变因此困难。而在原子化农村地区，生育观念更容易因为经济压力（尤其是支付子女教育费用的压力）而改变。在当今中国农村，计划生育工作最难展开的地区大都集中在小亲族力量凸显的地区，而最早转变生育观念的农村，则集中在原子化的农村地区。从生育观念来看，宗族主导型村庄与联合家庭主导型村庄的农民都有较强的生育意愿，但宗族力量强大，使计划生育工作的难度在宗族主导型村庄比在联合家庭主导型村庄更大。

当然，因为事实上决定乡村治理特征的因素并非仅仅与农民行动单位有关，而是由诸多因素共同作用的结果，因此，在农民行动单位

---

① 关心村务的积极分子，以退休回村居住的老教师、老工人和老干部居多。

② 此方面的详细讨论，参见贺雪峰：《论村级负债的区域差异——农民行动单位的视角》，《管理世界》2005 年第 11 期。

与乡村治理特征之间，并不是一一对应的关系，而是一种选择性亲和关系。具体可以表述为“在A类村庄，更可能出现B类村治现象”，或反过来表述为“出现B类村治现象的村庄，更可能是A类村庄”。

六、关于农民行动逻辑的扩展讨论

（一）熟人社会的行动逻辑

我们曾讨论过熟人社会与公众社会中农民行动逻辑的差异，认为在公众社会中，人们的行为类似于一次性博弈，行动者往往会将单项收益的重要性凸现出来；而在熟人社会中，人们的行为类似于多次博弈，行动者会预期总收益的大小。在传统的中国乡村社会，同一村庄的村民不会为获得一次性收益而破坏今后收益的可能性，也就是说，村民在村庄的生活中，不会按照公众社会中的模式来行动。

不过，熟人社会中的多次博弈，是以熟人社会形成强有力的超出个体行动者的规范为前提的。仅仅有一些有着预期收益的理性行动者，他们知道合作的收益远高于不合作的收益，并不能保证这些理性行动者采取合作行为。原因是理性行动者中有积极分子，也有消极分子，消极分子指望可以有一次搭上积极分子的便车，并因此指望次次都搭便车，最终将积极分子消磨为“既说不起话，又做不起人”的村庄弱势群体。① 因此，要将预期的收益变成理性行动者的行动，就需要有超出理性行动者个人的规范，如信任、道德压力，或者强制性规范。

在今天的中国农村，一方面国家无力解决所有村庄层面的公共事务，另一方面具有相当强制力的地方性规范又被个人权利本位的现代法律所替代。因此，要解决村庄层面的公共事务，就非常需要

---

① 参见贺雪峰：《熟人社会的行动逻辑》，《华中师范大学学报（人文社会科学版）》2004年第1期。

借重村庄内的文化性力量，借重农民作为一个地方性知识拥有者而非一个理性行动者的行动逻辑。换句话说，当前中国农村具有大量需要农民合作才能解决的公共事务，有合作才能收益的空间，但传统社会中用以维系合作的绝大多数规范都被现代性因素所祛除或改造而不能发挥作用。不过，在不同地区的农村，农民所拥有的地方性知识及在其之上的地方性规范差异很大；正是这种地方性规范的差异，为农民获得在村庄层面可能实现的收益提供了不同的可能性（凭借）。这种地方性规范的差异与获得可能收益的差异，形成了支持地方性规范强化或弱化的路径依赖。当村庄层面具有可能的合作收益空间时，这种可能的合作收益空间会为地方性规范的延续提供动力。①

（二）关于理性行动理论

中国农民的行动单位越来越以核心家庭为基础，且建立在核心家庭以上的差序各方很少再被行动者所认同，差序格局开始解体，这使得中国人的行动逻辑越来越近于西方人的行动逻辑。因此，来自西方的理性行动理论用于解释中国农村特性，也就会越来越具有适应性。

理性行动理论的要点是，人们都具有趋利避害的本能，在一个给定的利益计算格局下，人们会理性计算自己的利益，从而使自己承担最小的风险，得到最大的收益。理性行动理论以博弈论为基础，认为多次博弈可以产生预期与信任，从而达成合作。

但是，当前中国农村中那些相对有序的地方，公共品的供给及乡村秩序的保持，却似乎不是以理性行动者多次博弈达成合作来解决问题的。构成一些农村社会有序的力量，与农民观念中仍然留下来的超出核心家庭的单位认同有关。

核心家庭是从一个大家庭中分离出来的。兄弟分家，由一个家

① 虽然地方性规范更容易受到市场经济及（现代的）法律下乡消解的压力。

庭扩展为若干血缘相近、居住不远的小家庭，这些由一个家庭扩展出来的若干家庭之间，有着较其他家庭更近的血缘关系、更多的亲密感及更广泛的利益联结。若在一个社区中，这些具有相近血缘的核心家庭之间保持相互的认同，他们就构成了一个差序格局中超越核心家庭的另一个层面，在这个层面形成了一个在基本的“私”以外的扩大了的“自家”，这个“自家”构成了农民新的认同和行动单位。在这个认同和行动单位中，行动者会因为认同而非仅仅因为理性计算来行动，行动者会为“我们”的事情一道努力。而正是“我们”，构成了这个大于核心家庭的行动单位（小亲族或家族）的相互信任，这种信任又进一步变成可以期待的预期，这种预期为重复博弈提供了达成合作的理论解释的事实凭借。

这里的关键是，大于核心家庭的行动单位，是因为认同，因为“我们感”而建立信任关系的。如果离开了认同，或者只有核心家庭而没有其上的诸如小亲族或宗族这样的认同单位，则合作的结果就难以出现。

理性行动理论只关心理性的行动者个人，而不关心其上的认同单位。我们可以将中国农村的核心家庭假设为理论行动理论中的行动者，如果我们不清楚在核心家庭之上还有何种层次的认同的话，是不可能依据理性行动理论来推断农民的合作状况的。

换句话说，我们关心的问题是，今天中国农村，核心家庭是一个基本的“私”，因此构成了中国农民基本的行动单位。但在现代性因素可以破坏农村传统的规则，抑制地方性知识，却不能在事实上建立农民合作的规则时，当市场经济向农村渗透，却不能让大多数农民享受到现代经济的好处时，建立在核心家庭以上的农村社会的认同，对于达成农民合作，解决与他们生产、生活、娱乐密切相关的公共品供给问题大有好处。

当前中国农村社会，既有以核心家庭作为唯一认同单位的地区，也有在核心家庭以上还存在认同单位的地区。当行动者不仅以家庭作为基本的认同单位来行动，而且以一个超越家庭的认同单位来行动时，这个理性行动者会与仅仅以家庭作为认同单位的行动者的行动逻辑有巨大的差异。而且超越家庭的认同单位不同，理性行动逻辑及其结果就会不同。

理性行动理论只抽象地讨论理性行动者的行动，而问题是必须将行动者置于特定的文化区域和背景中。在不同的文化区域中，农民的认同单位和行动逻辑会有所差异。我们运用理性行动理论时，不得不进入对决定农民行动方式的特定文化区域的讨论。特定的文化区域是地方性知识，与理性行动理论所依托的普遍性假设相冲突。

在市场经济的冲击下，大部分中国农村在核心家庭以上的认同单位越来越弱，以至于不再成为一个以认同为基础的行动单位，这种情况为理性行动理论找到了用武之地。而只要中国农村仍然具有在核心家庭以上的村庄层面的认同单位，我们就不能照搬、照抄理性行动理论，用它来解释中国农村的情况。

七、结　语

当前中国农村研究领域存在的一个问题是缺乏区域比较的视野。本文试图从农民认同与行动单位的视角，讨论村庄层面主导认同与行动单位的区域差异，并以此来理解乡村治理的区域差异。因为农民对超出核心家庭层面的行动单位的认同，本质上是一种超出个人的地方性知识，是一个相当广泛文化区域所共享的知识；这就为从个案农村调查到区域乡村治理研究提供了联结点，为中观层面的乡村治理研究提供了可能性，也就为以个案为基础的定性研究向以区域数据资料（统计资料和抽样调查资料）为基础的定量研究提供了可能性。

当前中国农村研究领域存在的另一个问题是抽象讨论农民行动的逻辑，甚至直接套用理性行动理论，解释中国农村出现的各种现象。这样的研究，缺乏对农民行动逻辑的深入和具体的理解，不仅不能解释乡村治理的状况（更不用说乡村治理的区域差异），而且往往会误导农村政策的制定。本文从农民实践中的行动逻辑出发，试图建构起一个双层认同与行动的模型，以理解农民行动时受到的除理性计算以外的更广泛的因素，尤其是地方性知识的影响。双层认同与行动模型不仅为理解乡村治理的区域差异提供了一种视角，而且为改善乡村治理提供了政策上的一种可能方向的论证：在国家不能完全解决村庄层面事务时，农民的地方性知识并非是完全负面的力量。

中篇

分析方法

村庄权力结构的三层分析*

——兼论选举后村级权力的合法性

20 世纪以来，随着国家权力日益深入乡村，国家授权的村级权力开始出现，对村庄政治的理解也就成为理解国家政权体系、革命和现代化进程的重要进路。学界在运用国家与社会关系、国家政权建设等框架理解村庄政治，并试图从村庄政治出发思考国家政治和宏观社会层面的问题时，一个重要的问题却往往被忽视了，那就是村级权力在村庄政治社会生活中运行的实态和机制。本节试图通过对四种理想类型村庄的权力结构进行“体制精英 - 非体制精英 - 普通村民”的三层分析，来理解当前村庄权力运行的状况，特别是村委会选举后村级权力的合法性状况。

对村庄权力结构的三层分析

1．村庄权力结构的三层分化

基于我们近年农村调查的体验，依据拥有权力的形式和影响力的来源，可以将当前中国村庄权力结构的人格化代表做三层分析，他们分别为：体制精英，即掌握着村庄正式权力资源的村组干部；非体制精英，即在村庄有一定政治社会影响力的村民；普通的无政治的村民，即在村庄无政治社会影响力，但有潜在的参与集体行动能力的一般村民。

---

* 本节与仝志辉合作。曾发表于《中国社会科学》2002 第 1 期。

行政村是进入20世纪以来的新现象，此前的村庄权力结构中，体制精英与非体制精英高度重合，或者说，村庄治理主要是由那些并没有正式职位和上级授权，也不经由村民选举，而是由村庄自然而然产生出来的领袖人物（如宗族头人、宗教领袖、乡村士绅等）来完成的，即便是有正式的保甲、里甲组织存在，其负责人也与乡村民间精英关系密切，他们并无什么权威，是职役制度的产物[①]。自20世纪初以来，为实现国家工业化和国防现代化，迫切需要提高国家对基层农村社会的资源提取能力，重构农村基层组织结构成为必然的选择。国家要想在基层扎根，必须确立其代理人，村级体制精英由此而生，并且因之出现了体制精英与非体制精英的分化。不过，20世纪50年代以后，特别是人民公社体制下，强有力的意识形态压力和政社合一的组织形态使得村庄几乎所有权力都掌握在体制精英手中，非体制精英缺乏基本的影响能力。

村庄权力结构的三层分化是人民公社解体后的新现象。1978年以后的农村经济体制改革，确立了分户经营的经济制度。这种新的经济制度使农村原有组织体系丧失调控手段，国家权力在农村出现上收趋势；与此同时，原有的一元化意识形态也随经济制度的变化趋于瓦解。分户经营的经济制度和逐步渗入农村的市场因素，促使村庄开始发生深刻的经济社会分化，新的结构因素大量产生并承担新的功能。也就是说，一方面，意识形态强约束的解除，为村庄传统精英的出现和传统文化的恢复提供了空间，在许多地区特别是南方农村普通出现了诸如传统回潮、宗族重建的情况；另一方面，随着市场经济的逐步渗入，经济社会分化加剧，一些人较其他人拥有了更多经济社会资源，他们开始填补体制精英影响力减弱后出现的村庄秩序中的断裂和空白。这样，在村组干部这一体制精英以外，产生出了众多的村庄非体制精英。与体制精英和非体制精英共

① 赵秀玲：《中国乡里制度》，社会科学文献出版社，1998年，第一章。

存于村庄的，是占村庄成员大多数的无政治的普通村民。普通村民缺乏经济政治资源，缺少政治参与意识，他们在形成自己的政治态度时往往受村庄精英裹挟，被动或主动地依附于村庄精英进入公共政治生活。非体制精英的出现标志着村庄内部出现了精英多元的局面，是村庄权力结构的一个大变化。[①]

事实上，细究村庄权力结构的构成层次，并非只有三层。这里采用三层，是根据研究目的进行的简化。研究村庄权力结构的目的是解析村级权力运行及其合法性状况，它需要以村级权力为中心，构筑与其他权力关系的互动，而不是具体展开各种权力关系本身。对权力关系依据权力资源的正式与否和影响力状况进行三层划分，对于达成上述目的已经足够。更为重要的是，三层划分符合农民自身的感受，这三层分别被农民称为“当官的”“干部”（指体制精英），“头面人物”“知名人士”“大社员”（指非体制精英），“平头百姓”“老百姓”（指普通村民）等，具有人格化的色彩。这三层划分已作为不同的农民政治人的身份意识而进入各自的政治行动策略，而三层权力结构正是在行动主体的这种主观认同和自觉实践中得以产生的，它反映了村庄权力结构的实际。

2．非体制精英及其崛起

当今村庄权力结构的突出特点是非体制精英的崛起。下面我们对非体制精英的本质与其崛起过程进行分析。

非体制精英是在村庄有一定政治社会影响力的村民。非体制精英与普通村民的区别主要在于政治社会影响力的有无，而与体制精英的不同主要在于影响力来源的不同以及身份明晰性和群体组织性的不同。体制精英的影响力来源于正式授权，获得国家政

---

① 人民公社时期，除体制精英之外的民众之间仍然有着地位差异，但当时在体制精英强大的权威笼罩下，资源有所差别的民众很难独立地使用并自主地放大自身的资源力量，从而获得一个独立的社会地位，并造成社会地位差异，构筑庇护关系。所以，这种权力结构的大变化强调的是非体制精英地位的独立化及其作用的凸显。

权体系的认可；非体制精英的影响力则源于村落社会中的文化认同和利益联系，如源于宗族关系、宗教关系、同学关系、朋友关系、经济协作关系等。由此，非体制精英也就有诸如宗族精英、宗教精英、经济精英、知识精英（乡村教师、民间文化人）、乡村地痞等。由于并无正式授权，这一群体的边界往往不太明晰，群体的组织水平也低。

当前农村基层政治呈现的两个突出特征促成了非体制精英的崛起。一是乡村关系的性质。国家在推行现代化过程中，层层的压力型体制使村庄体制精英被挤在最艰难的境地。乡对村目前名义上是指导与被指导关系，但除了国家统一的农业税和计划生育任务外，来自于乡镇的其他要求，村庄也必须满足。上级任务应接不暇，体制精英疲于应付。这时，非体制精英和村民会进行抵制，这种抵制可能无力影响乡镇决策，却构成了体制精英行使权力的障碍。二是村民的政治无力感。目前农村市场经济细碎分散，农民在市场中难以体会到自身的力量；而农民接受政治信息机会较少，利益表达渠道狭窄，社会关联链条过短，组织化水平偏低，凡此进一步增加了他们在政治事务中的无力感，村庄非体制精英因此成为他们不可多得的利益代言人。

在发生学意义上，非体制精英的崛起与人民公社解体后村庄社会分化的加剧有密切联系。农村改革引发了市场力量对村庄的渗透，市场促成了村庄内的经济分化，促成了经济精英的崛起。

随之而来的村庄外向交往又提高了利用村外资源改变自身地位的可能性，村外资源成为精英建立权力关系的资源和手段。在体制精英之外，各类精英成长的机会和渠道空前增加。总之，在国家支配的正式权力资源之外，各种植根于乡村社会内部的非正式的权力资源得以涌现，非体制精英的权力就是建立在这些资源之上。非体制精英由于握有优于一般村民的经济社会资源，可对普通村民形成支配关系，而逐步具备对体制精英的挑战能力。在选举中，非体制精英可利用他在选民中的影响力决定谁能最终当选为村干部；在村级治理事务中，非体制精英可利用其对村民的动员能力和广泛的村外联系，形成对体制精英行为（村级权力运行）的监督；非体制精英由于没有正式身份和责任，具有表达社区利益的主动性；非体制精英也可能利用在村民中的影响力向体制精英提出治理建议或谋求特殊利益。非体制精英在村级权力运行中的地位和作用就凸显出来。

村庄非体制精英的特征

1．村庄的四种理想类型

分析村庄权力结构的关键在于理解村庄非体制精英的状况。在不同性质村庄中，非体制精英的状况是不同的。要理解非体制精英的状况，必须进入不同性质的村庄进行考察。在实地调查体验和对影响村庄性质的各种因素进行比较之后，我们选择经济社会分化和社区记忆这两维因素作为指标，分析村庄的不同性质和不同性质村庄中的非体制精英状况。

经济社会分化是村庄权力结构出现三层分化的基础。这里，我们注重在村庄范围内讨论经济社会分化，注重考察村庄经济社会分化程度上的差异及导致分化的原因和性质。经济社会分化程度影响着非体制精英的数量和能量。社区记忆是指由村庄内部全体或部分成员共享的村庄文化经验，这种文化经验通过一定方式在社区现实的社会政治生活中产生影响。社区记忆具体表现为：第一，类似“村风”“风俗”之类的村民交往方式；第二，社区成员共同参与的仪式、活动等场景与行为；第三，村民赖以确定自己在村庄公共事务中行为目的的村内价值评价系统。社区记忆不同于社区历史，它可以在村庄文化活动中生成和重构，而不是简单地对历史加以延续。社区记忆典型地通过公众人物口述历史、兴建公共建筑、派性竞争、宗族活动等方式形成和流传。社区记忆强的村庄，村民的交往密切，村庄舆论发达，村民更看重自身行为在村庄内能否得到承认；社区记忆弱的村庄，村民之间联系松散，村民不注重在村内建立事功和名誉，相互之间约束力小。社区记忆强度影响非体制精英的生活面向和行为方式。

依据社区记忆强度和经济社会分化程度的不同情况，我们将村庄分成四种理想类型，如表 1：

表 1

	经济社会分化程度低	经济社会分化程度高
强社区记忆	A	D
弱社区记忆	B	C

简述这四种理想类型。在 A 类村庄中，因为经济社会分化程度低，社区记忆较强，村庄传统的社会精英诸如宗族精英或宗教领袖在村庄享有权威，他们往往成为村中最为重要的非体制精英，其中一些人被选任为村组干部。这类村庄大致可以在江西、湖南等宗族势力相对较强但经济并不发达的地区找到。B 类村庄因为低经济社会分化和弱社区记忆，往往缺乏真正在村域范围具有影响力的非体制精英，在村干部这样的村域体制精英以外，非体制精英的影响力往往难以超出自然村，他们具有我们所描述的“细小琐碎型精英”的一些特征。B 类村庄当前遍布我国中西部各地，是我国当前农村社会的主导类型。C 类村庄的情况与 A 类村庄的情况有相似之处，不同的是 C 类村庄的非体制精英是一些拥有较一般村民更多经济社会资源从而具有较一般村民大得多的影响力的经济能人，这些经济能人具有竞争体制精英的实力。C 类村庄主要集中在山东、江苏、浙江及一些城郊型的发达农村。D 类村庄则不仅有经济能人，而且有传统权威，有时传统权威与经济能人合一，就真正成为我们所描述的“高大威猛型精英”，这些高大威猛的村庄精英很可能充任村庄体制精英，但这一要看他们的兴趣，二要看他们的人数。此类村庄在位于改革开放前沿的东南沿海，如福建和广东比较常见。当然，以上只是一些粗略的分析。不同类型

村庄的区域分布也是大体的判断，其实，在同一区域各种类型的村庄都有，但由于当地经济社会发展所具有的特点，某种类型的村庄可能会占有较大比例。

2．四类村庄中非体制精英的状况

在不同类型村庄中，非体制精英具有不同的特征。以下对此进行讨论。

在A类村庄，因为经济分化程度较低而社区记忆较强，村庄非体制精英不易获得经济资源，村庄中缺乏建立在优势经济资源基础上的村庄精英，唯有那些占据传统资源者成为村中具有影响力的人。一般情况下，社区记忆越是强烈，村中的传统资源便越易被村中少数人独占，因为凭借传统资源而构成的人际联系链条较长。在传统资源被少数人独占时，村庄体制精英要么就由这些人出任，要么就需在众多村庄事务上征求他们的意见，以获得他们的支持。这类村庄的体制精英在国家过度提取村庄资源情况下进行村庄治理时会倍感为难，村民甚至可能漠视村干部的影响而认可一些传统的宗族或宗教精英对村庄公共事务的支配。

由于经济社会分化程度较低，A类村庄精英的异质性不强；强社区记忆使体制精英和非体制精英联系村民的社会关联链条都比较长，调动血缘关系资源和村庄历史资源的能力较强。因为体制精英与非体制精英均有调动普通村民的同样资源和可能性，决定体制精英合法性程度的就是体制精英与非体制精英争取普通村民的力量对比，这一点特别表现在选举中。在村级治理中，强社区记忆降低了体制精英侵害村民利益的可能性，因为体制精英面临着非体制精英利用传统因素对其造成的牵制。

C类村庄因为社区记忆较弱而经济社会分化水平高，村民并不依传统关系分界，村庄非体制精英占有的优势经济资源转化为社会政治影响力，从而成为村中说得起话、办得起事的人物。一般情况下，村庄内部的经济社会分化越是剧烈，经济资源越是掌握在村庄少数人手中，这些少数人就越有可能成为村庄中的政治性人物。经济实力雄厚的现代经济精英的一部分被正式权力组织吸纳，成为体制精英，一部分则在正式权力组织之外，成为非体制精英的主体。由于弱社区记忆，非体制精英缺乏在村内实现自我价值的内驱力，这可能带来两种后果：一是非体制精英主要依托于村庄来获得经济资源，他们构成在村精英，这些在村精英因为与村庄生活密切相关，而不得不参与村庄政治；二是非体制精英获得经济资源的手段已不再主要依托村庄，他们将自己的生活世界移到村庄以外，村庄政治只是饭后谈资，已不大能够吸引他们的注意力。C 类村庄非体制精英与村民发生联系主要是基于经济实力而产生的借贷、雇工、传授技术、介绍信息等，这其中也渗入宗亲关系亲疏、朋友关系深浅等因素，但其作用形式主要是经济利益的联结。

B 类村庄因为缺乏社区记忆且缺乏经济社会分层，村庄中除村组干部以外，缺乏在全村范围内具有影响力的人物。这时候的村庄权力有两种结构状况：一是虽然村民之间的经济分化较小，社区记忆弱化，村庄中不存在诸如 A 类村庄、C 类村庄中村域范围的高大威猛型精英，却有一些自然村范围的或者更小圈子的局部精英，他们在有限的范围内具有自己的社会政治影响力。构成这种影响力的或者是他们的经历，或者是他们的亲缘网络，或者是他们的特殊品质，或者是他们的口才，或者就是他们喜欢参与村庄公共事务。二是村民处于原子化状态，甚至连不超出自然村的“细小琐碎精英”也甚为稀少，仅仅有一些以兄弟人多或身体暴力为资源来横行乡里的地痞充斥乡间。一般来说，B 类村庄中局部的非体制精英，人物众多，构成复杂，他们大致缺乏与村庄体制精英的单独竞争能力，但一旦他们的能量集中起来，他们也将无所不能。

既然具有在一定范围内的影响力，非体制精英就具备了与体制精英讨价还价的条件。在选举事件中，细小琐碎的非体制精英往往具备对部分村民的影响力，并可能对选举结果产生影响；在村级治理中，体制精英为了推行自己的治村设想或谋取私利，需要赢得非体制精英的支持。这时，体制精英就必须与非体制精英保持更多的朋友关系甚至赤裸裸的利益交换关系。在内蒙古农村调查时，一个村支部书记告诉我们说："有的老党员想少交提留统筹，我就让他少交。他自以为占了便宜，但少交的次数多了，他在村民当中也就被搞臭了。他不能不听我的话。"这位支书还利用制度允许的空间，给村中老党员、老干部每年发补贴，从而形成一个强有力的支持自己的非体制精英集团。

社区记忆强而经济分化程度高的 D 类村庄的情形十分奇特，特别是那些将传统精英与经济能人身份集于一身的村庄非体制精英，就成为村庄体制精英事事都越不过去的门槛。高强度的村庄社区记忆会带来将精力、金钱、关系投资村内事务的足够精神回报，富裕的非体制精英有将生活世界面向村内的理由。在 D 类村庄中，也有可能形成体制精英与非体制精英分庭抗礼的局面。非体制精英对体制精英是合作，还是对抗，抑或漠然，相应的村级权力合法性会有极大的不同。

3．四类村庄中非体制精英的比较

根据上述讨论，我们以列表的形式列举四类理想类型村庄中非体制精英的特征如表 2。

表 2

	A 类村庄	B 类村庄	C 类村庄	D 类村庄
精英类型	传统型	混合型	现代型	混合型
影响范围	村域	局部	村域	村域
精英数量	少	多	少	少
精英意识	弱	较强	强	强
精英内部的相互关系	竞争	松散	竞争、合作	竞争、独占

以上所列四类村庄非体制精英的特征既不可能是非体制精英的所有特征，也不可能切合每个村庄的实际。具体村庄中非体制精英的特征是由诸多复杂因素决定的。作为理想类型的分析方法，我们列举这些特征，一是为了比较分析的需要，二是为了深入讨论建立在比较分析基础上的村庄权力结构。

村庄非体制精英的类型是由决定村庄理想类型的两维内部因素决定的。社区记忆越强，村庄非体制精英就越具有传统特征；经济社会分化程度越高，村庄非体制精英就越具有现代理性人的特征。B 类村庄的非体制精英因为细小琐碎和人数众多，而具有颇为多样化的构成。D 类村庄的非体制精英有两种组合方式，一是传统精英与现代精英相互分离，一是传统精英与现代精英大致融合。在分离状态下，D 类村庄中的传统精英与现代精英之间的关系可能甚为紧张和微妙；在融合状态下，非体制精英事实上是传统型的现代精英，或现代化了的传统精英。

依照村庄非体制精英的影响范围，可以将他们区分为村域精英和局部精英。村域精英权力资源丰富强大，在村中社会关系广，具有在不同自然村或村民组集结支持者和施惠的网络，有着高大威猛的形象，可对村级事务发挥较大的影响力；局部精英则是一些在其居住地附近村民或血缘关系亲近的几户村民中，享有影响力的细小精英。他们在选举中只能影响一二十票，在全村事务的决策和运作中，可以以一部分村民代言人的面目出现。

无疑，村庄中社区记忆的强度越大，非体制精英的影响范围越广，他们就越是愿意在村庄公共事务中抛头露面，他们的精英意识就会越强；精英意识越强，他们就越不愿意与村庄体制精英达成妥协。非体制精英的影响范围越小，他们凭自身力量去影响村级事务的抱负就会越小，精英意识就会越弱；精英意识越弱，就越容易受到体制精英的操纵。

我们有必要在此进一步强调影响精英类型、范围和能量的两个主要因素。一是精英的生活面向。在社区记忆强的村庄，村庄内的价值系统稳定，有自己强大的价值评价和褒贬能力，这会吸引非体制精英将自己的生活面向朝向村内，以在村内事务中作用的大小作为其实现人生价值的主要标准。而在社区记忆弱的村庄，村内无统一的价值生成空间，在村务中有所作为并不能得到村民的强力赞誉，或这种赞誉本身不能构成村庄精英的价值取向，这种情况下，生活面向转向村庄对想扩张影响的非体制精英来说就显得无足轻重，非体制精英多半会把自己的生活面向朝向村外，而对影响村务兴趣不大。影响非体制精英生活面向的，是村庄社区记忆的强度。

二是精英异质性。精英异质性，不仅指体制精英与非体制精英权力资源的异质性，而且指多个非体制精英之间权力资源的异质性及其联系程度。当体制精英与非体制精英权力资源异质程度高时，如体制精英因集体经济弱导致其无经济资本，仅为道德精英，而非体制精英则同时掌握经济资本、文化资本和与村外强势人物的关系资源时，非体制精英的行动能力趋强，反之则弱。当各个非体制精英权力资源异质性高，他们之间的联系程度密切时，其行动能力最强；当异质性高、联系程度低和异质性低、联系程度高时，行动能力次之；当异质性低，联系程度低时，行动能力最弱。影响精英异质性的是村庄经济社会分化程度。

非体制精英崛起后的三层互动格局

村级治理涉及村内各项社会事务和各个社会地位群体，其效果是要达至每个村庄成员。故此，依上面的三层划分，起码有着体制精英与普通村民的互动、非体制精英与普通村民的互动、体制精英与非体制精英的互动这样三个层面。每一个层面互动关系的存在都离不开其他两个层面互动。而使得三层互动格局迥然不同于以往村庄权力结构的，正是改革以来非体制精英的崛起。

我们可以进一步深化前面的讨论，在村庄体制精英、非体制精英和村民的两两互动中建立如下关系：

在A类村庄中，传统型的非体制精英与普通村民之间具有十分稳定而强劲有力的联系。非体制精英数量较少，与村庄体制精英之间达成协调一致的交易成本较低，且正因为传统型的非体制精英较少而强大，这些非体制精英与体制精英发生冲突时，非体制精英大都可以占据优势。A类村庄的体制精英与普通村民之间的关系，既要看村庄体制精英在治理村庄的过程中，是偏重代理人角色还是愿意做一个好的当家人，更要看体制精英与非体制精英之间的关系状况。若村庄体制精英偏向做一个当家人，并且与村庄非体制精英建立了良好的互信关系，他们就会在村民中具有号召力和动员力；若村庄体制精英与村庄非体制精英矛盾重重，他们就会逐渐感受到自己在村中所受到的敌意，很难持续地将工作进展下去。

在B类村庄中，细小琐碎的非体制精英与普通村民之间的关系不很稳定，且因为细小琐碎的非体制精英人数众多，没有人能够在与村民的关系中建立起广泛的影响能力；也因为细小琐碎和人数众多，非体制精英与村庄体制精英之间达成协调一致的交易成本昂贵，事实上很难达成任何真正有效的协议，总是有一些细小琐碎的非体制精英对村庄体制精英不满，又总有另一些非体制精英乐于从与村庄体制精英的交往中获取蝇头小利。B类村庄的体制精英与普通村民的关系远较A类村庄松散，一方面，体制精英难以从村民中获得有力的支持，另一方面，细小琐碎的非体制精英也往往不能构成对体制精英的强力反对，体制精英更乐于充当乡镇在村庄的代理人，以从乡镇获得自己的政治经济资源。

在C类村庄中，现代型的非体制精英与普通村民之间的关系虽然可能不很稳定却大多是强有力的。一般情况下，一个村庄中由经济社会分化而产生的真正具有影响力且愿意将生活面向朝向村内的现代型非体制精英的数量不会太多，较少的非体制精英可以大大降低与村庄体制精英达成协议的交易成本，且正如A类村庄，较少数量且影响力较大的村庄非体制精英与村庄体制精英发生冲突时，他们大致会占有优势。C类村的体制精英与普通村民之间的关系大多较A类村庄松散，但较B类村紧密。较A类村松散，一是因为C类村庄社区记忆的弱化，导致体制精英当家人的意识不足而代理人的意识强烈；二是C类村庄现代型的非体制精英与村民的关系远不如A类村庄稳定，C类村缺乏A类村强劲有力的村民利益的民间表达者。C类村较B类村紧密的原因则大致是，C类村庄的非体制精英的精英意识和在村中的影响能力都较B类村中细小琐碎的非体制精英强大，他们较有能力表达村民利益，阻止村庄体制精英的不良作为。

在D类村庄中，当村庄非体制精英将传统权威和经济资源优势集于一身时，当然可以与普通村民建立起良好、稳定且强有力的关系。这些与村民有着牢固社会关联且人数很少的非体制精英与村庄体制精英达成协议的交易成本很低，村庄体制精英简直没有了在村庄事务中的发言权，村中诸多事务都是由那些高大威猛的非体制精英直接去做了，体制精英有时是旁观者，有时是办事员，有时候，高大威猛的非体制精英若不嫌麻烦，他就可能将体制精英兼于一身。非体制精英的强大，使得村庄体制精英的代理人意识较弱，而大多成为村庄秘密的守护者和村民利益的庇护人，他们与村民的关系大致不错，而乡镇对他们的工作则可能不满。D类村庄中也可能出现传统权威与占据优势经济资源者的分立，这时候，传统权威与占据优势经济资源者之间就可能明争暗斗，这种争斗会导致他们萌生向村民、村庄体制精英或乡镇寻求支持的冲动，这种情况下的村庄权力结构，就比非体制精英将传统权威与优势经济资源集于一身的村庄的情况复杂得多。

根据以上讨论，我们可用表3表示四种类型的村庄权力结构特征如下：

表 3

	A 类村庄	B 类村庄	C 类村庄	D 类村庄
非体制精英与普通村民关系的稳定性及强度	稳定 强	不稳定 强	不稳定 强	稳定 强
体制精英与非体制精英达成协议的成本	低	高	低	高
体制精英与普通村民关系的紧密性	紧密	松散	松散	紧密
村庄权力结构的特征	稳定运作高效内敛型	高度不稳定运作低效外向型	不稳定运作高效外向型	高度稳定运作高效内敛型

在我们对四类村庄权力结构进行定性时，主要考察的就是村庄体制精英、非体制精英和普通村民三者之间的两两互动关系的性质，并依此从三个方面来定义村庄权力结构。非体制精英与普通村民之间关系的稳定性，往往就决定了村庄权力结构的稳定性；体制精英与非体制精英达成协议（交易）成本的高低，大致决定了村庄正式权力运作的效力；而体制精英与普通村民关系的紧密还是松散，大致决定了村庄权力结构的内敛或外向。

当然，对四种理想类型权力结构的讨论只是大略讨论，现实中的村庄往往是复合了几种理想类型中的个别因素，理想类型对事实的简化只是为了给思维提供合理的方向，以利于研究者更好地进入对现实复杂因素的分析。

选举后村级权力合法性的建构

引发我们关注村庄权力结构的契机，来自我们近年来对村委会选举的观察。选举制度能提高当选权力的合法性成为政治学的一条基本原理。对于村委会选举可以提高村级权力合法性，学术界表示了少有的一致赞同，但研究者事实上很少注意选举中村级权力合法性被授予的实际过程以及选举后维持这种合法性的实际过程。我们在调查中发现，大量经过严格民主选举产生的村委会并不具有实际的合法性，他们的治理绩效不理想，村委会没有因为是由村民选举就得以高效运作。

对于当前村委会选举及村级治理中存在的村级权力合法性不足的问题，理论界大多在村庄以外寻找原因，诸如严峻的乡村关系，持续的农业衰退，制度上复杂的村支部与村委会关系，等等。诚然，这些村庄以外的原因是构成一些村庄选举失效，村级权力缺乏合法性的原因，但这种村庄以外的解释无法说明在当前大致相同的外部环境下，为什么不同村庄中村委会选举会有不同的效果，选举后村级权力会有不同的合法性。在这一问题上，研究者显然忽视了权力合法性与村庄特定社会结构的相关性。

选举引发村级权力合法性问题，凸现了村庄权力结构的重要性。村庄权力结构是村庄内部的因素，正是村庄权力结构构成了村级权力运作的社会基础。对村庄政治人的政治分层及其互动关系的分析就构成了村庄权力结构研究的具体思路。具体到体制精英、非体制精英与普通村民的区分，当三者在村庄政治中发生互动时，这种互动是融合了水平的资源差异和垂直的等级差异的互动，这是一个以支配－服从关系为主，但也渗透着交换－互惠关系的互动。一方面，非体制精英的存在增加了村级权力运行的层次，进而增加了村级权力运行的复杂性；另一方面，非体制精英的存在增加了村级权力合法性生成的可能性。非体制精英不仅是村级权力合法性生成的必经环节，也是当前村级权力合法性再生产的组成部分。体制精英与非体制精英的互动成为村级权力合法性建构中的最关键环节。

从村庄内部即从村庄权力结构的角度来考察村民直选与村级权力的合法性，我们就可以发现，在大致相同的外部环境条件下，不同类型的村庄因为体制精英与非体制精英的关系不同而具有不同的建立村级权力合法性的潜力。具体来说，在当前国家与农村关系较为紧张、农民负担普遍沉重的背景下，高度稳定且运作高效的内敛型的D类村庄权力结构，最具有生成建立在村民选举基础上的村庄权力合法性的潜力。而高度不稳定且运作低效的外向型的B类村庄权力结构，最不具有生成建立在村民选举基础上的村庄权力合法性的潜力。具体分析以上四种理想类型村庄权力结构与选举和村级权力合法性的关系如下：

在B类村庄，因为缺乏有力的非体制精英，无论什么人被村民选举为村庄体制精英，这一体制精英都会在治理村庄的过程中倍感为难。一方面，非体制精英过于细小且数量众多，他们相互竞争且缺乏道德感与责任意识，体制精英若要与这些非体制精英达成一致以获得他们在治理村庄时的支持，将支付相当高的交易费用，更多的时候根本就无法达成协议。另一方面，非体制精英与村民之间的关系并不稳定，即使体制精英可以说服非体制精英出来支持自己的治理工作，也依然要面对着非体制精英可能无法说服普通村民的问题。在国家与农村关系紧张背景下必然兼具代理人身份的村庄体制精英，缺乏直接面对村民的能力，且缺乏动员村民的权威和中介，这使得村庄体制精英无力保持村庄秩序，也就难以重建村级权力的合法性本身。

D类村庄的情况与B类村庄的情况相反。若由村民选举，那些能够调动传统文化资源和现代经济资源的高大威猛的精英人物将被选举为村庄体制精英，这些体制精英因为本身所具有的文化和经济资源，而具有直接面对村民和动员村民的能力。他可能一言九鼎，在抗御外来的地痞骚扰、维护村内的秩序、建设村庄公共工程和兴办公益事业方面，都具有动员村民和吸纳资源的潜力。当然，D类村庄的体制精英也可能抵制在国家与农村社会关系紧张背景下的乡镇对村庄的过度提取，因为他具备抵制乡镇的村庄权威基础。

进一步，甚至不需要选举，D类村庄也较B类村庄具有建立村级权力合法性的潜力，其原因在于，D类村庄的体制精英可以通过与高大威猛的非体制精英的合作，来促成村庄团结和动员村庄资源，从而达成村庄的秩序。因为D类村庄非体制精英不仅与普通村民之间具有稳定的关系，而且数量较少，责任感和道德感较强，从而可以与体制精英低成本地达成协调一致的行动协议。

A类村庄村级权力建立合法性的潜力较D类村稍差，但较C类村庄的潜力更大。C类村庄的问题是占据优势经济资源的村庄能人往往不如传统社会中的宗族宗教精英与普通村民之间关系稳定，不稳定的关系让村民在面对村庄精英的动员时，有更大的选择权，有些情况下，村民选择不合作，C类村庄的经济能人们也无能为力。而在A类村庄，传统精英的权力是弥漫的，没有村民可以逃避得了，这样，只要村庄体制精英可以与村庄非体制精英达成协议，普通村民很少会选择不合作，从而节省了维持村庄秩序的成本。

这样一来，我们对村民选举和建立村级权力合法性潜力关系的考察，就置于村庄内部即村庄权力结构方面的考察之中了。这种村庄内部的权力结构考察与村庄以外的国家与农村社会关系考察结合起来，将大大有助于理解村级权力合法性的实质及其建构。

从上述讨论我们可以看出：村委会选举制度推行后，在那些社区记忆强烈、经济社会分化也很明显的村庄，村级权力最具建立合法性的潜力；在那些社区记忆强烈、但经济社会分化并不明显的村庄，村级权力建立合法性的潜力次之；在那些社区记忆较弱、经济社会分化较为明显的村庄，村级权力建立合法性的潜力再次之；而在那些社区记忆较弱、经济社会分化又不明显的村庄，村级权力建立合法性的潜力最小。选举后村级权力合法性构建的效果绝不是只有一种可能性，不同村庄依据村庄内部权力结构的不同，将表现出较大的差异。在今后一个时期，随着市场经济和现代传媒进一步深入乡村，村庄社区记忆的衰败是必然后果，而随着城市化进程本身的加快和农村的进一步衰落，农村较为富裕的精英人物大都会迁出村庄，也就是说，缺乏分层与缺失记忆的B

类村庄将是今后中国农村的重要现象，如何应对社区记忆衰落和村庄精英迁出村庄后村级权力合法性建设的问题，是今后村庄权力结构研究中需要大大着力的方向。

结 语

通过对村庄权力结构的三层分析，我们希望做两件事情，一是通过“体制精英－非体制精英－普通村民”的三层分析，使对村庄权力结构的研究，真正进入村庄社会内部，使村庄权力结构成为村庄内在性质的一个组成部分；二是通过对四种理想类型村庄的划分，具体展现非体制精英在村级权力运行及其合法性构建中的突出作用。

对村庄权力进行三层分析的方法，也许是本节中最为有益的尝试。在村庄研究方面，选择的分析工具不同，得出来的分析结论往往相当不同。这不是说现实可以有多种结果，而是研究者选择的分析工具的解释程度有差异。我们选择三层分析的工具，是与我们近年来较多的农村调查密切相关的，我们希望在研究村庄权力结构时，将村庄做体制精英、非体制精英和普通村民的三分，可以适合于当今中国农村大部分村庄的实际。当力求从乡村社会内部去理解乡村政治现状时，乡村政治研究也就可以成为揭示乡村社会性质的一个学术生长点。

缺乏分层与缺失记忆型村庄的权力结构*

——关于村庄性质的一项内部考察

引　论

当前对村庄权力结构的研究大多笼统，缺乏对村庄内部权力结构的精细分析。村委会选举给外界观察者的印象，似乎是村民根据自己的自由意愿选择他们的领导人，而一些村中精英诸如村支部书记、宗族领袖等人物在其中制造倾向性的意见，组织宗派性的活动，最后让村委会选举表现出村民的意愿也反映出村中精英的实力。很多研究者在研究村委会选举时，根本不考虑村庄内部结构，而单纯以“经济人”的概念解释村民的投票行为。有些村庄政治的研究者在讨论村庄民主的程序时，甚至不对村庄背景做出交代。

吴毅对村庄权力结构的研究具有启发性。他以个案的形式系统讨论了村民中的无政治阶层问题，认为在村级治理中，必须将村民划分为有政治和无政治的两类人，只有有政治的村民才真正对村级治理产生影响，产生影响的主要途径是村民代表会议。① 吴毅虽然提供了有启发性的思考方向，他的个案却不太支持他自己提出的分析思路，且他的无政治和有政治的区分依然笼统，缺乏更为细致的结构分析。

---

*　本节曾发表于《社会学研究》2001 年第 2 期。

①　吴毅：《村治中的政治人——一个村庄村民公共参与和公共意识的分析》，《战略与管理》1998 年第 1 期。

孙龙也是以个案为基础展开讨论的，他认为，要想理解某些地方力量强大的内生性权威在未通过农村基层民主的形式转化为正式的体制性权威的情况下，却可以与体制性权威和平共处，干群关系比较缓和，大致是因为“体制吸纳社会”的结构起了作用，比如，正式的村级组织在决策时，有意识地邀请当地的宗族领袖、经济能人参加，让内生性权威的利益有所表达，或者将一部分体制性权力让渡给内生性权威，使内生性权威有独立发挥作用的空间。[①] 孙龙的“体制吸纳社会”依然存在不足之处。第一，这里所谓“社会”，实指内生性权威，按孙龙的意思，就是指诸如有权威的宗族领袖或经济能人。但到底宗族领袖与经济能人与普通村民是什么关系，孙龙未讲清楚；第二，“体制吸纳社会”到底是一种强制性的制度结构，还是一种对策性的临时结构？若是对策性的结构，它有多少普遍性和解释力？若是制度性结构，它与民主制度是什么关系？特别是与民主选举、民主决策、民主管理、民主监督是什么关系？若相同，为什么不用民主制度的结构而另行发明一个“体制吸纳社会”的概念？若不同，那它又是什么？

笔者认为，要对村庄内部的权力结构进行考察，很重要的一点便是区分出不同村庄的不同性质，然后再分别考察。具体区分村庄性质的办法，笔者曾提出可以依社区记忆的强弱和村庄精英的类型来理解村庄性质。社区记忆关注的是社区历史和传统对社区现实政治社会生活的影响方式和程度。具体地，可以将村庄性质的理想类型划为四类，如表 1：

表 1

	经济社会分化程度低	经济社会分化程度高
强社区记忆	A	D
弱社区记忆	B	C

---

① 孙龙：《体制性权威与内生性权威的互动过程与行为》（未刊稿）。

以B类村庄为例，弱的社区记忆和低的经济社会分化，表明历史上的事情在新中国成立后的历次政治运动和改革开放以来的市场经济观念及强大传媒力量的冲击下，已不构成对现实生活中人们的影响，人们正变得理性化且世俗起来，传统严重失落。但与此同时，因为经济发展水平不高、经济分化不明显，或因极少数经济上的成功者移居城镇，构成对村庄社会以影响的村庄精英仍以传统精英为主。应该说，当前这种类型的村庄遍布我国中西部地区，是我国农村社会的主导类型。

在B类村庄中，因为社区记忆的断裂，宗族和宗族领袖都难以发挥作用，一般不存在强势的宗族精英。因为经济不发达且经济社会分层不明显，村内也缺乏经济能人和建立在经济成功基础上的权威。换句话说，孙龙提出的以宗族领袖和经济能人为基础建构起社会，然后发展出的“体制吸纳社会”在B类村庄中缺乏适用性。因为体制难以吸纳一个缺乏明显精英的社会。

B类村与吴毅考察的有政治和无政治的两分亦不相同。这不仅是因为在B类村庄中缺乏吴毅所考察个案中的大量私营企业主（他们以村民代表的身份发挥作用），而且吴毅不能指认出谁是有政治谁是无政治这一精细结构，这是最为关键之处。

以下笔者试图分析B类村庄，即缺乏分层与缺失记忆村庄内部的权力结构。

村庄精英的两个层次

在缺乏分层与缺失记忆的B类村庄，因为缺乏分层，并不存在经济上特别的大户和以此为基础的特殊经济能人，也就不存在因为拥有优势经济资源而产生权威的人等。又因为缺失记忆，世仇和宗族都缺乏对普通村民的号召力，建立在这些传统基础上的诸如宗族精英亦不存在。

缺乏宗族精英和经济能人权威的B类村庄，并不是说所有村民都是同等重要，没有政治分层的。这种政治分层大致可以考虑有两类人较普通村民在政治上更为活跃，也更为重要。一类就是在任的村组干部，为所谓体制精英，因为他们实权在握，自然有他们用权的地方和理由，也就有他们发挥权威的基础。再一类就是非在任村组干部，对村组干部的决策和行为具有重大影响力，且对一般村民有一些号召力的部分村民，这部分村民或者有制度化的约束村组干部的渠道，如通过党员会议监督党支部书记，通过村民代表会议监督村干部的决策等；或者因为对普通村民具有号召力，而使在任村组干部们不能不征求他们的意见，尊重他们的意见，并照顾他们的意见。无论是通过制度化渠道获得村组干部尊重，从而获得权威的这部分人，还是因为在一般村民中具有号召力从而令村组干部不得不尊重，并因此更具威望的这部分人，都可以称之为非体制精英，与作为体制精英的村组干部相对应。

这就是说，虽然在缺乏分层和缺失记忆的村庄，不存在诸如威权强大、影响广泛的经济能人和具有广泛号召力的宗族领袖，但在体制精英以外，依然存在诸多细小琐碎的非体制精英，只是因为这些非体制精英细小琐碎，缺乏经济实力雄厚的大业主或宗族势力强劲的领袖人物所具有的高大形象，而被人们忽视掉了。

也正是因为B类村庄非体制精英的细小琐碎，而有相当复杂且具体的构成。每一个B类村庄，都会有一种十分不同的细小琐碎的非体制精英的构成。以下我们从两个方面来讨论此一话题，一是非体制精英的构成，二是非体制精英与体制精英发生联结的机制。

B类村庄非体制精英的构成人物大致有以下一些。

第一，曾经担任过村组干部，对村组事务熟悉，热心于公众事务，在村民中也有一定威望的村民。他们发挥作用的途径大致有二，一是为体制精英出谋划策，二是向体制精英发难。无论何种办法，他们都可以引起体制精英的足够重视。

第二，村中党员。当前村中党员发挥作用的主要途径是数十年来一再强调的党的领导和近些年来的农村基层组织建设的后果，具体来说，党员可以在两个方面发挥对体制精英的作用。一是党员在村支部换届时的投票权十分重要，因此村支部书记若不能获得过半数党员的同意，就不能当选支委，当然也就当不了村支书。特别是因为村中党员一般只有十余位，每位党员的票都很重要，因此村支书不敢随便得罪党员。二是当前村一级召开的村民代表会议往往以村组干部和党员的联席会议替代之，使党员具备了更多对村务决策和村务管理的发言权。随着近些年来对村务管理和村务决策民主化的强调，村中党员有了更多参与村务的机会。

第三，在村中有些影响力和号召力的普通村民。“说是干部又不是干部，说是村民，他又可以当干部的家”的村民是也。这些人或者会说话，富于煽动性和号召力，或者亲友众多，而他本人在亲友中具有优越位置和内部威望，或者有兄弟亲朋在外面工作，“腿子粗，门路广”，或者本人富有经济头脑，会一两门手艺，经济收入相对较好，说得起话，做得起人，因此具有感召力，或者倚仗自己身高体胖，力大气粗的乡村强人形象。这些人的共同特点是，虽然他们个人可能在全村缺乏足够的影响力，但他们在某一个区域某一个方面具有强大的影响力，“好不了事，也可以坏事”，作为体制精英的村干部因此要让他们三分，大小事情，只要涉及这些人的切身利益，大都会征求他们个人的意见，请他们做好自己影响力所能及的其他人的工作，而在经济上，则有意无意地给这些人一些特殊的好处，以收买他们。

村组干部不仅让那些在村中有影响力的普通村民三分，给他们以经济上的好处来收买他们，而且对村中党员和曾经担任过村组干部的村民以经济上的好处，从而获得他们对自己工作的支持。这种经济上好处的给予，既有制度性的，比如按上级文件甚或村里制定的土政策，每年给村中老党员、老干部一些补贴，春节时送一点儿年关物资或慰问金；又有非制度性的，比如有时为村中非体制精英报销一些条据，减免一些提留，多记几个误工并发一点儿误工补贴。总之，小恩小惠，让非体制精英以为村中干部特别是主职村干部对自己不错，从而不好意思反对体制精英，甚至体制精英明显存有经济问题或决策失误，也睁一只眼，闭一只眼，装聋作哑。

换句话说，村庄权力结构存在着三个层次：一个层次是体制精英，一个层次是非体制精英，一个层次是普通村民。非体制精英在缺乏分层和缺失记忆的 B 类村庄，并不表现为强大的和整体性的结构，而是一些细碎结构因子的综合体。非体制精英远非一个整体，但体制精英若不能找到足够多的非体制情英的支持，他们对农村社会的治理便难以进行。一方面因为当前非体制精英的分散性，一方面因为当前体制精英缺乏村治所需要的足够资源（相对政社合一的人民公社就更是如此），使得非规范的有时往往是以体制精英与非体制精英之间的私人关系为基础的关系网络，来支撑整个村级治理的运行。村支书和村委会主任必须与村中的大多数非体制精英保持良好关系，在有好处时，也多多想到这些非体制精英，给他们以特殊待遇。包组的村干部或村民小组长则必须团结好本村民小组的非体制精英，不然，这些非体制精英一闹，组内什么事情都办不成。

村组干部当然还要发生与普通村民的关系，而非体制精英之所以重要，也正是他们可以在一些特定渠道中拥有一些支持者，这样，在村庄范围内，事实上存在体制精英、非体制精英和普通村民三方的两两互动，这种两两互动在行政性治理背景下和在民主治理的背景下十分不同。

村庄权力结构的三层互动

必须首先对众多细小的非体制精英与一般村民的关系进行讨论。因为传统记忆的缺失和经济社会分层的缺乏，使 B 类村中或者说在众多中西部地区的农村，并不存在一个强大的体制以外的社区权威，构成与村组干部等体制精英对峙的，不是一个有力的体制外的非体制精英整体，而是众多各有影响能力和范围且各自口碑不一的中间人物。

就每个单独的非体制精英而言，他可能不受村民的欢迎，也在村中缺乏广泛的号召力，尤其当一些非体制精英事实上凭借自己的影响从体制精英手中谋取特殊好处时，他们甚至受到众多村民一致的恶评，认为“别人得半斤，他非要六两”的行为有违公道。但是，村中总有一些人较另一些人或者因为经历（比如曾当过村组干部，是党员），或者因为血缘（比如亲友众多），或者因为实力（比如懂一些致富技术，家庭经济条件相对更好一些），或者因为品格乃至力气，而可以获得在小范围内的影响力，在这个小范围内，有一些人相信他们，服从他们，他们有时恰又可以在这个小范围内代言一些村民的利益。这个时候，因为个体的非体制精英与他周边所影响的一小群人之间的关系，有情有理有血有肉，符合特殊主义的为人规范，在这个小圈子内，人们都可以感受到相互信任与依托的价值，从而超过了对更大范围的信任。举例来说，在选举时，村民理应选择那些最可以为自己带来利益的人来当村干部，这个被选举的人应该是一个公道的、对全村人一样公平的、持普遍主义态度的人。但事实上，村民即使在秘密投票时，也往往是感情战胜理性，关系战胜公正，他们可能首选与自己关系亲近但人品或能力并不见得突出的人当村干部，或者他们可能受到对自己具有影响力的非体制精英意见的影响，而选非体制精英推荐的人物。考虑到在非激发状态下一般村民的无政治特征，出现这种情况的可能性大大增加。非激发状态是指村民与乡村干部的关系处于相对平和的状态，无政治特征是指村民在政治参与中的冷漠现象。

非体制精英的影响力是有限的，单个的非体制精英无论是在村委会选举还是村级治理中都缺乏足够的影响力。但若有一种办法将非体制精英的影响力集中起来，则非体制精英将决定村庄选举和村级治理中诸多方向性的问题。

也许每个非体制精英的影响范围是狭窄的，且全体村民总的来说对这些细小的热衷于“别人得半斤，他非要六两”的非体制精英们不满甚至反感，这些非体制精英却可能将他们各自所能影响的力量集中起来，形成与村民总的评价相反的事实。

必须考察一般村民的无政治特征和他们在现实政治生活中所表现出来的有时是惊人的非理性特征。

非体制精英既然具有在一定范围内的影响力，当然就具备了与体制精英讨价还价的条件。一个精明的体制精英，有可能在不得全村村民人心的情况下，充分利用他与非体制精英的广泛关系，来保证他依然在位。甚至在选举中，他也可以左右逢源。一般村民是无力的，一些非体制精英在选举中制造出一种有倾向的舆论出来，就让那些村民虽然不满但未激化矛盾的体制精英度过危机。体制精英与非体制精英之间当然有些交易。

体制精英也必须面对一般村民，特别是选举时的情况更是如此。只有当体制精英与普通村民的关系处于沉默状态时，体制精英才可以比较容易地借众多非体制精英的关系来渔利。当体制精英渔利行为过于明显，而与村民的关系处于激发状态时，体制精英即使有着广泛的非体制精英的支持，一般村民这个“沉默的大多数”也可能会出来表达自己的利益要求，体制精英终于因为自己一意孤行而初尝败果。

如此，我们便建立起一个关于体制精英、非体制精英与一般村民三层互动的关系模型，在一定范围内，影响村治面貌的是村庄体制精英与非体制精英之间的关系状况，这当然又以非体制精英与一般村民的关系为基础。超过一定范围，非体制精英就退出对村治面貌的决定，特别是在选举的时候，体制精英的命运有更多由一般村民塑造的机会。

在非选举的情况下，体制精英有着更多与非体制精英而非一般村民打交道的机会。即使体制精英已严重不得民心，普通村民大致也不会去上告要求乡镇将村干部撤换掉，但一些喜欢出头的非体制精英敢做这种事情，这时，本身有些问题的体制精英们就必须与非体制精英保持更多的赤裸裸的利益交换关系，有时是朋友关系。总之，体制精英必须封住喜欢出头的非体制精英们的口。

选举在有限的范围内限制了体制精英与非体制精英之间的这种交易，从而不至于让这种交易扩展到肆无忌惮的地步。肆无忌惮的交易将使体制精英与村民的矛盾上升为激发状态，并使非体制精英们暂时失去影响力。

研究村庄权力结构的意义

在缺乏经济分层和缺失历史记忆的农村地区，并不缺少村庄精英，只不过这些村庄精英的形象不如个体大户或宗族领袖那么高大。正是通过这些零碎细小的村庄精英，村组干部们得以施展他们治理村庄的抱负，村民们得以选举新一届村委会成员。

但是，无论是村组干部、非治理村庄精英、一般村民，他们都不是一成不变的。国家与农村社会关系的状况，由行政性治理到民主化治理的转变，农村社会内部经济分层的发展和农民与外部世界联系的增多，大都会造成村庄权力结构三个层次互动关系的变化，在国家表现得强劲有力的时候，村组干部们具有强大的行政与治理能力，他们可能会忽视非体制精英和普通村民的存在。自改革开放以来，随着家庭联产承包责任制的推行、人民公社的解体，国家力量退出农村社会，农村基层组织软弱乏力，村组干部开始倚重于非体制精英。村组干部们在完成他们自己的任务时，越是感到乏力，便越是倚重于非体制精英甚至可能与非体制精英勾结起来达成破坏村民利益的默契。

非体制精英因为对一定范围内的普通村民拥有影响力，而受到体制精英的倚重，而在体制精英为了非村民利益的理由来收买非体制精英时，这种收买逃不过普通村民的眼睛。非体制精英得到的好处越多，他们影响力就会越弱，普通村民中就会有更多人对他失望，这时非体制精英会发现他们逐渐走上自视很高而无人喝彩的“高地”。他们可能甘于劣化，并不试图回到过去道德宗主的位置。市场经济和发达的传媒进一步为他们提供了自我劣化的理由。最终，有些人纯粹是因为有“狠气”，敢于向村组干部谋求特殊的私利，而成为村中的非体制精英。当这种劣化的并以在一定范围内有影响力为基础的非体制精英多起来之后，普通村民便愈发远离村级治理的中心，而村组干部和劣化的民间社会相互勾结，达成对农民的剥夺，让农民彻底感到无力，而农村社会的危机也迅即到来，最明显的是农民负担迅速加重，村级债务莫名上涨。

民主化的村级治理可能是挽救农村社会的一种力量。但是，民主化的村级治理必须首先唤起非体制精英的责任意识和普通村民的政治意识。在普通村民依然无政治而非体制精英依然被收买情况下，民主化的村级治理就看不到希望。

村庄精英与社区记忆：理解村庄性质的二维框架*

引论

费孝通教授在20世纪40年代所著的《乡土中国》一书，是迄今为止最为系统地理解中国传统乡土社会的专著。当前关于中国农村社会性质的讨论仍是热门话题，但少有超出费孝通教授水平的系统论述出版。零散的对中国农村社会性质的讨论，是以人际交往为主要线索展开的。当前在学界影响比较大的，集中在诸如对农村宗族的研究，对人情、面子的研究，对农村社会习惯法的研究，等等。

理解村庄性质之所以重要，是因为诸种在村庄范围展开的活动都必然受制于村庄性质的影响，不理解村庄的性质，就很难理解在村庄范围内发生的诸种事项。比如当前正在中国农村社会发生的经济关系的变更和政治关系的变更：家庭联产承包责任制和村委会选举，是影响全国的大事件，但要理解它们，必须对村庄性质有一个清晰的了解。

理解村庄性质的难题在于当前农村社会本身的流动性质，特别是新中国成立后的历次政治运动和改革开放后市场经济的双重影响，农村社会处于前所未有的变迁之中，笼统地谈村庄的性质本身可能就不太合适。因此，理解当前农村社会性质的关键，不在于抓住农村社会的性质为何固定之物，而在于抓住是哪些线索和何种因

---

* 本节曾发表于《社会科学辑刊》2000年第4期。

素构成了村庄性质的基础。

若将村庄性质划回到人与人之间的关系上，即可以理解为当前农村人际关系的性质。总体上看，当前农村社会中人际关系理性化的趋向越来越明显，但因为人际关系本身还是过于抽象，我以为可以从村庄精英和社区记忆两个维度来考察村庄的性质。所谓村庄精英，即在农村社会中影响比较大的那些人物。也因为他们对社区影响比较大，研究他们的产生原因、行为方式、社会基础和他们个人的所思所想、所作所为，对于理解村庄性质就相当重要。所谓社区记忆，即村庄过去的传统对当前农村社会的影响程度和影响途径。现代社会与传统社会的最大不同可能就是日渐失去历史，失去过去。不同地区失去过去的程度并不相同。以村庄精英和社区记忆为线索，可以建构起一个较人际关系更易于理解村庄性质的框架。同时，若做个案调查，如试图理解村委会选举的观察结果，可以通过考察村庄中社区精英的作为与社区记忆的重要性，较为方便地理解村委会选举这一大事件所发生村庄性质的背景。换句话说，村庄精英和社区记忆的二维框架，可以简化选举观察者的选举观察。

社区记忆：村庄历史的性质

社区记忆是一个重要的概念，已有诸多学者注意到了社区记忆对现实的影响。社区记忆的对立面即是社区无记忆，也即社区本身有无历史的问题。构成对村庄性质影响的，是村庄活的历史而非死历史，是村庄过去的生活为村庄今天的生活留下的影响力。

在传统乡村社会，村庄历史构成了村庄特性本身，现在发生的所有事情，只不过是过去发生过的类似事情的重现与循环，社区生活中缺少新生的东西，也很少为新生事物留有生存空间。“老祖宗传下来的”，“过去就是如此这般的”思维成为习惯法的依据，也成为生活秩序中的合法性源泉。与这种“老祖宗传下来的”合法性相关，人的年纪越大经历的事情便越多，所具有的老祖宗传下来的经验便越多，也就越有权威，因此有所谓“长老统治”。

自中国近代以来，特别是自20世纪初以来，迅速的社会变迁使“老祖宗传下来的”规矩越来越不灵验，来自外界的强大力量具有较祖宗成法高得多的威力，“长老统治”开始动摇。新中国成立后，传统的宗族组织和宗族法规受到强有力的政治运动的冲击，普及教育和科学下乡则证明了过去所信仰的“天上地下”世界不过是一种迷信。自改革开放以来，市场经济的渗入和与之相伴的现代传媒的迅速普及，使农村社会日渐与外面的世界勾连起来，日益脱离传统的桎梏。在大部分迅速变迁的现代中国农村，年轻人早已较年长者更具权威，历史的记忆业已封存。

因此，要理解村庄的性质，首先还不是要理解村庄的历史，而是要理解村庄有无历史，有无自己的叙说者与阅听人及这些人的基本情况。

因为经历历史事件的程度不同、与外界沟通的程度不同、经济发展的水平不同、社会分化的程度不同、地理条件的不同和文化传统的不同，造成了当前村庄历史在不同地区有不同的遗存与影响力。在有些地方的农村，一走进村子，立即就可以感受到强大的传统阴森森地扑面而来。在这里有高大的祠堂和依然保存完整的牌坊，有新修的族谱和新建的村庙，有讲究的仪式和严格的尊卑位置。在另一些地方的农村中，村中完全找不到过去的影子：房子是新建的，农民穿着西服，打着领带，待人接物与城里人别无二致。更多地方的农村介于两者之间。表面上传统道德还是重要的，酒席上的礼仪也很严格，但从酒席上下来，谁也不大会将酒席上的事情当回事。同龄人中，晚辈也可能会叫长辈为“叔叔”，但谁都知道这声“叔叔”与直呼其名并无什么差别，因为“叔叔”里已缺少了传统中的尊重与期待。在大年三十的团年饭上，也请祖宗回来团圆，但这里面已缺少了虔诚而纯粹成为一个仪式。同姓人之间还讲“亏我们还姓一个字”，但谁也知道他与自己即使是一个姓，他也不会比别人在自己困难时给自己以更多的关怀与帮助，同姓仅仅是在姓名中用了同一个符号而已。有时也问一问有关祖上和过去的事情，但那似乎是别人的故事，蛮好玩，说说而已，千万别当真。这样一来，在中国大部分农村，传统与现代之间便断裂开，历史记忆不再鲜活。

当前村庄的历史可以依时间或事件来划分。以时间划分，可以分作三类：一为古旧的历史，以辛亥革命前为限；中间的历史，以辛亥革命至新中国成立前为限；新近的历史，以新中国成立为始点。当前村庄古旧历史的亲历者极少，中间历史的亲历者也正在迅速消失，唯有新近历史的亲历者众多，每段历史都可以找出当事者来复述。以事件划分，新近历史大致可以划分为土改、合作化、“大跃进”、“四清”、人民公社、家庭联产承包责任制等。历史的记忆大都是通过依然生存下来的人、人与人之间的关系来构成对现代生活的影响。因为现代社会迅速变迁的性质，历史对村庄的影响便愈来愈依赖于活人及活人之间的关系，所谓“世仇”大都不再可寻。

更广泛地讲，历史遗留下来的记忆，除了人的记忆以外，还有其他方面：物质的方面，如建筑、财富、人口、土地、公共设施；意识的方面，如政治认知、宗教情感、宗族观念、人情味道；交往的方面，如人与人之间、人与小共同体之间、小共同体与小共同体之间的关系。

衡量当前村庄历史性质的指标，大致可以从三类历史对现实的影响程度来划分。若古久的历史依然对村庄的现实生活发挥着影响力，基本上可以认为这个村庄仍然处于传统之中。此方面比如族谱记载而产生的族房划分，祖上山权引起的山林纠纷乃至发生大规模宗族械斗，近百年来形成世仇不可解，等等。

一般来讲，新近的历史都会对当前村民的生活产生影响。一方面，当事人都在。“文化大革命”的派性斗争中结成的深怨，饥荒年代的相互救济，集体生产中产生的矛盾，外出建设时结成的情谊等，都不仅可能构成当事人之间的爱与恨，而且他们之间这种或好或坏的关系会影响子女后代之间的交往。另一方面，相当部分村庄到现在仍然是相对封闭的，这种封闭的村庄生活造成了村庄内部矛盾的长期化。村庄内部矛盾一般会以传统的爱恨线索来画线，在新中国成立以来的历次政治运动中形成的关系，正好构成了这种线索。

当前中国农村中，受到古久历史影响的村庄已为数甚少，甚至已不受新近历史影响的村庄也不会太多。大部分村庄处于新近历史影响力的范围之内。而中间历史的影响力，即使还有，也正在迅速消失。

已不大受到新近历史影响的村庄，在当前的农村虽然是少数，这个少数却正在迅速地变为多数。现在的村庄社会似乎患有健忘症。患有历史健忘症的村庄往往并不集中在经济发达的沿海如江浙地区，而更多集中在经济中等发达的中西部农村。或许，这与传统无法获得资源报偿有关系。在这类甚至不再受到新近历史影响的村庄里，社区记忆是断裂的。

构成村庄记忆断裂的传统的失落，与市场经济和革命时间有着密切联系。所谓革命时间，大致与进入 20 世纪以来特别是 1949 年以来激烈的社会变迁有关，这种社会变迁不是农村社会自然演进的结果，而是以一种自上而下的革命运动来推进的。虽然革命运动本身也往往因为传统记忆鲜活而掺杂进来，但在传统力量相互借用革命进行较量的时候，传统毕竟已经退居革命的边缘，没有了自己存在的合法性。随着革命运动的演进和革命时间的持续，传统记忆不再鲜活，历史记忆开始退处边缘。而在 70 年代末的改革开放特别是市场经济的渗入后，在相当多的地区，传统甚至还来不及表现自己，就一下子消失掉了。

在有些地方，人们还可以观察到诸多传统的因素，甚至在 80 年代中国农村普遍出现了传统的复活。不过，在传统复活的背后，往往可以看到传统被人利用的因素，或者传统正沿着新的利益分界进行组合，即成为村民为了现时利益用以表达自己要求的手段。诸如凭借传统来寻求人际联系和经济合作手段的所谓对传统的资源性利用。在现在，已经极少有为恢复纯正传统而进行的复活传统的努力。传统即使存在，也越来越陷于手段的位置。或者可以归结为，传统的记忆成为表达现时经济利益的工具。

在理解村庄历史的性质时，我们应该注重两个相关的问题：第一，村庄有无历史，有无历史的叙说者和阅听人及这些人是如何利用历史来为当下现实服务的；第二，对于村庄历史深深影响现时村庄政治的个案，应进一步追问是现时政治对村庄历史的借用还是村庄历史本身的复活及其恣意妄为。换言之，弄清某些人试图恢复村庄历史记忆是出于高尚的文化动机还是出于鄙俗的利益动机，是十分重要的。

村庄精英：农村社会分层的性质

村庄精英已成为一个“陈旧”的学术话题了。村庄精英的概念属于社会分层的范畴，在传统社会，社会分层是以土地、权力、声望三维因素进行的，地主、宗族领袖、儒生以及将三者集于一身的乡绅广泛存在。[①] 新中国成立后，历次政治运动构造了阶级身份的概念和阶级分层的假象，并形成了以阶级身份为基础的社会分层，主要是以政治身份和政治资源为基础的分层，其中最为重要的便是党员、干部、贫下中农、“五类分子”。改革开放以来，随着个体户、专业户的出现和乡镇企业的发展，出现了大量的农村能人，事实上即经济精英。农村社会分层中引入了经济的因素。

与社会分层有联系的一个范畴是社会分群。所谓社会分群，可以理解为农村社会的一种横切分割。在中国的传统社会，宗族大都是最为重要的社会分群因素。人们分属于一个一个的宗族。与宗族有些关联的另一个社会分群因素是地缘分群，以自然村或自然村群落的形式表现出来。在有些时候，宗教也成为重要的分群因素，如在20世纪初，华北平原上的农村社会中即存在诸多的信仰群体。

---

① 徐勇：《非均衡的中国政治：城市与乡村比较》，中国广播电视出版社，1992年。

一般来讲，在传统社会，构成社会分群主要前提的是一些先赋性条件，如血缘与地缘因素。在现代，随着市场经济的深入和现代化的进展，后天性因素逐步成为社会分群的主要前提，诸如同业引起的同事关系群体，同学朋友群体乃至于同龄同趣群体，如经常在一起打麻将聊天所形成的群体。传统的先赋性条件在社会分群中的作用在某些地方依然重要，在另一些地方则不可避免地衰落了。相对来讲，地缘因素较血缘因素的重要性增加。

社会分层与社会分群是形成农村社会结构的两个重要方面。分层是一种纵切的关系，分群则为横切关系。社会分层与社会分群可以有两类不同的结合方式，一是相对独立社会群落的内部分层，如宗族内部分为族长与一般成员等；一是相对独立的社会群落之间构成分层，即一个群落较另一个群落更为显耀，如贫下中农较“五类分子”。

一般来讲，在缺乏分化的中国农村，真正形成社会群落之间分层的例子少之又少，其原因是中国农村社会历来分化并不彻底，无论贫民还是地主（经济分层），绅士还是俗夫（地位分层），他们都缺乏阶层内的自觉，而被各自所在群体独占。当前的中国农村社会分化较历史上的任何时候可能都更严重，但就全国农村而言，还极少有地方出现了社会分层与社会分群相融合的先例。

从以上社会分群与社会分层相结合的角度来理解村庄精英，大都可以发现精英本身的分裂特征，构成精英分裂特征的正是分群与分层的分裂，村庄精英的这种分裂特征，为农村权力结构的模化现象做了准备。

就全国一般情况看，当前农村社会分层具有以下基本特征：第一，新中国成立前以土地、权力、声望三维因素展开的分层已被革命时间所消灭，所谓族长头人、绅士儒生大都已不再存在；第二，改革开放前的以阶级斗争为基础的政治分层不再存在；第三，人民公社时期的经济平等虽然已经打破，但农村社会的经济差别一般都还不是太大，少有经济上的特别大户。此种情况下，农村社会中的一些具有强烈自我意识且或具有口才或具有某方面特长或善于交际或经济收入较高的村民，便顺利地成为村庄精英，并逐步发挥出影响村庄政治格局的作用。而构成明确自我意识的因素，大致与接受过较多教育、有过在外工作与生活的经历有关。

因为新中国成立后特殊的政治运动的性质，使那些曾经处于边缘地位的人更能明确地反思自己的存在，并因此更愿意发挥自己在新的村治过程中的作用。特别是在那些传统记忆已不太明确的村庄，那些外来的或广泛地讲曾经在边缘地位的村民，反而较一般村民更有成为村庄精英的机会。由过去的边缘处境所构建起来的精英意识及处于这种意识支配下较一般村民更为积极的活动，构成当前农村社会性质的一个特殊方面。

随着农村社会的进一步分化，经济精英迟早会替代由边缘地位所构建起明确自我意识从而较一般村民更积极参政者的精英地位。在农村调查中经常听人讲，“当村干部必须家里有钱，有较为稳定的经济收入，凭当村干部的那点收入还不够开销”。诸如此类的话敏感地点出了经济收入与村庄政治精英的关系。而在村庄传统记忆大都已经忘却的背景下，构成村庄政治精英的人物在争夺支持者时，他们必须有较一般村民更多的经济收入或较一般村民有更多的外界交际。凭借他本人拥有资源的多少，而不仅仅是他的自我意识来影响村庄政治格局，应是农村社会的大势所趋。

当前村庄精英可以分为传统型精英和现代型精英。所谓传统型精英，大致可以指那些以名望、地位、特定文化中的位置乃至明确的自我意识而形成的村中精英。举例来说，过去当过村干部的和现在仍在当村组干部的公众人士，有教养而服众的人士，有名望有知识的明事理人士，热心公益事业的人士，在宗族中有地位的人士，等等。构成此类精英人物的条件往往来自于某种既定的身份和品质以及他们个人对村庄事务的关心程度。比如党员身份、在外当过兵见过世面、曾参与村务决策，以及曾处于边缘地位而产生明确的自我意识从而关注公众事务的村民，等等。

所谓现代型精英，大致是指在市场经济中脱颖而出的经济能人，这些经济能人诸如种养大户、私营企业主、建筑包工头、运输专业户等等，因为经济上的成功，而在农村社会具有广泛的影响力和号召力。

虽然在转型时期，对人的生存价值的寻求是十分重要的，但是，残酷的市场经济似乎并不允许人们有温情脉脉的思古思祖之幽情。理解村庄历史村庄记忆的利益性质，对于理解当下的村庄政治特别是村委会选举是十分重要的，虽然有时候村庄政治也以传统记忆所留下的痕迹画线并可能深刻影响现时政治的运转本身。革命时间之后，市场经济越彻底，村庄历史的性质就越单纯地利益化了。而一旦村庄历史单纯地利益化之后，村民之间的联系便进一步被割断，他们越来越成为原子化的个人，与自己利益无关的事情，自己就不会去参与，同时，自己的个体利益与其他人无关时，其他人也不会来评说，除非他们的个体利益增加或是受到损害。甚至村民们在争取自己的利益时，也已经很难用传统记忆所构成的联系来形成一致行动，这就可以理解为什么有些地方普通村民会对村委会选举无动于衷。

在缺乏历史背景的情况下，村庄精英特别是经济精英有着更多发挥个人才干的空间。村庄精英们会发现，他们较过去任何时候都有着更多影响村庄本身命运的机会和可能。理解不同地区、不同时期或者不同特殊村庄中的精英的构成与特征，亦有助于理解诸如村委会选举这样的国家制度安排的命运。

流动的村庄性质

以上关于村庄精英与社区记忆的讨论适合于个案研究。事实上，当前中国农村村庄的性质具有强烈的区域特征。村庄精英一般都具有村庄特色，甚至可以讲，决定村庄性质的精英人物的构成具有很大的偶然性。某个魅力型人物的出现，可能成为改变村庄性质的转折点。将村庄精英划分为传统型与现代型两类本身并不能囊括农村精英的全部。在当前中国农村的大部分地区，传统型精英与现代型精英都是合一的，即那些农村社会中过去的村庄精英同时也成为了经济能人，而一个在经济上获得了成功的能人，往往也会在传统位置上变得重要起来，从而拥有声望。从某种意义上讲，依传统与现代的两分法来区分村庄精英，是一件相当困难且吃亏不讨好的事情。因为衡量村庄精英属于现代型还是传统型本身具有相当难度，且很难建立区域性分析的指标。为了分析的方便，可以将现代型精英代之为经济型精英，因为当前农村经济收入的多少，往往成为并且迟早会成为衡量他们成功与否的关键指标。

经济型的精英本身也与区域性分析有些距离。但一般来讲，越是经济发达地区，经济分层越成为主要的社会分层依据，村庄的经济精英也越多且越占主导地位；越是经济不发达地区，社会分层越发与经济分层不同，村庄的经济精英也越少且越不成为决定村庄性质的主导力量。如此一来，我们便有一个依经济发展水平为基准的衡量村庄精英性质的指标体系。这个指标体系大致可以分为经济较为发达的地区和经济不太发达的地区，前者如东南沿海地区、山东部分农村、城郊型农村和江浙农村，后者如广大的中西部地区的农村。

依有些人的想象，社区记忆也可以化约为经济发展状况。这些想象以为，经济越发达的农村社会社区记忆越弱，经济越不发达的地区社区记忆越强。这种想象有些合理性且会越来越具有合理性，但就当前的农村现实看，这种想象是成问题的。秦晖以宗族为例说，恰恰东南沿海较内地农村，宗族更有活动空间和活动能量，并因此而与历史上有更多牵扯。[①] 显然，起码在目前，社区记忆状况

---

① 秦晖认为，传统农民社会心理的“非理性”特征源于宗法共同体对个体的压抑，而随着市场经济发展，作为交换主体的农民摆脱了对共同体的依附之后，他们的理性就能够健全起来。的确，正是革命时间和市场经济破坏了宗法共同体，而这反过来又为农民行为理性化提供了空间。如此一来，关于村庄历史记忆也就不再有存续的空间了。参见秦晖：《历史与现实中农业市场的价值－供给反应——关于“农民理性”的经济史考察》，载贾德裕等主编：《现代化进程中的中国农民》。

是一个不可化约为经济发展水平的影响村庄性质的线索。

这样，以社区记忆的强弱和村庄精英的类型，就可以区分出四种理想类型的村庄性质，如表 1：

表 1

	传统型村庄精英	现代型村庄精英
强社区记忆	A	D
弱社区记忆	B	C

上表中的 A 类村庄中，历史上的事情仍然严重构成对村庄现实的影响，且由于经济分化不明显，影响村庄社会的精英仍以传统精英为主。这类村庄大致可以在江西、湖南等宗族势力相对强盛但经济并不发达的地区找到。钱杭、谢维扬等人在江西泰和的调查即提供了一些生动的例子。[①]

B 类村庄中，过去的事情在新中国成立后的历次政治运动和改革开放以来的市场经济观念及强大的传媒力量的冲击下，已不构成对现实生活中人们的影响，人们正在变得理性化且世俗起来，传统严重失落。又因为经济发展的水平不高，经济分化不明显，构成对村庄社会以影响的村庄精英仍以传统精英为主。这种类型的村庄当前遍布中西部各地，是当前农村社会的主导类型。在很多时候笔者所分析的村庄性质都来自此类村庄。笔者主要调研所在的荆门市域多是此种类型村庄。

C 类村庄主要集中在山东、江浙及一些城郊型的发达农村地区。一方面，传统已不再对现实构成多大影响；另一方面，经济相对发达，经济分层较为明显，经济型精英已成为影响村庄社会的主要力量。即使在苏南这样集体经济十分发达的地区，经济分层依然明显，不同之处是处于经济上层地位（即经济精英地位）的企业经理、工厂厂长，大多与村组干部职务有着千丝万缕的联系。

---

① 见钱杭、谢维扬：《传统与转型：江西泰和农村宗族形态——一项社会人类学的研究》。

D类村庄是当前学术界最感兴趣的村庄。一方面，经济快速发展，农村精英往往由经济能人来充任；另一方面，传统的东西却在复兴，历史记忆不仅未消退，反而严重影响到村庄的现在。此类村庄多位于改革开放前沿的东南沿海地区，如福建、广东和浙江温州。在D类村庄中，往往是因为历史上宗族强大或有广泛的海外联系。海外联系成为推动传统复兴的一大力量，因为复兴过去意味着建立起村庄与海外社会的联系，从而可以引资建厂或外销产品，或直接让海外关系为村庄举办公益事业。

D类村庄的性质是最为有趣且令人回味的，很多人完全被D类村庄迷住了。之所以有趣，是因为D类村庄不仅经济迅速发展了，而且富有地方文化的韵味。套用“越是民族性的就越是世界性的”，D类村庄越是具有地方文化的韵味，就越具有全中国的韵味。不少人就是以D类村庄的性质来套中国农村的现实。

真正占到中国农村大多数的是B类村庄。B类村庄无故事，经济上不发达，文化上也已经退化，就没有了引起国内外读者兴奋的情节。

相对B类村庄，A类和C类村庄也比较有趣。C类村庄有农村社会成功发展的经验，因此引起经济学家的关注。经济学家喜欢以C类村庄的发展来总结农村社会的发展经验。比如对山东农村、江浙农村和城郊农村汗牛充栋的研究成果。A类村庄有农村社会丰富的文化意味，有时这种文化记忆也造成残酷的大型械斗，因此引起人类学家和社会学家重视。族谱与祠堂有研究的价值，宗族在调解矛盾、维护老年人合法权益方面有社会价值。为争山权水权而进行的械斗，不只有研究价值和社会价值，而且必须解决它，因为它构成了农村社会不稳定的源泉。

显然，以上四类村庄的性质是相当不同的，在对农村社会做个案研究前，一定要分清楚村庄性质在以上列表中的位置。应特别注意的是，村庄性质的分类不仅具有区域性的特征，而且可能是相对独立于区域而具有特殊个性的。例如，笔者在江西泰和这个典型的

C类地区调查的一个村庄，却大致与B类村庄的性质无异。分清楚村庄性质的类型，可以带来两方面的好处。第一，可以在个案调查中明确个案村的位置，从而不至于将个案村调查的经验一下子扩展到它所能容纳的范围之外；第二，可以使个案调查本身具有针对性。比如，在东南沿海做研究，想理解村庄现在的性质，大致应对村庄的过去有一个清晰的了解。

尤其值得注意的是，即便上述四类村庄都还存在，它们也非一成不变，而是相互流动的。这种流动主要如前所述，是村庄记忆总的来讲越趋断裂，即便是A、D两类村庄也是如此。因为毕竟政治运动和市场经济的双重冲击力量还是太强大了。而从村庄精英的类型来看，则一方面因为中国农村社会过于庞大，中西部地区农村的经济发展仍会是一个缓慢的过程；另一方面，中西部地区农村的缓慢发展并不影响农村社会的经济分化，在中西部地区农村缓慢发展的过程中，贫者愈贫富者愈富现象可能更趋严重。如此一来，村庄的性质便会发生新的流转。

也就是说，代表将来农村村庄流变方向的，可能是A、D类的村庄性质向B、C类的村庄性质流转。其中特别重要的是B类村庄的性质及这些村庄将来的发展方向。

在B类村庄中，因为社会记忆的断裂和传统的失落，传统的村庄精英日渐失去与某一固定传统群体之间的联系而日益个体化了。这些个体化的传统村庄精英往往并无充裕的经济资源或谋取经济资源的手段。这样，村庄精英在影响村庄社会的过程中，就必须在两个方面进行奋斗。第一，他必须不断地为建立自己的支持者系统而奋斗；第二，他必须为自己的经济收入而奋斗。若这两个方面的任何一个方面不能完成，他就必须退出村庄精英的行列。

而当那些传统的村庄精英退出村庄精英的行列之后，村庄便在失去历史的背景下，任由着另一些新近崛起的强势人物的自由意志来予以塑造。这些新的强势人物会发现，他们比过去任何时候都有着更多影响村庄本身命运的机会与可能。

面子、利益与村庄的性质*

——村支书与村委会主任关系的一个解释框架

一

随着农村基层民主近年来的强力推进，村级组织内部的关系越来越成为政策和学术界关注的焦点。1998 年 11 月全国人大修订通过并正式颁布实施的《村组法》第三条规定，“中国共产党在农村的基层组织，按照中国共产党章程进行工作，发挥领导核心作用”。随后中共中央通过的《中国共产党农村基层组织工作条例》进一步强化和具体化了村党支部发挥领导核心作用的相关规定。事实上自新中国成立后，农村基层村支部的领导地位即稳固地确立了下来，这已成为今天中国农民政治认知的一个部分。村支部对村委会领导核心地位的确立，也就确立了村支书记对村委会主任的领导地位和“一把手”优势。

实践较以上法律规章要复杂得多。以上法律规章在农村的实践中似乎矛盾之处甚多，运作颇为乏力，村支部与村委会的关系问题仍然是当前村级组织建设中的核心难题之一。进入 20 世纪 90 年代以来，村支部书记和村委会主任之间的紧张关系便屡屡见诸报端，并最终成为影响农村社会本身稳定发展的一个环节。如何正确处理村支部和村委会的关系，不仅成为一个严峻的实践问题，而且成为理论界至今仍颇感棘手的理论问题。

---

* 本节曾发表于《开放时代》2000 年第 11 期。

二

在当前农村中，村支部与村委会之间的关系状况如何，缺乏面上的资料。据中共湖北省委组织部等部门在20世纪90年代中期对111个村的调查，有11.8%的村中，村支部与村委会关系紧张，两套班子、两套人马，各定各的调，各唱各的戏，内耗严重，难以形成合力。以笔者近年在农村的调查，村支部与村委会之间关系紧张的村的比重较湖北省委组织部门的调查要高得多。真正村支部与村委会可以密切合作的村的比重，不会超过60%，而构成村支部与村委会之间关系紧张或密切的主要依据和标准是村支部书记这个习惯上的"一把手"与村委会主任这个习惯上的"二把手"之间的关系状况。

如何解决村支部与村委会的关系问题，在20世纪90年代初是以村级组织配套建设来运笔的。中共中央在1990年12月发出的《关于批转〈全国村级组织建设工作座谈会纪要〉的通知》，明确提出加强以党组织为核心的村级组织建设。1994年，中共中央再次发出《关于加强农村基层组织建设的通知》，强调把农村基层组织建设作为一项系统工程来抓，并特别强调抓好以村党支部为核心的村级组织配套建设。所谓配套，即指村级组织中的诸如村委会、共青团、民兵连、妇联等组织围绕村党支部这个核心进行配套。这里村委会的地位显然不高。这种配套建设的效果不佳，且将村委会与共青团、民兵连、妇联等组织并列起来实在不妥。实践中，各地便试图以村支部副书记兼村委会主任，然后通过党内组织生活来协调村支书与村委会主任之间的关系，事实上是将村支书与村委会主任之间的关系转换为村支部内部的关系，有些地区干脆实行村支书与村委会主任的"一肩挑"，从而达到村支部与村委会主任之间的关系协调。但"一肩挑"有一个严峻的问题，即《村组法》规定村委会主任应由村民直接选举产生，为了协调村支部与村委会的关系，有些地方规定，村支部书记必须参加村委会主任的竞选，若竞选上了村委会主任，就将村支书与村委会主任两个职位“一肩挑”，若竞选不上，就不仅当不成村委会主任，而且不再担任村支部书记。例如山东省聊城市 1999 年在全市 6487 个村大规模试验了村支书参选村委会主任的办法，结果，全市有 4933 名村支书当选为村委会主任，占新选村委会主任的 77.1%。全市共调整落选村支书 613 名，非村支书当选村委会主任的，若是党员，就通过组织程序选为村支书。

“一肩挑”当然可以协调村支书与村委会主任之间的关系，因为村支书和村委会主任是同一个人。但是“一肩挑”并不能解决村支部和村委会本身的性质或授权关系所引出来的深层问题。具体来说，依据政治学“谁授予权力，就对谁负责”的基本原则，村委会是由村民选举产生的，理应对村民负责。当前村级组织不仅事实上担负着大量上级布置下来的行政事务，而且必须完成这些行政事务。仅仅依赖村民选举产生的村委会来完成这些可能不受村民欢迎的上级任务，在理论上有些困难。如此一来，村党支部便不自觉地被定位于代理上级任务的位置。在真正民主选举的情况下，乡镇必须掌握自己对村支部的授权能力，以让村支部对自己负责，并让村支部督促村级组织完成乡镇布置下去的任务。

由村支书竞选村委会主任从而“一肩挑”的问题就出在，这事实上是将本来由乡镇掌握的对村支部的授权能力，转让给了村民，村支书和村委会的授权单一划归到村民，事实上取消了村级组织对乡镇负责的理论可能性，也就取消了村级组织完成可能不受村民欢迎的上级任务诸如计划生育、三提五统、殡葬改革等的积极性。

换句话说，从理论上讲，村支部与村委会之间的矛盾，是由于在村委会由选举产生之后，中国强制型现代化本身所带来的国家在农村一级寻找代理人的后果。作为乡镇政权这一国家权力末梢代理人的村支部与村民选举产生的村委会在是否及如何完成上级布置下来的行政任务上，可能会有不同的积极性，有时甚至针锋相对，就在情理之中了。村支部与村委会的这种对立不仅具有理论上的可能性，而且在现实中屡屡发生。

当然，在现实中真正发生村支部与村委会严重对立的情况还是不多。在农村，组织之间的功能与职责界限都是十分模糊的。产生对立的往往是村支部的书记与村委会的主任这两个组织的负责人。樊平在解释村支部与村委会之间的关系时，构建了一个理想化的分析模型，即假设：（1）制度规范是适用的和完善的；（2）农村党支部、村委会成员的个人品质是无可挑剔的；（3）村干部忠于职守的精神为尽职尽责，执行政策的变通能力为零值；（4）上级领导、村干部、村民的价值标准和制度倡导的社会主流价值标准完全一致。以此分析模型来分析当前农村中出现的村支部与村委会之间的关系，仍然不能解决他们之间的矛盾，甚至这种矛盾变得更为不可调和。樊平分析说，产生这种矛盾的根本原因是农村村级组织建设强调的格局和出发点的不同。作为宏观管理方面的村级组织的上级部门往往强调加强体制性权力建设即农村党支部建设，农户则行使民主权利积极参加村委会选举，加强村落内生性权力建设。这两种倾向受到不同的动力驱使，说明将农村基层组织中党支部和村委会的矛盾仅仅归因于村干部个人品质，至少是片面的。[①]

随着 1998 年《村组法》由试行改为正式实施，农村基层民主当会有一个更大的发展，农民对村委会的授权唯一性也就会更具法律保障。这就是说，依樊平所建构的理想化分析模型，无论村支书和村委会主任个人品质如何，都很难摆脱两者之间相互冲突的境地。这是与我们的理论分析相一致的。

但是，无论村支书还是村委会主任，他们都不是原则和理论的产物，而是有着私人利益和受制于既定关系的现实中的个人。现实

---

① 参见樊平：《关于国家体制性权力与村落内生性权力的关系研究》（未刊稿）。

的情况较理论解释复杂得多。第一，虽然村委会是由村民选举产生的，但作为实际的上级乡镇行政有足够的办法来让村委会的干部服从自己。第二，虽然村支书更有服从上级指挥的理由，但因为村支书大都是本村人，他们现在和将来都要在本村生活下去，便不愿意在工作中充当不受村民欢迎的上级代理人，他们习惯于指挥村委会主任——这个过去一直是“二把手”的人去做那些得罪人的事情。第三，集体经济状况也是一个关键。不明确的产权规定使丰富的村集体经济资源成为村支书和村委会主任及他们背后的各自利益群体相互竞争乃至冲突的导火索；而贫弱的集体经济则甚至让人失去了当村干部的积极性，村支书和村委会主任之间缺乏让关系紧张起来的经济理由与内在冲动。第四，村庄本身的性质也会对村支书与村委会主任的关系产生重要影响。在有些地方，民主选举出来的村委会主任只是村民用以抑制权力欲膨胀的村支书权力的一种手段，在另一些地方，村民选举村委会主任只是为了自己家族或社区的荣耀或面子。

要全面解释现实中村支书与村委会主任之间的关系是不可能的。为了建立一个较前述由理论推测更具现实性且较为简明的解释框架，我们可以从以上影响村支书与村委会主任关系的多维因素中抽象出两个比较重要的维度进行理论构建的努力。具体地，我们可以从村民与村干部关系的性质和村干部之所以当村干部的动机来分别考察构成村支书与村主任关系的背景，并试图在此基础上建立起一个解释框架。

三

村干部与村民关系的性质，可以归结为村民在对待村干部时所持的主观动机，这种主观动机严重受制于村庄的性质。从我们分析的角度，可以将村庄的性质做两分：一是同质村庄，一是异质村庄。所谓同质村庄，是指在村内的各种群体界限不大明显，在大多数时候，各种群体无力单独构成对村庄生活的重大影响，表现在与村干部的关系上，各种群体的政治与利益诉求大致相近，并无大的冲突；所谓异质村庄，是指在村内存有诸多界限明确的村民群体，不同群体之间往往有利害冲突或不同心理需求，表现在与村干部的关系上，各种村民群体都有相当不同的政治或利益诉求。这种异质性包括诸如在宗族意识强烈存在村庄的传统宗族界限，生产生活条件不一致所产生的地域界限，年轻人与老年人有了激烈冲突之后形成的年龄界限，等等。特别是诸种异质群体出现重合，比如宗族与地域的重合，可能带来更多问题。

在同质村庄，因为村民对村干部的政治和利益诉求大致相同，村民就不太关心由哪一个群体的人（哪个姓的或哪个村民小组的人）出任村干部，而更关心此人能否为村民带来共同的经济上的好处，或至少可以保护他们共同的经济利益。在异质村庄，因为不同的村民群体对村干部的政治或利益诉求大不相同，村民就会特别关注由哪一个群体的人来出任村干部，并希望本群体出任村干部者可以为本群体带来特殊的利益，或者本群体的人出任村干部本身，即可以为他们带来荣耀与面子。换句话说，在同质村庄，村民对村干部的诉求持一种普遍主义的态度，而在异质村庄，村民对村干部的诉求持一种特殊主义的态度。

在普遍主义的同质村庄，村支书与村委会主任发生冲突时，他们可以援引的支持力量大不相同。村支书倾向于向上级谋求支持，而由村民选举产生的村委会主任则倾向于向村民谋求支持。这样一来，在这些同质的村庄中，村支书可能会感受到来自村民的压力，而村委会主任总在担心上级的批评。而在特殊主义的异质村庄，村支书与村委会主任发生冲突时，他们在可以援引与同质村庄的村支书与村委会主任相同的支持以外，会谋求各自所在的村民小群体的特殊支持，这个时候，村支书与村委会主任的冲突往往不是表现为或表现了村民与乡镇行政的冲突，而是表现为或表现了不同的村民群体之间的冲突。

当然，以上同质村庄与异质村庄的划分只是一种理论上的划分。同与异具有相对性，而且在特定的情况下可以相互转换。无论多么彻底的同质，村民总会受到一些传统或地域界限的影响。而在异质村庄，有的是由于村庄记忆过于深刻、历史传统过于沉重引起的，有的是生产条件不同而带来对公共工程的不同需求取向引起的，还有的是新生的诸种利益群体的特殊利益诉求所引起来的，如种养专业户们期望村干部们维修水利，而运销专业户们期望村干部们维护公路。总的来讲，新生的诸种利益群体只要不与传统群体的界限重合，则这种利益群体越多，就越有利于阻止某个特殊村民群体的特殊主义诉求，而使村庄同质化，美国政治学家达尔所概括的多元民主，正是这种以“异”为基础的同质社会的民主，一种更有希望也更现实的民主。

从发展的角度来看，特别是传统的异质村庄会越来越少——虽然现在这类村庄并不少见。也就是说，随着社会的发展，村支书与村委会主任的关系会越来越向表现乡镇行政与村民群体冲突的方向发展，虽然目前的情况大都并非如此。

村干部或者直说是村支书和村委会主任之所以愿意当村干部的动机，大致有二：第一是出于经济动机，第二是出于社会动机。所谓经济动机，即之所以出任村干部，是希望从中获取经济上的收益。有时政治上的收益比如提拔为国家干部等，事实上也是一种经济收益。一般来讲，能否获得经济收益取决于以下两种情况之一种：一是村集体经济是否发达。发达的村集体经济不仅可以保证自己报酬的兑现，而且可以通过掌握集体经济的权力而捞取灰色收入。二是当村干部是否是一个相对有较高收入的职业。可以及时兑现的相对较高的村干部报酬，使村干部的职位成为具有足够吸引农村能人来竞争的位置。社会动机则比较复杂，出于社会动机当村干部的人大致会考虑当村干部可以带来的面子、荣耀和可以为自己人做的“好事”。有时候，愿意出任村干部的农村能人是为了实现他过去就立志实现的一种梦想。毛泽东时代为当前四十岁左右的农村能人遗留下来了诸多宝贵的梦想。有时候他们又是出于乡镇领导与自己的交往中所具有的信任甚至这种交往本身所产生的对他们的诱惑力。

不过总的来讲，在残酷的市场经济条件下，村干部们首先要考虑可以生存下去并可以获得与自己能力相差不多的经济收入。抱持着毛泽东时代的理想或维护自己荣誉而愿意当村干部的人越来越少了。一些长期当村干部的农村能人近些年突然发现，他们自己成为了村中的贫困户，不仅说话办事较村中发达起来的人们差得多了，而且自己倾力追求的理想与面子也越来越远离自己而去。他们考虑退出当村干部这一行当。相反，那些近年富裕发达起来的经济能人则试图在村干部位置上一试身手。

以上考虑有些复杂化了。可以简单地认为，当前村干部之所以当村干部的主要原因是当村干部可以有一份不太差的经济收入。当村干部职位的经济收入太低而缺乏对农村能人的吸引力时，不仅村干部位置本身难以吸引农村能人的兴趣，而且在村干部位置上的人也懒得理会上级或村民对自己的控制。在这种情况下，村支书与村委会主任之间的关系就十分随意，有时他们之间也会发生冲突，但大多数时候，他们缺乏发生冲突的动力和积极性。冲突时产生的伤害归他们自己所有，而他们从冲突中又获得不了什么好处。这种情况下的村级组织，事实上是一种不负责任、几近瘫痪的村级组织，这种瘫痪大大不同于村支书与村主任之间激烈冲突所造成的瘫痪状态。而在那些村干部职位对农村精英具有足够经济吸引力的村中，村干部大都会更加对授权于己者尽职尽责，并会想方设法援引自己的支持力量展开斗争，这时村支书与村委会主任的矛盾便可能在诸种层面展开。

四

依以上两维因素，可以得出以下一种关于村支书和村委会主任关系的理想类型的背景材料。如表 1。

表 1

	村干部职位经济吸引力小	村干部职位经济吸引力大
异质村庄	A	D
同质村庄	B	C

在 C 类村，因为村干部职位对农村精英具有足够经济上的吸引力，而使 C 类村的村干部成为村中众多有实力者相互竞争的目标。根据授权原则，想当村委会干部，大都需要有村民的广泛支持。因为村庄的同质性质，使村中的实力派缺乏支持自己的特定利益群体。当然，这不排除他的兄弟、亲戚、朋友、同学乃至邻里等人的支持。但在这类同质村中，每个实力派都具备相差不多的亲友关系，而且村中这些特殊组成的亲友关系不能成为左右村民政治和利益诉求的主流。也就是说，要想竞争村委会主任甚或一般村委会干部，村中精英人物必须顺应村民的诉求，成为村民利益的代言人。而一旦村委会主任职位被响应民意的村庄精英获得，作为上级的乡镇政权就必须迅即掌握村支部书记，其主要办法就是以民主集中制的办法来选举村支委和村支部书记，甚至通过下派、临时撤免村支书来在村中找到自己的代言人。从理论上讲，村支书和村委会主任的关系因为分别援引的政治资源不同，裂痕会不断扩大，而恰恰当前未能明确划分村支书与村委会主任的职责，村主任这个新近崛起的村中法人代表几乎在任何一个方面都可以向村支书这个传统的“一把手”进行挑战。这种挑战随着村民民主意识的增强和不受村民欢迎的国家任务的增多，而越趋激烈。在当前的实践中，因为农民传统政治认知的延续和基层民主发展的迟缓，牵制了 C 类村庄村支部书记和村委会主任之间裂痕扩大的速度。在这种现实的背景下，无论村支部书记还是村委会主任都还有诸多进行投机的理由与机会。

在 D 类村中，村干部职位同样成为村庄精英相互竞争的目标。

与C类村不完全相同的是，D类村庄的异质性质使得村庄精英在竞争村干部职位时，特别依托于自己所可以依附的特定的村民群体。这种村民群体的典型代表是宗族。除宗族外，地缘因素也是一个重要的分类分界因素。这样一来，在村委会选举中，村庄精英因为援引的特定村民群体的不同，而表现出来相互之间的激烈的以小群体的合纵连横为基础的复杂斗争。村民不仅希望选出一个代表全体村民利益的人来当村干部，而且特别希望选出自己特定群体的人来充任村干部。这个时候，作为上级的乡镇政权更需要做的事情，除了在村庄精英中挑选出一个代表自己意志的代理人以外，他们还需要维护村庄内部诸多利益群体之间的权力平衡，而选出那些在村中有实力但在村委会主任竞选中失败了的村民群体中的精英人物来担任村干部甚或村支部书记。

在D类村庄，虽然随着村民民主意识的增强和不受村民欢迎的国家任务的增多，村支书与村委会主任会越来越多地分别援引来自乡镇政权和村民群体的支持，但除非国家任务的压力太大以至于国家任务成为村民联合起来反抗的对象，村支书就一定可以在自己所在群体中获得声援。而这时的村委会主任也一定不会白白放弃可以从上级那里得到的政治上的有时也有物质上的好处。换句话说，D类村庄使村支书与村委会主任之间的矛盾带有了双面的色彩，由此使D类村中村支书与村委会主任的关系复杂化了。

在A类村，因为村干部职位对农村精英无足够经济上的吸引力，就可能使村干部职位被一些平庸之辈或者社会地痞们占有。在大多数情况下，村委会选举引不起村民的兴趣，从而造成村民对村委会的授权规则失去效能。但若异质村庄的村民群体将村干部职位与本群体的荣耀和面子联系起来，情况就可能大为不同。这个时候，各村民群体合力推出各自的精英人物来全面参与村委会的竞选。而乡镇政权在如何对待如此村委会竞选结果时，也会努力将各村民群体的竞争后果“做平”，其办法当然也是在失利的强势村民群体中选择村干部甚或村支部书记。在不受村民欢迎的国家任务不是太多的情况下，大体可以反映诸多村民群体各自实力的村干部结构也会相安无事。但若民主本身的迅速推进和国家任务的增多同时到来，则由乡镇选择出来的村干部或村支部书记就会处境尴尬。

因为缺乏经济上的吸引力和地痞人物可能广泛占据村干部职位，在 A 类村中的村支书与村委会主任之间的关系往往不受规则的约束，而成为表现利益群体和个人暴力的场所。

在 B 类村，村干部职位同样对村庄精英缺乏经济上的吸引力，同时，因为村庄同质的性质，村庄精英便没有了竞争村干部职位的理由。如此一来，村干部职位便普遍被一些平庸之辈或地痞人物占据。占据村干部职位的地痞人物因为缺乏一个强有力的特定村民群体的制约，而可能“鱼肉”村民。同时，因为乡镇政权在同质村庄中不用平衡村庄权力结构，而可能利用掠夺型经纪来管理村庄，这种情况下，村中可能鸡犬不宁，村民备受其害。这种情况下，若强力推进民主，村民们虽然可能不再选择在任的地痞性人物出任村干部，但因为村庄精英对村干部职位避而远之，而可能让村干部职位依旧由过去的地痞出任，或者选出新的地痞来当。如此反复的结果是村民对选举丧失信心和效能感，进而不参加选举。村庄逐步陷于瘫痪状态。

五

需要说明的是，村干部职位对农村精英有无足够的经济上的吸引力，与一个地区的经济发展水平并不是一回事。也许，在沿海发达地区，到处都有做生意赚钱的机会，当村干部反而经济收入不高，村干部不能成为一个有吸引力的职业。相反，在一些比较封闭的山区，村干部职位每年多少有些报酬，其经济收入较务农要划算多了，当村干部可能是一个不错的职业。而在中部地区，各地村干部年收入差距太大，比如笔者在江西的调查，普通农村村干部的年收入在1000元上下。而在经济发展水平相当的湖北农村调查发现，一般村干部的年收入可达3000元以上。当然，目前市场经济条件下，偏远山区的人们也可以到发达地区打工挣钱，当村干部虽然比种地划算，却比不上外出打工赚钱，因此在中西部地区普遍出现了村干部辞职外出打工的现象也并不奇怪。

村干部职位对农村精英经济上的吸引力虽然与地区经济发展水平不是一回事，却与村集体经济状况关系密切。村集体经济发达，不仅可以保证村干部有较高的年报酬，而且可能让他们有更多捞取灰色收入的机会。贫弱的村集体经济则不仅让村干部缺乏捞取灰色收入的机会，而且很难保证他们本来不多的年报酬的兑现。在许多地方的农村特别是中部地区的农村，在20世纪90年代的前半期，虽然村集体经济同样不发达，但那时还可以借得到钱来发村干部的报酬，有时还可以搞些经济建设。20世纪90年代的后半期，相当部分村庄出现了高额负债，不谈搞经济建设，村组干部的报酬在不少地方已多年没有兑现了。也就是说，随着时间的推移，许多地方的农村，村干部职位正在从经济上有吸引力变得没有吸引力。相反情况的村庄也有，只是不多。

农村近年来普遍出现的经济不景气，便使C、D两类村庄向B、A两类村庄转化，这就开启了一个相当危险的方向。而用发展的眼光来看，异质村庄也在向同质村庄转化，即D、A两类村庄正在向C、B两类村庄转化，这样一来，我们便可能在现有法律制度框架下，建立起对村党支部与村委会主任关系发展方向的预见能力，这种预见是，若不改变当前农村社会面临的严峻经济形势，和改变村干部的经济处境，村支部书记与村委会主任的关系会越来越向无序斗争的方向发展，而非沿着乡镇政权和村民群体对立的方向发展。

A、B、C、D四类村庄为村支书与村委会主任特殊关系的性质提供不同的发生概率。C类村庄是一种正常的矛盾外向型的村庄；D类村庄是一种正常的矛盾内向型的村庄；A类村庄是一种不正常的矛盾内向型村庄，是一种带有半瘫痪可能的村庄；B 类村庄则是一种不正常的矛盾外向型的村庄，事实上就是具有很大瘫痪可能性的村庄。只有在 C 类村庄中，村支书与村委会主任的关系才合乎在开始部分我们介绍的那种理论上的可能情况，以笔者的估计，这类村庄大约占全国农村的一半，并分布于东中西部地区的各个地方。

从个案调查到分类研究*

——乡村政治实证研究的现状与路径

乡村政治实证研究的现状

相对于经济学、社会学和人类学等学科，政治学的实证研究十分不足。近年来，随着农村问题的日渐尖锐和村民自治的强力推进，政治学界逐步重视起对乡村政治的实证研究，并产生了不少实证研究成果，这些成果对于拓展政治学的研究领域，深化政治学界对中国农村和中国特色政治制度的认识，具有重要意义。同时，这些研究也已引起国家有关决策部门的密切关注，对国家相关政策产生了积极影响。

当前在乡村政治实证研究领域影响最大成效最好的，无疑是华中师范大学中国农村问题研究中心。早在20世纪80年代，张厚安教授就提出“理论务农”，深入山东、湖北、湖南等省做农村政治调研，并以这些调研成果为基础写作出版了“中国农村基层政权建设丛书”。[①]20世纪90年代中期，在张厚安、徐勇教授带领下，华中师范大学中国农村问题研究中心研究人员在广泛调查的基础上，撰写了《中国农村政治稳定与发展》一书，[②]此书由武汉出版社1995年出版后，获中宣部“五个一工程”奖。徐勇和项继权以个案调查为基础写作的博

---

* 本节与韩旭合作。

① 参见张厚安主编：《中国农村基层政权》，四川人民出版社，1992年，第496页。

② 张厚安、徐勇主笔：《中国农村政治稳定与发展》，武汉出版社，1995年。

士论文《中国农村村民自治》和《集体经济背景下的乡村治理——河南南街、山东向高和甘肃方家泉村村治实证研究》，分获1998年和1999年国家教育部“全国百篇优秀博士论文”。2000年，徐勇主持的村级治理个案调查报告集《中国农村村级治理——22个村的调查与比较》[①] 出版。2001年由徐勇和吴毅主编的《乡土中国的民主选举——农村村民委员会选举研究文集》[②] 也已出版。于建嵘著《岳村政治——转型期中国乡村政治结构的变迁》[③] 和吴毅著《村治变迁中的权威与秩序——20世纪川东双村的表达》[④] 均为长期村庄调查的实证研究成果。华中师范大学中国农村问题研究中心以个案调查为基础的乡村政治研究，不仅在学术界产生了广泛影响，而且引起国家有关政策部门的重视。目前华中师大中国农村问题研究中心的成果已成为国内乡村政治研究领域被引用最多的研究机构之一。

民政部及与民政部关系密切的一些专家的实证研究也有很大影响，尤以在20世纪90年代初连续三年以中国农村基层政权建设研究会名义编撰的《实践与思考》论文集，收集了最初有关乡村政治调查的众多成果，至20世纪90年代中期，由王振耀主编的白皮书连续推出了三年，在政治学界和政策部门产生了广泛影响，成为村民自治研究最为权威的文本。出于工作调研的目的，李学举、王振耀等人编著的《乡镇政权的现实与改革》[⑤] 亦收录了大量的调查报告。中央党校和中国社科院的一些专家参与了民政部的调研，其中原中央党校王仲田和民政部詹成付主编的《乡村政治——中国村民

---

① 徐勇等：《中国农村村级治理——22个村的调查与比较》，华中师范大学出版社，2000年。

② 徐勇、吴毅主编：《乡土中国的民主选举——农村村民委员会选举研究文集》，华中师范大学出版社，2001年。

③ 于建嵘：《岳村政治——转型期中国乡村政治结构的变迁》，商务印书馆，2001年。

④ 吴毅：《村治变迁中的权威与秩序——20世纪川东双村的表达》，中国社会科学出版社，2002年。

⑤ 李学举、王振耀等编著：《乡镇政权的现实与改革》，中国社会出版社，1994年。

自治的调查与思考》[①]，王振耀、白钢、王仲田主编的《中国村民自治前沿》[②]，都有丰富的个案调查。民政部基层政权司每年还编有农村基层民主政治建设的资料汇编，是乡村政治研究的基础资料。

此外，在乡村政治实证研究领域影响比较持久、时间比较长、规模比较大的一些成果如王沪宁主持的村落家族文化研究，收录了15个个案村的调查；[③] 张乐天对浙江海宁一个村庄长达数年的调查，写作了《告别理想：人民公社制度研究》[④]；辛秋水以文化扶贫和村民自治实验为题，在安徽大别山区农村做了为期十余年的调查研究和社会实验，肖唐镖则以江西宗族背景和村级治理的相关性为题，组织一些研究人员做了一些个案调查，部分调查成果已经出版。[⑤] 较早一些的乡村政治实证研究成果如张立荣先生以问卷调查和个人访谈为基础撰著的《新视野与大思路：中国山区乡镇政权建设研究》[⑥]，最近的调研成果如中央编译局荣敬本教授等人以对村民自治和乡镇人大的调查为基础写作的《从压力型体制向民主合作体制的转变：县乡两级政治体制改革》[⑦]，《再论从压力型体制向民主合作体制的转变：县乡两级政治体制改革的比较研究》[⑧]，李凡等人对乡镇

---

① 王仲田、詹成付主编：《乡村政治——中国村民自治的调查与思考》，江西人民出版社，1999年。

② 王振耀、白钢、王仲田主编：《中国村民自治前沿》，中国社会科学出版社，2000年。

③ 参见王沪宁：《当代中国村落家族文化——对中国社会现代化的一项探索》，上海人民出版社，1991年。

④ 张乐天：《告别理想：人民公社制度研究》，东方出版中心，1998年。

⑤ 肖唐镖等：《多维视角中的村民直选：对十五个村委会选举的观察研究》；肖唐镖主编：《宗族、乡村权力与选举：对江西省十二个村委会选举的观察研究》，西北大学出版社，2002年。

⑥ 张立荣：《新视野与大思路：中国山区乡镇政权建设研究》，武汉大学出版社，1995年。

⑦ 荣敬本等：《从压力型体制向民主合作体制的转变：县乡两级政治体制改革》，中央编译出版社，1998年。

⑧ 荣敬本等：《再论从压力型体制向民主合作体制的转变：县乡两级政治体制改革的比较研究》，中央编译出版社，2001年。

长选举制度改革的研究[①]，毛丹写作的《一个村落共同体的变迁：关于尖山下村的单位化的观察与阐释》[②]，张静写作的《基层政权：乡村制度诸问题》[③]，马戎等主编《中国乡镇组织变迁研究》[④]，卢福营写作的《农民分化过程中的村治》[⑤]，深圳大学黄卫平先生等人以对深圳市大鹏镇选举制度改革的调查为基础撰著的《中国基层民主发展的最新突破：深圳市大鹏镇镇长选举制度改革的政治解读》[⑥]，白钢主编的"选举与中国政治丛书"[⑦]，李连江主编的《村委会选举观察》[⑧]，在学术界都有一些影响。

至于一些以个案调查为基础撰写的调研报告和理论文章，近年更是骤然增加，说明乡村政治的实证研究已经进入到一个相当深入的阶段。

个案调查的基础价值

总的来讲，当前乡村政治实证研究大都以个案调查为基础，特别是以个案村的调查为基础。通过个案调查来获得调查资料与思想灵感，成为这种研究的主要特点。同时，当前个案研究大多处于描述阶段，政策性考察较多，学术深度和理论建构稍嫌不足。

在中国农村经济社会发展非均衡的背景下，农村地区间的政治社会发展状态亦十分不同，没有广泛而深入的个案调查经验，不可

① 李凡等：《创新与发展：乡镇长选举制度改革》，东方出版社，2000 年。

② 毛丹：《一个村落共同体的变迁》，学林出版社，2000 年。

③ 张静：《基层政权：乡村制度诸问题》，浙江人民出版社，2000 年。

④ 马戎等主编：《中国乡镇组织变迁研究》，华夏出版社，2000 年。

⑤ 卢福营：《农民分化过程中的村治》，南方出版社，2000 年。

⑥ 黄卫平主编：《中国基层民主发展的最新突破：深圳市大鹏镇镇长选举制度改革的政治解读》，社会科学文献出版社，2000 年。

⑦ 已出版的如史卫民、雷兢璇：《直接选举：制度与过程——县（区）级人大代表选举实证研究》，中国社会学出版社，1999 年；史卫民：《公选与直选：乡镇人大选举制度研究》，中国社会科学出版社，2000 年。

⑧ 李连江主编：《村委会选举观察》，天津人民出版社，2001 年。

能对全国农村政治发展状况有一个真切的判断。因此，个案调查的价值首先在于积累不同地区广泛而深入的个案资料，以期建立一个完整的、真实可靠的农村政治形貌及与政治发展密切相关的经济社会景象。

个案调查的价值还在于为调查者获得第一手的直观资料，走出书斋和既有文字理论的框架，从活生生的农村社会中获取体验，获得灵感源泉。第二手的文字描述无论如何精致生动，总只是第二手资料，总是将活生生的全景的社区农村政治依描写者本人的裁剪而成不完整的文字。直观而深入的个案研究中，每一句话后的音容笑貌，每一笔收入的来源构成，每一件事的前因后果，都构成调查者凭借自己个人灵感进行全面想象和深入挖掘的充分条件。以活生生的生活来建构调查者的理论和政策文本，大致不会离题太远。尤其是调查者可以将自己构建的理论文本与自己在农村调查中的直接感受时时结合起来，就不至于让理论信马由缰走得太远。

个案调查的价值还在于有可能将一个社会文本构建成一个关于社区发展的全面文本。不是以经济、社会、政治、文化等学科进行分界，而是以社区发展为基础，追问现状背后的为什么，和为什么背后的为什么，真正将乡村社会的性质与表现出来的政治发展形貌结合起来，理解中国国情中来自乡土社会中的有着若干年代历史的那一部分。可以认为，个案研究的价值不在于个案本身的典型性，而在于这个个案本身是否可以建立起其外在形貌与内在结构之间的因果联系，可否在乡土性质、政治发展、国家制度三者并不对称的互动中建立起理论上的勾连。首先关注个案本身的内在解释力，然后再考虑其典型性，以个案调查材料为基础进行思考，并以此思考为基础来建构起具有个案材料解释力度的理论框架，然后将此理论框架予以扩展，看到底可以扩展到多大范围、多少村庄。这样，就有可能通过诸多个案调查来形成诸多具有类的理论特征的分析框架，最终就为构建中国乡村政治的总体形貌和建构中国乡村政治的理论框架提供坚实的基础，在这种基础上提出发展中国政治的政策对策，就会颇具深度和前瞻性。

这里，可以提出一种叫作个案式思考的东西，即在个案调查时，以个案村为文本，建立起一个具有对个案村材料具有解释力的分析框架而不去管这一个案中哪些材料是独特的，哪些材料是普遍的。以这一个案某些或许独特的材料建构起来的框架，可能不具有普遍的解释力，但这些分析框架如果具有个案的解释力，就足以获得在若干理论中的价值并可以在以后的比较中判定哪些是真正独特的，哪些是普遍的，及如何建构一个可以容纳一定特殊性的普遍分析框架了。

从对当前已有乡村政治个案研究的现状看，总的来讲，各种类型的个案材料都已有一些，积累个案的工作虽说做得依然不够，却也有了一些成绩。现在最为不足的是，相当部分个案研究过于关注政策层面的问题，试图以个案村的情况来推导出重大的政策结论，而不大重视借用个案调查所获得的直观与灵感来建构理论框架。本来王沪宁撰写的《当代中国村落家族文化——对中国社会现代化的一项探索》不仅有一些个案，而且试图以个案来进行理论思考，遗憾的是，王沪宁本人并未亲自参加个案调查（更不用说参与全部个案调查——真正的灵感理应来自全部的个案调查），缺乏来自乡土社会的活生生的灵气。徐勇主持的中国农村村级治理研究具有与王沪宁同样的问题。如何在个案研究中将个案调查的灵感与虎虎有生气的理论建构结合起来，是当前乡村政治实证研究中必须解决的第一个重大问题。

从个案调查到区域研究

个案调查具有经验的直观全面性和产生灵感的基础，但个案研究亦有局限性，尤其可能无法分清局部和整体的关系，以偏概全，导致对乡村政治发展及其相关经济社会文化基础的判断失误。

区域研究既可以填补单纯个案研究的不足，又可以避免大面全式研究的肤浅。首先以对个案材料的解剖来掌握一个“麻雀”，然后以这个解剖获得的经验（解剖本身的经验和从解剖中学到的关于“麻雀”结构的知识）为基础，展开对区域农村的全面实证研究，既可以走由村到乡到县的上行路线，也可以走由村到村再到村的平行路线，这种或上行或平行的调查扩展，不仅可以有效扩展对农村社会了解的全面性，而且可以在区域范围内验证个案研究的结论，防止以偏概全。区域性调查从某种意义上将个案调查的深度和灵气与面上调查的广度和可信性结合起来，做到深度个案材料与广度区域调查之间的互相补充。

总的来讲，当前政治学界在区域性乡村政治研究领域缺乏自觉。辛秋水教授是以安徽大别山区来展开自己实证研究的，问题是辛秋水过于关注政策问题和枝节性的技术问题，不仅忽视了理论提炼与建构，而且忽视了区域性调查在提供个案深度报告和区域广度报告结合上资料本身的价值。肖唐镖等人以江西农村宗族与村级治理的关系为基础来展开自己的区域实证研究，既有面上统计又有个案深入描写的一些报告，可以为学术界提供第一手资料。建立在这些第一手资料基础上的概括，基本上可以将江西这一大的行政区域关于村级治理与宗族关系状况描绘清楚。肖唐镖的主要问题是缺乏理论提升的自觉，忽视了将个案调查资料与大胆的理论建构结合起来的最有可能产生原创性分析框架机会的把握。一手资料成为理论工作者们的二手资料，个案调查中最为宝贵的由切身的农村政治体验而触发理论建构的灵感，被人为地割断了。

我们近年来力图以湖北荆门这一传统的商品粮基地为基础，展开区域性调查。在这方面的主要工作有四项：一是 1999 年上半年在全市深度访谈了 40 多位村支部书记，整理有近百万字的“村支部书记访谈录”，主要是对当前农村的政治、经济、社会、文化诸方面特别是村级治理的各方面进行了全面的访谈；二是 1999 年下半年至 2000 年下半年，在全市观察了近 20 个村的村委会选举，并对其中多数村进行了回访，建构了一些关于选举与村级治理的调查文本；三是 2001 年上半年在全市进行的口述史访谈，整理有数十万字的资料；四是 2001 年下半年至 2002 年的乡村组织及其财政状况的调查。总的来讲，这些访谈和调查可以大致勾勒出荆门区域村一级政治发展的现状和这一政治现状背后的经济社会基础，其主要优势在于，不仅反复细致地调查农村政治、经济、社会现状，而且努力追求这些现状得以存在的历史与现实原因，实质上是试图将个案调查和区域研究中的直观灵感与理论建构的努力结合起来，不是在政策问题上，而是在学术研究上，为当前农村社会进行定性。我们最重要的研究思路是理解当前农村政治发展现状诸如村民选举、村级治理得以如此发生的背后的村庄性质。这是一个需要理论建构的领域。通过这些努力，就有可能不仅为学术界提供有深度且可信的关于区域性农村政治发展现状的一手资料，而且为政治学界提供解释荆门农村政治发展现状的理论分析框架，这种框架因为以直观的实证调查为基础，可能有肤浅的地方，却大致充满了来自乡土的灵气与活力。我们的不足之处在于理论素养不足，进入乡村政治实证研究领域的时间太短。

总的来讲，区域性调查必须以个案为基础，兼顾典型性和广泛性，将深度调查与广泛调查结合起来。这种调查的另一个重要之处是应该将调查者亲身获得的关于农村社会的灵感，在农村调查中获得的第一手的问题意识，与关于农村政治发展状况和构成这种状况原因的背后理由的理论建构结合起来，真正做到调查材料的可靠性与理论建构的启示性相结合，不仅为学术界提供可靠且有深度的关于某一区域农村政治发展状况（及这一状况背后的经济社会状况）的材料，而且为学术界提供富于乡土灵气的具有启示性的分析架构。不仅如此，以区域性材料为基础建构的分析框架，即使不具有对全国农村发展状况的解释力，也可以对那些试图解释全国农村政治发展状况的大理论构成冲击。

当前具有区域农村实证研究意识的政治学人太少，是当前乡村政治研究中的薄弱之处。进一步扩大对区域农村政治的实证研究，并将实证研究中的直观灵感与理论建构结合起来，还有许多工作要做。

从区域调查到分类研究

区域性的农村实证研究不仅是指行政区划的地域，而且指具有相同特质的区域，比如江西、湖南、安徽、福建等省一些农村地区的宗族复兴和宗族对村级治理的影响，具有很大的相似性，虽然福建可以算作东部地区而其他省份都是中部地区。再比如，湖北省江汉平原的一些农村比如荆门市的传统势力，与资料反映出来的东北农村的情况十分类似。阎云翔在黑龙江下岬村做的农村人情调查，生活在荆门的人可能倍感亲切，因为荆门农村的情况与他细致描绘出来的调查村的情况简直毫无二致。[①]

不过，区域性调查首先必须大致以行政区域为基础进行，至于在区域调查的基础上，发现了不同行政区域之间的相同与相异之处，这应是分类研究的功夫。华中师范大学农村问题研究中心早在20世纪80年代撰著“中国农村基层政权建设丛书”时，便有意识在东、中、西部不同地区进行实证调研，20世纪90年代中期出版的《中国农村政治稳定与发展》一书中的实证调查保持了这一特点。至2000年出版《中国农村村级治理——22个村的调查与比较》一书中所收录的个案，则明确以东、中、西部的三分，收录一些典型个案，试图以东、中、西部三种类型区域农村的典型个案，来反映出当代中国农村村级治理的总体形貌。现在看来，华中师大中国农村问题研究中心获得了大部分的成功：提供了大量的第一手农村个案资料，引起了国内乡村政治研究人士的充分关注。但是，华中师大中国农村问题研究中心的《中国农村村级治理——22个村的调查与比较》无力说明其个案的典型

① 阎云翔的调查集中反映在他的著作《礼物的流动：一个中国村庄中的互惠原则与社会网络》，李放春、刘瑜译，上海人民出版社，2000年。

性，且无力以个案来表达他们看到的就是中国农村社会的总体形貌，因为他们越过了一道不能也不该越过的坎，这就是区域调查本身，个案的深度唯有与小的行政区域的面上调查相结合，才具有比较可靠的说服力。当然，仅仅依靠华中师大中国农村问题研究中心，他们也无力以区域调查为基础来建构中国乡村政治状况的总体形貌。

更成问题的是，华中师大中国农村问题研究中心可能无力说明他们为什么要以东、中、西部来划分中国农村政治的类型。东、中、西部首先只是一个地域上的概念，后来用以部分描述经济发展状况。当然，与经济发展状况相关的还会有政治、社会发展状况，但是，这不过是说东、中、西部地区的划分只是以农村政治发展状况的一种基础——经济发展状况来予以分类的，这种分类方式仍然是经济发展的分类，虽然经济发展状况可能构成政治发展状况最为重要的基础。王沪宁在《当代中国村落家族文化——对中国社会现代化的一项探索》的前言中说他收入书中的15个个案是随机抽取的，但也如他讲的，他们在进行调查时，对调查对象的地理分布有初步的安排，想使它们位置分布得广一些，并具有多种特色：如沿海地区和边远地区，经济发达地区和不发达地区，南方地区和北方地区，实质上也是一个东、中、西部地区的三分。事实上，几乎所有以个案为基础来建构关于当前中国乡村政治总体形貌的研究都会面临华中师大中国农村问题研究中心和王沪宁同样的困境，他们无力以个案的深入描述作为他们总体结论的基础，因为其中缺乏区域性调研这一重要的中间层次。

区域调研这一中间层次的重要性在于它可以从政治发展状况与构成这种政治发展状况的或经济的、或社会的、或文化的基础来建构区域政治的形貌，诸多如此区域性的建构，可能为分类研究乡村政治发展及其诸种基础提供材料与框架。比如，以乡村政治发展作为分类标准，以村民自治实施状况为例，可以分成规范型的与非规范型的村民自治。[①] 或更精细如欧博文的“四模型”说，即从村民参与和完成国家任务两个向度，将村民委员会和相关组织分为四种理想模型：达标的示范村、瘫痪村、专制村、失控村。[②] 以经济发展状况这一基础来划分，可以如前划分为东、中、西部地区这样三种类型，或者直接划分为经济发达农村地区与欠发达农村地区两种类型；以经济体制类型划分，可以分为个体私营经济主导型、集体经济发达型和农业生产为主导型三种类型；以地理区位划分，可以划分为城郊农村、平原农村和边远山区等；以社会发展状况这一基础来划分，可以分为宗族势力强盛型与宗族势力衰落型，或人际联系紧密型与人际联系松散型；以文化状况这一基础来划分，可以分作传统文化发达型与传统文化断裂型，或农村文化素质总体较高与总体素质较差型，宗教（广义的信仰）活动密集型和宗教活动很少型；从交通传媒等方面，也可以做多种划分。

当然，做分类研究并不是要求所有研究都以这些繁多的方式进行分类，展开研究，这既不可能也不必要。但在做区域性调查研究时，可以将这些基础性的因素综合考虑进乡村政治发展状况的类型中去，并力图以这些复杂多样的分类基础来构建与乡村政治发展之间或多或少或直接或间接的联系，这要以个案调查的灵感为基础进行多样化的构建。最终，这些具有复杂内部结构的关于区域性乡村政治发展的类型，便在建构起自己的同时，向不同类型或相同类型的区域展示了自己，比较了自己，这种展示和比较，就可能为构建总体的关于乡村政治发展状况的理论提供基础。

从强调个案调查的灵感到区域调查的广度，及以个案调查和区域调查为基础的区域性政治理论建构，然后将这些区域性建构与

① 参见徐勇：《中国农村村民自治》，华中师范大学出版社，1997 年，139—148 页。

② 参见欧博文：《中国村民委员会组织法的贯彻执行情况探讨》，《社会主义研究》1994 年第 5—6 期。

其他区域性建构进行比较，最好是一个区域性政治理论建构者可以亲自到其他类型区域进行由个案到区域到区域政治理论新的建构的努力，这样他就会富于个案调查的灵气、比较研究的敏感、区域研究的普遍等诸多优越的方面，他这时也就有可能建构一种更为广泛的关于乡村政治发展的理论，配合以诸多其他类型的从个案到区域再到区域性理论建构的众多努力，关于中国乡村政治实证研究的成果，就不仅会具有广泛的政策建设力，深厚的本土功力，而且会具有广泛的学术影响力了。

结　语

从个案调查到分类研究，应该说是乡村政治实证研究的大趋势。但在当前，学术界必须对从个案到区域再到分类研究的各个层面，特别是基础的个案与区域研究层面加以关怀。没有个案调查的深度、灵感和问题意识，没有区域性研究的广度和构建特征，就谈不上进行分类研究。同时，没有分类比较研究，不仅可能造成理论建构的片面性，而且可能丧失对乡村政治研究的敏感性。换句话说，在当前的乡村政治实证研究中，必须同时做好以上三个方面的工作，不可轻视任何一方。

从个案调查到分类研究也提供了一种研究的进路。进入乡村政治实证研究的最佳方式也许就是从个案调查开始，然后展开区域性的理论构建，最后过渡到分类研究。当然，这个研究进程只是总体的进路，在具体展开过程中，交互进行也有好处，总体方向是如此的。

论中国农村的区域差异*

——村庄社会结构的视角

一、导　论

中国是一个地域辽阔的国家，不同地区差异很大。形成中国区域差异的原因很多，择要来说，经济发展水平、历史文化条件、自然地理环境、种植结构、开发早晚、距权力中心远近等，都是重要原因。从现象上看，中国农村区域差异尤其表现为东、中、西部经济发展水平的差距和南、北、中部村庄社会结构的差异。当前国内学界和政策部门对中国农村经济发展水平的东、中、西部差距比较熟悉，且国家统计局的相关数据即是按东、中、西部分别统计的。虽然国内学界对中国农村南、北、中部的差异也有一定的研究，但总体来讲，学界对基于村庄社会结构的南、北、中部差异研究颇少，也不够深入，政策部门则基本上没有关注到这种差异，因此对自上而下的各种政策、法律和制度在不同结构村庄实践过程中表现出来的机制及结果的差异颇不敏感，相关方面的研究甚至还没有起步。

笔者及所在学术团队最近十年一直在全国农村开展广泛的驻村调研，累计驻村调研时间超过两万个工作日，调研地点遍及中国绝大多数省、市、自治区。长期驻村调查使我们关注到了之前没有意识到的若干重要学术和政策问题，这些问题的发现大多属于调查的意外所得。其中，以村庄结构差异为核心的南方、北方、中部农村

---

*　本节曾发表于《开放时代》2012 年第 10 期。

差异的发现，即属这样的意外。

早在20世纪90年代中后期，笔者在湖北荆门观察村委会选举，发现村民在选举时缺少组织，投票几乎完全是随性行为。且正是大力推进村民自治的90年代，湖北农民负担快速增加。显然，选举没有增加农民抵制不合理负担的能力，相反，因为农民过于分散，选举出来的村干部在与县乡交涉时，无法得到农民强有力的组织支持，不得不依附于县乡，乡镇与村庄很快结成利益共同体。① 湖北荆门农民的这种分散状态为原子化状态，从村庄社会结构上看，这样的村庄可以称为分散型村庄，即在村庄内部缺少紧密相连的具有集体行动能力的农民集群，每个农民都是相对独立的，是原子化的，分散的。

1999年底，笔者到江西泰和、崇仁等地调查，发现与湖北农民原子化状态相当不同，江西农村宗族组织仍然可以在选举和公共品供给方面发挥重要作用。在江西农村，农民通常是聚族而居，村庄往往由同一个始迁祖繁衍生成。血缘与地缘的重合使宗族组织具有相当强大的力量。到90年代农民负担沉重的时期，宗族组织仍然可以将农民集结起来，反抗地方政府加重负担的行为，因此农民负担也就远不如湖北沉重。江西宗族村庄，因为血缘与地缘的重合，村庄社会结构相当紧密而成为团结型的村庄。

2002年，笔者到安徽阜阳农村调查，发现阜阳农村的村庄往往分裂为多个派系，各个派系都有很强的一致行动能力，典型表现是村内不同派系群众的轮番上访。村庄各派系农民轮番上访，在某种意义上强化了县乡的权力，而于村内公共事务上却难以达成一致行动的意见。显然，在阜阳农村，村庄内部是分裂的。

2004至2005年，笔者先后到陕西关中、河南安阳、河南开封、山西运城等北方农村调研，发现北方村庄内部普遍存在一些

① 参见贺雪峰：《试论20世纪中国乡村治理的逻辑》，载黄宗智主编：《中国乡村研究》（第5辑），福建教育出版社，2007年。

功能性的村民血缘群体，名称不一，如叫“门子”“门份”“户族”“本家”等，大致是五服内血缘关系的联合，其主要功能是红白事上的互助。不同血缘群体之间具有竞争关系，笔者将村庄内的这些小型血缘群体统称为“小亲族”。[①] 一个自然村一般都有数个相互竞争的小亲族，从社会结构上看，这样的村庄是分裂型村庄。

这样，从结构上看，我们发现有三种不同类型的村庄，一是湖北荆门原子化程度很高的分散型村庄，二是江西宗族性的团结型村庄，三是北方农村以小亲族为基础的分裂型村庄。村庄是一个熟人社会，是农民生产、生活和娱乐的基本单位，村庄社会结构不同，生活在村庄的村民和农户就会有相当不同的应对生产、生活和娱乐的方式，也就会有相当不同的行为逻辑。村庄社会结构的差异还会导致村民个性（如性格、面子观）和交往方式的差异。

自上而下的各种政策、法律和制度是通过村庄来实践的，因为村庄社会结构的差异，导致自上而下的各种政策、法律和制度在村庄实践过程中的机制与结果有很大差异。学界一般习惯从地方政府政策执行能力和地方经济发展水平的角度去解释农村政策实践的差异，而忽视了村庄社会结构对政策实践的反作用。

2005年以后，笔者及所在学术团队开展了大量的农村调查，以验证以上村庄分类的适用性。调查表明，当前中国农村村庄社会结构差异十分明显，且具有明显的区域性。大致说来，江西、福建、广东、广西等南方农村多为团结型村庄，河北、河南、山东、山西、陕西、皖北、苏北等北方农村多为分裂型村庄，而以长江流域（以及西南、东北地区的农村）为典型的中部农村多为原子化的分散型村庄。

反过来说就是，从村庄社会结构角度看，中国农村存在南中北方的区域差异。本文的目标是从村庄社会结构角度提出并论证中国农村的南中北方的区域差异，主要讨论两个问题：一是从村庄社会结构角度讨论中国农村区域差异的特征；二是讨论为什么会形成村

---

① 相关调查报告可参见贺雪峰：《村治模式：若干案例研究》。

庄社会结构的区域差异。如果可以证明中国农村村庄社会结构存在南中北方的区域差异，我们就不仅可以较好地理解中国不同区域农村村民性格特点、交往方式和行为逻辑的差异，而且可以较好地解释自上而下的各种政策、法律和制度在不同区域实践机制和结果的差异。

村庄社会结构是指由村庄内部成员社会关系网络构造的结构性特征。村庄有多种含义，首先指自然村，在自然村之上一般都会有国家的基层行政建制，如里甲和保甲组织、乡村组织等，基层行政建制与自然村之间相互塑造。本文所指村庄社会结构主要是指以熟人社会为基础的村庄成员之间的关系状况和行动能力，其中最为典型的村庄社会结构是建立在血缘关系基础上的宗族组织。村庄社会结构的形成具有内在逻辑；因为生态环境和村庄历史的区域差异，不同区域村庄往往具有相当不同的社会结构，或者说，村庄社会结构的分布具有区域规律。正因如此，我们可以从村庄社会结构的视角来讨论中国农村区域差异。

二、已有研究的简单梳理

村庄研究是中国农村研究中经久不衰的话题，吸引了社会学、人类学、历史学、经济学、政治学等各个学科的许多学者，他们留下了不少经典作品。老一辈学者如费孝通、林耀华、杨庆堃，海外中国研究学者如弗里德曼、施坚雅、杜赞奇、黄宗智等，当代中国学者如吴毅、王铭铭、朱晓阳、阎云翔、赵旭东等，在中国村庄研究方面都有颇为深入的开拓。《中国村治模式实证研究丛书》[①] 一套16种，对当代中国11个省区的15个村庄做了深入实证调研，并以此为基础，提出并初步讨论了当前中国乡村治理区域差异问题。

总体来讲，当前已有村庄研究为深入理解中国农村区域差异提

① 贺雪峰主编：《中国村治模式实证研究丛书》，山东人民出版社，2009年。

供了丰富的观点和资料，也提供了诸多视角。还有学者从村庄社会结构角度（主要是宗族组织发育状况）讨论了中国农村南北方的区域差异，这都为本项研究提供了基础。

（一）区域研究成果

从区域角度看，学界对村庄结构的研究成果十分丰富，这些往往以个案为基础的区域研究，不仅刻画了各区域村庄结构的特征，而且还对形成区域特征的原因进行了分析。

1. 华南村庄研究

本文所指华南地区主要包括福建、广东、江西、广西、海南等南方省区，还包括皖南、浙西南、鄂东南、湘南等区域，这些南方地区农村的村庄结构与华南农村也相当接近。华南村庄研究中，内容最丰富也最值得注意的是对福建、江西和广东农村宗族的研究。较早的作品如林耀华研究福建宗族的《金翼：中国家族制度的社会学研究》和《义序的宗族研究》；[1] 庄孔韶在林耀华研究的基础上调研并撰写的《银翅：中国的地方社会与文化变迁》[2] 一书；美国学者葛学溥20世纪早期在广东凤凰村调研并写作的《华南农村生活——家族主义社会学》[3]。改革开放以后对华南宗族的研究，代表性研究如叶显恩对广东珠三角和安徽徽州宗族的研究；[4] 郑振满对福建明清家族组织的研究；[5] 钱杭、谢维扬对江西泰和县农村宗

---

① 林耀华：《金翼：中国家族制度的社会学研究》，生活·读书·新知三联书店，1989年；《义序的宗族研究》，生活·读书·新知三联书店，2000年。

② 庄孔韶：《银翅：中国的地方社会与文化变迁》，生活·读书·新知三联书店，2000年。

③ 周大鸣将该书译为《华南的乡村生活——广东凤凰村的家族主义社会学研究》（知识产权出版社，2006年）。凤凰村的后续研究见周大鸣：《凤凰村的变迁：〈华南的乡村生活〉追踪研究》，社会科学文献出版社，2006年。

④ 叶显恩：《明清徽州农村社会与佃仆制》，安徽人民出版社，1983年；叶显恩、谭棣华：《论珠江三角洲的族田》，载广东历史学会编：《明清广东社会经济形态研究》，广东人民出版社，1985年。

⑤ 郑振满：《明清福建家族组织与社会变迁》，湖南教育出版社，1992年。

族的研究等。[①] 从现有研究成果来看，华南地区农村宗族组织大多比较发达，村庄结构的典型特征是聚族而居，血缘关系与地缘关系重合，宗族规范（族规家法）强大，以血缘关系为基础的宗族结构成为维系村庄秩序的基础。华南地区宗族组织发达的典型表现是具有完备的宗族四大要素，即祠堂、族谱、族长和族田。

以林耀华和葛学溥等人的研究为基础，英国人类学家弗里德曼写作了《中国东南的宗族组织》等书，对中国东南地区尤其是福建、广东宗族性村庄的形成原因进行了高度概括和归纳。[②] 他认为，中国东南地区宗族的发达源自东南地区的三大特点：边陲状态、水利和稻作农业。[③]

2. 华北农村研究

华北区域研究中最有成就的，当属以“满铁”调查资料为基础的海外中国研究，黄宗智和杜赞奇是集大成者。黄宗智深入研究了华北地区生态环境、小农经济形态、国家与农民关系，他的研究具有强烈的区域意识。黄宗智认为，华北村庄相对封闭，自然村的宗族组织不突出，村内街坊组成的共同体具有较大作用。华北以自耕农为主的商品化程度较低的经济形态，导致农民主要不是与地主打交道，而是为缴纳赋税不得不通过村庄与国家打交道。正是在与国家打交道的过程中，华北村庄内形成了一个非正式的带有委员会制特点的“会首制度”。[④] 李怀印在黄宗智研究的基础上，以华北获鹿县的档案资料为基础，更加详细地研究和证实了黄宗智的

---

① 参见钱杭、谢维扬：《传统与转型：江西泰和农村宗族形态—— 一项社会人类学的研究》。

② 参见莫里斯·弗里德曼：《中国东南的宗族组织》，刘晓春译，王铭铭校，上海人民出版社，2000 年。

③ 参见王铭铭：《社会人类学与中国研究》，生活·读书·新知三联书店，1997 年，第 79 页。

④ 参见黄宗智：《华北的小农经济与社会变迁》，第 64 页；《长江三角洲小农家庭与乡村发展》，第 156—157 页。

观点。[①] 杜赞奇认为，与华南庞大、复杂、联合式的宗族相比，北方宗族既不拥有巨额族产，又缺乏强大的同族意识，但是，这并非意味着北方宗族就没有作用。在华北，“在与全体村民相关的村务（公共事务）中，为人所承认的最基本的参与单位是由同一宗族组成的门或派，由于其成员是同一祖先的后代，故具有血缘集团的性质。从这点出发，我认为，村落组织是由拥有共同祖先的血缘集团和经济上相互协作的家庭集团组成”。[②]

研究还表明，华北地区村庄内的土地买卖受到地方规范的严格限制，[③] 这与长江流域的情形大为不同。正是土地买卖受到限制，使华北村庄可以保持相当的稳定性。日本学者平野义太郎以河北顺义县沙井村的调查为基础，在 1941 年发表《会、会首、村长》一文，提出中国村落具有共同体性质，他主张“村落在农村生活中的农耕、治安防卫、祭祀信仰、娱乐、婚葬以及农民的意识道德中的共同规范等方面具有共同体意义”。同样以华北调查为基础，日本学者戒能孝通在 1943 年发表《中国土地法惯性序说》一文，针锋相对地指出，华北村庄集团的性质不是共同社会而是利益社会。福武直与戒能孝通持相同的观点，认为华北地区的村落与华中相比集团性要强，但仍然是微弱的，不能说华北存在村落共同体，只能说存在有组织的“生活共同体”。福武直之所以认为华北不存在村落共同体，是因为他认为华北村庄不具有强大凝聚力，缺少内生的积极的村落认同。而华北村落的生活共同体性质，使得村落仍然具有对外封闭性，在以村外作为参考群体时，村民仍然具有本村人、外路人或异乡人的意识。外村人迁居到新的村落仍然需要村民的保

① 参见李怀印：《华北村治——晚清和民国时期的国家与乡村》，王士皓、岁有生译，中华书局，2008 年。

② 杜赞奇：《文化、权力与国家：1900—1942 年的华北农村》，第 62—64 页。

③ 村庄成员尤其是宗族成员具有先买权，参见黄宗智：《华北的小农经济与社会变迁》。

证，要取得正式村民资格则需要长时间的交往。[①] 某种意义上说，无论认为华北存在村落共同体的平野义太郎，还是认为华北村落是生活共同体的福武直，都认为在华北地区，村庄有比较严格的规范。不同的是，平野义太郎认为华北村庄具有强大凝聚力，福武直认为华北农村并不存在日本农村那种对村民具有巨大制约作用的社会规范，华北农村村民关系是扩散性的，村落具有结社性质。

从现有华北农村的研究成果看，1949 年前，华北村庄社会结构有四个明显的特征：一是村庄相对封闭，构成相对独立的社会单元；二是自耕农占主导；三是村庄以多姓村为主且分裂为多个门派，[②] 每个门派都有自己的代表人物（首事，或称会首），这些代表人物组成的首事会决定村庄公共事务和协调对外事务，包括承担国家赋税任务；四是村庄具有较强的规范。

3. 长江流域农村研究

长江流域的研究可以分为长江下游的长江三角洲地区、中游的两湖平原、上游的川渝地区等研究。先看长江三角洲的研究。最早的经典研究应是费孝通的《江村经济——中国农民的生活》。费孝通提出了一个农民通过兼业来应对人多地少、劳动力过剩的生计模式，而对村庄内的社会结构较少涉及。[③] 黄宗智在《长江三角洲小农家庭与乡村发展》一书中，利用“满铁”资料和实地调查成果，在费孝通相关研究的基础上，进一步深入阐明了中国农业内卷化的问题及乡村工业发展的意义。[④] 他们的研究，一个有趣之处恰在于，揭示出长江三角洲地区频繁的土地流转、繁荣的商品生产以及不在村地主

---

① 参见李国庆：《关于中国村落共同体的论战——以“戒能－平野论战”为核心》，《社会学研究》2005 年第 6 期；丹乔二：《试论中国历史上的村落共同体》，虞云国译，《史林》2005 年第 4 期。

② 这里尤其要注意，在华北地区，即使是单姓村庄，也并非村庄就成为地缘与血缘的结合体，而往往在同姓中仍然分裂为多个不同的门派，这是完全不同于华南农村的，可参见申端锋：《小亲族简论——山东 S 村的个案呈现》，《三农中国》（总第 5 期）。

③ 费孝通：《江村经济——中国农民的生活》，商务印书馆，2001 年。

④ 黄宗智：《长江三角洲小农家庭与乡村发展》。

与国家合力剥削在村农民的问题。长江三角洲的村社组织十分微弱，农民很少与国家打交道，而且也很少与不在村地主打交道。他们种地交租，一般拥有田面权，交租给拥有田底权的城居地主。村庄事务主要靠强有力的同族集团，但长江三角洲的同族集团与南方农村强大的宗族完全不同，因为长江三角洲的农民居住往往相当分散。也就是说，黄宗智认为，长江三角洲地区的农村既不存在如华南农村以地缘关系和血缘关系重合的大规模聚居且往往拥有大量族田的强宗大族，也很少有华北农村强有力的门派组织。较高的生产力水平、相对稳定的生态条件、多样化的生态结构，使得高度市场化和田底权的高度流动性并未带来农村基层的高度不稳定。在基层社会，强有力而人数很少的同族集团成为农民主要的合作单位。因为村庄内生同族集团一般规模很小，且村庄分散，农民为了增强应对外来冲击的能力，往往要通过村内联姻增加自保的能力，或通过认干亲、加入义缘团体来寻求保护。无论是村内联姻、认干亲，还是参加义缘团体，都可能进一步切割村庄内的宗族血缘联系，抑制宗族组织的形成。

施坚雅研究的长江上游四川成都平原的情形与长江三角洲十分相似。施坚雅认为，在成都平原，村庄的社会意义很弱，农民主要生活在基层市场圈内，一级一级的市场构成了理解中国社会结构的秘密。他认为，成都农民高度面向市场而生产，土地快速流动，农民在农闲时几乎天天到集镇闲逛。基层市场不仅构成了农民的生产和生活场所，而且与通婚圈高度重合。成都平原村庄边界高度开放且不稳定。成都平原所形成的以基层市场为基础而非以村庄边界为基础的基层社会结构，导致村民无法通过稳定的血缘关系与地缘关系的重合来形成强有力的合作与互惠网络，为了获得有力的救助网络，农民就不得不求助于哥老会等帮会组织、结拜兄弟等义缘组织的力量。[①]

---

① 施坚雅：《中国农村的市场和社会结构》，史建云、徐秀丽译，中国社会科学出版社，1998 年。

长江中游地区，如两湖地区、江西北部、安徽中部，因为长江季节性泛滥而存在高度的生态不稳定性，严重影响了农民的居住形态和村落结构，“从目前掌握的资料来看，散居的形式远较聚居为多。也就是说，散居是一种常态，而聚居倒是一种变态”，正因如此，两湖地区“宗族组织在时段发展上呈现出较江西和华南稍微‘延后’的局面，两湖地区宗族组织的规模化、制度化、组织化的局面更多出现在清代中后期”，而且“两湖地区宗族组织化的程度参差不齐，概而言之，两湖地区宗族势力较盛的地区多半靠近江西”。[①]

日本学者福武直对华中地区也有研究。他认为，华中地区从任何意义上讲都不存在村落共同体，由于缺少村有财产，宗族村落又很少，村落内部结合程度相对微弱，对外来者的排斥并不显著，村庄具有极大的开放性。按福武直的观点，决定华中地区村落社会性质的因素是其固有的自然条件以及在得天独厚的自然条件之上达到的经济发展阶段。[②]

从地理上看，长江流域正是中国的中部地区。从已有研究看，长江流域村庄在结构上的明显特征有三：一是散居为主；二是宗族组织规模小且弱；三是农村市场化程度高，村庄规范薄弱。

综合上述研究成果，我们可以将中国农村划分为以华南为代表的南方地区、以华北为代表的北方地区和以长江流域为代表的中部地区。这三大区域的村庄社会结构差异颇大，或者说，从村庄社会结构角度看，可以将中国农村划分为南中北三大区域。

需要说明的是，中国农村地域广大，除以上三大区域以外，还有其他的农村区域及类型，其中有些区域类型可以归并到以上三大区域中。[③]

---

① 杨国安：《明清两湖地区基层组织与乡村社会研究》，武汉大学出版社，2004年，第32、264、265页。

② 参见李国庆：《关于中国村落共同体的论战——以“戒能－平野论战”为核心》。

③ 即使是以上三大区域中的每一个区域内部，地域也极其广大，情况十分复杂，地域内存在中心与边缘的差异，不平衡。此外，边疆地区的情况往往十分特殊，难以简单归类，本项研究不包括边疆地区。

（二）区域比较研究

目前国内学界较少有区域比较研究的视野，其中费孝通是通过类型研究取代了区域比较研究。而关于区域比较的研究，多是泛泛比较南北农村的差异，如冯尔康对南北方农村宗族的比较。冯尔康认为，就清代宗族活动而言，“南北方表现形式颇有不同，南方似乎更规范一些，在一定意义上说南方宗族活动盛于北方”。冯尔康分析南方宗族活动盛于北方的原因时，特别提出了三点：第一，从历史上看，南方多北方移民，土客籍矛盾大，双方为生存发展，都需要团结宗族，共同奋斗；第二，从政治上看，除明朝初年极其短暂的时期以外，中国的政治中心都在中原北方，南方人要想在朝中占据显要位置，利用宗族资源、加强宗族建设、以集体的力量培养家族人才也不失为一条途径；第三，从经济上看，南方商品经济发展，商人仍要借助宗族组织开展商业活动等。[①]

冯尔康的分析与前述弗里德曼的分析异曲同工。无论是弗里德曼还是冯尔康，都是以二手资料进行的理论推断。真正有实地调查经验，且有敏锐区域比较意识的应是黄宗智。他主要从生态条件、土地制度和商品化程度等方面讨论了华北地区和长江三角洲地区农村的差异，他在比较中，给人以深刻印象的是对“生态环境”这一关键概念的讨论。[②] 黄宗智还比较了华北与成都平原村庄结构的差异。[③] 依据“满铁”资料，麻国庆比较了南北方村落的差异。他认为：“从民间政治的视角来看，在传统中国农村社会存在着两种村落系统或类型即以会为中心的北方村落社会和以宗族为中心的南方村落社会，即会型村落和宗族村落。”[④] 遗憾的是，麻国庆的研究论

① 参见冯尔康：《18世纪以来中国家族的现代转向》，上海人民出版社，2005年，第76—82页。

② 参见黄宗智：《长江三角洲小农家庭与乡村发展》，第39—41页。

③ 参见黄宗智：《华北的小农经济与社会变迁》，第63页。

④ 麻国庆：《家与中国社会结构》，第117页。

据不很充分，并且他对北方农村“会”的理解似有误解。

还有一篇颇为有趣的研究论文是王询所作。他在题为《中国南北方汉族聚居区宗族聚居差异的原因》的文章中，系统分析了南方农村和北方农村宗族差异的三大原因，分别是人口迁移、人口定居后的同族集聚、国家政权组织与宗族的关系。① 虽然王询的大多数观点前人已有论述（比如弗里德曼等），但他的讨论比较系统，而且在国家政权与宗族发展关系的论证上颇有新意。

（三）小结

当前学界对各区域农村村庄结构有了比较深入的研究，清晰地认识到中国不同区域村庄社会结构的差异，并提出了比较全面深入的关于村庄结构区域差异的解释。相对来说，学界对村庄结构区域差异的研究，多是泛泛而论，缺少深入的比较研究，也缺少更加宏观和系统的理论概括。在已有研究中，南北方的所指大多暧昧，尤其缺少中部地区的概念。

结合笔者的调查和学界已有研究成果，可以归纳出中国农村不同区域村庄结构。（见表 1）

表 1　中国农村不同区域村庄结构

	居住形态	开放性	血缘组织	地方性规范	村庄结构
华南地区	聚居为主	封闭	多强宗大族	强	团结型
长江流域	散居为主	开放	小的同族集团	弱	分散型
华北地区	聚居为主	封闭	小的血缘集团	强	分裂型

三、村庄结构的区域差异及其成因

中国不同区域村庄结构差异明显，从而形成了村庄类型的区域

---

① 参见王询：《中国南北方汉族聚居区宗族聚居差异的原因》，《财经问题研究》2007 年第 11 期。

差异。那么，当前中国村庄社会结构的区域差异是如何形成的？

在《村治的逻辑——农民行动单位的视角》一书中，笔者曾试图构建一个中国传统社会结构中的双层认同与行动单位的模型。[①]笔者认为，中国特殊的文化、地理、种植结构和气候条件等，使得中国基层治理中一直存在一个超出家庭的强有力的血缘单位，最典型的就是宗族，正是宗族这一聚族而居形成的血缘与地缘共同体，成为中国传统农村基层治理的基本结构。进入20世纪后，持续不断的各种运动和市场经济的冲击，使中国不同地区基层社会结构受到不同程度的影响。依其中宗族血缘关系受影响的程度，可以分为三种情况。第一种情况是虽然受到影响，但宗族认同仍然存在，宗族仍然具有一定认同和行动能力，在村庄内，农民既受家庭结构的影响，又受宗族认同的影响，从而保持了双重的认同与行动逻辑，这就是当前中国南方宗族农村的情况。第二种情况是宗族血缘关系受到较大冲击而断裂为若干碎片，其中有些碎片较大，比如五服以内的血缘认同与行动单位，还有一些碎片较小，如仅兄弟、堂兄弟关系才具有认同与行动能力，甚至仅仅兄弟之间才比较亲密。这样一来，在血缘关系与地缘关系重合基础上的村庄内部，因为宗族血缘关系的断裂，村庄内形成了若干互不隶属的门派，也就是说村庄结构是分裂的，这与宗族村庄已大为不同，典型地区是华北农村。第三种情况是血缘关系断裂得比较彻底，以至于任何超出家庭的血缘关系都不再具有行动能力，兄弟关系也已经现代化了，这样的地区就不再存在超出家庭的认同与行动单位，农民原子化程度很高，这样的村庄就成为原子化的村庄，典型地区如两湖平原。

从逻辑上讲，以上建构并非没有道理，问题是，不同地区的历史与地理条件差异很大，在现代性因素冲击之前的农村基层社会结构中，不同地区的情况就千差万别，且往往正是这种差异使得现代

① 参见贺雪峰：《村治的逻辑——农民行动单位的视角》，中国社会科学出版社，2008年。

性的冲击－回应有了差异。当前中国不同区域村庄结构的差异，不仅是现代性冲击程度不同和方式不同的结果，而且由其本来就存在的差异决定。不具体分析不同区域农村的历史地理条件，我们很难真正深入理解中国农村区域差异的复杂性及其内在机制。

在展开具体分析前，我们可以再回到弗里德曼的观点。他认为，中国东南宗族的发展与边陲地带、灌溉农业这两个因素关系最为密切。在边陲地带，中央权力难以深度介入，地方自治变得重要，以宗族为基础的地方自治单位通过族内团结、族外联宗、“远交近攻”维持地方基本的秩序；灌溉农业对水利的需要进一步强化了对基层合作能力的需要，同时灌溉农业高产出也为宗族自治提供了经济基础。

循着弗里德曼的研究路数，王询讨论了中国南北方汉族聚居区宗族聚居差异的原因，他认为，在一个地域内，现有人口的始迁祖迁入该地的时间越早，则该地宗族聚居之势越强。从各大区域现有人口聚居格局形成的时间看，大体说来，南方早于北方，从而决定了中国近现代宗族聚居南盛于北的格局；从定居后的同族集聚情况看，北方的旱作农业和南方的灌溉农业对合作需求程度不同，面对外部冲突的背景不同，以及经济实力、组织力量和意识形态的不同，导致宗族聚居强弱的差异；从国家政权组织方面看，距政治中心越近，国家政权组织对社会的控制力越强，控制成本越低，越能进行有效控制。北方一直是中国的政治中心，华北地区宗族势力就更加缺少自由发育的空间。此外，近代以来，南方宗族势力盛于北方的既成事实下面，国家存在更多因势利导通过宗族间接控制社会的可能，尤其导致“在中国的南北方之间，由于距国家政治中心的距离和原有宗族聚居程度和宗族势力强弱不同，国家实际上采取了不同的控制方式。不同的控制方式又对宗族的发展产生了反馈作用，进一步强化了南北方宗族聚居格局和宗族势力的差异”。①

① 王询：《中国南北方汉族聚居区宗族聚居差异的原因》。

从宗族本身的发育来看，宗族应该是宋明以来的新发明，宋以前的宗族一般指世家大族，到了宋代后期，经宋儒倡导，一般庶民建祠堂、修族谱、建祖先牌位和祭祖等不仅被允许，而且被国家有意提倡，到了明清两代，宗族已成为地方社会中的主要自治力量。①

从中国不同区域来看，因为移民时期、开发早晚、开发方式、种植结构、生产力发展水平、生态环境、距政权中心远近等差异，不同区域村庄结构包括宗族组织发展状况的差异颇大。以下主要从生态和历史两个层面讨论中国目前村庄结构形成的区域条件，并以此为基础，讨论当前中国村庄结构区域差异的成因。

（一）生态的区域差异

中国地理上划分南北的分界线是秦岭－淮河线，这条线是我国东部暖温带与亚热带、半湿润区与湿润区的分界线。此线南北水热条件差异显著，农业生产也截然不同：线北的北方地区以旱地耕作为主，发展了一整套旱地农业的生产经营制度；线南的南方地区则以灌溉农业为主。以下我们分别来看不同区域的地理和生态。

1. 华北地区

从地理和生态上看，华北地区有三个重要特点：一是黄土地，二是大平原，三是半干旱气候。黄土地容易开发，土地易耕，杂草易除，作物易成活，且土壤黏性较小，交通运输方便，黄河流域因此成为中华文明的发祥地。大平原一方面使得华北地区文化交流便利，语言相对统一；另一方面，一旦发生战乱等天灾人祸，因为无险可守，由战乱而饥荒，整个华北地区都容易受到严重影响。半干旱意味着灌溉农业难以发展起来，旱作物产量较低。此外，华北地区旱灾频繁，生态不稳定，黄河和淮河经常泛滥。

华北地区因为易于开发，又是大平原，在生产力条件具备的情况下，其开发就会十分迅速，人口繁衍速度很快。另外，华北地区

---

① 具体讨论可参见冯尔康：《18世纪以来中国家族的现代转向》。

容易发生战乱，战乱导致华北地区多次出现大规模人口减少，然后移民再开发。因为熟土且容易开发，外来移民快速繁衍，很快就形成密集人口，人地关系变得紧张。而恰恰是华北平原易开发，到清代以后，华北地区野生资源逐步减少，一旦出现天灾人祸，就很少有缓冲余地。

华北地区的生态条件使当地农民更容易选择聚居。第一，华北黄土不黏，半干旱，运输相对容易，田间作业可以距居住地较远。第二，按黄宗智的说法，华北平原河流少，地下水位深，水井不像南方那样随处可打，散居不利于到定点的水井打水，聚居则可以缩短取水距离，减少取水劳动量。华北农村重视水源选择，凡聚落之中心，往往也是一个村庄的井泉所在。[①] 第三，聚居可以满足劳动协作和共同防御贼匪的需要。[②] 因此，在华北平原容易形成大规模的聚居村落，村落与村落之间相对封闭。

2. 华南地区

江西、福建、广东、广西、湘南等地南方农村基本上是山地为主，丘陵为辅，平原甚少，地表起伏。小块盆地和山区小水源水稻耕作环境，都极有利于强宗大族的发展。[③] 从气候上讲，南方农村雨热同期，降水丰富，适合灌溉农业的发展。但在生产力不够发达的情况下，除草是一个严重的问题。杂草往往比禾苗更有生长力，除非投入大量劳力锄草，水稻或者其他作物很难获得收成。直至明朝末年，来自南美的土豆、红薯、玉米等作物引进之后，这些作物生命力顽强，可以在与杂草竞争阳光与肥源上取胜，南方山地才得到充分的开发。

同时南方以山地为主，农业开发难度大，交通不便利，导致区域内的文化差异较大，语言繁杂。

---

① 参见黄宗智：《华北的小农经济与社会变迁》。

② 参见从翰香主编：《近代冀鲁豫乡村》，中国社会科学出版社，1995 年，第 71 页。

③ 参见曾祥委：《从多姓村到单姓村：东南宗族社会生存策略研究——以粤东丰顺县为例》，《客家研究辑刊》2005 年第 2 期。

3. 长江流域

长江上游是位于内陆的一个相对封闭的区域，按一般地理特征可以分为两大部分：东部为四川盆地，西部属青藏高原。西部地势高耸、气候严寒、人口稀疏，不是本文讨论的重点地区。东部则是平原或丘陵，气候温和、人口稠密、垦殖指数高。[①] 东部核心区是川西平原（即成都平原），因为战国时期都江堰的修建，川西平原成为中国最好的自流灌溉地区之一。川西平原地形平坦、土地肥沃、生态稳定，是西南地区最为重要的农业经济区。

长江出三峡后自宜昌进入中游冲积平原，河床比降锐减，河道迂回曲折，尤其是湖北枝江至湖南城陵矶一段（称为荆江）尤为突出。由于水流缓，泥沙沉积旺盛，荆江河面高出地面，成为“地上河”，每到汛期，洪水高出平地 10—14 米，极易溃堤成灾。因此，长江中游多洪水，至 1949 年前，两千多年来发生较大洪水 200 多次。尤其是明清时期，由于不断围垦，把洪水大部逼入主泓，加大了堤防压力，导致荆江两岸在清代后期几乎无年无灾。因为长江中游水患，直到明末，两湖地区人口都并不密集。明清时期，两湖地区皆属于移民型社会（“江西填湖广”）。

长江中下游地区地势低平，湖泊密布，河渠稠密，水田连片，流域最具有生产力的地区都集中在长江冲积形成的河网平原地带，这些河网平原地带具有发展灌溉农业的极大便利，也具有相当高的生产能力。长江周期性的泛滥，以及非周期性的洪涝灾害，使得半耕半渔式的生产方式成为长江中下游地区农业生产的重要特征。江汉平原腹地的沔阳民谣称“沙湖沔阳州，十年九不收；若得一年收，狗子不吃糯米粥”，生动表现了长江中游地区水患多但土地肥沃的现实。水网密布，生态不稳定，加之长江流域土壤黏性大，交通道路网难以建立，农户不得不依山傍水而居，“房屋相互隔离，

① 参见王笛：《跨出封闭的世界——长江上游区域社会研究（1644—1911）》，中华书局，2001 年，第 14 页。

或三五成群，形成稀疏的小村落，这种散漫型的村落形态我们称之为散村”。[①]

4. 南、北、中部农村生态的比较

小结以上分析，华北、华南和长江流域在生态上有如下差异：

第一，从种植结构上看，华北多种植产量较低的旱作物，而华南和长江流域多种植高产水稻。长江流域还是湖泊密布的地域，渔业是重要产业。

第二，从居住形态上看，华北和华南多聚居，长江流域多散居。

第三，从生态多样性上看，华北地区缺少应对天灾人祸的自然缓冲，人地关系紧张，生态结构单一且脆弱，华南农村和长江流域具有较强的生态多样性，从而有较强的应对天灾人祸的自然缓冲。[②]正如黄宗智所说，长江三角洲远较华北平原肥沃，当农民遇到困难，他们可以比较容易地通过自己的勤劳和节俭，恢复到之前的生活水平，正因如此，长江三角洲的小农家庭可以保持相当的稳定，而华北农村，一年灾害，三年负债，两年灾害，终身穷苦。[③]

第四，从生态稳定性上看，华南生态稳定性较好，华北和长江中下游的生态稳定性均较差。其中华北最大的天灾是旱灾，长江流域最大的天灾是洪水泛滥，因为长江流域最具有生产力的地区是长江中下游冲积平原，这些地区恰恰最容易遭受洪水冲击。

第五，从开发难度上看，华北的开发最容易，难度最低，华南地区和长江流域（尤其是长江中游地区）开发难度比较大，开发时间较晚且相对缓慢。长江流域和华南农村广大的未开发水域和山

---

① 杨国安：《明清两湖地区基层组织与乡村社会研究》，第 29 页。

② 在长江流域和华南农村，因为有山有水，遇到灾荒，当地居民总是可以想办法度过饥荒。比如，据清宣统二年石印的《湖南乡土地理参考书》对两湖地区水灾与渔业的关系曾有过这样的总结：“滨湖水溢稼败，而鱼虾聚焉；若水旱不侵，年谷顺成，则鱼稀至。”因此大水灾后，农民“或采茭、芦、菱、藕以谋生”，“或收鱼、虾、鳖、介以给食”，引自夏明方：《近代中国粮食生产与气候波动——兼评学术界关于中国近代农业生产力水平问题的争论》，《社会科学战线》1998 年第 4 期。

③ 黄宗智：《长江三角洲小农家庭与乡村发展》，第 163—165 页。

地，不仅使农民有了应对灾荒的回旋余地，而且随着生产力的发展、优良作物的引进与改良，农民可以向水面和山地寻求粮食的收获。正是因此，当南方小平原建立的宗族群体人满为患时，当地居民就可以向水面和山地迁移，形成新的宗族组织。

第六，从战乱扩散难易程度上看，华北地区最容易受到战乱影响，长江流域因为地处中国中部，也容易受到战争影响，华南偏于一隅，且多山水阻隔，战乱较少且战乱不容易扩散。

第七，从文化传播角度上看，华北交通方便，文化统一程度高，语言相对单一。华南因为多山多水，文化传播比较困难，语言繁杂。长江流域因为地处中部，是文化交流的枢纽，因此相对包容和多样化。

（二）村庄历史的区域差异

几乎所有研究中国农村区域差异的学者都注意到了南北方村庄结构存在的巨大差异，其中的关键是华南普遍存在宗族结构，而华北宗族结构力量薄弱。造成宗族南北差异的重要原因与目前居住人口形成时间有着密切关系。当前中国不同地区农村主流居住人口及村落建成时间，大致是华南——宋代、华东——宋代、西北——宋元、华北——明代、华中——明清、西南——清代、东北——清末，其中华东地区在太平天国时期发生大量人口损失，出现了局部移民。

要正确理解现居人口和现有村庄建成时间早晚对村庄结构的影响，需要特别注意两点：一是从始迁祖迁入到村庄成形需要时间，二是20世纪革命到来之前，村庄既有格局的状况。在面对革命冲击时，村庄既有结构是十分关键的。我们假定在20世纪革命前均为传统时代，在传统时代，村庄是按照传统逻辑正常成长的。

1. 华南农村

虽然生态条件有差异，但自宋元以来，汉人聚居区的宗族组织普遍得到发展。自宋元开始，华南农村约有一千年相对稳定的农村发展史，这一千年既是村庄成长史，也往往是宗族发展史。在华南农村发展史上，先是北方汉人移居华南，或新辟田地，或借居土著。在汉人移居华南时，华南仍未得到充分开发，人口稀少，生产力水平较低，甚至到了宋代，广东、福建还是流放失意政客的未开化地区。华南地区还有大量未被开发的处女地，尤其是有大量丘陵和山地未被开发。随着人口的繁衍，村庄不断拓展。一方面，随着人口的增多和生产力的发展，村民就地平面扩展，比如由平原到丘陵到山区的拓展；另一方面，因为人口增加，人地关系变得更加紧张，村民之间的关系变得更为紧张，血缘关系基础上的宗族内部更加紧密，宗族之间的竞争更加激烈。经过一千年的成长和消化，华南地区地缘关系与血缘关系相结合的宗族得到充分发育，小的宗族难以生存，或者附籍（依附性宗族），或者搬迁，形成宗族聚集，大量单姓宗族村落出现。宗族“远交近攻”的结果，形成了相当大区域的宗族连片。又因为宗族之间激烈竞争，导致宗族内部的高度凝聚与整合，地缘与血缘关系融为一体，宗族规范发展成熟，高度内化于其成员血脉之中，宗族具有极强的行动能力。也就是说，经过长期的发展，在华南农村出现了宗族结构与宗族规范的高度统一、宗族组织与宗族意识的高度统一。华南农村不仅具有大量的强宗大族，宗族占有大量的族田，有完善族谱，有高大宗祠，而且形成了完善的宗族文化，宗族意识已经融于每个人的血脉之中。在这种强大的宗族文化和宗族意识中成长起来的每个人都在自己生命中融入了宗族的因子。结构与规范完善结合的华南宗族农村在面对20世纪革命冲击时，就可以表现得相当顽强。

2. 华北农村

相对来讲，华北地区的村庄大多起始于明初山西移民，真正形成村庄应在一百年后，即在明朝中期，成形的村庄历史有五百多年。华北地区现居民是在熟土开发，又是在距离中央政权不远处发展。华北村庄的发展史中，绝少宗族之间血腥斗争及由此产生单姓村基础上的强宗大族，反而是在绝大多数村庄都形成了多姓聚居格局，从而在华北地区形成了以地缘关系为主的聚居结构。华北地区的血缘基础上的家族结构是依附于地缘关系并且是在地缘之内发挥作用的，或者说，华北地区形成小规模血缘关系基础上的村庄结构，村庄内有多元力量并存，村庄之间缺少如华南农村那样的因为激烈竞争“远交近攻”所导致的宗族依附、合并和联宗。

华北地区多姓村是主导的村庄结构，村庄与村庄之间相对封闭。又因为华北地区是熟土开发，开发容易，人口繁衍和村庄增长很快，又缺少平面拓展的空间（没有由平原到丘陵再到山地或水面开发的可能），人口繁衍和村庄增长很快即到达极限，人地关系变得紧张。熟土开发容易且彻底，从而使得华北地区环境条件脆弱，缺少生态多样性，出现天灾人祸后缺少自然的缓冲（野生动植物少），村庄内部必须形成强有力的地方规范来应对人地关系紧张所必然产生的种种治理难题。比如为应对边缘农民的破产问题，村庄发展出具有一定道义经济色彩的打叶子权、拾落穗权；[①]20 世纪初华北农村青苗会的看青人往往是本村的贫民、无赖，甚至惯偷。任命这样的人看青，既是为了防止他人偷窃，又是为了约束看青人自身；[②] 土地买卖中的本村人尤其是族人具有先买权；[③] 李怀印通过对河北获鹿县档案的研究发现，迟至 20 世纪 20 年代，地方惯例仍然具有极大的效力，为当地农民所认同，甚至成为地方官员庭审的依凭。[④] 在华北农村，如此的内生地方性规范，恰又是在村庄内充分发育的、具有明显功能倾向的血缘组织来助力的。这个功能性血缘组织主要是五服内的血缘关系群体，五服与丧葬有密切关系——丧葬是传统时代农民家庭最为重大的事务，是需要社会帮助的事务。

---

① 打叶子权指高粱即将成熟之际，允许他人采摘叶子作为家畜饲料；拾落穗权指在收割过的粮食作物田，允许其他人进入拾取穗子。参见丹乔二：《试论中国历史上的村落共同体》。

② 参见杜赞奇：《文化、权力与国家：1900—1942 年的华北农村》，第 143 页。

③ 关于华北地区土地买卖中的族人先买权的讨论，可参见黄宗智：《华北的小农经济与社会变迁》，第 270—276 页，更深入细致的讨论可参见赵旭东、张佩国等人的作品。

④ 李怀印：《华北村治——晚清和民国时期的国家与乡村》。

或者说，在华北村庄内，功能性的血缘小团体成为村庄内生规范的组织基础。①

总之，到 20 世纪革命来临时，经过足够充分的发展，在华北农村可以看到的村庄结构情形是：华北农村多为多姓村，缺少强宗大族；村庄相对封闭；村庄内部合作的组织基础是五服内血缘小集团；在血缘小集团基础上，村庄形成了强大的内生规范，以应对因为人口繁衍所导致的严峻人地关系紧张局面和层出不穷的棘手问题。

由此可见，华北农村也是正常成长的村庄，因为村庄经过充分发展，形成了村庄结构与规范之间的有效匹配，或者说村庄结构与村庄规范经历了相互塑造和相互强化的过程。

显然，华北与华南形成了相当不同的村庄结构与地方规范的匹配形式，即华南主要是通过血缘关系与地缘关系的重合来强化血缘关系基础上的地缘关系，从而形成了华南普遍的强宗大族，华南宗族有大量族产，有广泛联宗，有高大宗祠，这些都是华北所罕见的。注意，因为结构与规范的相互塑造和强化，华南宗族不只是功能性的组织，还具有伦理性的价值，具有强大的价值支撑。造成华北农村与华南农村村庄结构以上差异的原因恰在于：华北是在熟土开发，种植旱作物，距中央权力近；而华南多处女地开发，开发空间大，种植水稻作物，且距离中央权力较远，华北和华南形成村庄的时间也有一定差异。

3. 西北地区

相对只有五百年历史的华北村庄，晋、陕两地村庄的历史较长。尤其是晋东南和关中地区，一直是中华文明的重要腹地。由于黄河和太行山的阻隔，在唐宋以后，晋、陕相对稳定，并成功地实现了民族大融合，到元末明初时，山西人口众多是后来向华北移民的人

---

① 之所以华北地区村庄内多是小规模群体，其中一个重要原因与华北旱作农业有关。旱作农业剩余较少，无法形成大规模族产族田，从而难以形成强宗大族。

口前提。

有趣的是，晋、陕村庄也多为分裂型结构，村庄内存在众多功能性的血缘群体，其中原因大致与其耕作方式、种植结构、地理条件、气候条件（半干旱地区）相关。关于晋、陕与华北村庄结构相似性的原因还有待更加深入的调查讨论。

4. 长江中游：两湖地区农村

两湖地区也是移民社会，两湖地区与华北、华南地区的重大差异在于其生态的多样性和不稳定性，从而形成了两湖地区以散居为特征的居住结构。

两湖地区生态不稳定（周期性的洪水泛滥和非周期性的严重水旱灾害），同时是宋元明代的主战场，导致人口大量耗损；到了明朝初年，两湖地区人口稀疏，出现了“江西填湖广”的现象。目前两湖地区居民多是在明代以后移居而来的。直至明代中后期，张居正主持修建长江大堤，两湖地区周期性的洪水泛滥才有所减弱，长江中游地区的生态稳定性才有所增强。明清时期，长江中游开发进入高潮期，农业开发不断由丘陵、平原向山区和湖区推进。[①]

与华北地区不同的是，现居民从外地移居过来时，两湖地区远不如华北地区那样已被充分开发，而仍是生态甚不稳定且具有多样性的地区。两湖地区的开发远较华北困难，因此，两湖地区人口增长速度较慢，人地关系也不如华北地区紧张。直至 20 世纪革命来袭时，两湖地区仍然具有很强的生态多样性，当地农民较华北农民拥有更多从未被开发的自然中谋生自救的手段，居民依据个人理性进行选择的空间甚大，由此两湖地区也就没有必要通过形成强有力的地方性规范来建立内部合作以应对风险。

这样一来，在长江中游的两湖地区，不仅村庄多是分散的，而且村庄规范比较弱，在散居的村庄结构与薄弱的村庄规范之间，没有形成如华南农村和华北农村那种村庄结构与地方规范之间相互塑

---

① 参见林济：《长江流域的宗族与宗族生活》，湖北教育出版社，2004 年，第 11、135 页。

造和相互强化的关系。

也许随着时间的推移，在人口繁衍导致人地关系紧张的严酷背景下，经过充分发展，两湖地区终究可以形成村庄结构与规范的相互塑造与强化的局面。但直至20世纪革命来袭时，总体来讲，两湖地区仍未形成这种局面。有趣的是，到清末时，尤其是在太平天国运动的强烈震撼下，因为国家的衰弱、基层的混乱，清政府被迫进一步开放族权，比如咸丰初年规定，“凡聚族而居，丁口众多者，准择族中有品望者一人为族正，该族良莠责令察举”，族权开始普遍在基层与政权结合。① 两湖地区不同于华南，当宗族与政权结合时，功能性的宗族组织在两湖地区得以快速发展。宗族具有执法权，使得宗族成为维持内部团结合作、保护内部利益的手段，也因此可能成为豪强用于维护阶级利益的工具——这正是共产党人所常看到的。② 这种宗族组织与华南地区的差异有三：一是缺少宗族财产，二是缺少宗族的价值认同，三是缺少村庄结构力量的支持。

或者说，两湖地区的人地关系状况和生态条件，使得居民缺乏相互协作的压力和动力，村庄内生规范没有得到环境强有力的激发，人们生活在一个相对自由的环境之中，靠个人力量来应对环境。直到20世纪革命来袭时，两湖地区的大部分农村，村庄结构和村庄规范都没有形成强有力的匹配（相较于华南就更加明显了）。

① 参见麻国庆：《家与中国社会结构》，第102页。

② 杨国安意识到了两湖地区宗族的这个特点。他说，两湖地区大规模、制度化、组织化的宗族重建活动多集中于清代中后期。并专门用注释说明，宗族按实际功能和社会作用的不同，可以分为文化层面上的宗族和制度层面上的宗族，这很重要。不过，杨国安忽视了两湖地区宗族制度化过程中，因为缺乏制度与文化之间的相互激化，两湖地区制度化起来的宗族往往缺少文化的支撑，缺乏强有力的宗族规范的支撑，及缺少价值的支撑。这是长江中游宗族与华南宗族的重大差异。另外，两湖地区也是差异很大的地区，其中相当部分地区直至清末才形成制度化的宗族组织，也正是因为两湖地区宗族制度化太晚，一旦宗族遇到20世纪的革命，两湖地区的宗族很快就瓦解掉了。见杨国安：《明清两湖地区基层组织与乡村社会研究》，第263页。

两湖地区每个个体的理性就被充分调动起来，没有经过与村庄结构相互强化，从而没有真正深入到居民价值世界的村庄规范很快就被现代性冲垮，村庄很快就变得原子化了。这就是一旦革命来袭时，两湖地区看起来强大的宗族很快就灰飞烟灭的原因。

5. 长江上游及西南地区

西南的情形与两湖类似，一是村庄历史很短，二是具有生态多样性。四川现居人口基本上是在清初移民而来，所谓“湖广填四川”，外来移民先至平原再至丘陵再至山区，直到晚清，四川人口才开始向边远的云贵地区移民。

在四川核心区的川西平原，因为都江堰的功劳，川西平原生态稳定，经济发展，总体来讲，人地关系并不紧张。商品经济发达且租佃经济发达，从而在川西平原形成了以集镇为中心的散居社区结构。

也就是说，在川渝，当20世纪革命来袭时，散居的村庄结构与薄弱的村庄规范并存，村庄结构没有与村庄规范之间形成强有力的相互塑造、相互强化的关系，更没有形成相互匹配。当地农民十分理性地决策和行动，以各自应对事变。农民建立在村庄层面甚至更小范围的合作甚少。川渝地区没有获得足够在传统中发育村庄结构的机会。西南地区的云贵汉人聚居农村，因为开发时间更短，村庄结构与规范更加没有形成有效匹配。

6. 长江下游

长江下游的长江三角洲地区，与华南农村（以及华北农村）有很大的差异，原因有四。一是长三角开发很早，生态稳定，土地肥沃，灌溉方便，从而使得以长三角早在隋唐时期就成为中国经济的重心，通过京杭大运河从长江三角洲为核心的江南地区调运粮食，以养活北方的政治重心。南宋开始有“湖苏熟，天下足”的民谚。因为是中国经济的重心所在，长江三角洲地区的国家在场就远多于华南地区。华南地区依靠“远交近攻”来形成强宗大族的条件在长江三角洲并不存在。长江三角洲地区的宗族组织之间发生械斗的可能性远小于华南地区。二是长三角地区河网纵横，土壤黏性很大，大多种植水稻，为了取水、运输和耕作的方便，村居大多沿河而筑，村民居住分散，村庄往往由小而分散的同族集团构成，缺少大规模集中居住的村庄。这与长江中游的两湖地区几无差异。三是太平天国时期，长江三角洲成为主战场，人口遭到极大的损耗，经过大约五十年不间断地从周边地区移民，到了19世纪末，长三角才再次恢复了人口平衡。四是相对于华北生态的脆弱，长三角一直保持了生态的多样性，面临天灾人祸，居民有办法通过个体努力从自然中获取生存资源，从而减少了对合作的需要。

以上四个原因，使得长江三角洲地区在进入20世纪时，村庄内并未形成强有力的结构与规范之间的相互强化关系和严密匹配。

7. 东北地区

东北地区的状况与西南一样，而且程度更深，因为移民历史更短。甚至东北大部分村庄就没有得到以传统发育方式成长的机会，就不得不面对20世纪的革命。

8. 中部农村含义及其扩展

以上讨论的长江流域，无论是上游的川渝、中游的两湖，还是下游的长三角，其村庄结构都十分相似，主要表现为：散居为主；农业剩余较多；生态多样性使居民更容易通过个人努力从自然中获取生存资源；因为天灾人祸而屡屡出现严重人口耗损，使得当前长江流域居民多是最近数百年来的移民。这些方面的原因累加起来，就使得长江流域直至20世纪革命来袭之前，因为居民缺少进行合作的压力与动力，村庄未因严酷的环境压力而生成强大的内生地方性规范，村庄结构与村庄规范之间也未能相互强化和激化，更没有形成严密匹配。散居和村庄规范薄弱，成为长江流域村庄社会结构的显著特征。这两个特征使得长江流域农村与华南、华北农村区分开来。长江流域位于中国中部，因此可以称为中部地区。

需要特别说明的是，中国西南汉族地区和东北地区因为开发比较晚，村庄正在形成过程中即遭遇20世纪的革命运动，而使西南汉族地区和东北地区的村庄结构与长江流域极其相似，都是分散型的村庄结构，且村庄规范较弱。为了便于理解中国农村区域差异，我们有时依村庄结构的特征将西南汉族聚居区和东北农村划归到中部地区。

（三）小结

以上关于北方、南方和中部地区生态环境与村庄历史的区域差异如表2所示。

表2 中国农村不同区域村庄生态环境与历史

		生态			历史	
		种植结构	地理条件	生态多样性	现居人口形成时期	村庄形态
华南农村	赣闽粤桂琼	灌溉农业	多山区、丘陵	中等	宋代	聚居为主
西北农村	晋陕甘	旱作农业	多平原	低	宋元	聚居为主
华北农村	冀鲁豫	旱作农业	多平原	低	明代	聚居为主
长江流域	上游，川渝	灌溉农业	地形复杂	中等	清初	散居为主
	中游，鄂湘皖	灌溉农业	平原、丘陵	较高	明清	散居为主
	下游，苏浙	灌溉农业	平原、丘陵	较高	宋代	散居为主
西南地区	云贵	灌溉农业	多山区	高	清代	散居为主
东北地区	黑吉辽	兼有	平原、丘陵	高	清末	散居为主

四、村庄结构的定型

20世纪革命来袭之前，全国不同地区村庄结构差异很大，从而使得这些不同结构的村庄在面对革命时，会有相当不同的应对方式。从上述讨论来看，20世纪之前中国南方、北方、中部已经形成了差异极大的村庄结构形态。

到了明清时期，以华南为代表的南方地区地缘关系与血缘关系高度重合，村庄结构与宗族规范匹配完善，团结型宗族村庄占据绝对主导地位，在农村社会中，“族权”成为影响农民生活、决定乡村治理最为重要的一项权力。

进入20世纪之前，华北地区形成多姓村庄为主的聚居格局，同一村庄往往有多个姓氏和门派，地缘关系与血缘关系并不重合，村庄与宗族并不同一，且在村庄地缘关系之内的血缘关系因为缺少地缘力量的支持而难以充分发展，血缘关系相对薄弱。华北生态环境不稳定，且生态缺少多样性，为应对严酷环境，华北村庄以地缘关系为基础形成了强有力的村庄规范，村庄规范强过宗族组织。在强有力的村庄规范下面，血缘组织成为具有很强功能性特点的村庄内部组织。

进入20世纪之前，华南地区和华北地区的村庄结构均已定型。这里讲的定型不仅指村庄社会结构已经形成，而且指这种社会结构已经与各种社会制度安排（如土地买卖制度、家庭制度、祭祀制度、继承制度、族规家法等）相匹配，并且也与国家的相关制度安排相衔接。最为重要的是，村庄已经成熟，村庄社会结构与村庄社会规范（受大传统强烈影响但并不完全一致）相互支持、相互强化。

相对于南方地区和华北农村中村庄社会结构的定型，长江流域居民往往相当分散，村庄内的地缘关系与血缘关系重合度不高，甚至有大量居民半耕半渔生活，居所不定。长江流域仍处在发展中的不稳定的地缘关系中，强有力的支撑性规范就难以发育出来，且因为居住分散和仍有开发空间，居民逃离约束性规范的空间也比较大。也就是说，在长江流域，因为居住分散和可能开发空间的存在，村庄仍在成长过程中，村庄的成长并不成熟，意味着村庄仍然可以通过量的扩张而非对内施加规范性压力来保持地方秩序。居民并未因为强大的环境压力而产生合作动力，在物质性的村庄与文化性的规范之间，并未形成相互契合匹配的紧密关系，各种理性利益行为都有比较大的伸张空间。

综上所述，在进入20世纪之前，中国南方地区、北方地区（典型为华北）和长江流域已形成有相当差异的村庄社会结构，虽然总体来讲，基于血缘关系的宗族在农村基层治理中发挥着十分重要的作用，但宗族在不同区域发挥作用的程度是完全不同的。在南方农村，宗族是笼罩性的力量；在北方农村，基于血缘关系的家族是重要的功能性组织。无论是南方地区还是华北农村，因为居住关系的稳定，在地缘关系之上都已建立起强有力的社会规范。这种社会规范，于南方农村有更多血缘的内涵，于北方农村仍有地缘的含义。（如北方多村庙，南方多祠堂等）长江流域因为地缘关系一直不够稳定，村庄仍处在成长状态，而使无论是基于地缘关系还是基于血缘关系的社会规范性力量都不够强大，村庄结构与社会规范之间存在着若干的张力与弹性空间，如表3所示。

表3　村庄结构与社会规范之间的张力与弹性空间的比较

	地方规范强弱	血缘组织	商品化程度	个人选择空间
华南地区	宗族规范强	多内生性强宗大族	中	小
华北地区	村庄规范强	功能性家族组织	低	小
中部地区	内生规范弱	外生性散居宗族组织	高	大

五、村庄社会结构的嬗变

20世纪以来，随着国家现代化建设的启动，现代国家权力快速向村庄渗透，各种现代性的革命力量借此深入到乡村社会。其中有两点最为重要：一是国家越来越有能力垄断所有的公权力，过去基层社会中具有公权力特征的结构性力量都只能回归到私人生活的领域；二是基于个人自由平等基础上的现代观念取代了过去基于身份、血缘和财产占有关系的传统观念，个人越来越独立，自己对自己负责。基于国家权力的普适的法律制度取代了传统的地方性规范。

在20世纪现代性的革命来袭时，村庄社会结构受到强大冲击而发生了巨大改变。因为之前村庄社会结构的差异，不同地区在应对这种现代性的来袭时，回应方式及改变程度也有所不同。现在我们在全国不同区域农村调研时所看到的村庄社会结构的差异，即是不同区域农村回应现代性的来袭所遗留下来的成果。

第一，随着国家垄断所有的公权力，传统的血缘与地缘组织合法行使暴力的空间没有了，宗族组织不再能打人、骂人，不再能强制村民，所有人都可以从地方性的约束中解放出来，硬规范即限制人们行动自由的规范不再合法。

第二，宗族和村庄的公共财产被没收后分给农民，最后归并到集体，族田和族产被分掉了。“文革”中，族谱和祠堂一度被当作“四旧”破坏，祭祖被当作封建迷信而很少有公开举办的可能。

在国家权力摧枯拉朽的打击下，传统宗族与地方社会力量，尤其是其外显的硬性部分的力量很快被消灭掉了，在传统被消灭的地方，现代性开始生长。构成传统社会结构发生作用的外部力量很快被削平。这也是当前在农村调查，当地农民总说农村已发生巨变的原因。传统力量中，“硬”的力量不再硬了。

但在南方地区和华北农村，传统的结构性力量并没有彻底消失，而是在观念层面，在软的方面仍在发挥作用，所谓“软的不软”。比如，在南方农村宗族意识仍然强有力存在，甚至在改革开放之初发生了相当普遍的传统复兴和宗族再造。[①] 在华北农村，甚至在“文革”时期，村庄两派斗争往往只是传统的结构性力量以派性斗争形式出现的再度复活，甚至到了分田到户以后，因为农民负担重而引发村民群体上访的背后，也大多是村庄传统结构性力量在起作用。

也就是说，南方农村与北方农村在村庄社会结构上的差异，使他们回应现代性来袭的方式十分不同，传统的结构性力量不仅决定了回应现代性方式的差异，而且至今仍在发挥着重要作用，并正在回应新一轮的以市场经济为核心的现代性的来袭。

---

① 参见王铭铭：《社区的历程——溪村汉人家族的个案研究》。

有趣的是，长江流域这个被我们称作中部地区的村庄社会结构的回应方式及结果，主要表现在以下三个方面。

一是长江流域的村庄处于成长期（而非成熟期），且地方性规范薄弱，之前在地方社会秩序生产中具有一定作用的结构性力量遇到强有力的革命力量的冲击，很快便瓦解消散。在华南的宗族农村，宗族想方设法阻拦革命力量，外来冲击被减缓。[①] 在华北农村，面对强有力的革命力量，村庄内不同门派各自借用革命话语以强化本门派的力量，革命因此被更加激进地引入。在长江流域，革命来了就来了，走了也就走了，既无结构性力量阻挡，也无结构性力量利用和挽留。

但革命在中部地区并非没有成果，因为革命曾经来过，革命话语便在中部地区每个个体心中留下印痕，中部地区的农民最快接过现代性的话语并利用这些话语来谋取个人利益。在可能的条件下，中部地区的农民最顺利地成长为现代人。

二是传统的结构性力量一去不复返，在改革开放以后，中部地区没有出现传统的复兴。

三是因为中部地区缺乏强有力的结构性力量可以依托，散居且多姓杂居，村内通婚成为农民应对风险的普遍方式。村内通婚，姻亲关系彻底分割了宗亲关系，村庄内的所有人之间都有着复杂的理不清楚的关系。[②] 这样一来，在村庄内，所有基于血缘关系的小群体都因为复杂姻亲关系的切割而难以保持行动能力。中部地区农村彻底地原子化，变成我们今天所看到的分散型的村庄结构。

正是在进入 20 世纪之前的不同区域村庄社会结构的差异，使得村庄面对现代性的来袭时，会有不同的表现和后果。第一轮的现代性来袭是以国家权力的介入为特征的，目前第二轮的现代性来袭

---

① 人民公社时期，在华南农村，上级为了进入村庄，往往不得不任命独门小姓当村支书以打破村庄的封闭与团结。

② 对全国不同地区通婚圈及其区域差异进行研究，尤其是研究通婚圈对村庄结构的影响，是非常有意义的工作。

则是以市场经济的形式进入的。马克思讲商品是天生的平等派，这个天生的平等派在中国特定区域性的村庄社会结构中会如何表现，一定是有趣的事情。

虽然在国家权力渗透的背景下，中国所有农村地区的传统力量都被削弱了，但南方地区村庄内的团结型结构仍在，并且仍然在一些被当地人所忽视的领域发挥着作用。华北地区的情形同样如此，因为村庄内有着不同的门派，村庄分裂的小亲族之间的斗争仍然影响着村庄治理和村民生活的各个方面。最为有趣的是，在那些村庄仍然处在生长期，其社会结构与村庄规范尚未成熟即遇到现代性来袭的中部地区，现代性最有效地改变了农村社会及其中的人们，中部地区的人们最快地转变为这个国家的公民，并最快地丧失了小传统地方性力量的保护。他们为了自保而试图通过村内通婚来应对各种生产生活风险的努力，却进一步地瓦解了所有基于地缘关系的血缘关系，从而使他们变得更加孤立。好在市场经济条件下，他们有足够多的机会，似乎也不再需要地方性力量的保护。

六、一个政策性的讨论：乡村治理的社会基础

当前中国南方、中部、北方农村，在村庄社会结构上大致存在团结型、分散型和分裂型三种类型，下面我们试图通过对乡村治理社会基础的分析，来讨论不同类型村庄乡村治理机制的差异，及由此表现出来的区域政策实践后果的差异。以下以农民负担政策为例讨论说明。

基层治理的根本目标与困难都产生于如何与千家万户分散小农打交道，提取赋税是最典型、最基本的治理任务。村庄结构构成国家权力与分散小农打交道的中介。“分田到户”以后，虽然理论上讲，“交够国家的，留足集体的，剩下都是自己的”这样一种机制可以调动农民从事农业生产的积极性，却依然没有脱离数千年来国家与农民的关系，其中的核心是：若农民没有“交”的积极性怎么办？若国家

"要"太多又怎么办？这个问题不解决，国家与农民关系很快就会再度陷入混乱。事实上，"分田到户"仅十年时间，"三农"问题再次成为跨世纪难题，而"三农"问题，尤其是农民负担问题，最严重也最为复杂难解的是中部地区农村；南方农村情况稍好，北方农村次之。其中一个原因，即与不同区域村庄结构的差异有关。

1. 团结型村庄

从村庄社会结构上讲，虽然当前南方宗族性的团结型村庄一般不存在一个强有力的具备完全行动能力的宗族组织，但村民仍然具有宗族认同，宗族具有较强的号召力和一定的一致行动能力。因此，20 世纪 90 年代，当农民负担过重和不合理时，南方团结型的宗族村庄的村民有联合起来抗争的能力，这种抗争往往通过强力事件比如集体上访来表达。1999 年笔者到江西崇仁调研，之前一年地方政府将牲猪屠宰税按户平摊，就将"猪头税变成了人头税"，有农户没有养猪，地方政府却强制推派"猪头税"，因此引起农民不满。下村收税的县乡干部为此与农户发生争执和打斗，农民很快聚集起来，不仅围攻了收税的下乡干部，而且围攻了乡政府。经此一事，地方政府再也不会向农民平摊"猪头税"了，而在农户散养且非定点屠宰的情况下，要想征收屠宰税几乎没有可能。这也是为什么在 90 年代几乎全国农村牲猪屠宰税都是按户平摊的原因。差异仅在于，在原子化程度很高的分散型村庄，农民倾向于认为，他人都接受了平摊的"猪头税"，自己也随大流了；农民很少会起而反抗，更不会因此集结起来，而大多采取消极逃避的方式。

在团结型村庄，因为村庄存在认同，存在一致行动的能力，村庄内的舆论压力就可以发挥很大作用。在"分田到户"后国家直接向农民征收税费时，村干部是村庄熟人社会的成员，又是自上而下的行政体系的一部分，离开村干部，县乡进村收税费几无可能。在农民负担合理且不重的情况下，村干部协助县乡收税是不难的。若县乡乱收费，且税费负担太重，村干部就会逃离。没有村干部的协助，县乡直接向农民收税费就容易引发冲突。一旦税费收取成本高且易引发冲突，地方政府就不大可能会胡乱加重农民负担。

这样一来，在农民负担最重的20世纪90年代，南方团结型村庄农民负担相对较轻，且大致合理，农村中出现了标志性的与农民负担相关的群体性事件。因为村干部受到强有力的村庄力量的约束，村干部并未成为“乡村利益共同体”的一部分，乡村社会仍然具有发展的活力。换句话说，即使农民负担最重、“三农”问题最严峻的90年代，南方团结型村庄仍然保有活力。

2. 分裂型村庄

在分裂型村庄中，当村庄内不同门派之间可以合作时，村庄内的绝大多数事情都可以办成，办成事不是靠某个权威人物的专制，而是靠一个领导人充分发挥民主，在由各门派代表人物组成的“委员会”上充分协商，以达成集体的共识。“少数服从多数”的表决是分裂型村庄治理中的大忌，因为被否定的少数很快就可以从占优势的多数中找到同盟，从而改变村庄的政治格局。一旦村庄内不同门派的竞争关系超过协作关系，村庄内不同小亲族的合纵连横就会带来村庄内的严重冲突。

在90年代农民负担最重的时候，地方政府有加重农民负担的意图，但具体落实还得靠村干部。村干部加重农民负担，中央电视台又天天在播放要减轻农民负担的新闻，村庄非现任村干部所在门派的精英就联合起来上访，他们要借农民负担问题将现任村干部告下台，以便自己一派上台。2002年笔者到安徽阜阳的临泉县调查，即发现这种轮番群体性上访现象普遍存在。有趣的是，这种轮番上访不是削弱了地方政府的权力，而是强化了地方政府的权力，因为是否查处加重农民负担的村干部，只有地方政府才能决定。阜阳临泉县属皖北地区，淮河流域的腹地，华北大平原或黄淮海大平原的一部分，属于典型的北方农村。

农民的轮番上访最终可能强化了地方政府的权力，但其中诸多上访已经越过地方政府，到达中央。华北农村尤其是淮海流域农村在90年代是乱象丛生。但实际上，华北农村的农民负担远轻于长江流域的农民负担，其中的机理是，在华北分裂型村庄，农民还有一定的组织能力，可以阻止明显存在问题的政策出台及实施。正是在这些地区，农民为村庄内部矛盾而群体上访，时间一长，他们就提高了与各级政府打交道的能力，由此不仅成为村庄政治斗争的高手（因为村庄内的合纵连横），而且越来越精通更高层面的政治了。①

3. 分散型村庄

分散型村庄的主要特征是农民的原子化程度很高，也就是说，农民的认同与行动单位已收缩到了家庭以内，甚至兄弟之间也少有强有力的一致行动能力。因为缺乏一致行动能力，在村庄政治舞台上活跃着的就只有个人而没有集团，只有利益而没有政治。

分散型村庄中，缺少能够协同行动的村民集团，并非是说所有村民之间就没有亲缘关系，也非所有村民之间没有利益联系，而是说，在村庄政治舞台上或乡村治理结构中，没有基于公的集团利益的政治，而只有基于个人利益关系的私下活动。村民与村民之间的关系薄弱且多元，往往是姻亲关系和个人朋友关系超过了基于地缘基础的血缘联系。没有永恒的朋友，只有永恒的利益，是对分散型农村的有效描述，地缘关系基础上的血缘关系往往被非地缘的姻亲关系和朋友关系所切割，每个人的亲戚和朋友都是不同的，这与基于地缘基础上的血缘关系形成的宗族或小亲族是根本不同的。

因为地缘关系基础上难以形成强有力的集团行动，村庄内的集体行动成本极高，以村内协作为基础的行动就往往因为少数人的搭便车而无法进行。在农民负担最重的20世纪90年代，分散型村庄农民的应对策略是拖。因为农民分散，地方政府就比较容易通过加重农民负担来做好事或谋利益。做好事如修路、建学校等，谋利益如通过集资来建政绩工程而不考虑其实际功效。农民负担重，农民不愿交也无力交，地方政府就通过奖励来提高村干部收取税费的积极性，而村干部就通过自己亲戚朋友带头，通过与县乡合谋打击“钉子户”，通过

① 南方宗族村庄的村民则普遍缺乏这样与各级政府打交道的能力。

收买村庄势力人物（比如减免税费，或通过其他途径给予好处）来完成上级任务。总之村干部是通过差别化策略来完成任务，并从中获取提成。农民负担最重的时期，也是分散型村庄村组干部收入最多的时期，当然这只在开始的时候有效，因为村干部还可以从农民那里收到税费。到了20世纪90年代后期，税费越来越高，农民逃税费行为越来越普遍，村干部通过一般措施已很难完成任务了，这个时候，好人村干部就退出村政舞台，带有黑社会性质的“狠人”出任村干部。这些狠人通过威胁来收取税费，就一定要在收取税费时谋取私利（不然他没必要来当村干部）。县乡为了完成税费任务，对这些狠人村干部的谋利行为不闻不问，甚至有意包庇，乡村利益共同体形成。结果仅仅几年时间，村庄中的所有可能利益都被这帮狠人村干部瓜分一空，农民负担重、村级债务高、村集体资源全被消耗掉了，农民面对狠人村干部的逼迫只能以死抗争。

显然，分散型的中部农村是农民负担最重、“三农”问题最严峻的地区。分散型村庄因为缺少强有力的组织载体，而无法形成对地方政府不良行为的有效反抗。中部地区“三农”问题严重到无解的时候，农民只是逃避而没有通过集群事件或群体上访来表达自己的诉求。

这样一来，在“三农”问题看起来很严重的南方或者北方地区，因为有农民抗争，“三农”问题还有解；在中部地区分散型村庄，农民没有积极抗争而只是消极逃避，“三农”问题变成死结。

4. 小结

以上主要借20世纪90年代农民负担问题讨论了不同类型村庄政策实践机制和后果的差异。在过去的研究中，笔者曾以村级债务为切入点，讨论了村庄类型与村级债数量的关系，并验之以相关实证资料，得出了同样的结论。①

---

① 贺雪峰：《论村级负债的区域差异——农民行动单位的视角》。

七、结　语

在十余年的农村研究过程中，我们一直朝着两个目标努力：一是要认识中国农村，进而认识中国社会；二是在获取更丰富和更深刻的关于中国农村社会经验性认识的基础上，力求超越经验本身而抽象出一般的社会理论。对于中国这样一个巨型国家和复杂社会，广泛拓宽经验性认识与不断进行理论提升，二者并行不悖，且必须如此才是进行社会科学建设的有效途径。本文对中国农村区域差异的研究，就是努力之一。

我们将近年来调查过的十余省市区数十个村庄纷繁复杂的农村社会现象进行分类、总结、概括、比较、解释，从中提炼出“村庄社会结构”这一要素，认为它可以构成理解不同地区村庄相似性和差异性的基础，从而提出以“村庄社会结构”为视角，建构区域村庄类型的理论设想。在随后的研究中，我们在全国农村开展了从农民私人生活到基层治理等各个领域的广泛研究，在自然生态、历史文化、人口、家庭、政治等各个层面，逐步拓宽了关于中国农村区域差异的认识，并验证了这一理论建构的有效性。

中国农村区域差异理论的初步完成包含了两个过程：一是将零碎的农村社会现象提升为关于中国农村的经验认识，通过不断丰富这类经验，才能逐步达到深刻认识中国农村的目标，比如区域差异理论就突破了传统的仅从经济发展水平将中国农村划分为东中西部的认识，提出了南、北、中部村庄三种类型，拓宽了关于中国农村的社会学知识；二是完成了从经验认识到理论建构的突破，农村区域差异不但表明中国农村社会远较费孝通笔下的“乡土社会”复杂，并且“村庄社会结构”以及区域差异本身构成一种理论资源，我们可以用村庄社会结构的视角和区域差异理论来解释不同地区的政策实践过程和后果，还可以用它来解释不同地区农民的生活观念、性格、面子、社会交往、家庭结构、代际关系、自杀状况、宗教传播、基层治理等农村社会现象及其特征，所有的农村社会现象都是以村庄社会结构为发生背景的，因此，村庄区域差异可以不同程度地解释上述现象的区域差异特征。

从偶然的农村社会现象到较为普遍性的经验认识，以及从农村经验认识到提出一般性的农村社会理论，属于社会科学研究过程中的“两次飞跃”。它们与上述两个目标是一致的。当我们抱着开放的心态深入农村社会中去，并长期坚持研究下去，就会在不同的领域同时实现很多类似的“两次飞跃”，也会在很多领域同时实现经验认识和理论建构方面的突破，这样一来，农村研究水平就不断提高了。只有当我们的农村研究能够不断地在此层面上拓展、提升，我们所期待的真正的基于中国农村深刻经验认识基础上的中国“农村社会学”才有希望出现。

再论中国农村区域差异*

——一个农村研究的中层理论建构

中层理论是美国社会学家默顿（Robert K. Merton）提出的一种社会学的研究策略和理论建构方法，其本质在于将经验事实与理论抽象结合起来。中国农村研究要借鉴和吸收既有的理论资源来认识农村社会的性质和规律，中层理论能够使丰富的理论资源与复杂的农村经验事实相契合，因此，农村研究要重视建构中层理论。"农村区域差异"是笔者与所在学术团队在多年农村研究中积累形成的一个理论观点，本文拟论述农村区域差异的理论意义，并尝试以此为例，讨论中国农村社会学研究中如何由农村经验上升为理论抽象的方法论层面的问题。

一、中国农村区域差异的研究

在前一节中，我们从村庄社会结构的角度，建构了团结型、分裂型和分散型三种村庄理想类型（民族地区和边疆地区除外），并从自然生态和历史变迁两方面搜集资料，解释了村庄社会结构形态的区域性，最后将中国农村划分为南方团结型村庄、北方分裂型村庄与中部分散型村庄。该文核心价值在于提出了区别于依照经济发展水平标准将中国农村划分为东、中、西三部分的划分方法，为进一步的理论研究和政策研究提供了视角。

---

* 本节与桂华合作。曾发表于《开放时代》2013 年第 4 期。

关于中国农村区域差异的认识，产生于笔者及所在团队十多年来的农村调研。此前一节结合学界既有的农村研究成果，将我们调研中直接观察到的“不同地区农村具有差异极大的现象”的朴素认识进行理论抽象，提炼为一种关于中国农村社会的一般性认识。如果我们所建构的村庄类型是有效的，且地理意义上的区域划分大致准确的话，那么，农村区域差异就可以算作一种既产生于经验事实又高于现象罗列层次的中层理论。

我们在做农村政策的实践基础研究的过程中，从政策实践的区域差异现象中发现了农村社会性质的区域差异性。区域差异性是中国农村的一个重要特征，也是十分重要的农村社会学研究对象。农村区域差异有各个层面的表现，如生态环境、村庄外观、生活方式、生产模式、历史传统、风俗习惯等。在这些纷繁复杂的差异现象中，我们逐步清理出“村庄社会结构”这一要素，将它作为解释村庄构成和性质、区分不同地区村庄性质的基本标准。村庄是中国农民最基本的生产、生活和娱乐单元，在这一熟人社会边界内，各个农户之间相互交往所形成的社会关系特征和样态就是本文所说的村庄社会结构。

在村庄社会结构的视角下，中国农村大致存在三种村庄类型，即团结型村庄、分裂型村庄和分散型村庄，并且这三种类型的村庄存在一定的地理分布规律。至此，形成了关于中国农村区域差异研究的初步构想和基本假设。之后，笔者及所在华中科技大学中国乡村治理研究中心研究团队经过广泛和深入的调查，获得了更多可以验证上述假设的田野资料。同时，我们回顾了与之相关的中国农村研究，并查阅历史学、地理学等方面的资料，对上述构想进行了深化和修正，提出了中国农村区域差异的观点。在“论中国农村的区域差异”一节对此有相对完整的阐述，本文仅在理论层面上对中国农村区域差异进行补充说明。

农村区域差异是一种基于经验事实的理论认识。对于中国不同地区农村存在差异这一客观事实，不少学者意识到并直接或者间接地涉及了，比如林耀华、葛学溥关于南方地区农村的家族、宗族研究，[①] 黄宗智和杜赞奇关于华北农村的研究，[②] 以及费孝通、黄宗智关于长江三角洲地区农村的研究。[③] 无论他们主观上是否如同弗里德曼研究中国东南地区的宗族组织那样明确地将自己的研究限定在区域内，这些研究成果都客观地反映了中国不同地区农村的巨大差异。尽管如此，不同地区农村的差异性并没有得到完整系统的解释。黄宗智曾对华北农村与长江三角洲地区农村进行了初步的区域比较研究，有很强的开创性，不过区域比较在他的研究中也仅为次要的工作。总体而言，在既有的研究中，把农村区域差异当作直接研究对象的并不常见。[④]

我们通过对不同地区农村的社会现象进行分类、总结、提炼、解释，把农村区域差异当作中国农村基本性质提出来，将中国农村划分为南方、北方、中部三种区域类型，细致分析每个地区农村的特性，并将逻辑推演与经验验证相结合，试图将农村区域差异建构为一个从中国农村社会现象中抽象出来并能够运用于理解中国农村社会现象的中层理论。

农村区域差异的理论脉络最早可以回溯到对村庄“社会关联”的研究中。我们当时已经关注到了村庄内部社会关系对于村庄社会秩序、村民自治等方面的影响；随后，提出了“认同与行动单位”的概念，认为村庄社会内部形成了“家庭”和“家族或者以家族为基础”的双层认同和行动结构，并对其进行了功能性解释；最后，

---

① 林耀华：《义序的宗族研究》；葛学溥：《华南的乡村生活——广东凤凰村的家族主义社会学研究》。

② 黄宗智：《华北的小农经济与社会变迁》；杜赞奇：《文化、权力与国家：1900—1942 年的华北农村》。

③ 费孝通：《江村经济》；黄宗智：《长江三角洲小农家庭与乡村发展》。

④ 日本学者关于中国“村落共同体”的讨论涉及了村庄社会结构，其中武福直也从村庄的内部结构与对外关系方面区分了华南、华中和华北地区村庄的差异，与本文的观点有契合之处。参见李国庆：《关于中国村落共同体的论战——以“戒能－平野论战”为核心》。

提出了村庄社会结构的视角。其中，一以贯之的是我们对村庄内部社会关系样态的关注，这既是对梁漱溟“伦理本位”文化说的社会学化，也是对费孝通“差序格局”概念的深化。

在《村治的逻辑——农民行动单位的视角》一书中，我们按照认同与行动单位的标准，从逻辑上建构了一个关于中国村庄结构样态的模型，其中，我们假设不同地区农村结构差异是由于现代性冲击程度的差异造成的，即假设不同地区农村中的认同与行动单位差异皆为宗族瓦解的不同残留形态。[①] 然而，由于自然和历史条件等方面的影响，在遭遇现代性冲击之前，不同地区的村庄样态就存在差异，这就是说，《村治的逻辑——农民行动单位的视角》的理论框架是与历史过程相悖的。为了弥补这一缺憾，我们在“论中国农村的区域差异”一节中引入了自然生态学与历史学方面的知识，论述了不同地区村庄的生长过程及性质差序。至此，我们提出南方团结型村庄、北方分裂型村庄和中部分散型村庄，既符合经验事实，也完成了理论建构。

二、作为中层理论的农村区域差异

我们认为，中国农村社会学研究的基本目标是从农村社会现象中提炼、抽象出一套具有解释力的概念、命题和理论框架，农村研究的目的是为了更好地认识中国农村的性质及其变迁规律，即理论建设服务于“认识中国”这个根本目标。在此目标下，农村研究中大致有两类表述中国农村社会的方式：一是抽象的总体概括方式，包括早期传教士的描述、文化和国民性的研究，如梁漱溟的《中国文化要义》、许烺光的《宗族・种姓・俱乐部》等；二是具体的细致描述方式，如许烺光的《祖荫下》、杨懋春的《山东台头》、阎云翔的《私人生活的变革》等。另外，黄宗智对华北与长江三角洲

① 贺雪峰：《村治的逻辑——农民行动单位的视角》。

地区农业生产和社会变迁的研究、施坚雅对成都平原的基层市场研究、[①] 弗里德曼对广东、福建地区的宗族组织研究，[②] 偏向某些研究专题，不全然属于对整体农村社会性质的关注，在表述方式上介于两者之间。在第一种表述中，被想象为“铁板一块”的中国乡村社会被抽象为一种文化和社会类型，脱离于中国农村实际，忽视和掩盖了中国乡村社会内部的复杂性。第二种表述采用人类学“深描”的书写方式，以生动的村庄个案展示了中国乡村社会的某些特性，但是，关于整体中国农村社会的认识尚有不足。

费孝通先生在中国农村研究中的贡献与影响至今无人出其右。他流传最为广泛的两部著作《江村经济》和《乡土中国》恰恰为上述两种表述方式的代表作。我们将结合这两部著作，来探讨农村研究中的理论性质问题。

《江村经济》是费孝通的博士论文，在国际学术界广为流传，开社会人类学研究从“简单社会”向“文明社会”转型之先河。正是这一转型，在方法上为《江村经济》日后遭到国际学术界的质疑埋下伏笔。社会人类学研究方法与中国研究的张力，正如弗里德曼所言，小地方的描述难以反映大社会，功能的整体分析不足以把握有长远历史的文明大国的特点，社区不是社会的缩影。[③] 相对于由千千万万个“江村”组成的“中国农村”整体，《江村经济》所描述的仅属于“地方性知识”，这样的批评是很难辩驳的。

与《江村经济》相比，由报刊文章汇编而成的《乡土中国》算不上逻辑严密的学术著作，但这本书在国内社会科学界和普通大众中的流传度却非常高。《乡土中国》基于作者的感悟和体会，相关概念和命题皆不具备严格的逻辑推理和经验验证。尽管如此，《乡土中国》却依然成为当前实际经验缺乏的中国社会科学界想象中国

---

① 施坚雅：《中国农村的市场和社会结构》。

② 弗里德曼：《中国东南的宗族组织》。

③ 转引自王铭铭：《社会人类学与中国研究》，第 34 页。

农村社会的来源。费孝通固然在《乡土中国》中提出了很多关于中国农村社会的理论认识，然而，高度抽象概括的《乡土中国》对于农村社会学研究却是不够的。我们曾经在《乡村社会关键词：进入21世纪的中国乡村素描》自序中批评其“将庞大复杂的中国农村当作一个整体，作为一种理想型。这种理想型显然远离中国的现实，既无时间概念，又无空间概念”。[①] 农村区域差异研究旨在将中国农村社会的空间性揭示出来。

以认识中国农村社会性质为目标的农村研究的理论观点要具备如下特征：能够对农村中各种相互关联的社会现象做出解释，探讨其发生的原因和机制；其解释力能够超出个别村庄或者个别现象，具有一定的普遍性。符合上述特性的社会理论具有一定的抽象性，并没有脱离中国农村的经验事实，不属于一般人类学和普通社会学的抽象理论，不是要“发现人类行为和文化的一般规则”，[②] 而是要对中国农村社会现象做出解释。因此，在这个层面上，抽象提炼的理论也可以被视为对于中国农村的经验性认识。只有当我们对农村社会中从农民心理、价值观念、私人生活、社会生活、社会变迁到政治治理等各个层面的现象都做出合理的解释，并将这些经验性认识汇总为关于中国农村整体图景的经验性认识后，农村社会学认识中国农村社会的目标才算实现。

由此，反观《江村经济》可以发现，江村不是中国农村，《江村经济》描述的农村社会经验仅仅是中国农村整体图景的局部，相对于整体中国农村，江村的经验具有偶然性、片面性，与其他地区农村中的经验事实存在差异和矛盾。因此，在经验性认识层面，将对江村的认识上升为对整体中国农村的一般认识是不可行的。当然，在一般人类学与普通社会学理论建构的层面上，从这种偶然现

---

① 贺雪峰：《乡村社会关键词：进入21世纪的中国乡村素描》，山东人民出版社，2010年，第3页。

② 王铭铭：《社会人类学与中国研究》，第23—48页。

象中抽象出来的理论，可以达到理论反思的目的，也能够在纯粹理论层面上与西方理论对话，但相对于中国农村却是抽象的，即脱离经验事实的。对于《乡土中国》，“乡土中国”能够作为一种与“现代社会”相对的理想类型，“熟人社会”也是在与“陌生人社会”相比较的层面上具有意义的，就算是“差序格局”这一被广泛接受的概念也是相对于西方社会人际关系中的“团体格局”提出来的。《乡土中国》之所以以这种方式进行理论建构，是因为它不是一部经验研究著作，而是更类似于一部用社会学语言表述的文化比较研究著作。因此，《乡土中国》描述的“乡土社会”相对于具体时空中的中国农村也过于抽象，不属于关于中国农村的经验性认识。

我们的研究进路是，将不同地区农村社会现象差异及其原因作为研究对象，将中国农村的差异性陈述出来，不仅抽象出三种村庄类型，将地理性的区域转化为类型学意义上的区域，而且通过历史、地理等方面的资料论证了这种关于中国农村区域类型划分的有效性。“农村区域类型”属于既异于抽象概括表述也异于具体现象描述的理论建构方式，避免了“个案研究”代表性的问题。尽管也将具体村庄当作调研对象，但是我们既不将“个案”当作抽象理论表述的对象，也不将对于具体村庄的认识推论至对于整体中国农村的认识，而是尝试在个案与中国农村之间加入“区域”和“类型”，以类型来建构不同地区间的差异性，以区域来概括内部的同质性，对此我们在《个案调查与区域比较：农村政策基础研究的进路》一文中有较为详细的分析。[①] 本文从村庄社会结构的角度论述的中国农村区域差异，可以看作是该方法的运用成果之一。

下面结合农村区域差异的内涵来展示其理论层次。

---

① 贺雪峰：《个案调查与区域比较：农村政策基础研究的进路》，《华中科技大学学报（社会科学版）》2007 年第 1 期。

村庄内部社会关系一直是我们长期关注的对象之一。社会关系是社会学的基本概念，村庄的社会关系理应成为农村社会学研究的基本问题。既有的关于中国农村社会关系最具解释力的概念当属费孝通提出的“差序格局”，它是对“乡土社会”中社会关系样态的描述和抽象。鉴于这个抽象概念与农村经验事实的张力，我们在《村治的逻辑——农民行动单位的视角》中指出，中国农村社会中的人际关系并不是“愈推愈远、愈推愈薄”的均质样态，从而提出了“家庭－宗族村落”的“双层结构”。全国各地农村社会关系样态并不是一样的，差序格局掩盖了这种空间上的明显差异性。

当比较了不同地区村庄社会关系样态之后，我们发现了如下规律：华南地区的村庄历史较长，姓氏单一，宗族组织发达，社会规范完整，村庄内部社会关系紧密，社会结构与社会规范相互强化，形成了团结的村庄社会结构样态；华北、西北地区的村庄多为宋元明时期移民形成的，少数几个姓氏杂居，村庄封闭，地方规矩显著，村庄内部派系林立，生产生活中分门分派现象突出，派系间竞争性强，形成了分裂的社会结构；而长江流域、西南地区和东北地区农村历史较短，村庄规范发育不足，多姓杂居，村庄开放程度高，村内通婚多，地缘关系重于血缘关系，造成村庄内部社会关系涣散，形成了分散的社会结构。我们寻找每种村庄社会结构样态形成的基本原因，通过比较和归纳发现，具有相同条件的村庄一般都会形成相同的村庄社会结构，即自然生态和历史条件大致相似地区的村庄属于同一种类型。在此逻辑判断的基础上，我们又对全国农村进行了空间划分，并在进一步的农村调查中进行验证，才形成了农村区域差异的认识。

在村庄社会结构视角下提出的三种类型的村庄社会关系样态，推进了对中国农村社会关系的描述和概括。与差序格局相比，团结型、分裂型和分散型三种类型更加具体，既符合每个地区农村社会关系的特征，也比照出了区域差异性。如果说村庄是组成中国农村的基本单元，那么至少也是由三种不同类型的村庄构成了中国农村这个整体。并且，我们还可以将村庄类型与区域结合起来，从村庄社会结构的角度，重新描绘出一幅中国农村的图景，突破“乡土中国”这样的笼统概括。

农村区域差异并不是对不同地区、不同村庄中纯粹现象及差异的描述和汇总。很多研究在不同层面上关注到了各个地区农村的差异，比如族田数量的南北方差异、庙宇形态区域差异、宗族性质的差异、国家权力对地方渗透能力的差异。但是，这些描述多停留在现象层面，只能强化已经直观到的“不同地区农村有差异”这样的朴素认识。从村庄社会结构的角度论证区域内部的同质性与区域间的差异性，从而提出农村区域差异，属于超越现象的普遍性认识，是与上述朴素印象不同的。因此，农村区域差异也就具有了基于现象又超越现象的理论性质。

默顿在界定中层理论时说：“中层理论既非日常研究中大批涌现的微观而且必要的操作性假设，也不是一个包罗一切，用以解释所有我们可以观察到的社会行为、社会组织和社会变迁的一致性的自成体系的统一理论，而是指介于这两者之间的理论。”[①] 依此默顿总结了三种层次的社会学理论，一种是抽象宏大的“综合理论体系”，一种是对社会现象的纯粹描述性说明，而介于二者之间的则是中层理论。

基于这样的区分，我们可以发现，对于获取关于整体中国农村经验认识的农村社会学研究而言，《乡土中国》这样的作品对于中国农村的描述以及理论概括过于抽象，仅具有泛文化比较的意义，故而我们将这类作品和结论划归于综合理论体系的层次。而《江村经济》描述的具体现象相对于复杂的中国农村整体而言过于片面和单薄，抛开它所具有的纯粹人类学理论对话的贡献不讲，在认识中国农村的层面上，江村的现象具有很大的偶然性和片面性。《江村

① 默顿：《论理论社会学》，何凡兴等译，华夏出版社，1990年，第54页。

经济》避开了统一性的综合理论体系的弊端，却在关于中国农村的经验性认识层面上陷入了特殊性与一般性的矛盾。

相较而言，农村区域差异既不是对个案村庄现象的描述，也不是对中国农村整体图景的抽象想象，而是在具体的农村社会现象中提炼出一般要素，并经过理论抽象与经验验证双向互动后，提炼出的关于整体中国农村的某种认识和概括。相对于综合理论体系，农村区域差异具有经验基础；与纯粹现象描述相比，它具有一定的理论抽象，因此属于中层理论。中层理论是经验与理论的统一，是普遍性与特殊性的统一，具有一定的可靠性，但又不追求绝对的准确，是可以被经验检验和修正的。

三、与其他理论的对话

农村区域差异作为一个中层理论，因为包含经验的成分，所以与其他关于中国农村社会的理论对话时，就不会陷入单纯的概念辨析和逻辑推演。在认识中国农村性质的目标下所提出的理论观点能否被接受，根本在于其同中国农村社会的经验现实是否相符。因此，农村区域差异所包含的经验性认识便具有检验其他理论观点的功能。下面我们以理论对话的形式来说明农村区域差异的理论价值。

（一）区域差异视角下的“基层市场理论”

首先是施坚雅的基层市场理论（区域体系理论）。施坚雅运用经济空间地理理论，对传统中国社会体系进行了图解和分析，但在对中国基层社会结构的分析上，他最大的失误在于将成都平原的情况推至整个中国。

据施坚雅介绍，他最开始是带着人类学社区研究的目的到四川从事田野调查的，但在调查过程中，发现以“集市”为中心的经济区域而非村落社区才是中国基层社会的基本单元。[①] 施坚雅由之提出了一个带有革命性的观点："研究中国社会的人类学著作，由于几乎把注意力完全集中于村庄，除了很少的例外，都歪曲了农村社会结构的实际。如果可以说农民是生活在一个自给自足的社会中，那么这个社会不是村庄而是基层市场社区。我要论证的是，农民的实际社会区域的边界不是由他所住村庄的狭窄的范围决定，而是由他的基层市场区域的边界决定的。"[②]

如是，施坚雅便以市场为核心来分析作为中国社会层级结构的市场层级结构，并依此对中国进行了经济区域划分，讨论了经济区域与行政区域的关系等诸多问题。在他的描述下，中国农村社会不再是由一个个相对孤立的村庄社区机械叠加构成的，而是呈现出层次鲜明的市场结构图景。

施坚雅的理论也遭到了一系列的批评。有些学者从经验层面进行批评，比如黄宗智认为华北地区是村庄而非集市构成基层社会基本单元；还有些学者从理论层面进行批评，认为规范的经济学理论以及经济理性人的假设不适用于对中国农民的研究[③]。将施坚雅的理论追溯到其逻辑起点时，我们发现，唯有包括四川农村在内的中部地区，才存在由于村庄历史较短所造成的村庄结构发育不完善和村庄边界开放的现象，也只有这些地区的农村生活才符合《中国农村的市场和社会结构》一书描述的情况。而在南方地区，村庄历史长，村庄边界比较封闭，村庄发育较完善，宗族组织明显，每个农民必须要属于或者依附于一个血缘性的家族组织，才能够获得村庄资格，并在日常生产生活中得到援助。对于南方地区的农民而言，村庄远较基层市场重要。

---

① 参见施坚雅主编：《中华帝国晚期的城市》，叶光庭等译，中华书局，2000年，第9页。

② 施坚雅：《中国农村的市场和社会结构》，第40页。

③ 王铭铭说："我认为，施坚雅忽视了一个值得我们加以认真思考的大问题：西方理性经济空间理论人的概念是否适用于传统中国这个非西方、非资本主义社会？"见王铭铭：《社会人类学与中国研究》，第100页。

同样，在北方地区，村庄边界明晰，地方规范强，且商品化程度较低，街坊邻居与家族组织组成的功能性单元是每个农民进行生产生活互助的依托。因此，如黄宗智所述，北方农村的街坊邻居关系、家族关系而非基层市场上的经济关系才是形成北方农村社会结构的基本关系，所以黄宗智认为华北农村中村庄才是基本社会单元。①

运用我们提出的农村区域差异观点，很容易就检视出施坚雅基层市场理论的缺陷。在南方团结型村庄与北方分裂型村庄中，熟人社会关系以及由熟人社会关系构成的认同与行动单位很重要，一家一户在生产生活中无法完成的事务都要求助于特定的村庄社会结构（如宗族、房头、门分、小亲族），市场在农民的生活中处于次要的地位。以集市为基本社会单元的判断在南方地区和北方地区都不适用，但这一判断却比较接近包括四川在内的以长江流域为代表的中部地区农村，因此，基层市场理论仅仅对某些商品化程度较高的中部农村具备解释力。

受到施坚雅的启发，我们可以抽象出三种基本的农村社会关系：血缘关系、地缘关系和商品经济关系。由于自然生态和历史社会等方面的原因，这三种关系在不同地区农村中的重要性是不一样的。在南方村庄中，血缘关系与地缘关系重合，形成了明显的宗族组织和宗族规范；在北方村庄中，血缘关系受到地缘关系的切割，五服范围内的家族关系凸显，家族之间高度竞争，街坊邻居关系也在日常生活中扮演重要角色；中部地区农村的血缘关系不发达，且又进一步被普遍的村内通婚所形成的姻缘关系所切割，商品经济发达造成经济关系显著，跨越村庄的基层市场在农民的生产生活中扮演重要角色。从村庄社会结构上来看，南方农村内部的宗族结构便造成了团结型村庄形态，北方村庄内部的派性结构造成了分裂型村庄形态，中部农村商品关系发达，抑制了地缘与血缘关系的发育而造成了分散型村庄结构。

---

①　黄宗智：《华北的小农经济与社会变迁》。

（二）区域差异视角下的“宗族范式”

弗里德曼提出的宗族范式也同样关注村庄内部的社会关系和社会结构。他以广东和福建农村二手资料为基础，建构了一套中国农村社会的宗族结构模式。弗里德曼认为东南宗族发育条件有三：政治上的边陲性、水稻种植的生产剩余以及与水利合作等功能性需求。[①] 由于以上三个条件都是地方性的，这便注定了宗族范式属于地方性知识。比如，杜赞奇描述的华北农村的国家权力与基层社会结合形成的“权力文化网络”形态，[②] 以及施坚雅描述的市场层级与行政层级交叉的权力形态，都不同于东南社会的“边陲”形态；而在种植和水利上，南北差异更加明显。从逻辑上看，宗族范式在东南地区以外并不适用。

既有的研究证明了这一点。学界有影响的宗族研究成果多是以南方农村为对象的，早期的研究如林耀华的《金翼：中国家族制度的社会学研究》和《义序的宗族研究》、葛学溥的《华南农村生活——家族主义社会学》等。改革开放以后对华南宗族的研究，有代表性的如叶显恩对珠江三角洲和安徽徽州宗族的研究，[③] 郑振满对福建明清家族组织的研究，[④] 钱杭、谢维扬对江西泰和县农村的研究[⑤] 等。南方农村的宗族组织不仅发达，而且与北方农村的家族组织性质存在差异。冯尔康认为，就清代宗族活动而言，“南北方表现形式颇有不同，南方似乎更规范一些，在一定意义上说南方宗族活动盛于北方”[⑥]。王询曾系统分析了南方农村和北方农村宗

---

① 弗里德曼：《中国东南的宗族组织》。

② 杜赞奇：《文化、权力与国家：1900—1942 年的华北农村》。

③ 参见叶显恩：《珠江三角洲社会经济史研究》，稻禾出版社（台北），2001 年；《明清徽州农村社会与佃仆制》。

④ 参见郑振满：《明清福建家族组织与社会变迁》。

⑤ 参见钱杭、谢维扬：《传统与转型：江西泰和农村宗族形态——一项社会人类学的研究》。

⑥ 冯尔康：《18 世纪以来中国家族的现代转向》，第 76 页。

族差异的三大原因，即人口迁移、人口定居后的同族集聚和国家政权组织与宗族的关系。①

所谓的华南地区，主要包括福建、广东、江西、广西、海南等南方省区，还包括皖南、浙西南、鄂东南、湘南等区域，宗族组织发达是这些南方农村的突出特征。华南地区的宗族研究与我们的农村区域差异观点互为印证，即宗族范式适用的范围是南方团结型村庄，在北方分裂型村庄与中部分散型村庄中很少存在弗里德曼意义上的宗族。

（三）区域社会史研究中的“区域”

区域社会史研究除了能够发掘一些被屏蔽掉的“史实”之外，还包含着一种相对于传统史学的新方法论和知识论的纯粹理论诉求。区域社会史吸收了年鉴学派的方法，将研究视野转向“区域”，是为了获得一种相对于“大传统”的“小传统”知识。因此，作为区域社会史对象的区域，表面上看是一种历史地理学意义上的区域，但是在本质上，区域仅仅象征着“地方性”，实体区域的真正意义是作为地方性知识的载体而存在的。因此，行龙说“‘区域’可大可小，只是一个相对的概念”，② 即否定实体性区域的本体性。区域社会史的研究获得了关于某一地理意义上区域的资料和经验性认识，其价值在于构成对于传统历史学叙述中的大传统的挑战。可以说，区域社会史的首要价值在于对传统史学方法的反叛。

与区域社会史研究不同，农村社会学视野下的区域是实体性的，由各类社会现象综合而成的区域对象是经验性的本体，即我们的区域差异研究所选择的区域不是作为理论表述的载体而存在的，包含经验事实的区域本身便是研究对象，区域的经验事实是社会理

---

① 参见王询：《中国南北方汉族聚居区宗族聚居差异的原因》。相关内容我们在《论中国农村的区域差异——村庄社会结构的视角》一节中有较为详细的论述。

② 行龙：《从社会史到区域社会史》，人民出版社，2008 年，第 159 页。

论的来源。因此，我们必须按照一定的标准，根据内在同质性和外在异质性来划定区域，如本文中的村庄社会结构的标准。进行区域研究的目的不是为了抽象理论对话和方法反思，我们在区域差异视角下获得的知识可能是地方性的，但是它们可以通过区域比较而进行更高层次的抽象，进而产生关于中国农村的普遍性认识，至少研究的目的如此。区域社会史研究的目标是获取地方性知识，并没有尝试从对区域的认识走向对整个中国社会图景的认识，从某种意义上讲，区域社会史恰恰是反对这样的抱负的；而我们做区域差异研究，恰恰是为了通过对作为实体区域农村性质的研究，进而描述一幅整体性的中国农村图景。这是两者的根本差异之所在。

四、对农村社会现象的解释

如果农村区域差异能够成为一个中层理论，那么，我们就能够运用经验材料证明其有效性，而且可以运用它去解释农村其他社会现象，并从中推导出若干具体的可以被进一步验证的理论假设。提出农村区域差异的构想之后，我们通过更加广泛的农村调研来对其检验和修正（相关成果可参见贺雪峰主编:《中国村治模式实证研究丛书》)，并将其运用于具体的农村研究中。下面是我们团队近年来运用农村区域差异理论对中国农村进行的若干研究。

（一）国家与农民关系的研究

在农村研究中，国家与农民关系可以界定为正式的国家权力（包括法律）与农民和农村社会的互动过程及其产生的实践后果，国家与社会的关系、“法律下乡”、农民负担、农民上访等具体问题，皆可纳入农民与国家关系的研究中。我们提出了如下假设：国家权力进入基层社会时，会遭到村庄社会结构的阻隔，因此，农村区域差异会造成同样的政策和制度在不同地区农村的不同实践后果。

在《论中国农村的区域差异——村庄社会结构的视角》一节中，我们以农民负担为例讨论了在不同类型村庄中政府征收税费与农民反抗行为的关系，以及税费负担的区域差异。一个基本结论是，在南方团结型村庄中，国家权力遭到了村庄社会的一致抵抗，从而抑制乡村干部随意增加农民负担的行为；北方村庄派系分裂，不同派系借农民负担问题轮番“告状”，导致基层治理混乱；在分散型的中部村庄，农民的原子化程度高，集体抗税能力弱，从而成为中国农民负担最重的区域。《论村级负债的区域差异——农民行动单位的视角》一文亦可验证这个推论。①

法律下乡也表现出明显的区域差异。法律社会学对法律下乡的研究，展示了现代法律制度与中国乡村社会不相适应的图景。② 实际上，这方面的研究存在经验的错位，即将传统的“乡土中国”移植到当代农村社会中，纵然做了若干经验调查，这些调查也大多是片面的和片断的，忽视了农村的区域差异性。我们关注农村纠纷调解时发现，南方村庄的纠纷大多数是在村庄内部解决的，中部村庄的矛盾则很容易演变为司法案件，而北方村庄的情况则介于二者之间。运用农村区域差异观点则很容易解释这个现象：南方团结型村庄的规范至今保持完好，民间长老式人物的权威较高，大多数民间纠纷可以被社会内部力量消化；中部分散型村庄的社会结构涣散，地方规范弱且缺乏民间权威，所以民间纠纷要依靠法律解决；与中部村庄相比，北方分裂型村庄存在一定的化解纠纷的内部力量，但又不如南方村庄强，所以只有部分纠纷被内部化解，还有部分进入了司法渠道。董磊明对华北宋村的研究展示了现代法律制度规范与民间社会调解力量间此长彼消的逻辑关系与历史变迁，验证了上述逻辑。③

① 参见贺雪峰：《论村级负债的区域差异——农民行动单位的视角》。

② 参见苏力：《法治及其本土资源》。

③ 董磊明：《宋村的调解：巨变时代的权威与秩序》，法律出版社，2008 年。

（二）人情的社会基础研究

人情（礼物交换，农民口头语为“送礼”）是建构和维系人际关系的一种手段，是十分常见的农村社会现象。阎云翔基于东北下岬村“礼物流动”的田野调查，对话西方人类学礼物交换的理论，提出中国礼物流动所具有的社会互动的文化意义和中国礼物中包含的工具性与情感性特征。[①] 与阎云翔理论对话的问题意识不同，我们提出了人情的社会基础研究，即“以仪式性人情为主要的表述对象，以转型期乡村社会性质为主要的理论旨趣，以区域差异为主要的研究视野和研究方法”[②]，提出从村庄社会结构来分析人情现象的研究框架，分析不同地区人情的性质和差异。

既然人情与村庄社会关系高度相关，那么，它必然与村庄社会结构关联，并呈现出区域差异特征。带着这样的假说，我们调查了不同地区农村人情现象，发现在南方村庄中，人情关系稳定，且人情活动具有较强的规范性；在北方村庄中，人情主要发挥着界定“自己人”与“外人”边界的功能，对内具有公共性，对外具有私人性；在中部村庄中，人情关系的自由度高，具有很强的私人性特征。

人情的区域差异现象，也可以用农村区域差异来解释。在南方团结型村庄中，依照血缘关系建构的社会关系，不仅稳固，而且亲疏远近差别很明晰，这套稳固而又明晰的社会关系构成了农民社会交往的基础，在这样的社区中，不需要借助人情活动来维系先天形成的血缘关系，也不需要用人情来显示亲疏远近。因此，在南方农村中，人情频次低、数量少，并且在不同亲疏关系的人情表达方式上也有明确的规定，个人在人情互动中的自由度低，所以具有公

① 参见阎云翔：《礼物的流动：一个中国村庄中的互惠原则与社会网络》。

② 宋丽娜：《人情的社会基础研究》，华中科技大学 2011 年博士学位论文，第 14 页。

共规范性。而北方村庄分裂为数个派系，每个农民都要维持“自己人”的圈子，并要区分竞争性的“外人”关系，人情发挥沟通人际关系和划分“内外”界限的功能。在中部村庄中，血缘不发达导致人际关系涣散且不稳定，所以每个农民都要主动地通过人情交往建立和维护稳固的社会关系，只有存在人情往来才会建立互助合作，这是中部农村的分散结构决定的。中部农村的“人情圈”与“互助圈”重合，人情关系是社会交往的基础，所以人情频次高、人情礼金高，并且人情交往的自由度高，具有高度私人性。

（三）面子观的区域差异研究

面子是中国社会中的重要现象，也是社会学研究的重要对象。在西方社会学微观行动理论以及本土心理学对面子的研究中，面子代表行动者对于角色的认知，面子类似于“印象”，维持面子是为了保障每一次单一的、偶然的社会互动能够顺利完成。对面子现象的分析，侧重于其策略性和技巧性。在中国社会生活语境中，面子是在长期生活中形成和积累，并建立在行动者之间熟悉感、亲密感与相互预期的基础上的。农村生活中的面子现象，必须放到“熟人社会”中理解，并且，农民的面子观与村庄社会结构相关联而具有区域特征。

关于面子区域差异的理论假说，也被农村经验事实所证实了。在南方村庄中，农民的面子观是建立在村庄道德价值规范意识基础上的，符合村庄社会中道德规范的行为才会有面子；在北方村庄中，面子与个人的能力直接相关，在村庄社会中的势力大就能够“说话算话”，就算得上有面子；在中部村庄中，面子与人情往来高度相关，中部农民眼中的面子既不是北方农民所看重的“地位和尊严”，也不是南方农民所看重的“规范和意义”，面子具有很强的工具性，“礼尚往来”就是相互给面子。

农民面子观的差异与村庄社会结构高度相关。南方团结型村庄的社会结构稳固，社会规范完整，对个体角色和行为的要求较高，道德规范的规制力强，面子是村庄价值规范的派生物，因此，在南方村庄中，仅仅有钱有势并不一定被其他村民所接纳和尊重。在北方农村中，派系结构明显，派系之间存在明显的竞争性，派系内部的农户之间也暗含着竞争性，就是兄弟家庭之间也相互攀比，每个村民都试图通过竞争跻身于村庄社会上层（有面子的群体），因此，面子的基础是社会势力和社会影响力。中部村庄关系松散，农户之间的竞争性不强，谁在村庄中的人际关系广，他的社会影响力就大，就有面子。①

（四）小结

我们还可以从农村区域差异中引申出很多可以被检验的研究假设。比如，在《论中国农村的区域差异——村庄社会结构的视角》一节中，我们提出村庄社会变迁逻辑，认为市场与国家等现代性力量进入村庄以后，村庄不仅被冲击，而且能够以自身的结构回应外部力量，并呈现出新的村庄面貌。其实，农村区域差异并不局限于村庄社会结构上的差异，还包括家庭形态、民间文化、基层组织等方面的差异。近些年我们逐步拓展了对农村区域差异的研究，较好地将农村区域差异观点运用于农村的代际关系、农民分家、农民自杀、宗教传播等社会现象的研究中。实践证明，区域差异是一个很好的研究视角。

五、中层理论与中国农村研究

默顿说："社会学只有（但不是仅仅）侧重中层理论的研究，才会有所进展；否则，只注重发展综合社会学理论，社会学就会停

---

① 参见桂华、欧阳静：《论熟人社会面子——基于村庄性质的区域差异比较研究》，《中央民族大学学报（哲学社会科学版）》2012 年第 1 期。

滞不前。”① 默顿关于普通社会学发展道路的论述，也可以套用到中国农村研究上来，即中国农村研究要重视发展中层理论。下面将以农村区域差异观点为例，结合学界某些研究套路，讨论农村研究的中层理论的价值。

（一）农村研究的中层理论

首先需要讨论什么样的理论观点才是农村研究的中层理论。

我们提出对于农村中的经验事实存在三种性质的认识：一是对农村社会现象的纯粹描述，二是关于农村的经验性认识，三是关于农村社会的抽象概括。

所谓关于农村现象的纯粹描述，是指研究者所获得的材料不是中国农村中普遍存在的经验事实，即这些现象是偶然出现的，或者研究者从农村经验事实中无法提炼出普遍性的认识，仅局限于材料本身而获取的片面认识。而经验性认识是指研究者对农村社会现象的描述和分析符合经验事实，并且超越现象本身而获得某种具有一定抽象性和普遍性的认识，而不是将纷繁复杂的现象一一罗列。所谓抽象概括，是指研究者脱离经验事实而直接对中国农村社会整体性质进行高度抽象描述。

这种区分是从认识的性质上做出的，而非从表述的形式上做出的。比如，以游记、随笔形式完成的陈述，也有可能是经验性的认识，或者是抽象的理论概括，而以复杂的理论词语包装出来的学术论文，也可能只是对某种偶然现象的主观阐述。

当然，这种区分具有相对性。比如，施坚雅提出的集市社区而非村庄是中国最基本的基层社会单元的观点，如果仅仅局限于四川农村或者某些商品经济发达的中部农村社会的话，是符合客观事实的，也就构成了一种经验性认识。但是，由于南方地区和北方地区农村社会结构的基本单元是村庄而非集市社区，那么，对于整体中

---

① 默顿：《论理论社会学》，第 69 页。

国农村而言，施坚雅的观点就是不正确的。也就是说，他在成都平原看到的集市社区现象，相对于整体中国农村而言，仅仅是一种偶然性的现象，属于地方性知识，而非关于整体中国农村有效的经验性认识。另外，经验性认识与抽象的理论概括之间并不存在决然区别，比如“乡土社会”的概念，在跨文化比较研究的层面上，属于对中国社会的经验性认识，而在具体的农村社会学研究层面上，就显得过于抽象。

什么才算得上是农村研究的中层理论，要参照中国农村研究的基本对象——由千千万万个村庄组成的整体中国农村来判断。《乡土中国》《中国文化要义》以及“国民性”研究这一类作品，对中国农村面貌做出了文化类型层面上的描述，远离农村事实，属于综合理论体系。还有一类作品，是在采风式调研或者通过阅读间接获得关于农村社会片面认识的基础上进行科学研究的。这样的作品具有很强的理论色彩，但是，如果抛开其理论思辨的意义不讲，对于认识中国农村性质而言，它们可能也只是揭示了某些关于中国农村的偶然现象。这样的认识同样不属于农村研究的中层理论。

农村研究的中层理论既不是对农村社会现象的罗列，也不是脱离农村经验事实的抽象认识，而是在综合社会现象之后获得的经验性认识。这些经验性认识是关于整体中国农村普遍性质的认识，通过不断的研究，可以在纷繁复杂的各类社会现象中提炼出更多的经验性认识而积累形成整体中国农村越来越丰满的图景。由于这些经验性认识也具有抽象性、概括性和理论性，中国农村经验性认识的丰富过程，可同时积累更多的以中国农村为本体的概念、命题和理论框架。农村研究的发展也是农村社会理论的发展和农村社会学的发展。

归结起来，农村研究的中层理论具有如下几个特征：第一，研究的根本目标是获得关于整体中国农村的经验性认识，而不是获得关于人类一般行为和规则的理论认识；第二，结论来自经验研究，接受了经验检验，理论概括包含了对中国农村的经验性认识；

第三，理论观点不是关于中国农村性质的高度抽象概括，高度抽象概括的认识是思辨得到的，是不能够被经验所检验的；第四，具有可积累性，所提出的理论观点不是一组完美的命题，而是相对准确的，可以在研究中被扩充和修正；第五，理论观点具有与学界其他理论观点对话的能力，但不陷入逻辑思辨层面的抽象讨论，而是在扩展关于中国农村经验性认识的层面上进行讨论；第六，建构中层理论时并不排斥其他研究所包含的有价值的材料和理论资源，这些都应该成为农村研究的资源。

（二）对中国农村研究的若干讨论

原以“初民社会”为对象的社会人类学被引入中国研究，一方面产生了巨大影响，同时也引起诸多质疑，一般是从方法上（如民族志的代表性问题），或者理论适用性上讨论的。[①] 而社会人类学与中国农村研究间的张力主要是能否在研究中产生出中层理论，或者说运用社会人类学研究而抽象出的理论观点与整体中国农村的经验事实是否错位。下面借《江村经济》引发的争论来说明。

利奇认为，如果《江村经济》有意义的话，“它们的意义在于它们本身……它们所能告诉我们的是有关人类社会行为的一般特点”。[②] 利奇将《江村经济》的研究成果视作“有关人类社会行为的一般特点”，而非本文所说的对整体中国农村性质的认识。这表明利奇从根本上否定社会人类学的方法能够认识中国农村。弗里德曼也持同样的观点，认为西方人类学进行中国研究时，存在着理论建构与“认识中国”的矛盾，否定通过《江村经济》这样的社区研究

---

① 比如，王铭铭认为：“西方人类学者在从事中国研究时，常常面临一个理论上的自相矛盾：一方面，他们力图运用中国素材来研究西方社会理论的一般性问题，使其研究在理论界获得一席之地；另一方面，为突出其研究的独创意义，他们也十分强调西方理论在解释中国素材时所表现出来的弱点。”见王铭铭：《社会人类学与中国研究》，第 54 页。

② 转引自王铭铭：《社会人类学与中国研究》，第 30 页。

来认识中国社会的可能性。[①]

对此，费孝通先生在回应利奇时，也在其他场合多次表明，他做研究的根本目的是“了解中国社会”，[②]而不是如同某些西方人类学者（可能包括利奇）一样“把它作为表演才华的戏台，或者是更平易一些，是一种智力的操练或游戏，或竟是生活中的消遣”[③]。费孝通的回应抓住了问题的关键，“认识中国”而非抽象理论建设才是他做农村研究的目的，也就是说，在社会人类学与中国研究的关系中，重点是“中国研究”，中国研究是“体”，社会人类学是“用”。

假若费孝通接受利奇和弗里德曼的批评，将《江村经济》研究的意义仅仅局限于江村本身，并放弃了解中国社会的目标的话，那么《江村经济》只能等同于一部太平洋岛屿上某部落的民族志，江村仅类同于西方人类学视野中的“他者”，目标在于从中进行“人类行为的一般特点”层面上的理论抽象。运用中国农村的经验事实来反思和修正关于“人类行为与文化一般规则”而得出的理论观点不是关于中国农村的认识，这样的研究属于一般的人类学研究或者普通社会学研究，而不属于农村研究的中层理论。

费孝通对于社会人类学与中国研究的张力是很清楚的，他明白个案研究不足以代表整体中国农村，因此，他在进行了更多的社区研究之后，提出了对中国农村进行类型学建构的设想，并做了初步尝试。在社会学重建以后，费孝通将研究单元从“社区”上升为“小城镇”，而他提出的“苏南模式”和“温州模式”等同样可以看作类型比较研究。他把研究目标自始至终定位于“了解中国社会”，其研究方法服务于这个目标。受费孝通先生的启发，我们提出村庄研究的“类型建构”与区域比较的研究方法，最终得出了中国农村

① 参见王铭铭：《社会人类学与中国研究》。

② 参见费孝通：《江村经济》，前言；《乡土中国　生育制度》，前言；《人的研究在中国——缺席的对话》，载《费孝通集》，中国社会科学出版社，2005年。

③ 费孝通：《人的研究在中国——缺席的对话》，载《费孝通集》，第340页。

区域差异的认识。

与费孝通坚持农村研究指向“了解中国社会”的学术立场不同，国内外多数从事中国农村研究的学者走上了另外一条道路。比如弗里德曼，表面上看，“摇椅上”的弗里德曼跳出了人类学社区研究方法的局限，提出了认识中国社会的宗族范式。宗族范式影响巨大，却造成了很多误解，不少国内学者没有意识到，在弗里德曼那里，“宗族范式只是他的切入点，而不是他研究的目的”，即他本人并不是想了解中国社会，而是希望借助中国“这个有国家的社会同样存在宗族”的现象，来反思和对话西方人类学在非洲部落研究中提出的“宗族”理论问题。[①] 忽视这一点，便会错误地将弗里德曼对话人类学理论所得出的理论观点当作关于中国社会的经验性认识。

在以理论对话为目的的研究中，作为研究对象的“中国农村”成为表述理论的载体和工具。可借用某学者的一句自我评价来表达此研究立场。他说：“我是在农村做研究，而不是做农村研究。”不是做农村研究便是不以认识农村为目的，这样的研究也就不属于我们所讲的指向认识中国农村的农村研究之列，也不会产生出包含关于整体中国农村经验性认识的中层理论。

放弃了解中国社会目标的中国研究是从理论对话中获得合法性的。个别地看，这样的研究立场可看作学者个人的自由选择，而从整体上看，当前中国农村研究中“在农村做研究，而不是做农村研究”的研究是太多了。将农村经验变成任理论打扮的“小女孩”，实在不利于研究的进步。由于不能坚持对农村广泛深入而正确的调查，导致研究无法建立在对农村经验事实的深厚认识基础上，那么，摆在研究者面前的只有某些农村偶然现象和国内外学术界庞杂的理论。在此情况下进行的中国农村研究，必然是用复杂的理论对单薄的现象进行包装和阐释，这样的研究结论只具有费孝通先生所

---

① 参见王铭铭：《社会人类学与中国研究》，第 92 页。

说的“智力游戏”的意义了。

农村研究需要更多以认识整体中国农村为目的的研究，即我们所倡导的农村经验研究。这样说并不是否定农村研究中的理论对话。那么，农村研究该如何进行对话呢？由于中国农村研究目标不是“人类行为和一般规则”层面上的理论问题，农村研究中的对话应该保持在经验性认识的层面上。下面以施坚雅的基层市场理论为例来说明这个问题。

学者主要在两个层面上对施坚雅的理论进行批评：一是抽象理论层面的批评，比如讨论中国农民是否符合经济人假设，以及规范经济学理论在中国社会的适用性；二是经验事实层面的批评，比如黄宗智发现华北农村中，村落而非基层市场是基本社会单元。

对于认识整体中国农村的性质而言，这两个层面的批评都不恰当。第一个层面的批评针对施坚雅基层市场理论背后的一般概念和理论假说，这是无法被验证的，比如，中国农民是否符合理性人假设，这个问题无法在经验研究中得到确切答案。因此，这个层面的对话，仅仅有益于澄清施坚雅基层市场理论的内涵，对于认识中国农村无直接裨益。第二个层面的批评，仅仅停留在现象层面，假若引用黄宗智在华北农村中发现的现象来反驳基层市场理论，很可能如施坚雅一样，将地方性知识不恰当地推论到整体中国农村。任何理论建构都有一定的抽象性，即剔除偶然因素，任何关于中国农村的理论都不可能将所有的农村现象包含进去，那么，用某些片面现象来反驳理论也是不恰当的。

农村研究中的对话应该保持在经验性认识的层面。比如，我们对施坚雅基础市场理论的专门讨论就属于经验性认识层面的对话。我们既不是找到某种偶然现象来反驳施坚雅，也不是在元理论层面抽象地讨论其理论的有效性，运用农村区域差异观点来对话基层市场理论，是在经验性认识层面解释和修正了基层市场理论。经验性认识具有一定的抽象性，是对农村某种现象的普遍性因素的总结和提炼，通过对话来不断增加、扩展和修正某些经验性认识，能够提高认识的准确性。

坚持中层理论研究，可以避免将中国农村变成思辨抽象理论的“跑马场”。社会学科是自西方引入中国的，中国农村是社会科学比较成熟之后才成为研究对象的，即有比较完善的研究方法和丰富的理论资源可资利用。相对于抽象理论对话，立足于经验事实来认识中国农村的难度要大得多。“在农村做研究”式的抽象理论对话，本质上是将关于“人类行为和规则”的抽象理论与中国农村中的片面现象糅合在一起，以此完成的理论抽象不是具体的抽象，因为这种方式抽象出来的理论不包含关于中国农村的经验性认识。以此得出的结论，表面上高度抽象，内在基础却是中国农村社会中的某些偶然现象。

当前中国农村研究，既不缺乏抽象理论资源，也不存在获取资料的困难，而是缺乏处理二者关系的能力。中国农村研究的发展应该表现为关于中国农村的经验性认识的积累，以及越来越多中层理论的产生。这也决定了中国农村研究的发展和农村社会学的发展是一个长期积累的过程，无法靠在综合理论体系层面上的抽象思辨而一劳永逸地实现。因此，中国农村研究期待出现更多费孝通式的人物，而非塔尔科特・帕森斯式的人物。

农村研究的中层理论是经验性认识与理论抽象的统一，是具体的抽象。坚持在中层理论的层面上进行农村研究，就是在坚持实现认识中国农村的基本目标下的理论建构。中层理论是中国农村研究的基本方法，也是农村社会学发展的必由之路。

六、结　语

中国农村社会学不是一般人类学和普通社会学的理论和方法在中国农村领域的应用性研究，而是对以中国农村的经验事实为基础的理论概括，研究的根本目的不是构造“人类行为的一般规则”意义上的抽象理论，而是通过关于中国农村的经验性认识的积累，实现对整体中国农村性质的认识。基于中国农村经验事实做出一定抽象的经验性认识，属于中层理论建构。中国农村研究要重视发展中层理论。农村区域差异是从村庄社会结构角度建构的一个中层理论，农村研究期待更多类似的中层理论。

村庄选举研究的两种进路

1988年开始试行、1998年正式颁布实施的《村组法》是我国第一部涉及政治体制改革的法律。依《村组法》进行的村民委员会选举，是当前涉及人数最多、影响范围最广、社会效果最好的政治性活动。村委会选举深刻改变了乡村治理状况，也深刻反映了当前处于转型期乡村社会的性质。村委会选举对乡村治理状况的改变，出现了对乡村治理进行政策研究的需要。村委会选举凸现出乡村社会性质的机遇，则使村庄选举成为眺望转型期乡土中国的窗口，也就成为关注乡村社会性质的学理性研究的有效凭借。这样一来，在对村庄选举的研究中，可以有两种相当不同的研究进路：一是通过观察村委会选举来讨论村民自治政策后果，并由此前引到村民自治制度安排、乡村关系状况等政策研究的方面；二是通过观察村委会选举，发现构成村委会选举的村庄基础，通过对选举凸现出来的村庄性质的讨论，进一步讨论建构关于村庄社会性质的学理体系。

村庄选举的政策研究

村庄选举的政策研究是自《村组法》1988年开始试行，全国范围的村委会选举普遍展开后的主要研究进路，也是当前村庄选举研究的主流，按照与村庄选举关联性的前后，大致可以分为村庄选举的政策研究和村庄选举政策后果的研究两个部分。

关于村委会选举的政策研究影响最大也最为完备的，当属《中国农村村民委员会换届选举制度》和《中国农村村民自治》,[①] 这两部著作依据试行的《村组法》中关于村委会选举的有关规定，从选举组织和机构的建立、选举动员和选民登记的进行、选举方式的确定、候选人的产生、选举投票等方面，细致讨论了村委会选举中的相关规程，并对这些规程的合理性及改进办法做了讨论。关于村委会选举的政策研究，主要集中在村委会候选人的提名和投票方式上，正是这两个方面，最终是由实践做了回答。在候选人提名方式上，吉林梨树人发明了“海选”的提名办法，[②] 即在提名候选人时，由村民直接提名候选人，按差额原则依初步提名票的多少确定正式候选人，这充分体现出民主原则的彻底性、选举过程的公正性和选民参与的广泛性及对选民民主意志的尊重。在投票方式上，为了真正做到直接、秘密、无记名投票，福建省在村委会选举中推行设立“秘密写票处”的办法，让村民在选举时，有一个自由写票的地点，从而解决了村庄范围内大家相互熟悉，在公开场合写票多有顾虑的问题。1998 年修订试行的《村组法》时，充分吸收了吉林梨树“海选”提名的做法和福建设立“秘密写票处”的经验，在正式颁布的《村组法》的第十四条明确规定“选举村民委员会，由本村有选举权的村民直接提名候选人”,“选举时，设立秘密写票处”等条款。

关于村委会选举政策后果的研究是当前村庄选举研究的主流，也是围绕《村组法》展开政策争论的关键。村委会选举及以村委会选举为核心和基础的村民自治在当前乡村治理体制中有两个重要的政策后果，一是乡村关系，二是村支部与村委会关系，归结起来是乡村关系，即经由村民选举产生的村委会是否会忠实执行乡政安排的政务？失去了村级组织这一条腿之后，乡镇政权还能够有效完成诸如收粮派款、计划生育等国家任务吗？

---

① 王振耀等:《中国农村村民委员会换届选举制度》, 中国社会出版社，1994 年；徐勇:《中国农村村民自治》。

② 参见景跃进:《海选是怎样产生的》,《开放时代》1999 年第 3 期。

构成自1988年《村组法》试行以来乡村指导关系得以顺利的理由，大致与三方面有关：一是相对宽松的国家与农村社会关系，使乡村之间的对立并不突出；二是试行法的效力不足，乡镇对村的指导关系往往被领导关系所替代，村委会选举在相当多的地方流于形式；三是人民公社遗留下来的政治意识，使无论是村民还是村干部，都认可乡镇与村的关系为上级与下级关系。但进入20世纪90年代后期，农村经济增长缓慢，农民收入增加乏力，农民负担居高不下，国家与农村关系较为紧张。在相对紧张的国家与农村社会关系背后和市场经济本身逐渐深入农村社会的背景下，农民的政治意识发生逆转，借助日渐正规的村委会选举，村民开始懂得利用《村组法》赋予自己的民主权利，试图通过选举将能为自己带来利益——首先是能保护自己利益的村干部选上来，从而改变在乡村关系中处于不利地位的村级组织的状况。村委会选举的民主化，又构成了对村支部选举的压力和村委会在权力上对村支部的合法性优势，这种情况下，村委会选举的政策后果就成为各界关注的焦点。当前理论界关注村委会选举的政策后果的另外一维，是在民主化的背景下对村委会选举的关注，这方面有对立的两种意见，赞成的意见认为村委会选举作为最基层的民主，将构成自下而上民主的基础：第一，村委会选举可以培养村民的民主素质，提高村民的民主能力；[①] 第二，村委会选举可以在民主规则和程序上为较高层次的民主提供范例；[②] 第三，村委会选举不仅构成了对党支部选举的压力；而且必然构成对乡镇长选举、县市长选举乃至更大规模选举的压力。[③] 所有这些，不仅构成了村委会选举这一最基本和基层的民主向上扩展的可能，而且，为第三次农村包围城市提供了可能。

---

① 参见周罗庚、王仲田：《中国农村的基层民主发展与农民的民主权利保障——村民自治的历史、现实与未来》，《上海社会科学院学术季刊》1999年第1期。

② 参见徐勇：《草根民主的崛起：价值与限度》，《中国社会科学季刊》2000年夏季卷。

③ 参见崔之元：《“混合宪法”与对中国政治的三层分析》；周洪陵：《第三次农村包围城市》，载民政部政权司农村处编：《2000年村民自治研究资料汇编》。

反对的意见也来自多方面：一是有人认为村委会选举本身就很虚假，全国大部分村委会选举都流于形式，如此何来村委会选举向更高层次民主的推进？二是认为村委会选举是社会民主的部分，与政治民主根本不同，不能将社会民主与政治民主混为一谈，与此相近的一种观点认为村委会选举是微观民主，与宏观民主有着本质的不同；三是认为以村委会选举为核心的村民自治本身就是与当前政治民主化、行政专业化的世界潮流背道而驰的，是群众专政的延续，完全谈不上什么民主，更不用说可以对自下而上的民主发展产生什么作用。[①]

村庄选举的学理研究

相对于村庄选举的政策研究来讲，当前村庄选举的学理研究十分薄弱，这与学理研究需要建立在村庄选举观察的基础上，村庄选举本身只构成学理研究的一个环节和一种视角有关。

村庄选举学理研究与政策研究的区别在于，政策研究力图通过对选举的考察，来影响国家政策选择或提出政策改进建议；学理研究关注的焦点不是如何改变村庄选举以获得更多实践成果，而是要解释为什么村庄选举会呈现它所展现出来的样子，选举与何种因素有关，它的社会基础何在，它会如何改造自己的社会基础，等等。

当前关于村庄选举的学理研究大致可以分为两个方面：一是关注村委会选举与诸如经济发展水平、宗族派性因素、村民主观政治感受等因素之间的相关性，在这种研究中，村委会选举状况是被解释项，经济发展水平、宗族派性因素是解释项；二是试图通过对村委会选举的观察，发现构成村庄社会性质的主要因素，以达成对转型期村庄性质的理解，这种研究将转型期的村庄性质作为被发现项，村委会选举构成了凸显村庄社会性质的一个焦点

---

① 参见沈延生：《村政的兴衰与重建》。

性事件，转过来，通过对村庄选举的研究形成的对转型期乡村社会性质的理解，又可以更好地理解村委会选举并为观察其他村庄事件提供了视角或框架。

具体展开关于村庄选举学理研究的第一个方向，大致又可以分为三个方面。

第一个方面是关于村委会选举与经济发展水平关系的讨论。这方面的论文众多，主要有两种对立的主张，一种主张认为，经济发展程度与民主发育水平正相关，这也是世界民主发展的规律，因为较为发达的经济不仅提供了有效的物质动力，而且可以提供较多的受教育机会；另一种主张则依据当前中国村委会选举的现实状况，认为中部地区可能更具民主的条件和动力，因为中国的村民自治和村委会选举是作为一种村级治理形式来发展的，民主正好具有动员村民、汲取财政的功能。[①] 有人具体分析说，在经济发达地区的农村因为经济资源丰富，乡村干部很容易形成既得利益，发达地区较小的财政压力，使他们缺乏通过民主来吸纳资金的动力，这两方面的因素结合起来，就构成了以村委会选举为核心的村民自治制度推进的障碍。[②]

第二个方面是关于宗族派性因素在村委会选举中的作用的讨论。当前学术界和政策部门大都将宗族和派性因素作为影响村民自治特别是村委会选举的负面因素来讨论，事实上，在宗族派性因素存在的地区，农民的组织化程度往往相对较高，参加村委会选举和参与村务的积极性较高，与此相关，村民对村干部的约束力较强，村级债务恶性增长的可能性和出现恶霸式村干部的可能性较小，特别是在当前村民社会关联链条过短的情况下，宗族和派性因素可能模拟政党在村委会选举中的作用。[③] 有人用“派系”这一介于宗族

---

① 参见王绍光：《公共财政与民主政治》，《战略与管理》1996 年第 2 期。

② 参见张小劲：《“中国农村研究：交流与沟通”学术会议述要》，《社会主义研究》1998 年第 4 期。

③ 参见贺雪峰、仝志辉：《民主如何进入乡村社会》，《社会科学研究》2000 年第 2 期。

和派性之间的概念来描述农村基层政治生活中出现的竞争，认为派系竞争可以促进社区公共权力的民主运行，促进村民参与模式的转变等。[①]

第三个方面是以村民参与村委会选举投票的主观感受来考察村委会选举的参选率。有人从村民的成本收益权衡和村民的政治功效感与政治义务感数个方面系统讨论了村民主观感受与村委会选举之间的关系。村民的成本收益权衡，即是将村庄政治看作类似于市场的交易过程，将投票行为当作交易行动来予以解释，只有当村民认为参加村委会选举投票的收益大于投票的成本，如参加投票的时间和花费的精力，他才愿意参加投票。村民的政治功效感和政治义务感往往与村民的受教育程度、经济收入、在农村社区的地位以及一定的组织动员有关系。[②]

村庄选举学理研究的第二个方向是关于村庄性质的讨论。此方向的讨论至目前止，似乎未成气候。其中的原因，一是村委会选举成为焦点性事件的时间不长，研究村庄性质的进入角度较多，比如孙立平等人通过收粮、产业结构调整、上访等事件的观察来理解当前乡村社会中普遍存在的“正式权力非正式使用”“经营式动员”和“问题化过程”等现象。虽然他们关注的焦点是国家与农民的关系，但他们通过事件本身的研究，为进一步理解村庄社会性质提供了启示。[③] 二是当前的政策研究似乎还未对村庄性质研究提出更为迫切的需要。大部分研究乡村政治的学者都认为政策问题较为直观，似乎无须对政策背景做过多考察，乡村研究领域所表现出来的缺乏区域差别的对策研究，典型地表现出了学术界对政策背景的社会经济基础的忽视。尤其是政治学界和政策研究部门忽视了政策本

① 参见孙琼欢、卢福营：《中国农村基层政治生活中的派系竞争》。

② 参见肖立辉：《中国村民委员会选举研究》，北京大学博士论文，2000 年，第 58—61 页。

③ 参见孙立平等：《专题讨论：农村中国家－社会关系的实践形态》，《清华社会学评论（特辑）》。

身的社会基础问题。

从其他方面进入乡村社会性质学理研究的主要集中在社会人类学、社会学和法学界对乡村秩序、互惠等问题的讨论，给人以较为深刻印象的如张静关于村庄治权的讨论，[①] 朱苏力对习惯法的讨论[②]和王铭铭对村庄互惠的讨论[③]。

试图从村委会选举这一焦点性事件窥知村庄社会性质的研究，大多为未发表的成果，在发表出来的不多的研究中，吴毅提出村庄选举中的“面子政治”的说法，解释了村庄选举与村落场域政治之间的互动过程。[④] 我们通过选举观察，提出了观察村委会选举的“半熟人社会”视角，试图解释当前村委会选举中的一些情况。我们还试图从村庄社会关联、村庄权力结构等方面来讨论村委会选举与村庄社会性质之间的互动关系，以开拓将村委会选举与村庄社会性质学理研究结合起来的方向。

无论是政策性的村委会选举研究还是学理性的村委会选举研究，都离不开对村庄选举本身的观察，以下大致叙述学术界对村庄选举观察的现状。

村庄选举观察的状况

与大规模的遍及全国的村委会选举相比较，学术界对村委会选举的参与和观察是相当不够的。在 20 世纪 90 年代初，真正参与村委会选举观察的学者不多，安徽社会科学院辛秋水教授于 1989 年 1 月在大别山区岳西县莲云乡主持召开村民选举大会，似乎是学界参与村委会选举的最早例子。辛秋水在此后连续主持了该村的三届

① 张静：《基层政权：乡村制度诸问题》。
② 苏力：《法治及其本土资源》。
③ 王铭铭：《村落视野中的文化与权力：闽台三村五论》。
④ 吴毅：《新规则是如何演绎的》。

村委会选举，并在1998年主持了来安县邵集乡8个村的选举，[①] 此后的村委会选举观察有华中师范大学张厚安等人。这时的村委会选举观察人数少，规模小，未产生较大影响。

1996年，国家民政部组织一些学者以选举观察员的身份进入现场观察村委会选举，这应是学术界第一次大规模介入村委会选举现场的观察；1998年民政部两次组织一些学者到吉林梨树县观摩了村委会选举；在此前后，美国卡特中心资助民政部建立了统计选举基本数据的数据库；卡特中心和民政部也相继邀请了一些外国研究人员到农村观摩村委会选举；华中师范大学中国农村问题研究中心的一些学者则在1997年前后，不仅介入到村委会选举观察中来，而且在湖北省黄梅县主持村民自治的实验，其中还包括严格按试行《村组法》的规定进行了一次村委会选举的换届和一次村委会主任的改选。[②] 1998年《村组法》正式颁布实施以后，村委会选举成为社会热点，新闻媒体对村民自治和村委会选举的报道，无论是量度还是深度，都是前所未有的，"村民委员会"成为新闻界评选的1998年中国最有影响力的15个名词之一，[③] 学术界这时也大规模参与村委会选举观察，村委会选举和以村委会选举为核心的村民自治研究成为学术研究的热点。

《村组法》正式颁布实施以后，学术界比较大规模的村委会选举观察，据我们所知，有以下一些：江西省委政研室肖唐镖1999年组织部分学界人士对江西泰和县和崇仁县第四届村委会换届选举进行观察，重点考察了"宗族与选举"的关系；厦门大学社会学系胡荣在厦门观察了一些村的村委会选举；华中师范大学学者在四

---

① 参见辛秋水：《论社会科学实验对社会发展的重大意义——来自社会科学实验前沿的报告》，《荆门职业技术学院学报》2000年第4期。

② 参见张厚安：《规范农村基层管理——湖北水月庵村"村治"实验启示》，《中国农村观察》1999年第4期。

③ 参见徐勇：《历史的跨越与激荡——1998年以来村委会选举评述》，《农民日报》1999年8月31日。

川、湖南、武汉进行过一些选举观察，尤其是将村委会选举观察延伸到事实上已经城市化的城郊村之中；温州市委党校有人在温州市域进行村委会选举观察；中央党校博士研究生仝志辉等人在内蒙古一个乡域范围观察10余村的选举，我们则在湖北荆门市域观察了近20个村的村委会选举。

政策研究与学理研究的关系

因为研究目的和关注焦点的不同，村庄选举的政策研究与学理研究首先是一种平列关系，各有自己的独立价值。这种平列关系最明显的表现就是如前所述的学科分工，使村委会选举构成了不同学科的研究资源。

不过，当前村庄选举的政策研究与学理研究亦出现了相互交叉、借鉴和融合的趋势，具体地，随着村委会选举这一事件越来越引起全社会的关注，学界也有越来越多的人将村庄选举纳入自己的研究视野。以村民自治为例，上推至20世纪90年代中期以前，学术刊物上发表的相关研究相当少见，而到1998年《村组法》正式颁布实施后，几乎所有主要学术刊物都大量发表有关村民自治的学术论文，村民自治研究一如传媒高频引用“村民委员会”一样，成为热点。随着学术界越来越多的人参与到村民自治和村委会选举研究中来，村庄选举研究者便越来越从政策研究部门和政治学界向社会学界、农村经济学界、法学界扩展，成为多学科关注的课题。

多学科进入到对村庄选举的研究，要求村庄选举研究的对话和融合，村庄选举社会基础的学理研究和村庄选举政策后果的政策研究便有了交叉空间和相互借鉴的要求。

就当前村庄选举的政策研究和学理研究的关系来讲，二者的互动还仅处于相当初步的阶段。2000年10月在武汉召开的村民委员会选举学术研讨会是一次有益的互动尝试。[①]

从理论上讲，村庄选举的学理研究和政策研究的关系大致有以下一些。

第一，学理研究有助于为政策研究奠下较为扎实的基础，特别是为那些研究村庄选举政策后果的政策研究确立较为可靠的依据。尤其是在当前中国农村发展严重不均衡，对当前处于转型期村庄社会性质还缺乏统一的概念解释体系的情况下，学理研究可以在深入个案调查的基础上，进行跨区域的村庄选举比较，从而可以理解当前同一《村组法》制度安排下，不同区域制度后果不同的区域原因（从个案来讲即是村庄原因）。我们希望由此论证，每一项政策或制度安排，既是抽象的和普遍的，又是具体的和特殊的。当我们将每一项政策都看作是具体和特殊的实践之后，我们就可以通过对具体村庄或区域状况的研究，来解释政策实施的效果，预知政策实践的未来，并由此为村庄选举导向较优的政策结果。

第二，政策研究为学理研究提供了动力和目标。政策研究因为直接关系到中国社会主义建设事业和农村现代化建设本身，而容易引起上上下下的广泛关注。之所以《村组法》在1998年正式颁行后，会引起全国人民的广泛关注，并让“村民委员会”荣登1998年全国新闻媒体最有影响力的15个名词榜，就是因为《村组法》本身所具有的重大现实意义。也就在1998年《村组法》正式颁行前后，政策研究部门、实践部门和学术界对《村组法》进行了极其广泛且尖锐对立的争论，正是因为这种激烈的争论，使村民自治和村庄选举的研究成为世人关注的焦点。各种学术力量和科研机关向此倾斜，制成了村民自治和村庄选举研究的大势。这种背景下，关于村庄选举的学理研究，就不仅仅成为理解转型期乡土中国性质的一个重要组成部分，而且成为需求急迫的具有政策含义的研究，关

① 有兴趣的读者可以参看贺雪峰、吴毅、仝志辉：《村庄选举研究：眺望转型期乡土中国的窗口——中国农村村民委员会选举问题综述》，《江海学刊》2001年第1期。

于村庄选举的学理研究因为找到了政策运用这一广阔的市场，而具有了自我发扬光大的机会。可以说，正是当前对村庄选举学理研究的强烈政策需求，为学理研究本身提供了市场。而当前普遍展开且声势浩大的村委会选举，将乡村社会各方面的关系都展示了出来，就为学理研究提供了契机。

第三，学理研究和政策研究可以相互补充进入田野的方法与资料积累，共同辨识田野资料的真实性和可靠性。当前学理研究和政策研究的一个共同基础是田野调查，但恰恰在田野调查方法上和田野调查资料积累上，学理研究和政策研究相当不同。学理研究的田野调查可能更为注重村庄选举的村庄基础，注重特殊事件对村庄本身的影响及其对选举的影响；政策研究则更为注重村庄选举中表现出来的普通状况，以力求把握宏观政策。某种意义上，缺乏对村庄选举所表现出来的农村特质的理解，我们将难以把握对村庄选举的政策观察；反过来，若无对村庄选举本身的宏观政策感受，在对村庄选举的社会基础的理解上，就可能失却方向。换句话说，村庄选举政策研究和学理研究本身对田野调查所关注的侧面不同，将这两种研究结合起来，就可能在田野资料的整理、积累和相互融通对村庄选举的理解上，具有重要作用。

我们深以为在研究村庄选举的政策后果时，不能忽视对村庄选举社会基础的研究。研究村庄选举的社会基础，尤其是将村庄选举的个案特殊性与地域特殊性凸现出来，就可能更好地理解村庄选举和村级治理，从而可以提出真正有针对性的政策结论。

下篇

实证研究

村级治理的村庄基础*

引　论

学术界对村民自治的关注存在着两种分野，一种关注集中于村民自治的民主方面，尤其关注村民自治制度对于中国未来政治制度安排可能具有的影响，这是从外部来关注村民自治；一种关注集中于村民自治的治理方面，将村民自治制度看作一种民主化的村级治理制度，尤其关注这种治理制度对于解决当前农村实际存在问题的能力，这是从农村内部来关注村民自治。总体来讲，当前学术界对村民自治民主方面的关注远远超过对治理方面的关注，政治学界和海外学者尤其热心于此。[①] 本节试图从村民自治治理的方面来做些讨论。村民自治治理的方面可以看作一种民主化的村级治理，这里的中心词不是民主而是治理，关注的焦点是民主化村级治理作为一种可供选择的治理制度，其效能如何，社会基础如何以及在当下中国特定国家与社会关系状况下的适宜性如何。

当前关于民主化村级治理的研究相对薄弱，已有研究主要集中在对村民自治效能的实证调查中，这些实证调查为展开民主化村级治理的理论研究提供了必要的前提[②]；进一步展开的关于民主化村

---

*　本节曾发表于《社会学研究》2002 年第 2 期。

①　参见景跃进：《村民自治的意义阐释与理论化尝试》，载《中国农村研究》2001 年卷。

②　徐勇等：《中国农村村级治理——22 个村的调查与比较》。

级治理的研究不仅较少，而且大都建立在一些想当然的信念中，缺乏扎实的实证调查和深入的逻辑推证，这一点在赞成和反对村民自治这一民主化村级治理制度的双方并无根本不同。还有一点也很有趣，即学术界和地方行政官员对村民自治这一民主化村级治理制度的价值和实践效果的评价，大多数时候都是恰恰相反的。

就学术界对民主化村级治理的信念而言，大多数学者对以下命题是不加置疑的，如人们相信，真实的竞争性的选举一定可以选出村民满意的村干部，这些村干部在民主化的村级治理中会保护村民的权益，起码不会损害村民的权益；又如，人们相信，由村民选举产生的村民代表既可以通过村民代表会议的形式决策村务，监督村干部，从而约束村干部的行为，又可以通过在村民代表会议中协商妥协，形成有益于村民的决议，并有能力将这些有益于村民的决议贯彻到村民中去；再如，人们相信，只要是真正对村民有益的事情，只要让村民有足够参与表达意见的渠道和民主决策的机会，这种有益于全体村民的好事，就一定可以做成。村民是理性的，他们知道如何选择对自己有益的决定，等等。

考察民主化村级治理，需要讨论这些未加置疑的信念。以下希望通过一个理论考察，来讨论特定类型村庄即所谓低度社会关联村庄民主化村级治理的可能性，重点考察民主选举和村级治理之间的一种可能内在关系。之前，我们来讨论民主化村级治理面临着的共同乡村关系前提。

民主化村级治理的乡村关系前提

当前村民自治制度安排的一个特点是希望通过村民自治来同时完成村务和政务。1998 年正式颁布实施的《村组法》不仅规定“村民委员会办理本村的公共事务和公益事业，调解民间纠纷，协助维护社会治安，向人民政府反映村民的意见、要求和提出建议”，而且规定“村民委员会协助乡、民族乡、镇的人民政府开展工作”。实践中，即是希望村民委员会在处理村务的同时，可以协助乡镇完成各种国家任务，典型和主要的是收粮派款和计划生育。

决定村委会不仅负担村务而且负担政务的理由，是中国后发外生型现代化对农村社会的强制要求。中国现代化本质上是一种外在强加于农村的任务，在转型时期，国家通过乡镇行政施加于村一级的政务，正体现了这种强加法则。不是村一级是否有政务需要完成，而是应由谁来完成它。从理论上讲，源自国家现代化要求的政务可以有三种办法来完成：第一种办法是由基层政权即乡镇行政施达于村，比如由乡镇行政直接向农户收取税费，控制生育等。一般地说，由于当前分田到户造成的事实上小农经济分散经营的特征，乡镇行政无力直接面对千家万户，其中的核心是乡镇直接面对农户的交易费用太高，监督成本也太高，代价太大。[①] 这条路一般来说难以走通。第二种办法是将乡镇行政设置向下延伸至村，即在村委会这一村民自治机构以外设立乡镇行政下派的另一个村级组织，由这一村级组织来处理政务。这种办法的好处是将村务和政务分开，坏处是新设机构成本太高。第三种办法就是当前村民自治制度安排中将政务和村务集于村委会一身的办法。这种办法的好处是既可以让乡镇行政安排的政务在村一级有“腿”，又可以降低行政成本。这种办法的坏处是政务与村务难以分开，有时是政务冲击了村务，有时是村务不理政务。

以上三种解决村务与政务的办法都不是完美的办法，有利也就有弊。事实上，在当前中国转型期的现代化特定阶段，也很难有一种完美的、既可以处理好村务又可以解决好政务的办法。当前村民自治制度安排中希望通过村民自治来同时解决村务和政务的特征，与其说存有制度安排上的缺陷，不如认真思索在村民自治制度运作中，我们如何直面这种缺陷。

换句话说，在讨论民主化村级治理时，我们必须面对以政务和

---

① 温铁军：《中国农村基本经济制度研究——“三农”问题的世纪反思》。

村务合一为表征的乡村关系前提。无论乡村关系在名义上是领导关系还是指导关系，乡村之间都存在关系，这种关系一般以乡镇行政掌握着较村委会多得多的经济资源、社会资源、文化资源乃至组织资源为前提，在乡村关系中，乡镇行政为主动的占据优势的一方，村委会是处于被动和劣势的一方。

在村民自治制度安排中，乡村关系中乡镇行政的优势并不是以传统人事上的任免权为依托的。村委会由村民选举并对村民负责，理论上村委会与乡镇行政是两个对等的法人实体，乡镇行政无权要求村委会一定做什么，村委会也有拒绝乡镇行政政务的组织制度上的理由。这种情况下，乡村关系中政务与村务合一的前提在实践中就有组织制度以外的办法，在过去的村民自治实践中，特别是在1998年之前《村组法》试行期间，乡镇行政大多是以操纵村委会选举或直接任免村委会成员这一明显违反《村组法》的办法实现自己的目的，绝大多数农村政治观察者已观察到这一点。1998年《村组法》正式颁布实施以后，法律的严肃性和执法力度的加大，提高了乡镇行政以操纵选举和直接任免村委会成员的办法来实现乡对村控制的成本，而当前农村经济普遍不景气，农民负担过重所造成的乡村关系的紧张，进一步增强了村对乡镇的抵制决心。这种情况下，乡村关系便存有两种可能前途，一是乡镇行政利用资源优势来控制村干部，并逐步与村干部结成利益联盟，村干部为乡镇办理政务，乡镇干部对于村干部的一些利己谋私行为不闻不问；二是村干部作为村民选举的代表，在感受到村民对乡镇不满的同时，作为村民利益的代表抗拒乡镇合理不合理的政务要求，抵制乡镇行政向村一级的渗透。当然，乡村关系除此以外还有两种可能前途，一坏一好。坏的前途是村干部可能利用乡村关系的紧张，借村民的不满抵制乡镇，借乡镇的强力压制村民，而他们则利用乡村关系的矛盾及制度空隙进行投机，成为一个既得利益集团。好的前途是村干部凭借自己的责任心和行政智慧，在当前艰难的乡村关系中，既处理好村务又办理好政务，既让村民高兴，又让乡镇满意。

村干部如何行为，并不完全由他们自身的道德感和良心所决定。具体地说，村干部的行为既受乡村关系政务村务合一这一制度前提的影响，又受村庄本身的社会性质特别是村庄社会关联度的影响。在当前村民自治制度安排中的村务政务合一这一乡村关系前提下，尤其决定村干部行为从而决定民主化村级治理这一制度安排效果的，是当前村庄社会的性质。下面我们讨论村庄社会的性质。

社会关联度：村级治理的村庄基础

理论上我们都相信制度的有效性是与特定社会基础相联系的，具体研究却容易忽视制度安排的社会基础，习惯于抽象讨论制度本身的好坏与效果。对村民自治这一民主化村级治理制度的讨论不应离开它的村庄基础。

在前述研究中，我们将构成村民自治制度基础的村庄性质从传统文化和社会分化两个维度进行了区分，并特别讨论了缺乏分层与缺失记忆型村庄的权力结构。我们认为，关注村庄经济社会分层和社区记忆之所以重要，是因为经济社会分层和社区记忆构成了村庄中人与人之间联系的性质与程度。社区记忆强烈的村庄不仅构成了村民对村庄的认同，而且构成了村民一致行动的理由。经济社会分层可以在村庄形成经济社会资源优势者，他们较一般村民掌握更多经济社会资源，这种经济社会资源的优势很容易转而成为人际关系上的优势，从而具有建立强人际关系的潜力。一般地，在那些社区记忆缺失和社会分层缺乏型的村庄，因为缺乏传统的社区认同和现代的社区精英而使村民的联系减弱，一致行动能力下降，这种一致行动能力的下降会带来村庄秩序的严重问题，诸如经济的协作难以达成，无力抵御乡村组织的过度提取，缺乏一致对付地痞的能力及无力解决社区共同面对的道德难题，等等。

从本节关注的角度，我们将构成村级治理的村庄基础简化为村民一致行动能力的强弱也即村庄社会关联度的高低。村庄社会关联度即在村庄中具体的人与人之间关系的程度，或在维护村庄秩序的过程中村民之间所可能结成的一致行动能力。缺乏分层与缺失记忆型村庄，村民与村民之间的关系程度较弱，关系链条较短，成为一种低度社会关联的村庄。在这种低度社会关联村庄中，村民个人的目标因为难以形成集体行动而不能达到，村民集体行动所能提供的公共秩序和社会服务因此严重不足。

缺乏分层与缺失记忆型村庄大都是低度社会关联的村庄，社区记忆较强，社会分层明显的村庄，则更可能构造出村庄的高度社会关联。强的社区记忆，通过建构村庄认同，不仅使得面子和荣誉对每个村民都很重要，而且使村民在一致行动时，有更多长远的考虑。当村庄秩序面临威胁，村庄利益受到损害时，村民有能力为获取村庄秩序和维护村庄利益而行动。明显的社会分层不仅可以构造出一些掌握优势资源的村庄精英，而且这些掌握资源的村庄精英很容易获得一呼百应的行动能力。当这些村庄精英感到需要维护村庄秩序时，他们有能力通过自己的影响来做到这一点。当然，这些具有一呼百应能力的村庄精英也有能力为了个人的私利破坏村庄集体秩序。

社会关联这一村民与村民之间具体的关系，因此具有了决定村庄秩序的影响力，正是这种影响力构成了村级治理的村庄基础。很多时候，不是由于特定的制度安排，而是由特定的村庄性质，决定了村级治理的面貌。举例来说，人民公社时期，公社几乎控制着农村所有经济和组织资源的情况下，南方一些农村的大队小队干部却与村民共守村庄秘密，形成了村庄内的利益庇护关系，以消极的方式对抗着人民公社的强制力量；而在河南这样的北方农村，人民公社一统到底。直至今天，河南农村仍然经常处于一种自上而下“超常规、大跨度”的运动式动员之中。[①] 南方农村与以河南为代表的北方农村构成此种差别的原因何在？其中的一个关键方面是南方农村传统的宗族意识一直存在，村干部在人民公社时期仍然受到强大

---

① 曹锦清：《黄河边的中国：一个学者对乡村社会的观察与思考》。

村庄压力，而河南等北方农村宗族意识大都较弱，村民之间的社会关联度很低，原子化的村民无力抵制上级可能脱离农村实际的各种运动，这一点在村民自治背景下也一样如此。

民主化村级治理的村庄基础：以低度社会关联村庄为例

《村组法》正式颁布实施以后，村民自治的实施力度大大加强，村民在村干部的选举和村务决策方面与过去不可同日而语，民主化的村级治理名实渐副。按一般的理解，这种民主化的村级治理，一定可以通过选举出代表村民利益的能人来为村民当家办理村务，提供村民所急需的公共秩序和公共服务，村级治理中村务办理方面，也一定会大有进展。

现实是否会如以上设想乐观，还有待民主化村级治理更长时间的实践。下面我希望通过讨论低度社会关联村庄民主化村级治理可能存有的问题，来做一个纯理论上的考察，这种考察有助于我们认识村级治理的村庄基础这一重要问题。

从理论上讲，由村民选举村干部，村干部就应该成为村民利益的代表者和村庄利益的维护者，特别是在《村组法》规定村民可以罢免不合格的村委会成员和具有在村务决策管理和监督方面权力的情况下，村干部的行为会具有典型保护型经纪的特征。但是，保护型经纪的行为并不是平白无故产生的，他们的保护行为一定要有或文化上或经济上的理由。文化上的理由即他们作为村干部，保护村民的利益可以有一种面子、荣耀和心理上的满足，这种利益来自于对村庄的认同或村庄共同体意识。经济上的理由是村干部在与乡镇行政据理力争时，他们认为在经济上是合算的。在低度社会关联型村庄，村民是原子化的，村干部很难从原子化村民中获得自己行为的文化价值，这样，解决村干部维护村民利益的动机就必须从当村干部的经济收入方面考虑。事实上，在低度社会关联村庄，是否出任村干部，的确大多是有经济收益上的考虑。对于一些优秀的乡村能人，他们出任村干部的机会成本很高，村干部的报酬大都不能满足他们的收入预期，而与掌握优势资源的乡镇等上级交往可以提升他们的收益感。因此，一个乡村能人出任村干部（选举或任命本质上并无不同），他们缺乏与乡镇对立的积极性。

在村干部的报酬不能满足他们的收益预期时，低度社会关联村庄出任村干部的乡村能人便不仅不愿意与乡镇对立，而且期望在与乡镇行政的交往与合作中增加预期收益。在乡村关系紧张的背景下，他很快便成为乡镇行政在村里的代理人，村民心中的“恶人”。这样的乡村能人不能让村民满意，下次选举，村里不投这种人的票，而希望选一个“好人”来当村干部。

好人干部不能让乡镇满意，因为乡镇行政难以通过好人干部将政务在村中实施下去。好人干部同样不能让村民满意，因为好人干部往往缺乏过去乡村强人办理村务的魄力。村庄事务有时处于瘫痪状态，村庄秩序失去根基。过去强人干部在办理村务时的果断和强悍正是缺乏关联村庄获得秩序的关键原因。比如一个强人干部可以凭借自己的威信有时甚至是威胁，将村中的纠纷调解了，将村中道路修建了，将地痞无赖威慑住了。面对自己选举上来但缺乏办理村务能力的好人干部，村民怀念起以前的强人干部来。这样，在下一次选举中，村民会说，还是选一个强人对村子有益些。要有些魄力，要选有处理村庄事务的能力和胆略的那种人。下次选举，有魄力的、强悍的乡村能人便选了上来。

新上来的强人干部当然不满足于好人干部乐于维持现状的状况，他们希望有所建树以抵消当村干部的机会成本。但是，如前所述，强人干部因为难以从缺乏社会关联的村庄获得文化上的价值，他们会更多从经济收益上考虑如何补偿自己当村干部所损失的机会成本。他是村民选举上来的，他也有在紧张乡村关系中抵制乡镇行政不合理行为所需要的强悍，但他缺乏抵制乡镇行政不合理行为的内在动力。一方面，与乡镇维持良好关系已构成了他预期收益的重要部分，毕竟乡镇掌握着较村庄多得多的各种资源；一方面，他在与乡镇的对抗中，无法获得缺乏社会关联的村民对自己的组织化支持。而强人干部凭借自己的强悍，在处理村务时的能力，使原子化的村民事实上丧失了对他的约束能力。他发现，凭借当前村务与政务合一的乡村关系前提，他可以在为乡镇办理政务时，获得利益多多的好处，这种好处不仅有乡镇行政对他的赞赏和经济上的奖励，而且包括乡镇行政在眼见他凭借自己的强悍办理村务中谋取私利时，不闻不问。这个村民选上去的强人干部的确具有办理好村务和维护村庄秩序的能力，但他只是在形成了与乡镇行政心照不宣的默契之后，才找到了出任村干部的经济上合算的平衡点。他个人的强悍保证他可以不将那些缺乏社会关联因此缺乏一致行动能力的村民放在眼里。选上来的强人干部在缺乏价值支持和村民强力约束的背景下，变成为营利型经纪。

这些营利型经纪往往做过头了，以至于引起村民的强烈不满。村民会在下次选举中，将这些骄横的强人选下来，再选一个好人上去。好人上去后，没有强人的强悍和魄力，又不能从原子化的村民中获得强力支持，因此，纵使他有着抵制乡镇行政不合理要求和办理与村民生活息息相关村务的良好愿望，他也缺乏这种能力。他既无个人的强悍，又无来自村民的支持，这是他难以有所作为的实质原因。他无所作为造成的村务政务的瘫痪状态，再次引起乡镇行政和村民双方的不满，下次选举，他便退出了村庄治理的舞台。

这样一来，在低度社会关联村庄的民主化村级治理，竟然可能出现的一种理论上的结果，是村庄治理陷于瘫痪状态与营利经纪的交替循环。细心观察当前中国农村的村级治理，若干地区已有了这种循环的苗头。

结　语

以上考察了低度社会关联村庄民主化村级治理的可能后果。那么，高度社会关联村庄的民主化村级治理会是一种什么样的情形呢？作为一种理论上的推论，高度社会关联村庄，特别是在那些社区记忆和社会分层均可以产生相互塑造的高度社会关联的村庄，甚至不需要民主化的村级治理这一外来的制度安排，社区内部就会产生一种秩序，这种秩序依赖于传统和习惯，其提供的成本可以较外来制度安排低廉得多，也有效得多。外来的民主制度安排有时可以发挥作用，不是因为外来的制度真正起了多么重大的作用，而是外来制度碰巧合乎了过去村庄中那些没有成文写出来的惯例和传统。

这似乎是说在村庄秩序的保持中，外来的制度安排诸如村民自治制度没有什么作用。这当然不是事实。以上所列举的低度社会关联村庄和高度社会关联村庄制度安排效能的结果只是一种理论推断，即一种理论上的可能性。现实的农村较以上理论可能性要复杂得多。同时，在当前中国处于转型期的复杂情景下，所有对农村性质及其关于村庄社会关联度的讨论，都具有暂时性。这还不够。制度绝不只是一个被动的因素。制度在很多时候是塑造世界的力量，正因此，我们应该对村民自治这一民主化的村级治理制度保持高度关注。良好的制度安排可以创造出巨大的可能性。村民自治制度正是这种能够创造出村庄秩序巨大可能性的良好制度，这种制度使得一些本来缺乏希望的村庄依靠自身的力量跳脱出来。考察民主化村级治理的村庄基础，不是要得出关于村民自治的悲观结论，而是希望关注农村秩序的学者注意到村民自治制度对村庄性质的依赖。不具体考察到村庄性质这一层面，也许我们得不出多少关于村民自治实践效能的有用结论。

如何考察村庄性质或如何理解民主化村级治理的村庄基础？我相信，没有对实践的深入了解，没有对村民自治实践深入广泛的田野调查，抽象的理论研究和制度研究是没有用处的。从纯逻辑的角度来推论制度应该具有的效果，总会发现逻辑考察环节的不足。没有一门实践的学问可以完全依赖于逻辑推论。一方面，逻辑推论无法把握实践的全部细节，也无法把握实践中不同细节不同的重要性；另一方面，逻辑可能性总是多样的，而实践的结果却是具体的，在对村民自治的研究中，特别是对村民自治治理方面的学术研究中，更多一些实证的研究，对学术和实践都会好处多多。

以上考察试图提供一种与主流所想象的村民自治制度实践效果略有不同的可能图景。这种可能图景不否定村民自治制度对于今天中国农村基层政治实践的重要价值与作用。村民自治制度的好并不是其道义和政治正确上的好，而应该是于农民的生活、于农村的发展和于当前中国特定的现代化有益的好。脱离农村实际来讨论村民自治制度，以对村民自治的一些想当然的信仰为基础来讨论村民自治的民主价值，不说全错，起码有些文不对题。

最后，既然村民自治制度是需要有村庄基础的，考察村民自治发生作用的村庄基础，并保持村民自治制度一定的可塑性，可能会给实践更多一些机会。

村庄选举的社会基础*

——以荆门市第四届村委会选举观察为例

讨论策略

选举当然不只是场面上的那些东西。假若我们不只是关心当前村委会选举是什么样子，而且关心村委会选举为什么是这个样子的话，我们几乎不可避免地要进入到国家与农民关系这个村庄之外的关系和村庄选举的社会基础这个村庄之内的关系中去。当前学术界特别是政治学界和政策研究部门仍然主要集中在国家与社会关系的角度讨论村庄选举，对村庄选举的社会基础的研究相对不足。

讨论村庄选举的社会基础即村庄选举何以在村庄之内呈现出既有状态，必须做到以下三点：第一，对村庄选举的状况有一精确描述，最好对选举有一历时性的描述，观察历届村委会选举的状况；第二，将村庄选举扩展到村级治理这一更为广泛的领域，观察村级治理本身的特征；第三，观察村庄内部的各种关系，以解释诸如在选举和村级治理中发现的特殊事实。以这种视角来观察选举，则每个村庄的选举都是特殊的选举，选举成为村庄治理中的焦点性事件，这一焦点性事件构成了凸显村庄性质的东西，同时又正是通过对焦点性的选举事件和村级治理中的其他焦点性

* 本节涉及的调查村均为荆门市域村庄。陈涛、汪冰、王习明、贺定华与笔者一起完成了荆门农村第四届村委会选举的调查。部分调查报告已编入贺雪峰主笔：《遭遇选举的乡村社会——荆门市第四届村委会选举观察》。

事件的讨论所发现的村庄性质，可以成为解释村庄选举状况的特殊理由。

关注村庄性质的讨论，事实上已远远超出对村庄选举本身的关注，而将关注焦点扩展到村级治理诸多方面。1999年至2000年，我们先后在荆门农村观察近20个村的村委会选举，其后多次返村调查，认为荆门这一中部地区的农村具有大致相同的特征，我们称之为缺乏分层与缺失记忆型村庄。荆门市域村庄性质讨论暂时放一下，我们先来讨论如何深入到对村庄选举社会基础的考察上。

第一，关注村民与村民之间的关系，即关注村庄社会关联的性质。村庄社会关联就是村庄内人与人之间关系的性质和强度，因为革命运动的冲击和市场经济的渗入，荆门农村出现了典型的人际关系理性化的现状，村民已大大原子化了。

第二，关注村庄非体制精英的状况，即那些在诸如村委会选举和村级治理中表现得比一般村民更为活跃的非村组干部者的状况，他们的道德感、公共意识、人员数量、群众基础、动员能力，以及他们之间的竞争关系。

第三，关注作为体制精英的村组干部与非体制精英之间的关系。在村庄中，往往是体制精英和非体制精英的关系决定了村庄选举和治理的面貌，而体制精英与非体制精英的关系状况又严重受制于体制精英所掌握资源的类型和非体制精英的人数、精英意识与道德感。

第四，关注体制精英的状况以及村支书与村委会主任的关系及这种关系的村庄基础。村庄体制精英何以愿意出任村组干部，他们拥有的村治资源是什么，这些村治资源本身在如何变化，以及村庄体制精英之间关系状况如何，等等。

我们希望通过对以上方面的考察，建构一个完整的村庄社会特性，由此反过来理解村庄社会的选举与治理。这样可以为读者建立一个关于某种特性村庄具体性质的类型，还可以为政策研究提供更为具体的基础。

制度分析与性质研究

展开以上四个方面的关注，我们希望建构一个有助于理解荆门市域这一中部农村村庄特性的类型。就当前一般的关于村委会选举和村级治理的讨论而言，学界大都喜欢借用杜赞奇的经纪理论。经纪理论的优势是综合从国家与农村社会关系的视角和村庄社会内部关系的视角来考察村干部的行为。营利型经纪源自严酷的国家与农村社会关系状况和村庄内部团结的解体，保护型经纪则必须借助村庄内部的团结来获得力量和保护行为的价值。糟糕的是，当前学术界在运用经纪理论时，似乎只关注被看作经纪的村干部行为本身和他个人的行为选择，未看到村干部行为事实上受到了村庄内部性质的根本性约束。

由于忽视了村庄内部情况的考察，学术界很多人过于关注制度层面的建设，以为通过制度建设即可以解决当前农村出现的治理方面的诸多问题。他们还以为制度建设本身应是普遍的、无差别的，而不是针对具体类型村庄的、有较大弹性的那种制度安排。这种忽视对村庄社会内部关系考察的理论，在实践中可能碰壁。

其实，可能所有人都会承认，制度建设是有社会基础来支撑的，而当前中国农村由于传统文化本身韧性的不同，经济发展水平的不同，农村发展的非均衡性十分明显，大一统的农村制度建设必须与小区域的农村社会状况相结合。仍然以经纪理论为例，按一般人的想象，村委会选举尤其是以“海选”为基础的村委会选举，必然造成保护型经纪，这里面制度层面的道理十分简单：既然由村民来选举自己的当家人，他们当然愿意选那些愿意为自己说话和办事的人，而那些人品不好，能力不行或一心向着上级的人，就会被村民淘汰。但在荆门这一市域范围，选举并未带来保护型经纪的盛行，虽然有村干部说，我不会随便违反村民的意愿行事，否则他下次就不会投票给我。但他更不愿意得罪上级，因为得罪了上级的村干部不能从村民那里获得足够抵制上级所需要的支持。

进一步说，在荆门这样的缺乏分层和缺失记忆型村庄，村民之间的人际关系链条很短，他们无力形成强有力的一致行动，从而无力为那些保护型经纪提供强有力的村庄支持力量，保护型经纪本身也很难从原子化的村民中获得文化价值。村干部出任村干部的动机，大都有经济收益上的考虑。当上级的任务较重时，他便愿意充任国家经纪来压榨村民。选举制度安排可能使村民将他这样的农村强人选下来，而将农村中的老好人选上去。老好人为上级办事的时候，没有那些强悍的村庄精英的魄力，他不能为上级办理好村庄政务，上级不满意。他同样也不能为村民办理好村务，村民也不满意。这样，下次选举又可能选出有魄力的强人，这个强人在缺乏村庄价值支撑和村民强力约束的背景下，很快就蜕变成一个营利型经纪。这样一来，选举制度安排在荆门这类村庄造成的后果，可能不是保护型经纪的普通存在，而是营利经纪和瘫痪村庄之间的交替循环。

村民之间的关系状况

村民之间的关系状况是决定村庄选举和村级治理最为根本的社会基础。对于村民之间的关系，马克思有一种说法，即农民好像一袋马铃薯，[①] 原子化而互不关联。正因为农民的原子化，他们只能企盼来自上面的阳光雨露，也就是企盼皇帝来保护和赐福于自己。中国农民从古至今的“清官”情结或许与此有关。不过，马克思所讲的农民“好像一袋马铃薯”的比喻，是讲农民缺乏形成大规模组织的手段，不能像工人那样造成与机器大生产相联结的一致行动能力。而在中国传统农村社会，农民事实上很少“鸡犬之声相闻，老死不相往来”，而是在村落社会中密切互动着的。不只是密切互动，而且有着强大的一致行动能力，典型如宗族组

① 参见《马克思恩格斯选集》第一卷，人民出版社，1972 年，第 693 页。

织，强劲有力，在对内协调对外谈判中，往往发挥着决定性作用。费孝通在讨论传统乡土中国的性质时，十分生动地描写了村落社会中人们之间相互熟识、道德舆论成为教化权力以及村落内部互助的状况。这种意义上，村落就是一个共同体，或说是宗法共同体。梁漱溟便持此说。

其实，马克思所说农民“好像一袋马铃薯”和梁漱溟所持村落是一个宗法共同体的说法，并无本质不同。马克思关注的是农民与国家的谈判能力或说农民有无组织起来挑战国家权威的一致行动能力，无疑，宗法共同体的农民即使内部团结有力，他们也无力组织起更大的规模来构成对国家权威的挑战，相反，宗族之间的争斗大都需要国家的调解，从而事实上增加了国家权威，在宗族本身并不是一个单一的行动者及宗族与宗族向来不能联合起来向国家挑战的情况下，农民就成为与工人阶级完全不同的“一袋马铃薯”。

当前中国农村的情况较以上宗法共同体类的传统村落大有不同，这不奇怪：第一，自 20 世纪初开始，持续近百年的革命运动，构成了对宗族和传统文化的致命打击，传统文化的发展出现了断裂；第二，市场经济及伴随着市场经济而进入乡村的现代传媒和西方文化（现代文化）开始深入人心，人们在被物质所征服的同时，也被文化所征服，这样，即使宗族意识等传统的观念还在，当前中国乡村大部分农村，也很难说还是一个共同体，更不用说什么宗法共同体。[①]

尽管如此，当前中国农村因为传统瓦解的程度不同以及传统文化本身所具有韧性的不同，不同地区村民与村民之间的关系状况相当不同。从我们的调查和有关研究报告来看，当前在东南地区，宗族组织和传统信仰仍然十分发达，村民之间的关系呈强有力的传统

---

① 注意，当前中国农村土地集体所有制的制度安排，是有利于形成村庄共同体的，有一些集体经济发达的村庄，大致如折晓叶所说的“超级村庄”，大多就是这样的共同体。参见折晓叶：《村庄的再造——一个“超级村庄”的社会变迁》，中国社会科学出版社，1997 年。

关联状态。我们在江西泰和、崇仁等县调查发现，村民之间的宗族相关性也很高。

荆门的情况与此相当不同，当前村民之间人际关系理性化趋势十分明显，不只是宗族已近乎彻底地消失了，而且小群体内部的一致行动能力也开始丧失，以至于极端如有农民说出兄弟关系也不过是那么回事的话来。也就是说，在荆门农村，村庄内部村民与村民之间关系链条的强度和长度都很低，村民已呈原子化的状态，以村民之间相互关系链条（即社会关联）为基础建构起来的村民之间的相互约束能力和一致行动能力大为减弱，内部越轨事件和外部骚扰行为则大大增加。在荆门农村，在争取与本村民小组成员利益攸关的山权时，本组的人竟敢于站出来说“山本来就不是我们的，争什么争”这种出卖本组利益的话，原因在于他根本不会从本组村民与他的关系中感受到约束和压力。

荆门农村的如此人际关系状况，构成了村级治理与村庄选举的基础，也构成了当前荆门农村特定社会景观的基础。

非体制精英的状况

在对中国传统村庄的研究中，大多数研究人员都注意到了地方精英所起的作用，诸如乡村士绅、大土地所有者、宗族宗教领袖等，他们构成了连接国家与农村社会的纽带，是村民利益的庇护人，同时又是国家意识形态的传播者，有人将地方精英特别是乡村士绅置于传统中国社会治理中至高无上的位置。

就传统中国农村社会的情形来讲，国家政权不下县，乡村社会是自治的社会，乡村地方精英因此兼有体制精英和非体制精英的身份。20 世纪以来，随着国家政权建设的深入，行政村体制得以确立并逐步健全，村庄体制精英从一般的村庄精英中独立出来，并拥有正式的身份与授权，具有一定的政治性权威，不同于过去由文化或经济权威所转化而来的体制精英。换句话说，体制精英本身作为一种职位，越来越具有独立的价值和作用。特别是人民公社时期，体制精英的政治权威源自其意识形态上的合法性和新政权的认可，泥腿子也可以成为决定村庄命运的体制精英了。

体制精英独立出去之后，村庄社会仍然不是均质的，其中一些人较其他人拥有更多资源、更大影响力，这些人便是我们所说的非体制精英。非体制精英在不同地区和不同时代，有不同的表现和不同的特征。一般情况下，非体制精英可能由于两方面的资源优势而较一般村民更具影响力：其一是文化传统资源，如宗族宗教位置所决定的社会影响力、传统知识拥有量所带来的社会影响力，这与社区记忆状况有着密切的联系；其二是社会经济资源，如一些经济大户因经济上的成功所获得的尊敬，他们以经济资源换取社会影响力的潜力，或者是直接通过借贷、雇工获得社会影响力。在人民公社时期，因为强有力的意识形态抑制了传统文化的影响力，大致平均的收入也抑制了一些人较其他人更具影响的可能，加之当时体制精英本身的绝对权威，造成人民公社时期非体制精英的缺位。

改革开放极大地改变了人民公社时期非体制精英缺位的状况。一方面，“政社合一”的人民公社体制的解体标志着国家在农村权力的上收，体制精英本来具有独一无二的权威地位，由于家庭联产承包责任制瓦解了他们的经济手段，意识形态的弱化又使他们缺乏足够的政治动员能力，他们的社会影响力和治理农村的能力急剧衰退。这为非体制精英的出现提供了机会也提出了要求。另一方面，意识形态压力的降低，造成了特别是南方地区宗族组织和宗教组织的大规模复兴，与之相伴，宗族宗教精英开始大规模占据村庄社会影响力的舞台，很多传统上由体制精英办理的事务和公益事业，在体制精英无力办理之时，这些有社会影响力的非体制精英们便代劳了。再一方面，特别是市场经济带来的农村经济社会分化，让一部分人先富起来的政策，造成了部分农村地区经济能人因为掌握优势经济资源而具有优势社会影响力的结果，他们成为村中说得起话、办得起事的新人，并成为村庄体制精英不能忽视的关键人物。

就当前全国农村来讲，社区记忆及与之相关的传统文化的发展状况是十分不平衡的，社会经济分化程度亦是如此，这种不平衡造成了不同地区不同的非体制精英面貌。就荆门的情况来讲，因为荆门农村社区记忆的缺乏和社会经济分化的不足，造成了当前村庄非体制精英普遍的细小琐碎特征，他们往往是因为体制精英的软弱，并非自身的强大，而在村庄局部范围具有社会影响力。也正是因为荆门市域非体制精英的这种细小琐碎和局部影响力，造成了他们的构成复杂，数量众多，精英意识和道德意识薄弱，对村庄本身的责任感严重不足，投机心理严重等症状，又正是这些症状，决定了荆门市域农村治理以及选举中的诸多特点。

体制精英与非体制精英的关系

体制精英是村级治理的主体，但他们的行动深深受到村民和非体制精英的牵制，在很多时候，往往是体制精英与非体制精英关系的状况决定了村级治理和村庄选举的面貌。因为在一般情况下，普通村民很少有积极参与政治的热情，他们也大都以为自己缺少影响政治的能力。在荆门这类缺乏社会关联村庄的情况尤其如此。

决定非体制精英与体制精英关系的因素颇为复杂，其中尤其与非体制精英的状况密切相关。这种相关性可以从三个方面做一大致考虑：一是非体制精英的数量，二是非体制精英的影响能力，三是非体制精英的精英意识和道德感。就第一个方面来讲，非体制精英数量越多，体制精英与非体制精英就一致行动达成协议的能力就越是不足，达成一致行动协议的交易成本因此就越高。这种情况下，村庄体制精英往往与村中主要非体制精英结盟，而可能忽视另一些非体制精英的存在，被忽视的非体制精英因此不满，并构成对体制精英权力合法性的持续挑战。而当非体制精英较少时，体制精英可以很容易与非体制精英达成交易，这时，无论是做出有益于村庄的决定还是破坏村庄利益的行动，都会变得容易起来。就第二和第三个方面来讲，非体制精英数量越多，他们个人在村庄范围内的影响能力就越小，较小的影响能力往往会破坏他们的精英意识和道德感，这种情况下，非体制精英可能会有更多机会主义的行为特征，而较少原则性。非体制精英的机会主义倾向有助于村庄体制精英的收买，从而降低体制精英与非体制精英达成协议的难度。但是，缺少原则性且缺乏在村域范围影响能力的非体制精英即使与体制精英达成了一致行动的协议，他们也缺乏积极行动的能力，他们缺乏为村务决策而说服村民，从而汲取村中经济社会资源的能力。他们大多只有进行消极行动的能力，比如他们在村中诸多事务中不再充当反对派，不再对村组干部的工作“挑刺”。

荆门市域农村的非体制精英正是那种细小琐碎、数量众多的类型，这样，在村务决策和村庄选举中，这些非体制精英往往通过与体制精英的结盟或反叛，而形成了荆门市域村庄治理的独特面貌。在劲村，曾任村支书的赵月雄决定停发村中一些老干部的补贴，这些老干部便在村中党支部选举、村委会选举和村级治理的其他事项中频频反赵，以至于赵月雄因此在派性斗争中数次输于他的竞争对手熊学信，而通过对劲村派性的解构发现，劲村派性真是一些体制精英与非体制精英无原则结合的产物，他们为了一些无原则的利益而相互私下许诺、结盟，以致造成了村庄治理日甚一日的危机。

黛村的情况与劲村有些不同。黛村的一些“大社员”因为又硬又狠，村庄体制精英便只能从个人利益方面给他们好处，让他们占便宜，从而少说村组干部的坏话，以至于在黛村，专门为“大社员”批条子成为一项重要特权，也是村庄体制精英获得治理资源的一个先决条件。黛村的“大社员”大都已经丧失了精英意识，而黛村体制精英在与非体制精英的交易过程中，因为可以封住他们的嘴，而有了更多劣化的空间。

体制精英与非体制精英还是相互循环的，特别是在荆门市域农村，因为缺乏传统权威和以优势经济社会资源为基础建立起来的现代权威，当村组干部的经历为他们获得了在村庄的知名度，也使他们成为村务本身的“明白人”，他们知道村级治理的关键环节在何处，他们也懂得如何组织村民在选举时因事因时而宜。当这些人从村组干部的职位退下来或者落选之后，他们便成为村中最为知名的非体制精英，如果他们愿意，每件村务和每次选举都会有他们不辞劳苦的身影，若他们这些不辞劳苦的行为加上他们与在任村组干部的合作，村级治理大都会变得容易起来。遗憾的是，荆门市域农村因为缺少职业机会，这些被迫（少数是自愿）由体制精英退为非体制精英的原任村组干部，大都会对在任村组干部不满，而且他们的不满因为他们懂得体制精英这一行当的内幕而颇见力度，以至于在任村组干部几乎每做一件事情都颇为困难。在荆门市域农村，普遍有一种说法，就是村组干部换得越勤，村里的工作就越是难做，反过来，村组干部换得勤的村庄，村务工作肯定是一团乱槽。这种说法的背后，可能就与当前荆门市域特定的村庄体制精英与非体制精英的关系状况有关。

村庄体制精英的状况

村庄体制精英本身的状况无疑是决定村级治理和村庄选举最为根本的基础。村庄体制精英状况的讨论大致可以在三个层面展开：第一是他们何以愿意出任村组干部，第二是村组干部所拥有的治村资源，第三是村组干部之间特别是村党支部书记和村委会主任关系的性质。

就第一个层面而言，村庄体制精英出任村组干部的动机，大致可以从文化和经济利益两个方面来考察。杜赞奇在经营他的“权力的文化网络”时，认为文化网络中出任乡村领袖的主要动机，“是出于提高社会地位、威望、荣耀并向大众负责的考虑，而并不是为了追求物质利益”[①]。当权力的文化网络遭到破坏后，村庄领袖便由

① 杜赞奇：《文化、权力与国家：1900—1942 年的华北农村》，前言，第 5 页。

一些营利型经纪充任，这些营利型经纪出任村庄领袖本身的目的是为了谋取个人经济上的好处，这种谋取个人好处的行为在未能受到来自国家或村民任何一方面有力监控的时候，国家政权建设的内卷化就不可避免，政权的合法性便大受影响。[①]

当前中国农村村庄体制精英出任村组干部的主要动机，大致也可以区分为主要是基于荣誉、面子和对村民负责任的考虑等文化原因和主要是基于获得利益的经济原因，这两种村干部，有人形象地借农民自己的语言称为“毛式干部”和“邓式干部”。[②]

在传统社区记忆比较强或集体经济比较发达的村庄，“毛式干部”相对较多，但在荆门市域，因为缺乏从村组干部本身获取荣耀的动力，村庄精英出任村组干部，大都有经济利益上的考虑，倘若经济上不合算，当村干部干啥？前些年，荆门农村的村级债务尚不严重，在严峻的乡村关系和沉重的政务下，乡镇事实上是以默许村组干部在不多的（其实也不少了）的年报酬以外捞取额外好处为条件，来换取村组干部为乡镇在村庄展开政务积极性的。因为经济上合算，虽然当村干部总得挨村民的骂，村庄精英还是争着去当这小官。近年来，荆门市域农村村级债务普遍沉重，没有村级债务就是了不得的好村了。当村干部经济好处不多，就出现了村庄精英无人愿当村组干部的现象。相信这种情况将对村级治理产生严重影响。

就第二个层面而言，村组干部所拥有的治村资源在荆门农村实在不多，由此普遍出现了村组干部以私人关系作为村治资源的现象[③] 和所谓正式权力的非正式运用。尤其糟糕的是，荆门农村不仅村庄精英出任村组干部的动机经济化了，而且村民对村组干部的感情打动的工作方法也理性化起来，以至于总是让正式权力在非正式使用时出丑。

---

① 参见杜赞奇：《文化、权力与国家：1900—1942 年的华北农村》，第 226—227 页。

② 徐勇：《利益与体制：民主选举背后的变数分析——以湖北省月村村治实验为例》，《华中师范大学学报（人文社会科学版）》1999 年第 2 期。

③ 贺雪峰：《论作为村治资源的村组干部间人际关系——以湖北袁杨、姚周两村调查片断为例》，《华中师范大学学报（人文社会科学版）》1999 年第 2 期。

比较杏村收粮的过程与华北 B 镇的收粮过程，[①] 该有多么的不同啊。

既缺乏现代经济资源，又缺乏传统人际资源，还缺乏可以借用的暴力资源，这便是当前荆门农村体制精英所面临的困境。正是在这一困境下面，展开了村支部书记与村委会主任的关系，这构成了关于村庄体制精英状况第三个层面的内容。

就制度安排而言，村支书事实上是乡镇在村庄社会的代理人，而村委会主任是村民利益的庇护者，村支书与村委会主任的关系应该反映出国家与农民的关系，特别在当前乡村关系比较紧张，国家对农村社会的提取较多的情况下，更应该如此。

荆门市域的情况与上述理想状态有很大不同。一方面，虽然村委会主任是由村民选举产生的，但选举产生的村委会主任并不能从村民那里更多地获得他所需要的经济利益，他不愿意为了庇护村民的利益而得罪乡镇这个老上级；另一方面，虽然村支部书记更多具有对上级负责的制度安排，但他们现在已不能从乡镇那里找到最后的退路，他宁愿做一个不得罪村民的好人，过得自在。

这还是在村支书和村委会主任由村庄精英充任的情况下。一旦村组干部无精英愿意出任，地痞式人物便出来主持村务，他们更不会有长远的治村计划，他们会更加迅速地将村庄治理得一塌糊涂。

村委会选举的社会基础

荆门市第四届村委会选举是充满了吉林梨树人的“海选”精神的。从提名这一最为关键的环节看，本届村委会选举大都由村民自由提名，并依初步提名票的多少来决定正式候选人，这就杜绝了此前乡镇和村支部干预村委会选举的问题。在正式投票选举中，荆门市域农村绝大多数村庄召开了村民大会，且大都设有秘密投票间，

---

① 华北 B 镇的收粮过程，参见孙立平、郭于华：《“软硬兼施”：正式权力非正式运作的过程分析——华北 B 镇定购粮收购的个案研究》，《清华社会学评论（特辑）》。

有些村还进行了竞选演说。

荆门市域如此民主的选举，当然是与1998年正式颁行《村组法》密切相关的。正式颁行的《村组法》在选举村委会方面有诸多明确细致的规定，湖北省人大常委会也在1999年1月通过了《湖北省村民委员会选举办法》，荆门市要求在选举前将《村组法》和《湖北省村民委员会选举办法》印发到户。如此安排，还有选举不民主的道理？不民主选举出来的村干部，他们还能让村民心服？

但是，荆门市域的村委会选举并非仅仅制度安排的产物，在制度安排的背后有着诸多社会的基础，这些社会基础与村庄性质密切相关。

事实上，荆门市的村委会选举大都自1990年前后开始，已相当民主且有激烈竞争的味道，但是，村委会选举所带来的民主规则民间化状况较理想状况大有差距，且选举所带来的村委会的权威与合法性也大大低于人们的预期。问题何在？尤其引人注目的是，虽然荆门市域的一些农民将村委会选举看作“第二次土改”，对选举充满希冀和期待，以最大的热情参与了村委会选举，但另一些村庄的选举中，村民对参不参加选举持无所谓的态度，以至于农民似乎真如一些人所说“素质太低”，而那些满怀希冀参加选举而不能得到他们理想结果的村民，又对这“第二次土改”充满失望。

村民本来是有着太多将那些不满意的村干部选下来，并将那些真正能为自己带来利益的人选上去的欲求的，但这种欲求变成行动，这种行动产生效果，显然不只是村民个人的事情，他们必须有足够联合起来行动的能力，这种联合起来行动的能力在宗族活动比较发达的地区是不成问题的，在荆门这种社区记忆已大大弱化，社会分化又不足以形成新型权威的村庄，情况便有些糟糕。

向村是最为典型的村民之间缺乏关联的村庄，村民呈均质化状态，在村庄内部成为马克思所形容的“一袋马铃薯”，向村的选举投票十分生动地记录下原子化村民的投票过程。同时，原子化的向村村民注定不能为一个多愁善感的当选村委会主任提供强劲的村庄支持，以让这个村主任上可抗拒过度提取，外可抗拒地痞骚扰，内可调解村中纠纷。若这个当选的村委会主任什么事情都做不了，村民就会期待在下次选举中选一个强悍的人来领导自己。

黛村的情况较向村来说，因为有些“大社员”的活动，而有些关联的味道。因此选举中出现了小字报，出现了“打斗”的可能，出现了带有暴力性质的威胁。在杏村的选举现场，我们也可以闻到火药味，在童村、金村和孙村，选举同样面对着谣言和拆台的威胁。但所有这些，都还构不成超越单个村民行动能力的村民之间的联合。因此本质上村民是无力的，在村中行动着的至多是些地痞式人物。村民因为无力而无参加选举的热情，无参加选举的热情反过来又显得更加无力。“村里的事情是搞不好了的”——对为什么不参加选举的提问，村民如此无奈地答道。

劲村村民倒是在选举时组织起来了，不过，这种组织怎么看怎么觉得不对味儿。原来，劲村村民组织起来的办法，事实上只是村中少数投机分子（精英人物）试图通过倒腾选举来为自己谋取利益，乡镇领导人总是错误地估计劲村的形势和村中少数精英人物一再借此来展开内斗，他们会否最终消磨掉村民仍然还有的那点参加选举的耐心和热情？与劲村相似的望月村也因为村庄体制精英之间的内斗，造成了政治化的村庄精英和政治化的村民，这些政治化的村民若总不能从选举这一政治活动中获得好处，他们还能坚守下去吗？

换句话说，在荆门市域的选举中，我们看到的可能是如下景观：民主的制度安排＋无力的村民＋一些活跃的非体制精英＋难堪的乡镇和村支部。加上乡镇和村支部且注明难堪字样，不是说乡镇和村支部想操纵选举而不得，因为村委会选举好坏直接涉及乡镇今后在农村工作的好坏，乡镇和村支部关注选举理所当然，而是乡镇和村支部面对一些对选举持无所谓态度的村民，他们担心在严格的选举制度安排下，选举时选民到会不能过半，从而造成选举无效。他们还担心选举中出现双不过半从而不得不进行第二次选举的结果。

我们在观察村委会选举时，不止一次听到主持选举的乡镇领导和村支书讲，我只希望选举可以顺利地选出村委会干部来，而管不了选出谁来当村委会干部了。选举本身成了让乡镇和村支书挠头的事情。

村级治理的社会基础

村委会选举只是村级治理诸多侧面之一，不仅仅村委会选举与特定的社会基础有关，而且村级治理与村庄社会基础的联系亦十分紧密。

构成村级治理社会基础的因素，我们可以从三个方面展开：第一个方面为决定村庄体制精英行动倾向的村庄基础，第二个方面为决定非体制精英行为倾向的村庄基础，第三个方面为决定村民行为倾向的村庄基础，以下分别讨论之。

决定村庄体制精英行为倾向的村庄基础，大致可以从两个方面予以考虑，第一个方面为村庄体制精英个人的主观考虑，即他治村行为的目的所在；第二个方面为他在实际的治村活动中所受合力的方向，较大的合力往往使村治精英循力而去。

决定体制精英主观考虑的因素即他当村组干部的主观目的。有人为名而当官，有人则为利。就荆门的情况而言，为名者不多而为利者众。既然是为利，就可能缺乏原则性，在选举制度安排下面，他为了下次依然当选，便愿意讨好村民。但是，当前荆门市域村民的原子化状态，使他们在讨好村民时，可能未能获得村民强有力的支持，却早已得罪了乡镇。得罪了乡镇的村干部在原子化的村民那里，无论如何是难以获得支持的。举个例子来说，在一次与村民代表座谈时，有村民问村会计为什么要将农民人均纯收入报那么高，[①]会计说那是上面压下来的数字，你敢不报？有村民代表说，你是我

① 1999年上报人均纯收入为2900元，农民说人均纯收入不会超过1500元，村会计也如此认为。

们选的，当然应该按我们的意愿来报。会计说，我按你们的意愿报，明天我的会计就当不成了（意即被镇里撤职）。调查者插话说，你是村民选举的，上级撤你的职是违法行为。会计当即问村民代表，说前不久村副主任被撤了职，有哪个村民为他说了什么话吗，有村民代表说，他的情况与你不一样。意思是说被撤职的副主任的确人品不好，而会计的人品好。会计很机智地说，等到我被撤职的时候，上面随便说我有什么经济问题或作风问题，那时还有哪个村民会听我说我没有问题，并来为我说话？

决定村庄非体制精英行为倾向的村庄基础也可以从他们的主观追求与外在环境两个方面进行考察。荆门市域普遍的社区记忆断裂，造成了村庄非体制精英的趋利倾向，而他们较一般村民更为广泛的影响力，又成为他们与村庄体制精英讨价还价的筹码。非体制精英如此行为的例子不胜枚举，例如童村清理村民小组的账目时，被选出来清理账目的很多村民代表都有过接受体制精英好处的经历，因此便在清理账目的大多数时候睁一只眼闭一只眼。黛村的“大社员”公开以不反对体制精英来谋取个人好处；杏村的一些小青年在与村干部喝酒时，也是乐于与村干部一起“革命小酒天天醉”的；劲村一些喜欢上访的村民，不仅乐于收到村支书的上访费，而且希望通过上访将在任村干部告下来，以便自己当上村干部，一旦他们将在任干部告了下来，自己却未当上村干部，他们便再告现任村干部。

决定村民行为倾向的村庄基础则只能从村民本身的缺乏关联来理解。可以这么说，是在乡村干部、村庄精英和一般村民三方的默契中造成了村庄社会危机。有时在农村调查，真为村民着急：选举是你们自己的事哩，你不去负责选举，不仅是不尽政治义务，而且是放弃了对好人治理的支持。又说，你为什么不参与村里的事情，你一时半刻又不可能从村子里搬走，村里的公益难道不是你自己的事业，村里的债务难道最后不会转化成你们每个人头上的债务？所有这些问题，荆门农村村民最为标准的答复就是：这又不是我一个人的事情，别人都那样，我也可以那样。或，事情只能这个样子，搞不好了的。

的确，没有一个村民不懂得村集体的事情与个人利益之间的理论相关性，然而，他们有他们的生活经验，知道当前村庄的状况非个人之力可以改变，而恰恰是村庄的状况又让每个人丧失了改造村庄的信心，因为村民大都互不相关，他们缺乏基本的一致行动能力，这个时候，村庄的体制精英和非体制精英恰恰又合谋起来为了个人的蝇头小利而忙忙碌碌。村民不愿相信这些为蝇头小利而忙忙碌碌的人们。

综合起来，构成村级治理社会基础的主导方面，一是村庄精英本身的道德感、责任感、精英意识以及他们之间的相互关系，二是村民之间相互关系的性质与状况。当然，村庄精英与村民之间的关系也是十分重要的，这种关系构成了村庄动员的基础。

村民自治的村庄基础与政策后果*

——关于村民自治制度安排区域不平衡性的讨论

引 论

2001年，我们在山西、湖北、山东、吉林、安徽、江西、浙江、江苏、广东和北京各选择一个村做关于村民自治实践状况的调查。调查选点是随机的，没有典型性，但比较真实。调查报告的作者都是近年活跃在村民自治研究领域的年轻学者，都有过较为长期的农村调查经历，调查经验比较丰富，调查报告生动有趣，提出的理论问题和政策问题令人深思。

这些调查报告大都关注两个方面的问题，一是村民自治的政策后果，二是村民自治的村庄基础。村民自治也可以看作一种民主化的村级治理制度，其目标是在国家不能为村庄提供足够秩序的情况下，通过改善村庄的治理来提供自足的村庄秩序。改善村庄治理的具体办法就是《村组法》上规定的民主选举、民主决策、民主管理、民主监督。从调查报告的情况来看，村民自治大大改善了村庄治理，从而为村庄秩序提供了制度基础。不过，村民自治也带来了问题，这些问题在不同村庄的表现相当不同，抽象地讨论村民自治的好和坏、功与过，是没有意义的，必须深入到村庄内部来看村民自治这一自上而下安排下来的制度，讨论村民自治制度与村庄的对

---

* 本节系范瑜、贺雪峰主编的《村民自治的村庄基础：来自全国十个省市的村民自治调查报告》一书（西北大学出版社，2002年）的序言。

接过程，与村庄自组织资源，与村庄集体经济状况，与村民的面子、宗族观念，乃至于与村民的性格和村民与村民之间的相互联系状况的相关性，从而理解村民自治的实践过程，看到制度背后的社会基础。村庄自足的秩序需求，自上而下的制度安排，当前村庄本身的社会状况，构成了调查报告的关键词。

村民自治制度安排的分类标准

在对调查报告的编辑上，我们将派性和集体经济状况作为分类的主要依据，而将选举和村庄秩序作为了共同项。这样编辑的理由，是民主选举作为村庄政治中最为耀眼的事件，对村庄治理的影响最大，也是当前村民自治制度安排中实施最为彻底有效，最不同于传统村庄治理方式的方面。民主决策本来是村庄治理中更为基础的方面，可惜当前民主决策在实践中落实得不好，不如民主选举普遍落到了实处。选择选举作为共同项的另一个原因是，正是选举这个牵动所有村民和村干部的戏剧化事件，最为彻底地将村庄社会的形貌表现了出来，反过来又构造了村庄社会本身的形貌。村集体经济状况往往决定了村庄治理的方式，也决定了村庄选举的方式，村庄选举又制造或强化，有时也消解了村庄的派性斗争。

具体来讲，村集体经济状况对村民自治的影响极大。所谓村集体经济，就是村级组织可以获得或掌握使用的经济资源，较多的村集体经济资源不仅可以减少向村民提取经济资源的数量，缓和当前农村普遍存在的因为收取提留产生的干群矛盾，而且可以通过向村民分配村集体创造的公共物品，获得村干部对村民的主动性。较多的村集体经济资源提高了村级组织的运作效率，强化了村干部对村民的优势地位。引入村民自治制度以后，村民有更多参加村务活动的积极性，更愿意参加村委会的选举和村务决策。在村级组织不仅不需要向村民提取经济资源，而且可以向村民分配公共福利时，村务决策，尤其是通过村民代表会议决策合法化了的村务决策，具有强大的执行能力。村集体经济很少的村庄，村级组织不仅不能代替农民向国家交纳税费，而且办任何一件事情都需要村民出钱出力，由此造成农民负担过重和干群关系紧张，村民以拒交税费来抗拒村干部的权威，村民获得了对村干部的主动性。引入村民自治制度以后，村民既可能通过民主的办法来抵制上级过多的提取，也可能通过选择好干部，达成协议，来改善村庄治理，提高村庄公共物品的供给能力。但是，因为村集体经济资源较少，村干部的正当报酬不会太高，村民达成合作协议涉及出钱出力而难度骤增，少数反对合作的村民成为村庄公共物品提供越不过去的坎。从村民方面看，要么对村庄事务参与过度，要么对村级治理漠不关心。总之，村集体经济资源的有无与多少，对于村民自治的过程与后果具有决定性的影响。

较多的村集体经济资源因其来源与性质的不同，而会对治理产生相当不同的影响。具体来看，一类村庄的集体经济资源主要来自村办企业，这类村庄的村级组织掌握着大大优于一般村民的经济资源，并因此具有远高于一般村民的权威。这类村庄的村干部具有很强的绵延性和传递性，即使是村委会选举，也大多是由村级组织自身的决定和上级组织的干预决定村干部的当选。在那些由能人办村办企业起家的明星村，如华西村、南街村，情况更是如此。苏南的村办企业发达，其村级治理或村民自治的过程便大多是这种类型。另一类村庄的集体经济资源主要来自于卖土地的收入，这类村庄的收入来得太容易，且与某个村干部的个人魅力没有关系。这种收入很难归入某个村干部和村级组织的经营才干，与个人无关。这类村庄获得的集体经济资源便面临着村民强大的分享压力，在村民自治的过程中，村民可以分成一派又一派组织起来分享村集体收入的成果。这类村庄，村民参与村务积极，村干部本身缺乏自我绵延与传递的能力，村委会选举成为动员全村村民的强有力武器，村民代表会议吵得一塌糊涂。这类村庄大多集中于个体私营经济发达的城郊型农村。目前发生的村委会主任罢免案之所以大多发生在温州、珠江三角洲等私营经济发达的地区和城郊型农村，不是没有原因的。

村集体经济较少的村庄也有激烈的争斗，具体可以分出两种类型，一类是与传统因素联系起来的争斗，诸如与宗族意识、面子观念、宗教信仰等相连的争斗；另一类是与少数村干部或村民个人利益密切联系起来的争斗。这两种争斗在目前的中国农村，因为传统深入农村的能力大大下降，而更多表现为上层的、间接的且间歇性的争斗。相对来说，与传统相联系的村庄争斗更加稳定和深入，动员能力更强，具有“派系”斗争的特征。而在那些村集体经济较少且传统断裂的村庄，即使发生争斗，也仅限于上层少数人中，这种争斗很不稳定，动员能力弱，以利益许诺为基础建立起来的分派斗争只能是派性斗争。派性斗争最重要的特征是以两个争斗的个人为中心建立起来的，争斗双方中一方的退出，即意味着派性斗争的结束。

大多数集体经济贫乏村庄即使引入村民自治制度，也并不因此产生戏剧性的场面。一切似乎都没有变化，村民对村委会选举十分冷漠，更不用说对村务决策的参与了。多数村民的想法是，只要村干部不找我收钱，他们做什么事情与我何干！不过，当村民因为诸如水利工程、桥梁道路等设施被破坏，社会治安、道德水平等基本需要不能得到满足时，他们是迫切期望村干部来为他们提供公共物品和村庄秩序的。村民自治是提供公共物品的一种办法，这是一种民主的办法，试图通过村民本身的参与来约束村干部的不良行为，提高村庄资源的动员能力，从而为村庄秩序提供来自村庄的基础。实践中的很多村庄是比较好地达到了这个目标的。问题是，这种办法并非一了百了。离开了村民的参与积极性，离开了对少数村民不合作倾向的约束能力，村民自治这种民主治村方法的效果要大打折扣。

必须将村民自治的效果与村民的行为倾向，与村民和村民之间的关系状况及这种关系对村民行为的约束能力，与村民和村干部及村庄精英的互动状况相联系，来讨论村民自治的村庄基础在哪里。

村民自治实践中的理论问题

先来讨论与村民自治实践相关的理论问题。这里讨论的理论问题，仅是一个方面，即村民自治制度村庄基础的方面。

1．村庄的规模

这里及前面讲的村庄，也就是村委会管理范围的行政村。村委会管理的规模即其人口的多少和地域的大小。当前的行政村一般是承接人民公社时期的生产大队而来。生产大队下面的生产小队改为村民小组。人民公社初期"一大二公"，生产单位规模较大，带来极大的效率损失。1962年中共八届十中全会通过的《农村人民公社工作条例（修正草案）》（即《人民公社60条》）确认了"三级所有，队为基础"的原则，将生产队作为组织劳动的基本单位。生产队一般有20—30户人家、百余人，是一个熟人社会，这种社会中，因为相互熟识，可以相互监督，舆论约束也比较有力，从而减轻了人民公社体制本身的问题，使人民公社可以又延续了20年之久。建立在生产小队之上的生产大队及以此为基础建立的行政村，规模较生产队要大一个数量级，在这种规模的社会中，村民不再相互熟识，舆论压力下降，一致行动能力不足，村民与村民之间的互动往往经由村干部这个中介。行政村这样一个规模的社会是一个半熟人社会。作为半熟人社会，人们的行为方式和行动能力具有半熟人社会的特点，特别是在村委会选举及村务决策中，不理解村委会半熟人社会的特点，很难理解村级治理的某些方面。

2．村民与村民之间的联系

村民与村民之间的联系即村庄社会关联。村庄社会关联指村民之间关系的性质、强度及其广泛性，尤其指建立在这种关系之上的村民一致行动的能力。任何一个社会得以延续，都是建立在社会成员相互合作基础之上的，与其他人无联系不合作的原子化的个人，是现代社会所淘汰的对象。村民自治及村庄秩序的获得同样有赖于村民的合作或村民之间建立有强有力的关系，正是村民之间强有力的关系，使得村民会议通过的决策不只是对赞同者具有约束力，而是对全体村民具有约束力。这种约束力不是凭借暴力，而是凭借村民心中的正义和他们对村庄正义的敬畏，他们受到村庄舆论及与这种舆论密切相关的村民与村民之间关系的约束。

村庄社会关联不是凭空产生的，它与村庄现状密切相关。其中的两个方面尤其与村庄社会关联关系密切。一是村庄传统的状况。宗族意识构成了村民之间的宗族联系，与这种联系相关的一致行动能力、面子观念则造成了舆论本身的力量。二是村庄经济社会分化的状况，即在村庄内部因为资源分布不均衡而产生的一些占有优势资源的村庄精英对一般村民的影响能力，这种影响能力是村庄形成群体行动的一个基础。不同村庄的社会关联程度并不相同，当前市场经济与现代传媒的进村和村民的自由流动可能性，对于村庄社会关联状况有极大影响，这会构成对村民自治这种治理制度的影响。这方面的研究十分不足。

3．村庄精英

村庄精英是一个“古老”的研究课题，诸如对乡村士绅的研究和“长老统治”的说法。村民自治是一项授权村民的治理事业，但这并不是说村里的所有事情都由村民去做，也不是说每一个村民所做的事情和他们的影响力是相同的。正是因为村民之间各不相同的影响能力，构成了村民本身的结构分化，这种结构分化塑造了当前村庄治理的现状。所谓村庄精英，就是村庄中较一般村民影响力大、行动能力强的人。这些人拥有诸如经济、文化、社会诸方面的优势资源。村庄精英影响力的大小和方式及村庄精英数量的多少，与村庄本身有密切关系，宗族头人、宗教领袖和经济大户是些高大威猛型的村庄精英，这样的人不会很多，却“力大无比”。“大社员”、小地痞是些细小琐碎的村庄精英，这样的村庄精英数量虽多，影响力却很有限。村庄精英往往不只是在村庄范围活动，他们可能将主要的时间与精力放在村庄以外，对于村庄治理没有兴趣。这样的村庄精英严格说是不在村的精英，与村庄治理关系不大。还有一些人虽然一直在村庄以外生活，却十分在意村庄生活，他们的生活面向村庄，这些不在村的人事实上是在村精英。细致观察村庄精英的状况，对于理解村庄治理，尤其是村民自治引入之后村民的行动和村庄决策的达成，会很有意思。也就是说，因为村庄精英本身的状况不同，造成村民自治这个全国一统制度安排实践后果的不同。

以上三点讨论，只是希望回答为什么实践中的村民自治过程与后果会有不同。过去学术界和政策部门过于关注村民自治制度实践中的政府方面，自上而下的方面，这也是村民自治制度实施之初所应关注的主要方面。当前的村民自治制度已实践 10 余年，仅从自上而下的视角来看，显然不够，因此，我们将村民自治研究中的理论问题定位于村民自治的村庄基础。以上三个方面在全国不同村庄的表现相当不同，就必然造成村民自治这一民主化村级治理制度实践的不同，这样我们就会对村民自治实践有一个更为理性的判断。

村民自治实践中的政策问题

引入村民自治制度的首要目的是为了解决村庄秩序自足提供的问题，因为国家在现代化的进程中无力为庞大的农村社会提供足够的公共物品。不过，村民自治制度还必须同时解决国家向乡村社会的渗透能力。在当前的行政体制下面，乡镇一级设基层政权，但乡镇这个基层政权的范围太大，一般人口在 5 万左右，地域数十乃至上百平方公里，区区乡镇干部无法将诸如计划生育、收粮派款等繁重的任务完成，他们无力面对数量庞大的村民。何况他们根本不可能熟悉村民。村委会管理的行政村是一个半熟人社会，千人左右，村干部对每个村民都很熟悉，因而村干部可以成为乡镇行政离不开的腿。这样一来，村干部就不仅要成为村民的当家人，而且要成为乡镇行政的代理人。这就面临着村民自治的第一个政策性问题：乡村关系问题。

在不同的地区，乡村关系面临的问题并不相同，在乡村关系政策上面所留有的空间也不相同。有些农村地区，乡镇政府的首要难题是计划生育，如江西农村。大部分不发达农村地区，乡镇政府的首要问题是收粮派款，是如何为农村义务教育提取足够的经费，如湖北、安徽农村。经济发达地区的农村，乡镇政府可能不再有计划生育或收粮派款的压力，但如何保证村级组织的有序运作，如何调解村庄内部派性争斗，如何保证村庄公共物品的有序提供，却可能成为乡镇政府颇为头痛的事情，如浙江温州农村的情况。

总的来说，经济发达的农村地区，因为乡镇组织掌握大量经济资源，乡镇有求于村级组织的情况相对较少，村级组织需要从乡镇一级获得合法性资源和权威资源，因此在乡村关系方面，乡镇有更大的主动权。而在经济欠发达的农村地区，乡镇一级急切需要村级组织协助完成让乡村两级都感头痛的计划生育和收粮派款的硬任务，乡镇一级不敢得罪村干部，村干部也因为合法收入太少而工作难度太高，也缺乏继续当下去的意愿。乡镇干部有时默许村干部在合法收入之外捞取灰色收入，有时则利用正式关系之外的非正式人际交往来笼络村干部①。

村民自治制度的引入，强化了乡村关系中事实上一直存在的以上问题的症结。当乡村合谋以向农民提取资源时，农民不会对乡村干部留有好感，农民要么对村庄事务漠不关心，要么联合起来将代理乡镇事务意愿过强的村干部选下来。农民联合起来的基础是他们的组织方式，在不同地区农民的组织方式是十分不同的，一种表现

① 吴思红将这种非正式人际交往称作“体制外动员”，参见吴思红：《村民自治制度下的乡村关系与农村社会动员》，《国家行政学院学报》2001年第5期。

方式是派性斗争：派性斗争首先是村庄内部分成两派的斗争。其中一派特别是处于村庄权力弱势的一派习惯打出为民请命的招牌，将对手置于与乡镇合谋的不利处境。选举中，乡镇事实上是希望干预以选出自己满意人选的，但乡镇干预的结果必然强化受到损害一派的愤怒，受到乡镇支持的一派即使当选，也会不断受到另一派的刁难。乡镇因此更加难以完成向村一级渗透的任务。大多数乡镇目前终于知道，在村委会选举这类政策操作性很强的事情上，“按法律和政策来”，让村民自己选，选上谁谁当。[①] 村委会选举的自由度因而越来越高。

高度自由的村委会选举，会因为村民的不感兴趣以及村民在原子化基础上的无联合而变得没有力量，乡村关系依然按照惯性向前走。从完成国家任务的角度，这有可能是好事，但在当前中央政府事实上很难有效控制地方政府、地方政府很难控制乡村组织的背景下，各种劳民伤财的“积极行政”措施“肥”了部分官员，而折腾苦了本来很穷的村民。农民负担过重和高额村级债务成为当前全国农村的恶疾即为明证。

经济发达地区农村的情况大不一样。村中两派斗争需要乡镇作为裁决者，乡镇较欠发达农村地区更超脱于村庄斗争，不仅如此，而且事实上成为村庄争斗的受益者。这类地区乡村关系面临的问题与欠发达农村地区会很不相同。

显然，乡村关系在不同地区的表现和要求是不同的，这不仅与乡村组织面对的国家任务的不同有关，而且与农民的组织方式、村集体经济的发育状况等有关。在笼统谈乡村关系之前，似乎应先分清是什么类型的乡村关系。

与乡村关系紧密相关的是村支部与村委会的关系，即所谓“两委关系”。“两委关系”也是当前村民自治实践中的焦点问题。与之相关的制度设计很多，争论极大。总体来说，我们认为“两

---

① 参见仝志辉：《农民选举参与中的精英动员》。

委关系”也如乡村关系一样，在不同地区因为面对的任务和所处村庄基础的不同，会有不同的表现。关键是应将“两委关系”由一个抽象的理论问题回归到村庄中予以理解，将笼统的讨论具体到实践中去。

结　语

假若我们只是局限在制度文本和总体状况上研究村民自治，这种研究很快就会被实践抛在一边。中国是有 9 亿农民和 960 万平方公里国土面积的大国，经济和文化发展的不平衡是当前包括乡村在内的中国的显著特点，这种经济文化发展的不平衡，造成了村民自治制度以及其他诸种自上而下安排下来制度的不同生长基础。苏力在回答同一套法律在乡土社会的人民法庭和城市或工商发达地区运作的差别时写道：“这种差别主要是因为社会生产方式以及与此相伴的社会生活条件的不同，以及在这种条件下生活的人及其行为方式的不同。”[①] 他主要讨论了法律实践因为经济方面的差别而造成的过程与结果的差别。如果将苏力的法律实践的差别换为国家自上而下安排的制度实践的差别，比如村民自治制度的差别，就会发现苏力结论的普适性。而如果不看得那么根本，我们还应看到，不仅是经济不平衡，而且有文化不平衡和其他不平衡的因素在决定村民自治制度实践不平衡方面的作用。学术界如何深入到不平衡的农村实践中去，理解自上而下制度安排的不同实践，并在此基础上理解诸如村民自治这些上面安排下来的制度的处境，对于完善这些制度具有重要意义，对于学术研究当然也有重要意义。

① 苏力：《送法下乡：中国基层司法制度研究》，中国政法大学出版社，2000 年，第 216 页。顺便说一句，这本书是一本难得的好书，值得所有研究农村问题的人来读。

民主化村级治理的两种类型*

——村集体经济状况对村民自治的影响

当前学术界在讨论村民自治或村级治理时，大都忽视了对村级治理类型的区分。村民自治作为一种民主化的村级治理制度，在具体实施过程中，因为面对制度环境的不同，而具备相当不同的效果和表现，不能理解村民自治所面对的特殊环境，也就难以理解村民自治这样一种民主化村级治理制度的实践后果。村民自治制度是国家强制实施的一项制度，依据村民自治制度实施场域的村庄状况的不同，这一制度安排的实践后果也有所不同。以下试图依据村集体掌握经济资源的多少，将作为强制实施的村民自治制度实践后果的民主化村级治理，划分为动员型村级治理和分配型村级治理。这两种村级治理类型因为所掌握的村集体经济资源的不同，而在具体表现中不同。当然，将民主化村级治理分为动员型和分配型两种类型，还是一种理想的分类方法，实践中两种村级治理类型交叉重合之处甚多，并不存在严格意义上的区别。

治理视角的村民自治从治理的方面研究村民自治制度实施状况及后果，特别是研究村民自治的实践可能性，其关注的焦点是村民自治作为一种民主化的村级治理的具体过程、运作基础及其主要特征，这种研究视角近年来逐步受到学术界的重视，成为村民自治研究由政策解释性学术研究向政策基础性学术研究过渡的重要标志。

从治理的视角看村民自治，村民自治的制度安排就成为一种民

---

* 本节与何包钢合作。曾发表于《中国农村观察》2002 年第 6 期。

主化的村级治理制度，这种制度既不同于传统的村庄自治，也不同于政权意义上的民主制度。用“村民自治”而不是“村自治”这一概念，表达了村民自治与传统村庄自治的不同[①]：村民自治是一种社会民主而非政治民主，表达了村民自治与政权意义上的民主制度的不同。从治理的角度来研究村民自治，正好与村民自治制度的缘起相关。村民自治制度在广西一些山区自发产生的时候，就是为了应对人民公社解体之后出现的社会失序现象。[②] 自发产生的村委会引起国家的重视，既与当时国家政治层面民主化的语境有关，也与当时农村治理面临的困境有关。而从实践和《村组法》的规定来看，村民自治维护村庄（行政村）秩序的作用应是村民自治的核心要义。

民主化村级治理的关键即村民的自我管理、自我教育和自我服务的村庄内生秩序状态，这种状态是通过四种民主办法即民主选举、民主决策、民主管理和民主监督来达到的。从治理角度研究村民自治，实质上就是研究以民主的办法来形成村庄内生秩序，这些秩序包括经济的合作（如公共工程建设），抵御上级过度的提取，抗御地痞对村庄的骚扰，以及监督村干部的行为等，这样，治理视角所关注的问题就是用民主的办法来形成内生村庄秩序时的过程、可能及特征。而正是因为村集体经济资源状况的不同，造成了用民主的办法来形成村庄秩序时的过程、可能、特征及其侧重点上的不同，这种不同就是我们以下将要重点讨论的民主化村级治理的分配型和动员型两种村治类型。我们将以村民代表会议的民主决策过程及村民代表能力来展开讨论。

民主化村级治理的理论过程

理想化、民主化村级治理可以划分为两个相互联系的部分，一

---

① 参见徐勇：《中国农村村民自治》，第 45 页。

② 参见徐勇：《最早的村委会诞生追记——探访村民自治的发源地——广西宜州合寨村》，《炎黄春秋》2000 年第 9 期。

个部分是用民主的办法来决定村务，其内容包括选举村干部和村民代表，召开村民会议进行表决，以村民代表会议的形式进行村务决策和监督；一个部分是用集中的办法来办理村务，即由村干部将村民决策的村务办理下去。

展开以上两个部分，第一个部分的实质就是形成村务决策和推选出执行村务决策的人员，从理论上讲，村民可以随时罢免自己选出来的村干部及村民代表，实际则因为罢免需要成本，就为村干部以及村民代表的行为相对脱离村民意愿提供了可能。村干部及村民代表这种相对脱离村民的状态，必然带来民主化村级治理的第二个部分，即用集中的办法来办理村务的后果。相对的脱离既为村干部创造了发挥个人才干的空间，也为村干部提供了谋求私利的机会。

村民代表也是相对脱离于村民的，但一般来讲，村民代表较村干部离村民更近，因为村民代表是由更小范围的村民推选出来的。更重要的是，村民代表并不掌握办理村务的权力，而只有决策和监督村务的权力。因此，也可以将村民代表当作村民的一个部分，而单独将村干部当作村务的办理人，即集中的主体。

从村务决策的形成即村民意愿的角度，村级治理面对的首要问题当然是村集体公益的维护，或说如何在村庄范围内获得公益，减少外部性，这种村民意愿的典型是修路架桥和维护治安等具有强烈外部性的公共工程和公益事业。在不能依靠外部的国家和村内个人提供的情况下，村集体办理公共工程和公益事业成为最佳选择，理性的村民也会有让村集体来兴办这些事业的愿望和要求。村民很容易通过村民代表会议或村民会议这种形式形成具体的村务决策。

问题是，虽然每个村民都希望获得公益的好处，但每个村民也会尽可能减少自己为获益所付出的成本。每一项公共工程和每一件公益事业的受益者及受益程度都是不一样的，一些人受益很多，一些人不受益甚至反受其害，这样，虽然村民都期待村中公益，却因为受益不均衡，而鲜有在每一项具体的公共工程和公益事业决策中一致同意的情况。少数人服从多数人是实践中运行的民主规则，大多数村民或村民代表可以做出村务决策，但村务办理却难以跨越这些具体村务决策中的少数反对派。

在办理村务时，村干部缺乏制度上和组织上对付反对派的办法，虽然这些反对派只是村中的少数派甚至只是个别村民。村干部可以调用两种资源来对付大多数人的反对派：一是村庄舆论压力，一是个人魅力。当反对大多数村民的少数村民在村庄中处处感受到来自乡邻以道德评价为特征的舆论压力时，他们不得不随大流，忍受自己的“苦难”。舆论压力正是传统社会的特征，涂尔干的“机械关联”就是这个意思。当前中国农村因为经受巨大变革，“机械关联”大多解体，村庄舆论压力难以阻止少数人对自身利益的寻求。个人魅力是村干部可以调用的另一种资源。一个善于说理的人往往可以说服那些不能忍受暂时受到利益损害的村民去期待不久的利益回报，一个道德高尚的村干部可以让村民提高对利益受损的忍受度，一个社会关系多的村干部可以带来反对者的压力，而一个性情暴躁、身体强健的村干部，则可以构成对反对者的身体威胁。总而言之，在村庄舆论不能对村中少数反对派构成压力时，办理村务的村干部的个人魅力和能力，就成为一种可能的替代手段，现实中这种情况到处可见。

村集体经济是村干部可以调用的另一种资源。拥有丰富的村集体经济资源的村庄，大多数村民可以不顾少数人的反对而决定资源如何分配与使用，村干部也可以利用村集体资源来建立对村民的奖惩机制。少数村民若反对大多数村民的愿望和决策，他们虽然可以不顾村庄的舆论压力，却不能不考虑经济利益上可能受到的损害。况且村集体经济资源的丰富，使得村干部可以不从村民那里抽取资源就办理好村中公益事业。

麻烦出在村集体经济较少的村庄。较少的村集体经济决定了办理村中公益事业需要从村民手中抽取资源，正如“人民事业人民办”这一可以套用在任何具体公共工程和公益事业上面的标语所表达的意思。因为缺乏强制手段（村级民主不是国家民主的一个部分，不是暴力工具的后盾），少数派拒绝出钱出力时，村干部无计可施。较少的村集体资源也减少了村干部强制村民顺应村中大多数人意愿或村中公益事业的能力。这样一来，在一些村集体资源较少的村庄，在既缺乏村庄舆论压力，又缺少村庄能人的情况下，村庄公益事业就可能是每个村民都期待，但每一项公共工程或公益事业都因为受到少数村民的反对，而办不下去。这种状况会大大损害村民本来可能得到的好处，或为了得到这种好处，而不得不让每个村民花费更大代价（比如集体建供水设施和每户打井）。办理公共工程和公益事业的村民意愿是不成问题，通过村民大会或代表会议形成村务决策也不成问题，但在办理村务时，村干部却往往面对着无法逾越的少数反对者的反对，最终致使民主化的村级治理效果不佳。

这就是说，从理论上看，决定民主化村级治理状况的关键是村中可能出现的少数反对派能否被说服成为合作者，或者被压服。如前所述，这取决于村干部的个人能力、村庄舆论压力以及集体经济资源的多少。

村干部个人能力和村庄舆论与民主化的村级治理的互动关系，我们已分别讨论，以下重点讨论村集体经济资源对于民主化村级治理的影响。

集体资源与民主化村级治理的类型

如前所述，村集体经济资源在两个方面深刻地影响着民主化的村级治理，丰富的村集体经济资源增加了村干部说服或压服少数反对派的能力，同时，丰富的村集体资源使得民主化村级治理所面对的主要问题不是经济资源的提取，而是集体资源的分配，正是在这个意义上，民主化村级治理可以依据村集体资源的多少区分为两种不同的类型：动员型村级治理和分配型村级治理。

在村集体经济贫乏的村庄，民主化村级治理包括以下两个具体过程，一是相对容易达成的关于村庄秩序的决策，特别是修路架桥等公共工程和维护治安等公益事业的决策。在这些决策达成以后，村干部就必须说服村中的少数反对派以使决策顺利实施。因为村集体经济资源贫乏，村中举办公共工程和公益事业所需要的人、财、物资源必须从村民中提取出来，这个从村民中提取出财物资源的过程，往往是公共工程和公益事业能否办成的关键，若村中有少数村民拒绝这种人财物的提取，村干部就可能缺乏对这些村民的强制手段。只要村中有少数人拒绝这种提取，其他村民必然起而效仿。一项于所有村民有益的公共工程和公益事业，因为村干部无法说服少数反对者而最终流产。一再流产的好事反过来会打击村民对村集体的信心和合作办理公益事业的信心，村民不再指望有公共的集体利益，而不得不付出更高的代价去追求自我的秩序。

村民不会满足于每个人自己为政的状况，而会越来越感受到集体合作的好处。河上架桥方便了每个村民的出行，泥泞的小路为每个村民带来了麻烦，治安不良则造成了每个村民的不安全感。因为公共工程等事业的外部性，没有哪一个单个的村民有能力提供这些每个村民都需要的秩序，村民怀念起人民公社时期的公共工程和公益事业来，村庄秩序成为村民的追求目标。村庄公共秩序受到的破坏越严重，村民对公共工程的需要就越强烈，就会有更多的村庄公共舆论要求村干部为村民办些实事，会有更多的村民愿意为获得村庄公共秩序而牺牲一些个人暂时的利益，会有更多的对少数反对派的压力，这种情况下，村庄中若有强人出来担任村干部，他便可以借助这种舆论上的强势，以自己的说理能力或身体暴力来说服或压服村中少数反对派。村中公共工程最终建得越来越多，村庄秩序反过来以远远超过村民个人付出的程度回报每个村民，这个强人村干部因此威信更高，为村民提供公共秩序的能力更强，他完成了村集体经济贫乏村庄中汲取村中经济资源以维持村庄秩序这一村庄自治的目标。

村庄自治不同于村民自治，以强人治村为特色的村庄自治，容易出现两个引起村民不满的问题，一是强人治村时，他选择的治理目标可能会过于脱离村民愿望的实际，这种对实际的脱离，既可以包括上级安排下来的超出村庄实际需要的种种达标升级活动，也可以包括他因为个人眼界的局限乃至私利考虑而决定下来的公共工程目标。二是强人治村容易出现权力的滥用，尤其是在办理公共工程等公益事业中，为自己谋取私利，最终导致好的公共工程目标成为村民支出的噩梦，村民手中的资源是提取上去了，公共工程却遥遥无期，村民因此而失望和愤怒。

村民自治作为一种民主化的村级治理办法，正是要解决以上村庄自治中可能存在的弱点。民主化的村级治理通过村民大会或村民代表会议的形式达成公共工程的决策，这就从理论上排除了村庄公共工程脱离村民意愿实际的可能。而在村干部办理公共工程的过程中，村民不仅有通过村民代表会议等形式监督村干部的制度，而且村民理论上可以通过选举或罢免村干部来约束村干部的不良行为。正是通过以上两个过程，民主化村级治理为村集体经济资源贫乏村庄的村民提供了获得村庄秩序的信心、渠道和能力，村民因此有更多筹办公共工程的积极性，村干部也因此有更多举办公共工程的雄心和能力。

换句话说，在村集体经济资源贫乏的村庄，村级治理或村庄公共秩序获得的关键，是村干部提取经济资源的能力，民主化村级治理因为解决了强人治村中容易引起村民不满的因素，而提高了村民对公共工程的信心和支持力度，从而提高了村干部在办理村庄公共工程时说服少数反对者和动员村庄资源的能力。显然，集体经济资源贫乏村庄的民主化村级治理的核心，正是这种村庄资源动员能力的提高，因此，可以将这种民主化的村级治理称之为动员型村级治理。

与集体经济资源贫乏村不同，掌握着大量村集体经济资源村庄的治理，因为拥有大量可供支配的经济资源，而具有很强的提供公共工程和公益事业的能力，村庄秩序在某种意义上是不成问题的。但这并不是说掌握有大量集体资源村庄的秩序不会遇到挑战，这种挑战同样来自于村中的少数反对派。

既然掌握有大量经济资源，村干部便有使用这些经济资源的理由，而正是在村集体经济资源的使用上面，不受监督的村干部可能会谋取私人好处。集体资源越多，村干部谋取私人好处的危险性就越大。他们名义上是在建一座桥，但事实上这座桥只是方便了村中少数特权者的出行，而大多数村民获益不多，甚至村干部建桥之初，就是为了将工程承包到自己亲友，以捞取个人好处。这样，在拥有大量集体经济资源的村庄，民主化的村级治理可以监督村干部的不良行为，防止村干部滥用村集体资源。不通过村民大会或村民代表会议批准的决策，是违反制度的决策，做出违反制度决策的村干部，不仅可能受到村民的责难，而且在决策出现失误引起争执时，村干部要承担程序不合法的责任。

因此，集体资源丰富村庄的村干部们也乐于召开村民大会和村民代表会议来讨论如何使用村集体的资源。这时的村干部在召开村民大会或村民代表会议时，其动机完全不同于集体经济贫乏村庄村干部召集村民开会以提高对村庄资源动员能力的动机，他们更多的是需要一个名义上合法的程序，这样在使用村集体经济的资源时，可以减少责任的承担。这种民主化的村级治理，便构成一种分配型的村级治理。

动员型村级治理与分配型村级治理的比较

如上所述，因为村庄集体经济资源的不同，带来村级治理具体过程和功能重点的不同，这种不同构成了动员型和分配型这样两种类型的民主化村级治理机制。通过比较，可以增加对民主化村级治理类型区分的认识。

对于动员型村级治理而言，既然村集体经济资源贫乏，村集体举办公共工程和公益事业，就需要从每个村民手中汲取人财物资源，在村级民主缺乏强制力的情况下，村干部缺乏强制提取村民资源的能力，他们便可以通过村民代表会议这种形式来讨论村务，通过村民大会的形式来动员村民，通过自己的身体力行和与村庄精英人物的个人关系来寻求村中的诸种支持。从民主的形式来看，动员型村级治理关注的焦点不是规范的民主形式，而是这种民主办法是否真正具有动员村民的能力，或者说动员型的民主化村级治理更侧重于实质民主的层面，若村中有若干具有权威影响的精英人物，村干部将这些精英人物请过来开一个并不规范的村民议事会，这个议事会做出一个有助于建设村庄公共工程和提高村干部工作能力的决策，这个决策就可以减少村干部在办理具体村务中受到反对的阻力。反过来，既然民主化村级治理侧重于实质民主的方面，有些时候，通过规范的民主形式比如召开村民大会或由村民选举的村民代表做出的决策，虽然具有多数人通过的结果，少数反对者却并不一定认可这个决策，他们具有足够让这个大多数人通过的决策搁置下来的能力，他们拒绝为诸如公共工程建设和公益事业投资提供他们应该分摊的份额。他们拒绝分摊，便足以造成动员型村级治理的困境，这就引出动员型村级治理的第二个特点，即其民主更多强调一致通过而不是少数服从多数，重大的村务决策多是妥协的结果，而不是表决的结果，举凡表决大都不会有好的治理效果。从这种意义上讲，动员型村级治理是一种少数人决定的民主治理制度，以村民代表会议决定重大村务的过程为例，动员型村级治理一般较少采取表决的形式来通过决策，而较多充分讨论以达成妥协。参加村民代表会议的人员不仅有正式选举出来的村民代表，而且有受邀请而来的与决策村务有关的各方面头面人物。

若在村民代表会议的讨论中遇到坚定的反对者，哪怕这些反对者只是极少数，且其反对的理由并不充分，这些极少数的反对派也往往有能力使村务决策半途而废。这就构成了动员型村级治理中的少数人决定的后果。不仅如此，动员型村级治理中的村民代表会议做出的决策，还需要村民代表具有代表能力，即村民代表有足够影响村民接受决策的能力，若村民代表的代表能力或代表性不够，村民代表会议通过的村务决策同样会在村干部具体办理村务时，受到少数村民的反对，这种反对也有致使通过的村务决策流产的可能。

在动员型村级治理中，若有一次诸如公共工程建设的决策被一致通过且顺利实施，村民可以从中获得好处，村民下一次就有通过更多如此决策的理由与可能，这样一来，民主化的村级治理制度在村集体经济资源贫乏的村庄也可以得到有效运作，村庄动员能力日渐增强，而村庄秩序日渐获得，民主与村庄秩序形成了良性循环，这构成了一种增强型的动员型村级治理类型。不过，并非所有动员型村级治理制度都具有增强型的特征。若有多次对全村公益十分重要却因为少数村民的反对而不能达成决策的事情发生，就会影响村民对集体合作的信心，少数村民也更加敢于声明个人利益而不顾村庄利益。这样的少数总是存在，在每一件具体的村务中都会存在，这就造成民主化村级治理的困境：村庄动员能力下降，村庄日渐失序，民主与村庄秩序形成了负反馈。这构成了减弱型村级治理类型。

对于分配型村级治理而言，因为村集体掌握着丰富的经济资源，其运作特点便与动员型村级治理十分不同。从民主的形式上看，分配型村级治理因为关注的焦点不是从村民那里汲取资源，而是如何合法地使用村集体占有的资源，因此，这种民主更加注重其形式的层面，村务决策一般会有规范的程序，关注程序合法性，决策过程强调少数服从多数，参与决策人应具有合法的参与身份，非正式参与者没有表决的资格等。以村民代表会议为例，在做出重大村务决策时，大多强调参加会议人员的合法身份，要有较为规范的会议记录，参加会议的人员需要签名以示自己对重大村务决策承担责任，倾向于用表决的形式通过决策，村民代表的代表能力并不如动员型村级治理村庄那么重要，只要是通过合法程序产生的，什么样的人当村民代表关系都不很大。与此相关，村民代表会议在决策村务时，少数反对者的声音往往被大多数人所掩盖，而显得过于弱小，而通过的村务决策在村中即使遇到反对者，也不大会中途改变。从这种意义上说，分配型村级治理是一种多数人决定的民主治理制度，在某些时候，多数人可能过于忽视村中少数派的声音，而构成实质上的多数人专制。

结　语

以上简略地梳理了民主化村级治理两种类型的不同，这种梳理对于深化村级治理研究具有重要的意义。

首先，以当前展开的村级治理实证研究为例，学术界大多忽视了不同类型村级治理所具有的不同意义与内涵，而将动员型村级治理与分配型村级治理混为一谈。一般来说，在城郊农村和经济发达地区，经济发展带来土地增值，土地集体所有的产权安排，使村集体往往可以从升值的土地中获益甚多，村集体不仅掌握着大量升值的土地资源，而且掌握着土地征用款的使用权，这些集体拥有的资源为分配型村级治理提供了村庄前提。此外，那些村办企业发展较好的富裕村庄，也具有分配型村级治理类型所具有的一应特征。从当前这些村集体占有大量经济资源的村庄数量来看，这类村庄的数量无疑只是农村的极少数，约占 10%，但从学术界现有的实际研究来看，只占少数的分配型村庄却受到了多数学者的关怀，而约占中国农村 90% 的动员型村级治理的村庄，却很少受到学者的关注。这不是正常现象。换句话说，通过民主化村级治理类型区分，可以凸现分配型村级治理和动员型村级治理所具有的理论意义及它们所代表的村庄的实践意义。

其次，做以上治理类型的区分，有助于让村级治理研究者特别是实证研究者明确自己研究村庄的类型，从而避免以偏概全，防止在提出理论观点特别是政策建议时，有意无意忽略自己调查的个案背景，而做出一统中国农村的研究结论。

再次，以上治理类型的区分，还有助于理解学术界在乡村研究领域的学术和政策争论。当前学术界的一些争论，之所以公说公有理，婆说婆有理，并且都有实证研究的支持，往往是争论双方缺乏对乡村治理类型的把握，动员型村级治理村庄的调查当然把握不住分配型村级治理制度的特点，反之亦然。

我们以上所做的关于民主化村级治理的两分，是关于村级治理研究的一个初步成果，抛砖引玉，希望有更多相关成果出现。

民主化村级治理的形态*

——建构理解乡土中国的政治理论框架

中国人特别关心由谁来治理村庄，因此有“能人治村”和“恶人治村”之说。的确，不同能力和品性的人治理村庄，会有相当不同的结果。自1988年《村组法》开始试行，特别是1998年正式颁布实施以来，按法律规定，村干部应由村民选举产生，村民选举什么样的人上来当村干部，就产生了什么样的村级治理形态。因为村庄社会面对的问题及村庄社会内在性质的差异，在选举和治村形态上，有着颇为复杂的关系。本节试图讨论这种关系。

村级治理的四种形态

我们习惯说“能人治村”或“恶人治村”，是以村干部个人的品性和治村能力来评论村级治理的形态。在这个意义上，我们可以区分出四种相当不同的村级治理形态，即好人型、强人型、恶人型和能人型村治。好人是从治村干部的品性上讲的，一般具有良好人品和人缘，不愿随意用粗暴的手段去惩治村中任何一个村民，也缺乏让一般村民畏惧的个人力量。正因为好人不愿惩治村民，对于村中一些不良倾向与行为不闻不问，害怕得罪村民，而被村民称为“老好人”。好人治村的优点在于，他一般不会化公为私，谋求私利，也不会在村中为非作歹，他因为缺乏足够的个人魄力而不会给

* 本节与何包钢合作。曾发表于《江海学刊》2002年第6期。

村庄造成个人决断失误所带来的损失。好人治村也有不足，其中最糟糕之处是好人往往迁就村中恶行，缺乏与坏人坏事做斗争的勇气和决心，也没有抵制村中不良势力的个人魄力。总体来讲，好人治村，因为个人能力和性格上的特点，他很难为村民创造额外的公共收益，一般也不会损害村民已有的公益。好人治村，无所作为，无为而治。

与好人相对应的是强人。强人也是从品性上讲的，性格强悍之人，这样的人敢于承担责任，敢于与村中不良倾向做斗争，他往往具有令一般村民畏惧的健壮身体、社会关系或暴烈个性。强人治村的好处是他敢于硬碰硬，在大多数村民的支持下，他敢于惩罚那些有损全村公益的行为和村民，他敢于通过减少村中少数人的收益，而创造对全体村民更多的收益。

在不能受到足够约束的情况下，强人很容易向恶人转化。恶人一定是强人，但与强人不同，恶人的私欲更重，治村手段往往超过法律所允许的界限，而最终引起民怨沸腾。恶人治村一方面可以通过抑制村中一些有损公共收益的行为，为村庄创造一些收益。好人办不了的公共工程，恶人治村反而可以办好，村民一直期待的村庄秩序（比如对付地痞的骚扰），好人可能无法提供，恶人却可以轻易办到。另一方面，恶人往往乐于将自己为村庄创造的公共收益据为己有，更有甚者，恶人治村时，他可能不仅不创造新的公共收益，而且为了个人私利捞取本来就不多的村中公益或损害公益。

恶人不会受到村民的欢迎，村民怀念起好人和能人来。所谓能人，是指那些有特殊经营头脑和一技之长的人，尤其指那些已在市场经济的大潮中，自己率先发家致富的村民。为了不辜负村民对自己的期望，这些能人在自己发家致富之后，也有参与村庄治理的热情，希望通过自己的经营头脑和一技之长，带领更多村民致富。能人治村的好处很多：第一，在个人已经富裕起来的情况下，他一般不会打村中公益的主意；第二，他有带领村民致富的能力，也有为村集体增加公共收益的办法。不过，能人治村并非全无弱点，其中的一大弱点，是能人治村时，他一般期望在已有个人经济成就的基础上，通过当村干部来获得村民对他声誉上的认可，他期待经济现实变为社会声望。或者说能人当村干部，具有强烈的声望取向，他并不愿因为治村，而得罪村中任何一个村民，因此，他的治村与好人治村有相似之处，不同的是他不愿如好人治村一样碌碌无为。能人治村，倾向于在不得罪任何一个村民，即不减少任何一个村民收益的情况下，额外地为村集体创造公共收益空间，他试图通过这个额外的收益空间，来获得他当村干部所期待的政绩、面子和声望。

现实中的村治形态往往是以上四种类型的混合。不过，现实中也很容易区分出一种主导型的治村形态。以上依据村干部个人能力和品性划分为好人、强人、恶人和能人四种可能的村治形态，对于把握当前中国农村村级治理的现状，特别是其间的变迁，大有益处。以上四分中，好人是品性好、能力弱的一类人，恶人是品性不好，但能力强的一类人，强人和能人都是品性好且能力强的一类人，但强人比能人更愿意和敢于得罪村中少数有不良行为的村民。在此类的村级治理中，决定村治形态的好人或强人，是村民选上去的，这些选上去的好人或强人在治村的实践中，会表现出自己的优点和缺点，他们因此决定了自己在下一轮选举中的命运。有时候，村民会不满于好人治村时的软弱，而选出强人来，强人治村很容易变成恶人治村，村民便又怀念起以前的好人来。这就构成了民主化村级治理形态的循环。本节试图讨论这种循环的过程与条件，并试图构建一个理解乡土中国的政治理论框架。

民主化村级治理的理想状态

从理论上讲，民主化村级治理，就是村民通过民主来获得村庄秩序的办法。民主作为一种方法，就是少数服从多数，由多数人决定村庄事务，决定由谁来具体承担村务的办理。村一级民主因为是社会民主而非国家民主，缺乏少数服从多数所需要的暴力和强制工具，因此，民主化村级治理面对的最大问题是如何在获得村庄秩序的过程中，让少数反对者顺应大多数村民的决定，从而将村务办理下来。

构成少数反对者顺应村中大多数人意愿的力量大致有三种。一是村庄舆论的压力。出于对村庄大多数村民道德指责的恐惧，对村务决策不满意的少数村民不愿意公开反对，而顺应了村中大多数人的决定，村庄舆论压力正是涂尔干所讲的构成“机械关联”前提的集体意象。在当前迅速转型的中国农村社会，“机械关联”大多解体，村庄舆论压力越来越不能构成少数村民忍受利益损害的力量。二是村干部个人的才干、魄力或强悍。善于说理的村干部更有能力将村民中大多数人做出的决定变成全村村民的决定，他会找那些在村中有影响的反对派私下交谈，让那些反对派觉得只要忍受了暂时的利益受损，立即会有更多的利益回报，或者若不能忍受暂时的利益受损，不久会有更多的利益损失。“软硬兼施”，村干部的个人魄力在村务决策的实施过程中起了重要作用。三是村集体占有经济或其他资源的数量。较多的村集体经济资源不仅减少了举办村中公共工程和公益事业对村民的依赖（比如不需要事事向村民收取费用），而且增加了村干部奖惩村民的能力。正是因为村集体经济资源的不同，民主化村级治理可以区分为“动员型村级治理”和“分配型村级治理”。

在村庄公共舆论可以发挥作用的情况下，对村干部个人才干和村集体经济资源的要求就会不满，村庄秩序依靠村庄内聚力来获得。在这种村庄的民主中，村民大多会选那些德高望重或一致赞同的人出来主持村政，办理村务，民主的办法只不过是对村庄古老惯例及传统的承认和认同。这类村庄在当前中国已不多见。

缺乏公共舆论压力的民主化村级治理不得不对村集体资源和村干部个人才干提出要求。其中村集体经济资源状况是不可选择的，村干部个人才干的可选择性因此显得尤为重要。正是村干部个人才干的可选择对于民主化村级治理的重要，构成了民主化村级治理型态变动的关键。

从理论上讲，村集体经济资源较少的动员型村庄，更加依赖于村干部的个人才干来发挥其对民主化村级治理从而对村庄秩序的基础性作用，因为村干部更缺乏对付少数反对派以实现村民多数人意愿的手段。村集体较多的资源为村干部提供了较多的治村手段，村民选举村干部时，就更多地从村干部的品质方面选择那些能人和好人。在农村集体经济资源较少的村庄，好人无法对付少数反对派，村民盼望一个可以压服少数反对者从而为村庄提供公共秩序的强人。也就是说，在民主选举村干部的总体倾向上面，不同类型村庄会有不大相同的民主化村级治理形态出现的概率。分配型村庄倾向于好人和能人型村级治理，动员型村庄呼唤强人型村级治理。正是这种不同的总体倾向性，构成了分配型村级治理与动员型村级治理略有些不同的村治形态变动的底蕴。

选举和村级治理形态的循环

可以选择任何一种民主化村级治理的形态作为讨论的逻辑起点。我们以好人型村治为逻辑起点。因为好人缺乏说服或压服村中少数人的能力，而可能构成对村庄秩序的损害，村民期待村中有魄力的强人出来为村庄秩序服务；强人在治村的过程中，很容易过度使用自己的强悍，当他感到村民无力构成对自己的强有力监督时，他很可能会借办理村务之机，为自己谋取私利，这种谋取私利行为被村民发现，但村民慑于强人的强悍而敢怒不敢言，这样的强人也就变成了村中恶人。下次选举，这样的恶人就会落选，村民试图选出一个能人出来。当村中能人较少或没有能人愿意出任村干部时，村民被迫再选好人，而能人若愿意出来当村干部，他的当选似乎不成问题，但能人因为不愿意得罪村中少数人而可能造成村中公益的损失，他这时必须创造出更大一块在每个村民之外的公共收益。当他可以创造出这种收益时，他会受到村民更多的信任与期待；若他只能创造出较少的额外公共收益时，他会感到村民的不满。他发现当村干部并不能获得自己所渴望的面子和社会声望，而是“两头受气”，他便会在任期届满时退出村干部的竞争。

以上关于民主化村级治理形态的变动过程，构成了村治形态循环的一般图景，加入更为具体的背景材料，可以将此一般图景描画得更为清晰一些。以下我们分别描画动员型村庄和分配型村庄民主化村治型变动的不同侧重点。

在动员型村庄，因为村集体经济资源较少，村中举办公共工程和公益事业的第一步，是从村民中提取人财物资源，这个提取资源的过程是村级治理中最为艰难的过程，村干部必须有足够的说理的耐心和可靠的魄力让每个村民相信，这种提取有益于村庄秩序从而有益于每个村民的生活。换句话说，村干部必须是能说会道、性格强悍的强人，他有能力让村民服从村庄公益。

不过，从村民手中提取出资源还只是整个治村进程的第一步，村干部必须用这些提取出来的资源为村民创造足够多的公共收益。在当前乡村关系条件下，村干部很可能迫于乡镇收取税费的压力，而将本应办理村庄公益的资源“挪用”上缴。此外，动员型村庄也往往是经济贫困的人口流出村庄，人口流出是村中精英人物的流出，这种精英人物的流出，使村庄生活的未来预期大打折扣，村庄的历史感难以创造。掌握着村庄资源但缺乏历史感的强人村干部就很可能用这些资源来谋取私利，最终，强人村干部是将举办村庄公共工程和公益事业的资源提取上去了，他们却一直不能创造出村民渴盼已久的公益出来。这样的强人伤透了村民的心，村民下决心在换届选举中让他落选。

村民渴望好人上来。好人也许创造不出村庄公共收益，但他起码不会像强人村干部那样“软硬兼施”地从村民手中提取本来不多的资源。

开始的时候，村民会满足于无为而治的好人型村干部。不久村民却发现，好人村干部不仅创造不了公共收益，而且没有足够的能力调解村民之间的纠纷，对付村里村外的地痞，以前多少还能维持下去的日常秩序，现在也举步维艰：播种季节亟须的灌溉用水无法引流过来，村中道路越来越坏，一些人更加敢于明目张胆地将村集体的树木据为己有。村民深深感到了好人治村的不便，好人也发现自己在治村过程中难有作为，村庄因此陷于瘫痪状态。

这样，动员型村庄民主化的村级治理正如那些低度关联村庄一样，陷于营利型经纪和半瘫痪状态的循环之中。

分配型村庄因为村集体占有大量经济资源，村干部不必从村民手中提取资源来创造村庄公共收益，他需要合法地使用好村集体的经济资源来满足村民日渐提高的对村庄秩序的期待。

与动员型村庄对强人的渴望不同，分配型村庄首先需要有能力创造村庄公共收益的能人。能人可以凭借自己的经营头脑和在外面见过的世面，较一般人更为有效率地使用村集体经济资源去创办企业，建造公共工程，能人创造出了多于村民期望的村庄公益，村民更加信任能人，能人对治村也更加信心百倍。

信心百倍的能人往往期望创造更多的村集体经济实力。他更愿积累，而不大情愿将村集体的财富分给每个村民享用。这个能人的积累倾向引起村民的反感，村民愿意一个较少主见的好人上来，将村集体的财产量化到村民个人。好人愿意顺应村民将村集体财产更多量化到个人的意愿，但好人往往难以做平这个量化到人的工作。一些村民说分给自己的太少了，另一些村民说有些人分得太多。分来分去，好人累得不行，强人便出来了。

虽然分配型村庄因为村集体较多的资源，而减少了村干部对付少数反对派的困难，但村中的少数派仍然存在：旧村改造时，少数村民拒绝接受其他村民都已经接受的拆迁协议，一些村中地痞以远高于市场的价格要求承包村集体公共工程，等等，能人和好人都无法解决这些问题，因此，分配型村庄有了强人治村的空间。

比较动员型村庄和分配型村庄村治形态的变动趋向，动员型村庄以强人治村为中心轴，分配型村庄则以能人治村为中心轴。动员型村庄的村治形态主要在强人和好人之间循环，很容易滑向恶人治村。分配型村庄的村治形态则主要在能人和好人之间循环，强人有时成为村民期待的目标。

理解乡土中国的政治理论框架

“二战”以后，拉丁美洲一度成为世界现代化最为迅速的地区，但很快，随着农民的破产，大量城市贫民窟的形成，城市化和黑恶势力结合，造成了民主选举的文官政府的困境，渴望秩序的国民期待军人出面维护社会秩序，军人便屡屡专政，形成了民主政府和军政权之间的拉美式政治循环，这种政治循环加剧了拉美一些国家的政治动荡，并影响了拉美国家的经济发展。

如前所述，恰好在中国农村的民主化村级治理中，也容易出现（事实上在很多地区也的确出现了）这种类似的循环。这种循环不是一种偶然现象，而是与民主这种治理方法，与当前村庄的实际处境，与中国特定的发展阶段密切联系的。

民主化村级治理的特殊性或说乡土中国政治的特殊性在于：第一，国家当前的财政还无力为村庄提供足够的公共服务，比如公共工程建设和社会治安的维护等，而需要由村庄组织起来自我提供，即《村组法》规定的“自我管理、自我教育、自我服务”。第二，民主化的村级治理本质上是一种社会治理而非国家治理，但是，村级治理所提供的公共服务具有强烈的外部性，是在村庄而非可选择的村民中实现的，这样，民主化村级治理就存在着如何理性对待大多数人的决策与如何说服少数反对者的问题。前者决定了村民自治与城市居民自治完全不同，民主化村级治理是以村庄是一个相对独立的社区共同体为基础的，而居委会只是整个城市街道的一个分子，并非独立的社区，更不能成为一个相对独立的共同体。后者决定了村庄社区公共舆论，村集体资源以及村干部个人才干对村级治理具有的决定性作用。

因此，要建立理解乡土中国的政治理论框架，就需要在以下一些方面有所认识。

第一，村庄社会是一个相对独立的社区社会，具有社区共同体的性质，其中的关键有二：一是村庄社区有相对独立的秩序空间，二是国家也希望村庄社区获得自我秩序。

第二，村庄社区相对独立的特点，为村庄公共舆论发挥作用提供了空间，但因为村庄“机械关联”大多解体，村庄公共舆论在保持村庄秩序中的作用不是很大。

第三，村集体经济状况和村干部的个人能力是民主化村级治理中可以调用的两种关键资源，相对来说，村集体经济状况是稳定的，因此，构成对民主化村级治理重要的可变资源正是村干部个人能力本身。

第四，正是以上三个方面的原因，导致民主化村级治理并不是简单的多数人对少数人的决定机制，也缺乏某种稳定的村治形态。大多数情况下，村级治理因为其特殊的问题，而引发一轮接一轮的村级治理形态的循环，村民每一次具体的选择，都会引起一次新的选择可能性。这种村治形态的循环，与民主化村级治理的内在矛盾有关。

第五，村民是有思维可改变人而不是理论逻辑上的不变的符号，因此，在民主化村级治理的过程中，村民会从实践中特别是从每种村治形态中形成他们自己的政治经验，这种经验积累得越多，他们就会越成熟，民主化村级治理向良性方向循环的可能性就越大。

结　语

研究民主化村级治理形态及其循环，有助于我们认识当前乡土中国政治的具体处境，深化我们理解乡土中国政治的现实状况。即便是乡土政治，也不是一种线性的运作模式，而具有十分复杂的表达方式。本节只是对乡土政治的逻辑分析和推论，这种逻辑分析和推论的结果与我们近年较多的经验研究是吻合的。有了这种对乡土政治的把握，就可以批驳那些一叶障目，认为民主化村级治理不过是些黑金政治和恶人治村，由此否定村民自治制度合理性的观点，也可以防止那种对村民自治实践可能性的简单化认识，真正将村民自治这一民主化村级治理的研究推向深入。

村级治理中的村民代表*

——关于村民代表会议制度效能的讨论

引 论

1998年修订实施的《村组法》较试行法的一个重要的不同是增补了第二十一条："人数较多或居住分散的村，可以推选产生村民代表，由村民委员会召集村民代表开会，讨论决定村民会议授权的事项。村民代表由村民按每五户至十五户推选一人，或者由各村民小组推选若干人。"据民政部参与修订《村组法》的有关人员讲，增补村民代表会议制度的内容是新《村组法》的重要改进之一，可见实践部门认为村民代表会议制度对于村民自治是十分重要的。在学术界，徐勇认为，"相对村民而言，村民代表一般素质较高或社会影响较大。在农民的政治、文化素质普通较低的背景下，村民代表会议在村民自治中的实际影响和作用较大。"① 张静将村民自治划分为代表性自治和权威性自治两种类型。她认为在当前农村存在行政"吸纳"政治的情况下，形成了乡村干部事实上的利益网络，而"如果选出来的乡村权威仍然依据原有的方式治理乡村，选举就只是增加了新权威的合法性，但并没有促进选举之后基层政权和村民权利关系的制度性改变，它产生的是权威性'自治'"。权威性自治和乡村干部网络互为联系，阻挡了来自村民及国家两方面对基层干

---

* 本节曾发表于《学习与探索》2002年第3期。

① 徐勇：《中国农村村民自治》。

部配置的参与。它排斥了社会力量的制衡权利，使选举后的乡村治理问题仍然局限在少数人参与并控制的范围内。张静因此认为，村民自治仅仅选举是没有用处的，必须由权威性自治向代表性自治转化，不仅在村委会选举阶段，而且在整个村民自治的过程中，赋予村民代表会议足够的权力并将这种权力制度化。[①] 郎友兴和何包钢也认为，在村民自治实践中，村民代表会议的实际影响力与作用比村民会议大，这不仅是因为村民代表在村中具有高的威望和素质，而且他们更易具有荣誉感、成就感和责任感。[②]

的确，村民代表会议制度对于村民自治制度的实施十分重要，它往往成为村务“民主决策、民主管理、民主监督”的核心部分。正因为村民代表会议制度如此重要，具体考察村民代表和村民的关系及村民代表与村干部的关系，就具有十分重要的意义。本节中，笔者希望以农村调查中发现的一些关于村民代表的片段，来讨论村民代表这一中心词及其组成的村民代表会议制度效能的村庄基础，而不是抽象地讨论村民代表会议的功能。

村民代表与村民和村干部关系的一般图景

考察村民代表在村级治理中的作用，核心就是考察村民代表与村民的关系和村民代表与村干部的关系。从理论上讲，村民代表是由村民选举产生的，村民代表一般都是村庄中声誉较高、素质较好的村民，村民理应信任村民代表，村民代表在村民中具有影响力和动员能力。从我们的调查和有关资料来看，1998 年《村组法》正式颁布实施以后，全国农村不仅普遍推选村民代表建立了村民代表会议，而且推选村民代表的方式十分民主，大多采取 10—15 户村

---

① 参见张静：《基层政权：乡村制度诸问题》。

② 参见郎友兴、何包钢：《村民会议和村民代表会议——村级民主完善之尝试》，《政治学研究》2000 年第 3 期。

民共推一位村民代表的办法。因为村民之间相互熟悉，推选出来的代表大多是素质较高的村民。这是村民代表会议可以发挥作用的重要方面。

由村民推选产生的村民代表，不仅应该具有较高的素质，而且具有参与村务的能力。因此，在村务管理、村务决策和村务监督中，村民代表应该对村干部有着强大的约束能力，村民代表会议不仅成为决策村务的主要场合，而且成为与村干部形成对话的场合。高素质、重声誉，也懂得村务的村民代表，可以为村务决策和管理提供智慧。他们也可以判断村干部提出的村务财务报告中的疑点或问题，从而判定村干部工作的好坏。村民代表因此成为村干部的智囊、监督者、合作者和评价人。

进一步说，因为村民代表是由村民选举出来的，受村民信任，素质较高且声誉较好，村民代表自然会在村民中拥有影响力和动员能力，而村民代表因为具有参与村务决策、监督和管理的足够机会，而具有与村干部全力合作协商的机会，这就可能导致如下结果：对于一些于村民有益、于村庄秩序有益的重大村务，村干部可以通过与村民代表协商，形成决议，然后将此决议由村民代表宣传动员到村民中去，从而办成、办好仅仅凭借村干部难以办好的事情。换句话说，村民代表充分参与村务管理、监督和决策，将大大提高村民集体的一致行动能力。经济的协作因此容易达成，比如修路建桥；违反村规民约的行动将受到比过去更为严厉的村庄压力；外来的地痞和上级不合理的摊派更可能被村民集体拒之门外。通过村民代表和代表会议这一制度设施，村庄的合作能力提高了，村民的团结程度提高了，过去办不成的事情现在有了办成的希望。

其实，这个推断正是过去实践部门和学术界共同拥有的信念，这种信念不仅来自于理论推断，也为大量的实践所证实。这个关于村民代表会议效能的一般图景也为笔者的调查所证实。笔者的调查还证实，从某种意义上，甚至是不由村民选举而由村干部任命的村民代表所组成的村民议事会，也往往具有村民代表会议所具有的这种效能。

但是，以上关于村民代表会议效能的一般图景往往受到一些例外因素的影响，而使其发生作用的能力蒙有一些阴影，并造成不是因为制度安排不到位，而是因为村庄基础不充分，所产生的村民代表会议制度效能的弱化。讨论这些构成村民代表会议制度效能例外情况的村庄基础，对于深化对村民代表会议制度的认识、理解现实生活中村民代表会议制度实施程度与效能的不平衡，具有十分重要的作用。以下通过一些调查实例来做讨论。

村民代表与村民和村干部关系的片段

近年的农村调查中，笔者发现了大量关于村民代表与村民和村干部关系的有趣片段，本节试图通过描写这些片段，得到一个与学术界所理解的关于村民代表会议效能一般图景略有不同的实践可能性，这种可能性不是源自制度安排不到位，而是因为村民代表会议制度发生作用的村庄基础不充分所致。

先讲两个村民代表与村民关系的片段。第一个片段是 1999 年 7 月的事情。1999 年 7 月荆门市在孙村进行村委会换届选举的试点，笔者参加了这次试点。应该说，这次选举试点是严格依法进行的：在试点之初，按照每 10 户推选一个村民代表的办法推选了 40 多位村民代表。然后，以海选的方式确定候选人。因为有的获较多主任提名票的候选人对于能否竞争当上村委会主任实际情况的考虑，在依预选提名票确定两名村委会主任正式候选人时，出现了主任预选得票居第二位者至第四位者均不愿与最高得票者竞选，而退为村委会副主任或委员竞选的情况。这一点从选举程序上并无问题，村民代表也参与过确定正式候选人的讨论，知道这样并无不妥。但问题在正式选举投票前一天发生了。一个村民小组的 3 个村民代表告诉参与选举试点的负责人说，他们村民小组的村民认为在确定正式候选人时做了假，即不应让村主任候选人预选得票第五位者与第一位者竞选村委会主任，而应让第二位者与第一位者竞选。他们因此决定不参加选举，除非市里参与试点的领导当天晚上到组里解释清楚此事。我们问村民代表为什么不向村民讲清楚此事，一个村民代表备感委屈地说，你哪里讲得清？虽然我是他们选的代表，但他们根本不相信我们。前几天我被他们选为代表，参加村里召开的村民会议之后，顺便买了一个西瓜回去，就有村民说我这个西瓜是村里分给我们代表的，我一再解释，没有人相信。以前关系一直很好，被他们选为代表没几天，关系就变得怪怪的了。也因此，我们向他们解释确定正式候选人的程序，他们根本不听，说只相信市里的领导。第二天正式选举时，这个村民小组的一些村民仍然被动员参加了投票。选举后的第三天，我们去做个别访谈，村民相信我们的解释，但他们不相信镇村干部，也不相信村民代表。的确，问题的关键是村民并不相信他们刚刚选举出来的村民代表，没有人能够代表村民，村民不相信任何人。

第二个关于村民代表与村民关系的片段发生在向村。2000 年 5 月笔者到向村做关于村委会选举的补充调查，刚好向村 3 组和 4 组为山界发生纠纷。村干部决定调解这场纠纷，因此让 3 组组长和 4 组组长召集各自村民小组的代表进行现场处理。4 组组长去找 1999 年由村民选举出来的代表，结果，没有一个村民代表愿意为组里的事情耗费这个时间，4 组组长只好找了几个原来当过村干部的老党员参与与 3 组的山权谈判。山权谈判不成，年轻的 4 组组长因为全组竟没有一个代表愿意为组里的事情花费一点儿时间而气得不行，他要求村支书当天晚上到 4 组召开小组会议，现场改选村民代表。支书说，村民代表也是一选三年的，你怎么可以说改选就改选？

再讲两个村民代表与村组干部的片段。第一个片段是村民选代表清理村民小组财务的事情。2000 年夏粮征收时，童村 8 组村民要求清理本村民小组的账目，否则就不交夏粮。童村 8 组村民一直怀疑本村民小组财务账目有问题，多次向镇村两级提出清账要求，一直未能成功。这次拒交夏粮让镇政府下决心彻底清理童村 8 组的财务，因此，一方面镇里抽调会计人员进驻童村 8 组，另一方面让童村 8 组村民选若干村民代表会同清理人员一并清账。在清理过程中，逐张核实开支条据，结果，参与清账的村民代表因为或多或少得到过原村民小组的或请客或免提留或减积累的好处，而睁一只眼闭一只眼。

第二个片段也是关于村民选代表清理财务的事情，这一次发生在村一级，地点是迪村。因为迪村复杂的权力斗争和村民普遍对村财务的怀疑，而在 1995 年形成了一个每年都由村民代表清理村财务一次，每次清理一个星期的制度。这个事情也颇为有趣。清理财务的村民代表是由村民在各自村民小组选出的，他们既具备清理财务所必需的基本财会知识，又是本村民小组有一定影响的人。但这些代表在清理财务期间，很快便关心起自己花费一周时间清理村级财务的合理性来。村干部是敏锐的，他们与村民代表商议买一头猪来杀掉办伙食，另外决定每个清账代表每天补贴 25 元现金。这样，每年一次的村财务清理便形成了一次清账一周杀猪一头，每顿饭都喝酒，且每个清账代表可以有 100 多元补贴的惯例。当清账代表是很合算了，他们当然也不可能再清理出村干部的经济问题来。①

对以上片段的讨论

以上讲的四个片段并非四个特例，在农村调查中，我们经常听到如此颇为矛盾的故事。以下笔者希望通过对这些片段的讨论，理清支持它的村庄基础，从理论上构造关于村级治理中村民代表会议效能有别于一般图景的可能图景。

首先，关于村民代表与村民的关系，存在的一种理论上的可能性是村民虽然选举了自己的代表，但并不信任自己的代表。造成这

---

① 以上四个片段均见贺雪峰主笔:《遭遇选举的乡村社会——荆门市第四届村委会选举观察》一书。

种后果的原因，一是选举本身的不规范，村民对选举出来的代表不满意；二是选举代表的次数太少，村民还不习惯于选举及建立在选举基础上的委托代理关系。这是两种一般性解释。另外一种可能的解释是，村民之间的传统联系已经解体，现代民主理念又未建立起来，村民既不是传统意义上的处于传统社会网络中的农民，又不是现代意义上的公民，而是原子化的村民，因此，没有人可以代表其他的人，也没有人愿意代表其他的人。这样，按照现代民主理念选举出来的村民代表，只是在形式上具有代表选举自己的那些村民的权利，村民内心里却并未打算因为选举了自己的代表而将权利委托于代表，也并不因此就信任代表。代表既然感受不到这种信任和权力，他便仍然只是代表着个人的利益，作为代表的村民，其行为理性不是来自于委托一代理关系而是来自于实际好处。

若是后者而不是前两者构成了村民代表与村民之间的分裂关系，那就不仅需要从制度上寻找原因，而且需要从村庄基础上寻找原因。传统的关系网络通过塑造出来的村庄社会中的面子声望观和长期共处的信任关系，使得村庄社会分层及建立在这种分层基础上的事实上的代表能力强劲有力。在一些宗族势力较大的村庄，宗族代表人物具有对本族成员的权力，他可以代表宗族，宗族成员也信任他，他因此具有与其他人的谈判能力，他也有能力将达成的协议在本宗族范围落实。这种意义上，在传统乡土社会，代表从来都是存在的，如村社委员会的存在等。这些代表一般都不是选举产生而是在长期共同生活中自然中形成的。在现代公民社会中，选举代表的含义则有着让每个人都清楚的权利授受关系。因此，选举者和被选者的权利义务边界清晰。当前中国农村村民代表的选举，有些是在传统关系解体，现代理念未建立的情况下进行的，选举本身往往是培育村民公民意识和训练农民政治权利和义务感的一种办法。

村民代表与村民之间的这种互不信任和互相不能代表的关系，与村民代表和村干部之间的关系，相互形构和强化，进一步消减了村民代表可能发挥作用的空间。如前面引叙的关于村民代表与村组干部关系的两个片段，村民代表显然不大认为当代表可以在精神上和面子上为自己带来多少满足，他们也缺乏一个公民应该具有的政治责任感和义务感，因此，他们的行为充满了物质利益的考虑，甚至在他们的不当得利已引起村民的普遍不满之时，他们依然如此。

当村民代表过多考虑物质得利而全然不将村民的评价放在眼中时，村民对代表充满失望，而村干部恰恰可以利用自己掌握的资源，来收买这些一个一个的精英。得到物质利益的村民代表不愿意得罪自小就与自己生活在一起的相互熟识的村组干部。村干部与村民代表便相互庇护起来。

综合以上村民代表与村民和村干部关系的讨论，可以看到，相互形构和强化的村民与村民代表的关系和村民代表与村干部的关系的形成，是由于村庄社会缺乏传统的道德价值观，又缺乏现代的政治责任感，原子化的村民无力给村民代表和村干部的正当行为以强有力的激励，也无力给他们的不良行为以强有力的约束，与当村干部和村民代表所需要耗费的时间精力和可能得到的物质好处相比，依照善行准则行事，成为一件颇不合算的事情。也就是说，在村民已经原子化或说村庄社会关联度较低的村庄，村民代表会议制度本身存有发挥效能的陷阱，这种陷阱造成村民代表会议制度效能对一般图景的偏离，这种偏离构成了村民代表会议制度建设的困境：村民不信任代表，代表缺乏说服村民的能力，村干部期望通过村民代表会议来增加村庄资源动员能力、形成扬善抑恶决议的期待大多落空，而村干部的不良行为却可能在与村民代表达成的默契下得以蔓延。如此一来，村民对选举村民代表愈发丧失兴趣，对村民代表会议做出的决定愈发不放在眼里，村组干部发现试图通过村民代表会议来实现自己宏大抱负并无益处，而村民代表所具有的制度上的监督作用，愈发可能通过物质利诱和私人交往得以消解。村民代表也因此愈发失去对村务管理和监督的兴趣，而愈发专注于自己实际上可能得到的点滴好处。一个良好的制度设计，因为村庄基础的不具备，而存有效能逐步衰减的可能。

一个具有效能的制度必须在其发挥作用的过程中创造出收益，其中一些人或所有人可以从这个运作的制度中受益。当村民代表会议制度在一些村庄运作时，没有人可以从中受益，这一制度便很难真正有效地运作下去。从一般图景上看，村民代表会议制度是当前村级治理中最容易获得收益的制度安排，这种收益可以让村民、村民代表和村干部三方受益，即让村庄利益和秩序得到好处。但是，在村民为原子化的状态时，没有人可以约束他人，也没有人有能力代表他人，这时候的村民代表会议制度安排能找到足够自己有效运作下去的受益者吗？村民代表会议制度运作的成本和村庄受益者所得到的好处相比较能否降得足够低吗？这些显然是在实际的村级治理中需要进行考证的。

真正原子化的村民是没有的，村民代表的有些行为只是农村特定场合的特殊行为。以上构造出一幅在原子化村民基础上可能的村民代表会议效能衰减的理论可能性，是希望提醒村级治理的研究者，必须考察村级治理制度的村庄基础。因为村民原子化程度的不同，或说村庄社会关联度的不同，村民代表会议制度运作的效能不同，同一制度的实施成本也不同。明确了这种不同，有助于我们不是从个人的角度，而是从社会的角度，来评论一种治理制度的生长状况，进而来讨论一种治理制度在不同社会基础的不同运作条件，然后制定出有一定差别和弹性的制度来。

结　语

村民代表的关键是代表能力的问题。一方面，村民代表必须有能力代表村民参与村务的决策、管理和监督，一方面，村民代表必须有能力将讨论通过的村务决定贯彻实施到他所代表的村民之中，让村民相信遵守这个决定对自己有好处。通过村民代表，每三年一次的村委会选举所形成的民主化机制常规化了，村民多了监督村干部的渠道，村干部多了智囊和动员村民的能力。有代表能力的村民代表所组成的村民代表会议，真是村级治理的福音。

不仅如此，有代表能力的村民代表因为与村民之间稳定可信的关系，而可以代表自己所在群体的村民与代表其他村民的代表们，协商关于维护村庄秩序和村民利益的诸种好事。村干部可能一时还无法为村民所接受的宏大的治村抱负，也可以通过与具有代表能力的村民代表的协商，而为村民代表所理解和接受，从而变成村民所可以接受的治村方案。不同群体村民在治村过程中，实现利益的多少或先后会有不同，具有代表能力的村民代表们可以通过坐下来心平气和地协商，达成妥协。村民的一致行动能力不因为一时半会儿的利益不一致而受到影响，那些对农民"善分不善合"的担心，真有些杞人忧天了。

但正是在村民代表的代表能力上，不同的村庄具有相当不同的可能性。村民代表的代表能力不是指村民代表的个人能力，而是他是否具有代表村民的意愿及村民是否给他实现这个意愿的机会。构成村民代表代表村民意愿的因素，不仅是村民代表和选举产生他的那10—15户村民群体之间的制度结构相联系，而且与产生村民代表的这个村民内部的联系程度及充当代表的村民对利益的感受状况有关。村民代表或因为面子与声望，或因为经济上的好处，而愿意作为代表来耗费自己的时间、精力和智慧。代表所产生的这个村民群体则因为传统的好的关系或代表本人负责任的友好言行，愿意相信他的代表行为。传统村庄中的人际关系，往往使村民愿意为代表村民的利益而耗费精力，村民小群体也愿意相信这个传统道义上一直可靠的邻里。在现代公民社会，村民代表与他所代表的村民之间规范的权利授受关系，也使得村民代表和他们所代表的村民，愿意相互遵照既有的权利义务边界行为。

构成村民代表能力的以上条件，对当前就业相当不充分、经济处境十分恶劣的处于转型时期的农村社会来讲，可能是有些苛刻了。前叙列举的调查片段，在那些传统的人际联系开始被割断，现代的稳定联系又未建立起来的村庄，可以说是相当常见。这种情况下，村民代表的代表能力便大成问题，而理论上村民代表会议的诸多功效便因此大打折扣。在一些情况严重的地区，村民代表的代表能力太弱，以至于村民代表会议制度安排的成本太高，从村民代表会议中得到收益的群体却很少，而可能造成村民代表会议制度不是因为制度措施不得力，而是因为村庄基础不具备所导致的形式化的问题。

当然，村民代表的代表能力正如农民的民主能力一样，是一个只有通过实践才能可靠得到的东西。在相同的村庄基础下，好的制度可以催熟那些不成熟的基础，在有了好的基础却没有好的制度安排的村庄，村级治理便会损失许多好的机会。村民代表会议制度是一件可以为村民带来利益，从而可以为自己找到动力的良好制度。只是在评论村民代表会议制度时，我们不应该因为它是好制度就忽视了它的村庄基础和它在实践中可能具有的不同表现，同时也不应该因为它在一些村庄的实践中效果不佳就对它失去信心。

人口流动对村级治理的影响*

——人口流出村与流入村的比较

《华中师范大学学报》2000 年第 2 期在“村治研究”专栏发表过一组农村人口流动与乡村治理关系的研究论文，这组论文不仅有对人口流入地区村级治理的讨论，而且有对人口流出地区村级治理的讨论，其中徐勇讨论了大规模人口流动带来乡村发展空心化、乡村结构再复制和乡村秩序失衡性等问题及其对乡村治理的影响。本节试图在徐勇等人讨论的基础上，结合个人调查的经验，来建立一个人口流动对村级治理影响的理论模型，其中重点比较人口流入村庄与人口流出村庄村级治理的不同。

人口流出村庄与人口流入村庄

据有关资料统计，全国共有超过 1 亿的劳动力流出村庄在外务工经商，这些劳动力大部分流入城市，少部分流入发达地区的乡镇企业，因此，仅仅从劳动力流出还是流入上，可以将村庄分为两种类型：劳动力流出村庄和劳动力流入村庄。总体来讲，劳动力流动是由中西部农村向东部农村，由农业型村庄向城郊村庄，由经济贫困村庄向经济发达村庄的流动，以及由农村向城市流动，由欠发达地区向发达地区流动。从劳动力流出村庄和流入村庄的数量上比较，流出村庄数十倍及至上百倍于流入村庄，但从当前学术界已展

* 本节曾发表于《学海》2002 年第 1 期。

开的调查和研究来看，相当多的劳动力流入村庄都得到了研究，例如中部地区的南街村、刘庄，苏南农村、温州农村、珠江三角洲农村以及发达的城郊村庄。相反，人口流出村庄较少受到学者的关注。也许是学术界认为，发达村庄构成了中国农村的未来图景或研究发达村庄可以为贫困村庄找到致富之门，或更直截了当的，发达村庄有故事，这种研究可以引起读者的兴趣，等等。

不考虑劳动力流出和流入村庄的数量，而将之作为两种研究类型，我们可以建构一个抽象的关于两类村庄的典型理论模型。

人口流出村庄。人口的流出当然是指劳动力的流出，劳动力流出的原因是在村庄以外可以有更好的经济收入及发展机会。人口流出村庄的表象是在村庄就业的劳动力越来越少，实质则是村庄越来越无力为村庄劳动力提供就业机会。其特征有以下一些：一是村庄能人越来越多地离开村庄，而在村外谋求发展，有能力的人在外流动，流不出去的人大都是些没有能力的人；二是村庄生活仅仅成了村民生活的一部分和一部分村民的生活，相当部分村民在村庄以外实现自己的就业和生活；三是村庄生产和生活呈衰败症状，村庄生产越来越难以正常运转，村民生活越来越支离破碎；四是村庄共同体意识受到极大冲击，共同的村庄生活遭到破坏；五是村庄舆论越来越无力量，村民行为的理性化倾向越来越明显，传统迅速被破坏或丢弃，对未来村庄生活的预期越来越少；六是越来越多的村民随着收入重心转向村外，而将生活重心转向村外，村庄社会边界和自然边界双双被打破；七是村民一致行动能力越来越弱，民间合作越来越难，缺乏经济协作造成的人财物浪费及村庄无序现象比比皆是；八是村庄越来越老龄化和低龄化，村庄生活了无生气。

人口流入村庄。既然有劳动力流入，说明这类村庄的经济较为发达，收入较为可观，村庄本身有能力为外来的劳动力提供就业机会。这类村庄的特征大致有以下一些：一是经济的相对发达和劳动力的流入，创造了村庄的繁荣状况，村庄生活成为可期待的生活；二是相对发达的经济为村庄能人提供了发挥作用的舞台，村庄能人往往在村庄寻求发展机会；三是因为经济本身的发展，带来集体土地资源的增值，土地的集体所有使得村庄拥有了相当部分的集体财产，对这部分集体财产占有与分配的权利，使村庄在自然边界越来越模糊的情况下，社会边界却越来越清晰；四是由于村庄社会边界的进一步清晰，使村庄的共同体意识得以加固，村庄文化的发展因此有了空间；五是村庄文化的发展，既可以是传统文化的复萌，传统人际关系因为有了较为充裕的经济收益而得以生长，也可以是新的建构文化策略的成功，村庄文化建设的诸项措施得以实现；六是在村生活为可欲的目标，村庄共同体成为可能和村庄文化得以建构的情况下，村庄舆论自然而然发生作用，村民的一致行动能力因此大大提高。

正是由于人口流入村庄与人口流出村庄的以上不同特征，造成了全国一统的村民自治制度在村庄内的不同遭遇和效果。讨论人口流动对村级治理的影响，就是讨论人口流动造成的村庄状况的不同及这种不同的状况为村级治理提供的村庄空间的不同，以下展开这种讨论。

人口流出村庄的村级治理

不考虑其他条件，仅仅讨论人口流出对村级治理的影响，显然是不完整的。因此，我们的讨论只是一种理论上的一般性讨论。

村级治理，特别是《村组法》规定的以民主选举、民主决策、民主管理和民主监督为核心的村民自治，其根本问题是村庄秩序能否达成。达成村庄秩序的办法有两种：一是如人民公社体制下的国家行政力量直达农户的强控制型的治理制度，这时的村庄秩序依赖于外来的力量；二是主要依赖于村庄内生力量的制度安排，如村民自治制度所设定的“自我管理、自我教育、自我服务”的目标。没有疑问，当前国家试图依赖村庄内生力量来获得村庄秩序，人口流动正是在这里构成了对村级治理也就是村庄秩序获得能力的影响。

村级治理或村民自治要内生地获得村庄秩序，就需要解决以下一些问题：第一，村庄共同体的存在，及村庄舆论可以起作用，其关键是大多数人对少数人的舆论压力是否存在及有效；第二，村干部是否将当干部看作一件荣耀的事情，或者只是当作谋取经济收入的手段；第三，村民是否认为村庄生活是值得的，从而关注村庄的未来，投入村庄的建设。或说村民是否认为值得为村庄未来的发展而牺牲个人的眼前利益。

我们以此三方面来考察人口流出村庄的村级治理。由于人口的不断流出，村庄生活的未来预期是递减的，村庄生活也是不完整的，即使是存在村庄共同体，这种村庄共同体也会随着村民特别是村中能人生活不断转向村庄之外，而受到损害。由于村庄就业机会和发展潜力较少，村民摆脱村庄的经济成本很低，虽然很多时候村民心理上还是依恋村庄生活，但当村中能人在村庄之外获取更多收益时，一般村民便都有了外出务工的打算，除非因为在外务工过于艰难，他不得不又回到村庄来重复贫困无味的生活。因为村庄经济不发达，流出村庄的机会成本很低，村民就更加没有理由承受村庄舆论压力，考虑村庄未来发展了。简言之，人口流出村庄因为村庄本身的欠发达，和村庄能人在村庄以外的获益，而造成村庄共同体的不完整性，村庄社会边界没有意义。村民因为脱离村庄的机会成本低，而较容易割断与村庄的经济联系而进一步可能会割断与村庄的社会联系和心理联系，这些又反过来影响了在村村民对村庄未来生活的预期，失去为建构村庄共同体所需要的耐心，承受暂时的利益受损，村庄舆论也因此更加不起作用，村级治理中的“少数人决定”因此成为普遍现象，村民的一致行动更加困难。

村中能人缺乏在村庄的发展机会而外出务工经商，使得在村能人越来越少，出任村干部的村民，往往是些能力平庸或希望通过当村干部来谋取私人经济好处的人。村庄公共舆论的缺乏，不仅使得村干部缺乏从村庄舆论中获取当村干部正当行为所可以得到的荣誉性评论的收益，而且不能构成对村干部不良行为的压力，村干部因此更容易变成为营利型经纪而不是村民利益的维护人。即使一个正直的有能力的人去当村干部，他也总是在两方面受到压力：第一，村庄较少的经济发展机会和他当村干部的可怜收入，使他缺乏当村干部所需要的气魄；第二，他总是不得不回答村民向他提的这样一个挑战性问题：你有能耐为什么不到外面去逞？他希望用自己的强力来征服村中少数反对者而为村民共同利益创造空间时，他不仅得不到村庄舆论的有效支持，而且没办法回答少数反对者对其动机正当性的怀疑。

这样一来，在人口流出村庄，希望通过村民自治来内生获得村庄秩序的村级治理，便既缺乏村干部的基础，也缺乏村庄舆论的基础。表现在村委会选举中，就是村中能人不愿当村干部，村民对村委会选举缺乏兴趣；表现在村务决策中，就是村干部的不良决策难以受到村民的有效抵制，而于全体村民有益的好事，却往往由于少数人的反对而泡汤。

人口流入村庄的村级治理

与人口流出村相当不同，人口流入村不仅有较为发达的经济和由此带来的就业机会，而且有由于经济发展带来的集体土地的升值和村集体资产的增加。村集体资产充裕带来村籍问题和由此造成的村庄社会边界的明晰化。村庄共同体意识由此产生，作为共同体的村庄也就容易建构起来。

因为村庄共同体的可能性，使人口流入村庄的治理具有与人口流出村庄极其不同的特点。持续发展的村庄经济（很多村因此而城市化了，所谓“村村像城镇”），使得村民对村庄未来预期长久化，他们因此关心自己现在在村庄的作为会被未来村庄历史来书写的样式，正如现在写着过去的历史一样。他们在村庄的一切都是有价值的，别人的评价也不是自己可以随意逃避得了的。发达而稳定的村庄生活和清晰的村庄边界，为一个希望为自己生活创造价值的村民，提供了服务于村庄秩序、贡献于村庄舆论的空间，也对一个自私自利的人的行为施加了其所顾忌的压力，这种村庄舆论压力与发达村庄所具有的分配型村级治理的特征相联系，就为村级治理中的多数人专制提供了有利条件。

在人口流入村庄，村庄场域为村庄能人提供了发挥才干的空间，有能耐的人都在村中创业，因此，村中人才济济，在这些济济人才中通过竞争当上村干部，真是一件令人骄傲的事情。有一次在温州农村调查，当选的村主任是一个不到30岁的私营企业家，当村主任一年要损失几十万元收入，但他仍然乐此不疲。他说，赚钱的机会很多，钱也是赚不完的，但当村主任为村里做点事情，机会是不多的，村主任当得不好，别人会对我儿子讲他爸爸的不好，因此，我不仅要当，还要当好。这个年轻的企业家村主任不仅在考虑自己的面子，而且希望为自己的儿子留点好名声。稳定的村庄生活，为村民和村干部双方创造了历史感，他们都愿意通过为村庄提供秩序而抓住未来。一个聪明的村干部若善于利用这种可预期的未来感，他会创建村庄历史，通过文化建构来进一步强化村庄舆论能力，调动村民对人生价值的关注。他可以主持村民编写村志，修建纪念古人的建筑，恢复被遗忘的仪式等，最极端的如南街村的“斗资批修”“狠斗私字一闪念”的策略，一般的如组织多种多样的文体活动等。

村庄生活的可欲性和由此生成的村庄社会边界及共同体意识，促使村民和村干部将自己现在的所作所为与一个确立的未来联系在了一起，因此使人生价值和个人脸面变得至关重要。这就构成了人口流入村庄村级治理的重要基础。因为有了村庄舆论的压力和以历史感为基础的文化力量，村委会选举中村民就多了一份责任，村务决策中少数反对派就经受不住多数村民的压力，村中大小事务，都会多一些爱管闲事的热心人出面调处，村庄秩序因此更容易获得，村民生活因此更加有序，村庄应对外来事变和处理村内纠纷，就显得得心应手，村民自治所期待的内生村庄秩序就会轻易到来。

从某种意义上说，人口流入村庄是较人口流出村庄更为复杂的村庄类型，因为较为发达的经济为村庄提供了更大的经济分层空间。有些人口流入村庄是以集体经济占主导地位的，如众所周知的南街村、华西村等，这些村庄仍然由那些具有传奇色彩的创业者领导着，另一些集体经济占主导的人口流入村庄是因为集体土地增值和土地征用带来的收益，如大多数富裕的城郊村庄，这类村庄，村集体财产成为村民争夺的目标，这部分财产究竟如何走向，还有待进一步的观察。还有一些人口流入村庄则是以个体私营经济或外资企业为主体的，如珠江三角洲和温州地区的情况。发达的私营经济创造了村庄内的社会经济分层，其中一个十分重要的分层是，原村庄住民中的一部分人因为经营失败或缺乏经营能力，而沦为村庄原住民中的贫困户，这些贫困户一方面如外来的打工者一样靠出卖劳动力谋生，另一方面又拥有原住民的身份（村籍）和由此得到的一些微薄好处，他们因此处于尴尬境地。

总的来讲，人口流入村庄的复杂情况并不影响村级治理的一般讨论。

人口流入村与流出村村级治理的比较

当然，人口流动只是影响村级治理诸多因素中的一维，从以上讨论可以看到，人口流出村庄和人口流入村庄因为劳动力流动方向的不同，而为村级治理提供了相当不同的基础。

表面上看，人口流入村庄与入口流出村庄有着巨大的差异，但作为村庄，它们有着很多相同点，这正是我们将之放在一起比较的原因。具体来讲，无论是人口流出村庄还是人口流入村庄，村民拥有共同的集体财产，村委会是一个相对独立的法人行动者，其中的主要方面是土地的集体所有；正是土地的集体所有，使得村庄成为一个有自然边界和社会边界的社区，一般情况下，可以清晰区分出村庄的自然边界和社会边界；清晰的村庄边界与国家当前特定现代化战略选择相联系，便是国家希望村庄更多内生提供公共秩序和公共工程，而这些公共工程如架桥修路和公共秩序如维护治安，在城市社区都是由国家提供的。村民自治之所以重要，就是因为村民自治不仅是用来训练农民的民主技术，培养农民的民主习惯，而且是用来解决农民生产生活中所急需但国家一时半会儿提供不了的公共服务的。

恰恰是村民自治这样一个希望内生获得村庄秩序的制度，因为人口流入和流出，而得到了相当不同的生长基础，总体来讲，人口流出村庄较人口流入村庄更加缺乏村民自治制度生长起来的条件，或反过来说，人口流入村庄的村民自治较人口流出村庄更容易做得好些。

正如前述讨论，人口流动影响村级治理的关键在于建构村庄共同体的难易。劳动力特别是村庄能人不断流出的村庄，不是一个完整的村庄，这种不完整不仅是生产的不完整，而且是生活的不完整。不完整的生产和生活构成了村民对村庄未来预期的不确立从而破坏了村庄的历史感，这时候，进行文化建构的策略，大多也起不到作用。人口流入村庄的情况则与之相反。建构村庄共同体这个相当社会性的问题，实质上与村庄历史感这个相当文化性的问题有着极大关系，单独讨论人口流动对村级治理影响的意义，正是要找出村庄历史感这个文化性的问题来。因为村庄历史感影响着有时是决定村干部的行为，也影响着村民的行为，由此就决定着村级治理的趋向和面貌。

村庄历史感与人口流向的关系，当然不是一种线性关系。在一些人口流出村庄，传统文化依然巍峨高耸，而在一些人口流入村庄，村庄生活已完全市场化了。某种意义上，当前中国农村，村庄的历史感与人口流向的关系与以上我们讨论的恰恰相反，这显得有些荒谬。事实上，问题并不在于传统文化或村民对过去历史的记忆状况，而在于人口流向对于预期未来村庄生活，从而建构新的村庄历史的作用。人口的流出正在逐步削减着人口流出村庄的历史感，人口的流入也正在为建构人口流入村庄村民的历史感提供理由，正是在这个时候，人口流入村庄若采用文化建构的策略，比如编写村志，恢复民间仪式，举办文体活动，等等，它们就较容易成功，这时的村民不是从受到外力的胁迫，而是从自己生活意义方面，感受到了这些活动的价值。

从理论上区分出人口流向对村庄历史感建构的基础意义，并不否定人口流入村庄与人口流出村庄其他方面对于村级治理的作用。一般来讲，人口流出村庄集体经济发展的较低水平，降低了村民离开村庄时所受的经济损失，而人口流入村庄一般占有大量集体经济资源，这就从物质上将村民与村集体联系起来，这正是建构村庄共同体意识的一个重要方面。而较多的村集体财产，不仅可以降低对村民经济上的提取要求，而且往往有能力为村民提供较为完善的公共服务，村庄秩序这一村民自治所欲达到的目标，仅仅依靠村集体占有的资源，便已达到，这些方面反过来又会对形成村民的村庄共同体意识、达成对未来生活的预期以及形成历史感起到重要作用。

一句话，虽然人口流向对村级治理的影响，只是提供了一个相对单纯的逻辑关系，但因为人口流向是与村庄本身的经济社会状况联系的，因此，人口流出村庄和人口流入村庄为村级治理提供的村庄基础，却有着较为复杂的联系。

结　语

中国庞大的农村人口决定了中国现代化进程中农村人口流动的长期性。中国的现代化史，也是一部农村人口不断从传统农业流向城市和发达农村地区从事第二、第三产业的历史。在大多数农村地区，人口的不断流出，造成了不完整的村庄生活，并因此构成了村级治理的特殊处境，农村人口流出的长期性，使得研究人口不断流出村庄村级治理的这种处境，具有十分重要的意义。而对于一些人口流入村庄，一部分村庄很快就城市化了，村集体土地逐步被征用出去，村庄集体所有制基础不再存在，随着近年来乡镇企业改制的加快，村集体资产逐步量化到了村民个人，作为村庄社区最基本指标的集体资产不再成为现实，这些城市化的村庄便会被居委会这样一种城市社区体制所取代，另一部分人口流入的村庄，也许会随着乡镇企业的衰落，而成为人口流出的村庄，这些繁荣过的村庄会衰落下去。

保守估计，农村人口从传统农业中转移出来，需要50年以上的时间，这50年时间正是中国现代化最为艰难的50年。人口流动不仅造成了对城市的冲击，而且带来了农村治理的难题，这是一个不同于经济发展水平的相对独立的难题。研究人口流出村庄和流入村庄的村级治理，不仅有助于人们理解当前村级治理研究的重点所在，而且，这种研究可能为人口流动背景的村级治理制度安排提供善方。切合人口流动背景的制度安排有助于获得村庄秩序，从而有助于赢得现代化所需的时间。

徐勇曾以“治理性困境”一词来表达农村人口流动（主要是流出）对乡村治理的影响。他认为农村人口的流出造成了农村社会“有流动无发展”，乡村结构“有流动无突破”，乡村秩序“有流动无安宁”的困境，而造成这一困境的原因，除了人口流动本身的问题之外，国家现行的城乡二元结构的治理体制具有不可推卸的责任。笔者同意徐勇“治理性困境”的说法，但不同意他的原因分析，也不同意他的对策结论。某种意义上，回到村庄治理本身，考虑人口流动对村级治理的具体影响过程，才是回应和解决“治理性困境”的应对之策。换句话说，笔者认为解决人口流动（流出）所带来的“治理性困境”的办法，应更多在村庄里寻找，特别是在理解人口流动对现行村级治理制度造成影响的具体过程之中寻找，而不应过快地到村庄之外尤其是到国家宏观经济政治体制中去找：国家宏观经济政治体制应是由宏观现代化研究来寻找答案的领域。

结语：转型期乡村社会性质研究提纲

国家与农民关系状况无疑是构成乡村社会政治现状及其变迁的决定性方面。当前学术界对国家与农民关系的研究成果丰硕，涉及面也相当广泛。相对来说，学术界对构成乡村社会政治现状重要方面的乡村社会性质的研究不足。乡村社会性质不同于乡村社会政治现状这些表现出来的方面，而是构成这些表现出来的方面的乡村内在原因。乡村社会性质本身正如国家与农民关系一样，并非一成不变，而是在国家与农民关系变动的框架内，不断地发生着变动，这种变动为乡村社会性质融入了乡村社会历史形成的传统与现实社会政治压力两个方面的内容。

本节试图提纲性地提出几个关于乡村社会性质研究的问题，以引起学术界对当前处于转型期乡村社会性质研究的兴趣，并希望可以在这几个问题的基础上深化对乡村社会性质的理解，从而理解乡村社会政治现状及其变迁的内在原因。

方　法

根本性的方法有二：一是个案调查，通过对完整个案的把握来把握乡村社会的形貌，并由此进入对乡村社会性质的认识之中；二是理想型进入方法，通过选择数维乡村社会内在的要素，将抽象的中国乡村社会化解为具有一定特质的具体类型乡村，从而将个案研究与分类研究结合起来。

立 场

坚持问题导向，不追求理论本身的完整。具体地说，在对乡村社会性质的研究中，需要在保持对农村现实足够敏感的基础上，做深入持久的农村调查，从而在建构对农村政治社会现实的理解体系时，形成一系列中观层次的范畴，并为最终形成理解转型期乡村社会性质的理论体系做出准备。这就是说，转型期乡村社会性质研究具有阶段性研究的特征，在形成系统理论前，这一研究具有两个相互联系的突出特点：第一，直接切入问题的实质，不以既有理论来阉割现实；第二，将研究视作一个过程，不追求中间阶段研究结论的一致性，保持研究本身的张力。因此，以现实问题为导向的转型期乡村社会性质研究提供出来的大都不是逻辑体系，而是对理解乡村社会有所助益的启示。

命 题

命题一：乡村社会性质是具体地历史地形成的，当前处于转型期的中国乡村社会不仅不同于西方乡村社会，而且没有一个一统的中国乡村社会。这个命题有两个推论：一是反对以抽象的数据来研究中国当前的乡村社会，力倡在个案调查的基础上，先对乡村社会做性质的把握，然后做量的把握；二是主张具体进入个案村的研究，所谓具体进入，是指在做个案研究时要有明确的个案意识，勿将个案研究的结论直接上升到对中国乡村社会整体性质的推论。我们认为，以理想类型的方法进入个案，可能是将个案研究具体化的好办法。理想类型的关键是选择标准变量，我们曾将社区记忆和社会分化作为建立村庄社会性质理想类型的二维标准变量。

命题二：制度安排对乡村社会性质有着深刻依赖，同一个制度安排在不同性质的乡村可能具有极其不同的效果。这个命题同样可以建立两个推论：第一，没有抽象的好或坏的制度安排，制度安排的好与坏是在特定乡村社会性质的基础上展示出来的。当前学术界有很多人抽象地从经济人和理性选择理论出发来讨论具体政策，这种讨论，特别是对历史的讨论，容易形成肤浅认识，如对人民公社制度的认识和对宗族的认识。在特定时期和特定区域有效的制度安排，展开来却并不一定有效，有效的制度安排往往依托于乡村社会的内部因素。第二，乡村社会性质研究是当前乡村政策研究的前提，不能坐而论道，要通过具体调查了解中国当前处于转型期乡村社会性质的现状。

命题三：当前乡村社会性质的主要内容与乡村历史的关系状况。正是乡村历史及其与当前乡村社会的关系，构成了当前处于转型期乡村社会性质的主要内涵。这个命题也有两个推论：第一个推论是，在当前中国的大部分乡村，真正对乡村社会性质起显著决定作用的是由传统延续下来的文化秉性，这种秉性当前特别反映在宗族和宗教的继承方面。北方人爱面子、直率且强悍，所以个人上访的现象十分普遍；南方人喜欢结成群体，最典型为宗族组织，所以群体性械斗屡禁不绝；湖北人缺乏南方人的宗族组织，又缺乏北方人的直率与强悍，因此面对超额的农民负担，既少有个人上访，又很少群体性抗御，由此发展出软的“拖”的办法。这个推论的另外两个意思：一是现代文化建设还不足以撼动传统文化对农民行为的决定性作用，二是乡村社会内部诸如经济社会分层的因素，仍然是较传统作用力稍弱的方面。第二个推论是，在传统仍然严重影响和显著决定乡村社会性质的情况下，传统可能成为正面的组织和历史资源。进一步说，现代化并不意味着传统的消失，也不与传统水火不容，尊重传统、善待宗族，将为乡村社会提供秩序能力。

命题四：转型期乡村社会性质研究的焦点是农民之间具体的人际关系，即我们所使用的村庄社会关联。具体的人际关系不仅可以比较方便地量化表达出当前正处于转变中的乡村社会性质，而且为观察乡村社会性质的变动提供了途径，即通过观察人与人之间的关系，来理解乡村社会性质。

命题五：农民的行动深受地方性知识的影响，地方性知识的实质即为乡村社会的性质。如果将农民视为理性行动者，则农民的理性并不是抽象的原则，而是具体的切合乡村社会性质的选择。这个命题有三个推论：第一，当乡村社会越来越融入市场经济之中，地方性知识越来越被大传统所取代时，农民的理性与市场原则会越来越近，也就越来越具有经济理性。反过来，乡村社会越是与市场经济相隔离，农民行动的理性就越是缺少经济的内容，而具有道德的特征。第二，地方性知识由乡村社会的道德、习惯、信任感以及舆论压力等构成，对地方性知识的破坏，既构成了将农民从社区中解放出来的力量，又构成了对社区本身的破坏，这种对社区社会的破坏，构成了乡村社会失序的一种理由。由以上两个推论可以得到第三个推论，即当社区社会被破坏，农民从社区中解放出来之后，他们同时也就失去了在社区社会的一致行动能力，这就很容易造成理性选择的农民做出非理性的集体选择，如原子化的农民无以对付地痞，也无力建造公共设施。缺乏地方性知识和社区共同感的农民难以支付高昂的交易费用。

命题六：当前乡村社会性质本身正处于急剧变迁之中，这种变迁从短期来看，现代因素与传统因素可能不是相互替代，而是相互支持，共同生长，乡村社会更具特性。虽然从长期来看，现代因素会替代传统因素，大传统会替代小传统，地方性社会会融入大社会，乡村社会性质会失去特性。

命题七：因为掌握资源性质与数量的不同，不同的人具有不同的影响能力。转型期乡村社会性质研究的重要方面是要理解村庄内迅速变动着的影响能力，及诸影响能力之间的关系。若将掌握资源较多且在村庄内影响能力较强的人称之为村庄精英，则村庄精英可以依据是否村组干部分为体制精英与非体制精英，依据掌握资源的性质分为传统型村庄精英和现代型村庄精英，依据掌握资源的多少和在村庄范围影响力的大小，分为高大威猛型村庄精英和细小琐碎型村庄精英。在一些农村，因为社区记忆的断裂和社会分层的缺乏，村庄中缺乏真正具有村域影响能力的高大威猛型村庄精英；在另一些村庄，宗族宗教因素借助传统记忆或文化传播获得力量，而可能决定村庄治理的整体面貌；还有一些村庄，新兴的经济能人热衷于村庄事务，通过投资村务，联络村民，而获得在村庄内部的影响能力。以对村庄精英的两分为基础，可以建立起对村庄权力结构的三层分析框架。

命题八：行政村是半熟人社会。随着 20 世纪以来行政村体制的建立，行政村日渐成为村庄秩序的主要决定者。但当前的行政村只是提供了公共的行政空间，还缺乏共同的生活空间，在行政村内，一方面，村民共享行政空间的同时，便共享村干部和村域范围的村庄精英，另一方面，只是在自然村内，村民才共享生活空间，人情往来、消闲娱乐、生产互助等，大都在自然村内完成。这样一来，自然村便成为真正的熟人社会，而行政村仅是一个半熟人社会。行政村正在具备越来越多的功能，特别是在城市化和农村日渐衰落的过程中，行政村需要在保持乡村社会秩序中发挥越来越大的作用，行政村的半熟人社会特征，构成了从村庄内部理解行政村发挥作用的基础，比如自然生成的规矩转换为商议达成的规章，舆论压力变为制度压力，长老政治变为能人政治，等等。

命题九：随着市场经济的深入，村庄的共同体性质越来越趋于解体，当前行政村事实上的基层建制与社区经济组织合二为一的局面将难以保持，行政村的功能趋于弱化。而随着农村衰败的加剧，国家越来越需要行政村在保持农村秩序中发挥作用。这种矛盾可能会以国家行政体制重新渗入村庄来予解决。

研究策略

策略一：事件性策略。乡村社会性质研究需要置于事件分析当中，正是事件本身构成了农民间人际关系的显现。当前有助于研究乡村社会性质的事件如收粮、计划生育、村委会选举、农民上访、社会冲突及民间纠纷，等等。

策略二：区分解释项与被解释项。在建立乡村社会性质解释体系时，需要区分出解释项和被解释项。解释项是构成乡村社会性质的内在要素，比如社区记忆和社会分层。被解释项是需要由乡村社会性质来解释项，比如为什么有些时候农民会集体选择于自己不利的结果。有人把农民是否主要在村庄内实现收入作为划分村庄类型的标准，认为村民越是从村庄内部获得收入，就越关心村庄事务，这无异于说与村民利益无关的事情村民没有关心的理由，这是当然的。我们要问的是，为什么有时候与村民利益密切相关的村务，村民也漠不关心。这就需要从乡村社会性质的角度来对村庄类型做出划分。

策略三：区域性研究策略。当前乡村社会性质非均衡的特性，造成了个案调查和宏观研究的困难。在研究层次上，区域性研究既具有个案的鲜活性，又可以避免个案的特殊性，而具有可以产生研究灵感，又不失之片面的优势。当前中国社会史研究领域对近代华南农村的研究，施坚雅对成都平原市场网络的研究以及黄宗智对华北农村和长江三角洲农村的研究，都是较为优秀的区域性研究成果。学术界当前似乎忽视了对转型期乡村社会性质的区域性研究，而这恰恰构成了乡村社会性质研究的基础环节。

策略四：比较研究策略。与区域研究紧密相关，以区域性的研究为基础，展开区域性的比较研究，不仅是提出理想类型的分类方法的基础，而且具有发现中国乡村社会性质区域性差异的优势。以区域性研究为基础的比较研究，是认识乡村社会性质的灵感源泉，也是理解制度安排效果的关键。

后　记

终于要写后记了。收入本书的21篇论文，是我最近三年来所做的关于转型期乡村社会性质研究的主要成果。（2020年增订本增补了《农民行动逻辑与乡村治理的区域差异》《论中国农村的区域差异》《再论中国农村区域差异》三篇文章。）这些论文试图理解当前中国农村的真实图景以及乡村治理的社会基础。要理解农村的真实图景，就需要到农村去看，去调查、访谈。但是，我们看到的农村就是真实的农村吗？特别是当我们将注意力集中于热闹场面和宏大话语之下时，我们的调查可能不过是看到了我们想看到的东西，听到了我们想听到的话。今天中国学术界的理论资源来自西方，这些来自西方的理论资源没有（也不可能有）中国立场（中国是有13亿人口其中9亿是农村人口的发展中大国），我们用这些来自西方的理论资源去看、去听的时候，我们看到和听到的往往是一幅远离真实农村的图景。

站在中国现代化的立场和中国农村本位的立场来观察农村，将中国农村和中国现代化作为一个整体，是研究中国农村的基础。本书试图站在中国农村本位的立场来观察和理解农村，从乡村治理社会基础的角度来理解农村及农村政策和制度，从而为乡村治理提供理论上的支持。我深知个人的力量是有限的，这些论文不过是微不足道的一点儿探索，并且这微不足道的一点儿探索也不是我一个人完成的。仝志辉、吴毅、董磊明、罗兴佐等诸位朋友构成了我们这个研究群体，正是他们的鼓励和支持才使我不断地在学术研究上跨出一小步，同时仝志辉、何包钢等多位师友还是其中一些论文的合作者。我的进步要归功于我们这个研究群体，我们的合作是愉快的。

当然，在后记中我必须感谢一直以来支持我研究工作的华中师范大学中国农村问题研究中心主任徐勇教授和中心主要研究员项继权教授。徐勇教授在为本书写的序言中对我的教导和期待，是我奋进的动力，而华中师范大学社科处石挺处长对我研究的关怀，尤其在出版上的慷慨资助，让我没有丝毫理由停止在本书初浅的研究水平上。

本书的调查与出版还得到了教育部人文社会科学重点研究基地项目、华中师范大学重点学科建设项目支持，一并在此致谢。我还必须向发表过我论文的《中国社会科学》《社会学研究》《政治学研究》《中国农村观察》《江海学刊》《社会科学战线》《社会科学辑刊》《学习与探索》《开放时代》《学海》等刊物和这些刊物的编辑致敬。他们辛勤的工作是本书得以出版的基础。我尤其要感谢《中国社会科学》杂志社的冯小双老师和孟宪范老师，她们在编辑发表在《中国社会科学》上的两篇论文时，先后十多次对论文提出了充满真知灼见的修改意见。在市场经济条件下，还有如冯小双老师和孟宪范老师如此敬业的编辑，实在是中国社会科学的大幸！

我还应该感谢我的家人：母亲、妻子和儿子。我不是一个称职的儿子、丈夫和父亲，因为我总是没有时间与家人待在一起。我的父亲是一名农业技术员，已在 1997 年农历十二月二十六日因病去世，去世时年仅 50 周岁。如果父亲健在，他看到自己唯一的儿子竟出版了农村研究方面的专著，他该多么高兴啊！

2003 年 4 月 1 日于华中师范大学东区家中